中央民族大学"985工程"
中国少数民族语言文化教育边疆史地研究创新基地文库
中国边疆民族地区历史与地理研究丛书

《阿萨喇克其史》研究

乌云毕力格 著

中央民族大学出版社

图书在版编目（CIP）数据

《阿萨喇克其史》研究/乌云毕力格著. —北京：中央民族大学出版社，2009.8
ISBN 978-7-81108-659-1

Ⅰ．阿… Ⅱ．乌… Ⅲ．蒙古族—民族历史—研究—中国 Ⅳ．K281.2

中国版本图书馆 CIP 数据核字（2009）第 112807 号

《阿萨喇克其史》研究

著　　者	乌云毕力格
责任编辑	张　山
封面设计	金　星
出 版 者	中央民族大学出版社
	北京市海淀区中关村南大街 27 号　　邮政编码：100081
	电　话：68472815（发行部）　传真：68932751（发行部）
	68932218（总编室）　　　68932447（办公室）
发 行 者	全国各地新华书店
印 刷 厂	北京华正印刷有限公司
开　　本	880×1230（毫米）　1/16　印张：21.75
字　　数	557 千字
版　　次	2009 年 8 月第 1 版　2009 年 8 月第 1 次印刷
书　　号	ISBN 978-7-81108-659-1
定　　价	55.00

版权所有　翻印必究

善巴族弟、第一世哲布尊丹巴呼图克图（Khurelbaatar教授提供）

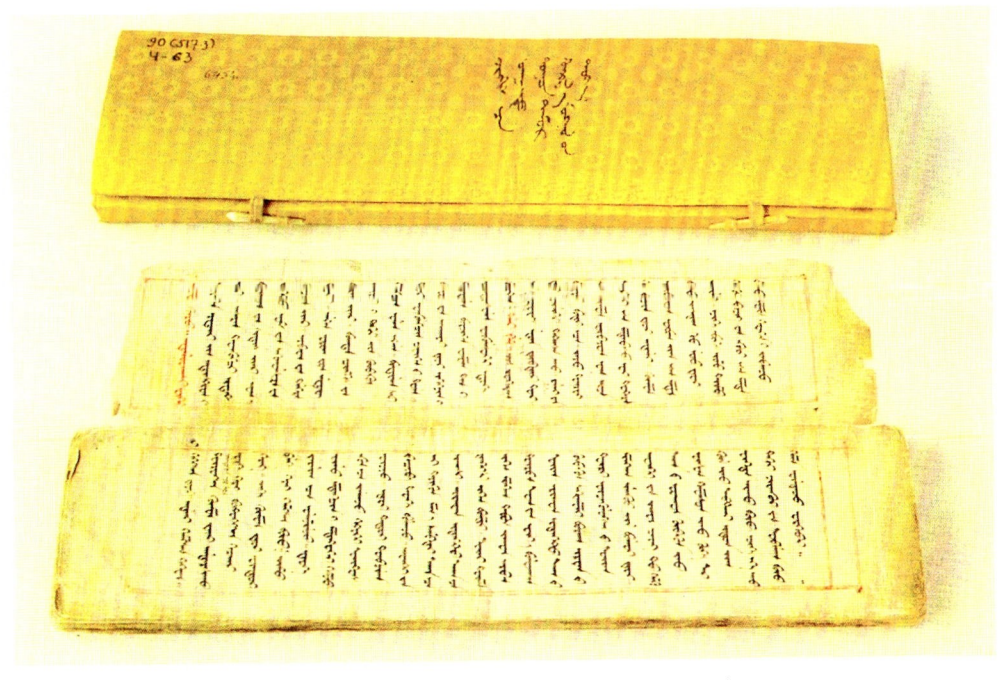

《阿萨喇克其史》（藏于蒙古国立图书馆）

善巴从曾祖父阿巴泰汗
(N. Tsultem; The eminent Mongolian Sculptor——G. Zanabazar,1982)

善巴从曾祖父阿巴泰汗所建额尔德尼召（松川节 摄）

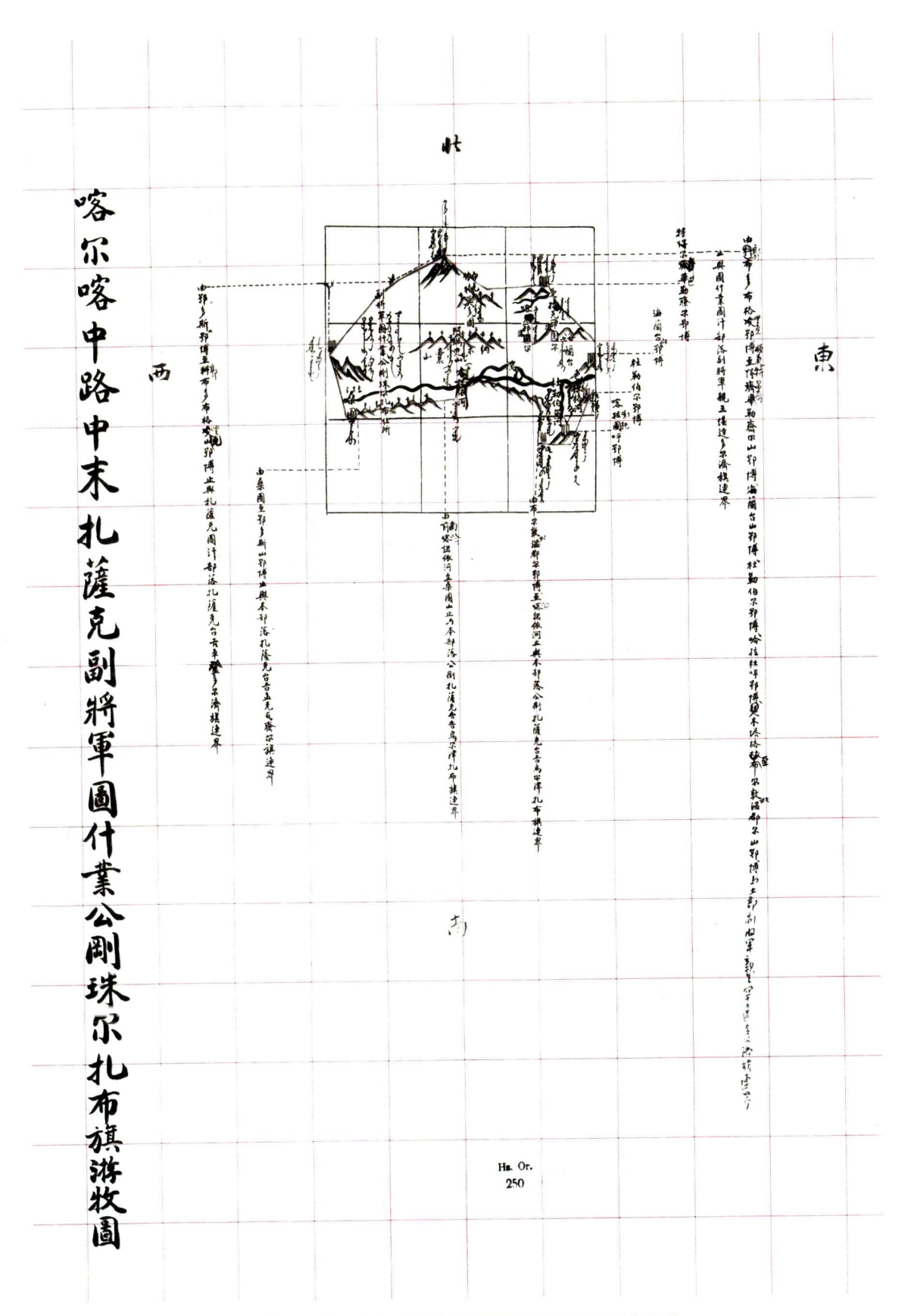

喀尔喀中路中末扎萨克副将军图什业公刚珠尔扎布旗游牧图

善巴出身的喀尔喀赛因诺颜汗部某旗游牧地手绘图

康熙皇帝颁给噶尔丹的第一件敕书（1682年，清朝内阁蒙古堂抄件）

目 录

第一部 研究导论

《阿萨喇克其史》研究 …………………………………………………………………（3）
  一、历史背景：17世纪喀尔喀三汗部及其内乱 ………………………………（3）
  二、书名、成书年代与内容结构 ………………………………………………（15）
  三、作者姓名、家世及其前半生 ………………………………………………（17）
  四、研究史 ………………………………………………………………………（24）
  五、史源与价值 …………………………………………………………………（28）

第二部 译注

序 ……………………………………………………………………………………（77）
卷一 …………………………………………………………………………………（79）
卷二 …………………………………………………………………………………（100）
卷三 …………………………………………………………………………………（107）
卷四 …………………………………………………………………………………（118）
卷五 …………………………………………………………………………………（127）
跋 ……………………………………………………………………………………（144）

第三部 罗马字音写

《阿萨喇克其史》原文罗马字音写 ………………………………………………（149）

第四部 附录

一、《阿萨喇克其史》蒙古文文本影印 ……………………………………………（247）
二、人名索引 …………………………………………………………………………（314）
三、参考书目 …………………………………………………………………………（337）

后 记 …………………………………………………………………………………（343）

第一部
研究导论

第一辑

研究论著

《阿萨喇克其史》研究

《阿萨喇克其史》是一部17世纪珍贵的蒙古文史书。该书至今只有一种手抄本被发现，珍藏在蒙古国国立图书馆珍本库。该孤本是一部藏式贝叶装纸质手抄本，长38厘米，宽9厘米，共66叶131面，每叶面29—30行字，用竹笔黑墨以工整的蒙古文书写体写在毛边纸上。

下面，我们分章讨论《阿萨喇克其史》的成书背景、作者及其立场、内容梗概、前人研究、史源与史料价值等问题。

一、历史背景：17世纪喀尔喀三汗部及其内乱

本书第二章将说明，《阿萨喇克其史》成书于1677年，作者是北蒙古人，即喀尔喀左翼大贵族善巴。基于此，为了正确把握该书的成书背景和作者生活的政治、社会环境，我们首先对16世纪末以后到17世纪70年代的喀尔喀蒙古的历史进行必要的探讨。

《阿萨喇克其史》的作者生活到18世纪初，此间喀尔喀发生了惊天动地的变化，比如经历了准噶尔入侵和并入清朝；该书作者在此过程中扮演过相当重要的角色。但是，这些事件均发生在17世纪80年代后，与《阿萨喇克其史》的形成背景无关，故此将不涉及。

（一）喀尔喀三汗部的形成

元朝灭亡以后，蒙古朝廷退回草原，在蒙古形成了许许多多的大小游牧集团，或称"兀鲁思"（百姓、国），或称"土绵"（万户）。15世纪初，蒙古分裂为东西蒙古。西蒙古又称卫拉特人，游牧在杭爱山以西、天山以北的草原，东蒙古人主要分布在今天的内蒙古自治区和蒙古国境内。蒙古合罕的牙帐在东蒙古。在答言合罕（1479—1516年在位）即位以前，在东蒙古中央地带已经形成了六个大万户：左翼的察哈尔、喀尔喀与兀良哈三万户，右翼的鄂尔多斯、满官嗔－土默特、应绍卜三万户。但是除了合罕所在的察哈尔万户，其余万户都在异姓贵族统治之下。答言合罕经过长期的斗争，结束了东蒙古历史上异姓贵族把持朝政的局面，剥夺了异姓贵族对各部的世袭统治权的同时，将自己的子孙分封到六万户，在东蒙古确立了成吉思汗"黄金家族"的直接统治。

《阿萨喇克其史》的作者是喀尔喀人，这个喀尔喀就是从当年答言合罕子孙统治下的东蒙古六万户之一的喀尔喀万户发展起来的。

答言合罕共有十一子。答言合罕将其第六子阿鲁楚博罗特与第十一子格哷森札分别分封

到喀尔喀万户的左翼和右翼。喀尔喀万户早在答言合罕或者更早的时代就游牧在今哈拉哈河流域（"喀尔喀"是"哈拉哈"的不同汉语音译，部以河得名）。16世纪中叶，喀尔喀左翼随蒙古合罕打来孙南下大兴安岭住牧，所部号称"山阳喀尔喀"，即清朝所谓"内喀尔喀五部"，实际上脱离喀尔喀万户而自为一部。入清后，该五部或设立扎萨克旗，或编入八旗蒙古，均不再冠以"喀尔喀"名号。右翼封主格哷森札从哈拉哈河流域向西面发展，与兀良哈万户接壤，并与之发生了矛盾。16世纪20、30年代，蒙古合罕博迪率领各部征讨并瓜分兀良哈万户，格哷森札分得了原兀良哈万户的牧地和部分属民。其结果，喀尔喀万户的势力一直延伸到杭爱山，尽有漠北草原。16世纪末17世纪初，喀尔喀万户分布于东自呼伦贝尔的额尔古纳河，西至杭爱山，北自贝加尔湖，南抵南蒙古北部的广袤地区，即今天蒙古国的大部分领土。

格哷森札死后，其七子析产，形成七个游牧集团，习惯称"七和硕喀尔喀"或"七鄂托克喀尔喀"（"和硕"和"鄂托克"均为当时蒙古社会组织名称）。清代所说的"喀尔喀"，就是指这部分蒙古人。格哷森札七子分掌喀尔喀左右二翼，右翼为格哷森札长子阿什海达尔汗珲台吉、次子诺颜泰哈坦巴图尔、六子德勒登昆都伦及末子萨姆鄂特欢及其后裔诸兀鲁思；左翼为三子诺诺和伟征诺颜、四子阿敏都喇勒和五子达来（无后）及其后裔诸兀鲁思。[1]

自16世纪末至17世纪30年代，喀尔喀左翼和右翼先后出现了三个汗，左右二翼分成三个汗部。喀尔喀万户的这种变化，是17世纪中后期喀尔喀内乱和喀尔喀最终被清朝所征服的最根本的社会历史原因。喀尔喀内乱和清朝势力的渗透，导致了喀尔喀前所未有的民族危机，而这正是《阿萨喇克其史》形成的历史土壤和社会背景。

1. 阿巴泰汗与土谢图汗的由来

据文献记载，在喀尔喀首先称汗的是阿巴泰[2]（1554—1588？）。格哷森札三子诺诺和，号伟征诺颜，为喀尔喀左翼之长，阿巴泰即其长子。《钦定外藩回部王公表传》（以下简称《王公表传》）记载："初，喀尔喀无汗号，自阿巴岱（即阿巴泰——引者，下同）赴唐古特，谒达赖喇嘛，迎经典归，为众所服，以汗称。子额列克继之，号墨尔根汗。额列克子三，长衮布，始号土谢图汗，与其族车臣汗硕垒、扎萨克图汗素班第同时称三汗。"[3]据此，阿巴泰称汗的时间在"赴唐古特，谒达赖喇嘛"之后，而所取汗号亦非"土谢图汗"，因为其孙衮布"始号土谢图汗"。张穆《蒙古游牧记》（以下简称《游牧记》）记载与《王公表传》有所不同：阿巴泰"赴唐古特，谒达赖喇嘛，迎经典归，为众所服，始汗称，号斡齐赉巴图。按：巴图旧作赛音，今从《理藩院则例》改。《朔漠方略》：康熙二十六年，土谢图汗奏请敕印表曰：国中向无佛教，自我曾祖往谒达赖喇嘛，得蒙优礼，加以瓦察喇赛音汗之号。于是我地佛法炳如日星。案：瓦察喇赛音，即斡齐尔赛因。……子额列克嗣，号墨尔根汗。额列克子三，长

---

[1] 善巴：《阿萨喇克其史》（Byamba-yin Asaraγči neretü [-yin] teüke），乌兰巴托，2002年影印本，第48叶下。祁韵士记载格哷森扎诸子顺序有误，见祁韵士：《钦定外藩蒙古回部王公表传》（以下简称《王公表传》），文渊阁四库全书本，卷45《喀尔喀土谢图汗部总传》；卷61《喀尔喀扎萨克图汗部总传》。

[2] 清代汉文文献，诸如《王公表传》和《蒙古游牧记》等，将此人名均音写为阿巴岱，从此一直沿用。但是，这种音写是错误的。Abatai是阿尔泰语系蒙古语族和满—通古斯语族民族中常见的名字。比如，努尔哈赤侧妃生一子，其名满文作Abatai，汉文作阿巴泰。满文与蒙古文书写规则不同，辅音-d和-t的写法有别，不会混淆。阿巴泰作为皇子，清国史馆也不会记错其名。今天的蒙古人，读此人名仍发abatai之音。

[3] 祁韵士：《王公表传》，卷45《喀尔喀土谢图汗部总传》。

衮布，始号土谢图汗。"[1]张穆根据土谢图汗察浑多尔济康熙二十六年的奏折指出，达赖喇嘛赐给阿巴泰的汗号为"瓦察喇赛音汗"。

关于阿巴泰拜见达赖喇嘛的时间，文献中有1585年之后[2]、1586[3]年和1587年[4]三说。其中，《阿萨喇克其史》的记载较可信。该书载，阿巴泰于火狗年（丙戌，1586）夏六月十五日前去拜谒达赖喇嘛。《阿萨喇克其史》是1677年阿巴泰家族的后人撰写的史书，他把阿巴泰拜见达赖喇嘛的时间记载到具体的年月日，可见他掌握着精确的书面或口传资料。阿巴泰拜见达赖喇嘛对其家族及其后裔是莫大的荣誉和重大事件，他们的记忆应该是可靠的，因此阿巴泰汗见三世达赖喇嘛的时间应从《阿萨喇克其史》，即1586年夏天。

据《三世达赖喇嘛传》、《俺答汗传》和《蒙古源流》等蒙藏文史料记载，三世达赖喇嘛应蒙古土默特部辛爱都龙汗之请，于木鸡年（乙酉，1585）从藏地启程，火狗年（丙戌，1586）来到库库克屯（今呼和浩特），在土默特、喀喇沁等万户境内广做佛事，并将俺答汗的遗骨火化，同时接见蒙古各部首领前来谒见，于戊子年（1588）三月在喀喇沁地方圆寂。[5]也就是说，在1585——1588年间，三世达赖喇嘛在蒙古。据此，阿巴泰汗谒见达赖喇嘛不是"赴唐古特"（西藏），而是在土默特蒙古的政治文化中心呼和浩特。祁韵士和张穆的说法，不是根据某种史料，而只是根据历代达赖喇嘛世居西藏拉萨的事实随手写下的。

蒙文《俺答汗传》载，达赖喇嘛"赐封阿巴泰赛音汗为瓦齐赉汗（vačirai qaɣan）号"[6]。《蒙古源流》和《阿萨喇克其史》记载一致，均说阿巴泰被授予"佛法大瓦齐赉汗（nom-un yeke vačir qaɣan）"[7]。由此可见，"瓦齐赉汗"是"佛法大瓦齐赉汗"的简称。"瓦齐赉"，梵文，意为"金刚"。蒙古人的佛教用语中，"金刚"或借用梵文作 vačir（梵文：vajra，蒙古化的读音为 očir，旧译跋折罗），或借用藏文称 dorji（藏文：rdo rje，旧译朵儿只）。根据《阿萨喇克其史》记载，铁蛇年（辛巳，1581），阿巴泰在二十八岁时，从满官嗔－土默特地方来的商人那里听到佛法在土默特地区流传，于是派人敦请喇嘛，皈依佛教。木鸡年（乙酉，1585），建造寺庙，火猪年（丁亥，1587）前往，是年夏六月十五日谒见达赖喇嘛索南嘉措，奉献一千匹骟马为首的许多金银细软。当时，三世达赖喇嘛让他从满屋子的佛像中选取一件，阿巴泰选了变旧了的伯木古鲁巴（paɣmu ruba）像。因此达赖喇嘛说阿巴泰是"瓦齐尔巴尼"（vačirbani，梵文为 vajrapāṇi，意即金刚手[8]）的转世，并赐给了"佛法大瓦齐赉汗"号。[9]关于阿巴泰的汗号，《蒙古源流》有两种说法，其中一种说法与前引《阿萨喇克其史》的记载相同，但另一种说法非常耐人寻味。据这种说法，阿巴泰谒见三世达赖以后，达赖喇嘛请他选

---

[1] 张穆：《蒙古游牧记》，同治六年祁氏重刊本，卷7《土谢图汗》。
[2] 佚名：《俺答汗传》（Erdeni tunumal neretü sudur orusiba），内蒙古社会科学院图书馆藏蒙古文抄本，第43叶上下。
[3] 善巴：《阿萨喇克其史》（Byamba-yin Asaraɣči neretü [-yin] teüke），第48叶下。
[4] 五世达赖喇嘛阿旺罗桑嘉措：《达赖喇嘛二世、四世传》，陈庆英、马连龙译，北京：全国图书馆文献缩微复制中心，1992年，第199页。
[5] 详见乌兰：《〈蒙古源流〉研究》，沈阳：辽宁民族出版社，2000年，第454－459页。
[6] 佚名：《俺答汗传》，第43叶下。
[7] 萨冈彻辰：《蒙古源流》，库伦本，第83叶上；善巴《阿萨喇克其史》（Byamba-yin Asaraɣči neretü [-yin] teüke），第53叶上。
[8] 乌兰将 vajrapāṇi 译作"金刚持"（第437页），误。"金刚持"的梵文为 vajrathara，藏文为 rdo rje `chang，旧译朵儿只昌。Vajrapāṇi 的藏文对译为 lag na rdo rje（或作 phyag na rdo rje），手持金刚杵，随侍如来的八大菩萨之一。
[9] 善巴：《阿萨喇克其史》（Byamba-yin Asaraɣči neretü [-yin] teüke），第53叶上。

取一幅佛像，阿巴泰选取了金刚手的画像（vačirbani körög），在告别时向达赖喇嘛请求："请赐给我冠有 vačir 之名的汗号吧！"达赖喇嘛回答说："只是担心对你们蒙古的政统有妨害。"尽管这样说了，但是当阿巴泰再次恳求时，赐给了他"瓦齐赉汗"的称号。[1]据诸书的记载，"瓦齐赉汗"的称号来源于瓦齐尔巴尼(vačirbani/vajrapāṇi)。阿巴泰选取的伯木古鲁巴，全称作伯木古鲁巴朵儿只杰波（phag mo gru pa rdo rje rgyal po，译言伯木古鲁巴朵儿只王），是藏传佛教帕竹噶举派的创始人（生活在 1110－1170 年间），为塔波噶举派的嫡系。有趣的是，据《蒙古源流》记载，三世达赖喇嘛其实并不愿意授予阿巴泰"瓦齐赉汗"号，甚至可能未曾认定阿巴泰为金刚手的转世。据研究《蒙古源流》专家乌兰的研究，《蒙古源流》各版本系统中，在一部分版本中保留了三世达赖起初不肯授予阿巴泰"瓦齐赉汗"号的说法，而一些版本中没有保留。值得特别注意的是，没保留此说的版本正是源于喀尔喀人抄制的 A 本。[2]这说明，阿巴泰为金刚手的转世一说，是喀尔喀人有意编造的。所有这些在暗示，喀尔喀阿巴泰汗谒见达赖喇嘛以前，就已经皈依了藏传佛教噶举派，见到达赖喇嘛后，特意迎请了帕木竹巴朵儿只王的佛像，并请求三世达赖喇嘛授予他含有"金刚手汗"之意的汗号。三世达赖喇嘛游历蒙古地方的首要目的，是传播藏传佛教格鲁派教义，所以曾以"担心对你们蒙古的政统有妨害"为由予以拒绝。阿巴泰汗信仰的非格鲁派色彩，为日后他子孙中的哲布尊丹巴呼图克图的前世问题、哲布尊丹巴呼图克图与噶尔丹汗的矛盾问题等诸多重大事件产生了深刻而长远的宗教影响。总之，阿巴泰从达赖喇嘛处得到了"瓦齐赉汗"号，按蒙古语习惯，也可以写作"斡齐赉汗"。

但是，"瓦齐赉汗"不是阿巴泰最初的汗号。蒙古文佚名《俺答汗传》（1607 年成书）记载，"其后，住牧于杭爱汗山者，作坚兵利器之锋芒者，与外族敌人相争战者，喀尔喀万户之主阿巴泰赛音汗（Abatai sayin qaγan）"前来叩见达赖喇嘛，达赖喇嘛"赐封赛音汗为瓦齐赉汗号。"[3]该书的作者是阿巴泰同时代的人，其书在阿巴泰死后二十年成稿。阿巴泰曾经来过呼和浩特，阿巴泰如有"土谢图汗号"，而且该汗号如经俺答汗授予或得到俺答汗承认，《俺答汗传》作者就不会不知道，也不会不记载。据此，阿巴泰 1586 年谒见达赖喇嘛之前称"赛音汗"（Sayin qaγan），而不是"土谢图汗"。蒙古另一著名史书《大黄史》叙述格呼森札子孙世系时也提到，格呼森札三子诺诺和伟征诺颜，其子阿巴泰赛音汗（Abatai sayin qaγan），其子额列克墨尔根汗（Eriyekei mergen qaγan），其子衮布土谢图汗（Gümbü tüsiyetü qaγan）。[4]这是阿巴泰汗以"赛音汗"著称的又一佐证。他取得"瓦齐赉汗"号后，如张穆所言，被称作"瓦齐赉赛音汗"。阿巴泰死后，其子称"墨尔根汗"。墨尔根汗的儿子衮布称"土谢图汗"。这说明，阿巴泰子孙三代各有不同的汗号，阿巴泰的后继者们没有承袭他的"瓦齐赉赛音汗"之号。到了衮布子察珲多尔济，袭其父"土谢图汗"和曾祖父"瓦齐赉汗"的称号，并尊称"süjüg kücün tegüsügsen vačir tüsiyetü qaγan"（意为"信仰和力量具备的瓦齐赉土谢图汗"）。据五世达赖喇嘛说，该称号是察珲多尔济于 1674 年赴藏谒见达赖喇嘛时，请求五世达赖赐给

---

[1] 萨冈彻辰：《蒙古源流》，库伦本，第 83 叶上。
[2] 乌兰：《〈蒙古源流〉研究》，沈阳：辽宁民族出版社，2000 年，第 457 页。
[3] 佚名：《俺答汗传》，第 43 叶下。
[4] 《大黄史》A 本，第 232、239、253 页。顺便提一下，《蒙古源流》把谒见达赖喇嘛以前的阿巴泰叫做"阿巴泰噶勒珠台吉"（噶勒珠，意为"狂人"，"台吉"，是蒙古黄金家族男子之称）。据《阿萨喇克其史》，阿巴泰在 14 至 27 岁之间东征西战，名声大振。很可能，正因为他的戎马生涯，在称汗之前被称作"噶勒珠台吉"。

他的。[1]喀尔喀降清后，清朝作为优待条件之一，保留喀尔喀三汗的汗号，因此，察珲多尔济的"土谢图汗"号得以世袭，该部的汗世世代代被称作"土谢图汗"。

关于阿巴泰最初的汗号和主要事迹，第二代土谢图汗察珲多尔济呈康熙皇帝的一份奏折提供了重要的资料。土谢图汗察珲多尔济的这份蒙古文奏折，根据它的内容，正是张穆在《蒙古游牧记》中提到的那份康熙二十六年的奏折。这份奏折的抄本收入清朝内阁蒙古堂档案中，保留至今。察珲多尔济在奏折里详述自阿巴泰至自己的历代汗王的事迹，以示自己地位之崇高。奏折一开头就陈述了阿巴泰汗的事迹："从前，我曾祖父瓦齐赉音汗，因国中无佛法，处于黑暗中，前往叩谒普度[众生的]达赖喇嘛索南嘉措，[达赖喇嘛]授予了瓦齐赉汗号。[阿巴泰汗]以佛法之光芒照亮喀尔喀与卫拉特，因此之故，于佛法，[他]在国中大德无比。又，[阿巴泰汗]以赉瑚尔汗为札剌亦儿台吉（指格哷森札——引者）长子之后嗣，立他为汗。[后]因卫拉特杀死了赉瑚尔汗，[阿巴泰汗]远征卫拉特，在库博克儿之役大败敌人，征服卫拉特，为[赉瑚尔汗]报了仇。[他]对世俗政统的无比大德如此。"[2]在察珲多尔济的记述中，阿巴泰汗最初的汗号仍为"赛音汗"。种种迹象表明，阿巴泰1580年所取汗号为"赛音汗"，这是毋庸置疑的。阿巴泰汗对喀尔喀人的"政教二道"有重大贡献。在佛法方面，他引进藏传佛教，被达赖喇嘛封为"瓦齐赉汗"；在世俗政治方面，他扶持喀尔喀右翼的赉瑚尔，立他为右翼的汗。后来，西蒙古卫拉特人袭杀赉瑚尔汗，阿巴泰汗在库博克儿之役大败卫拉特，保护了右翼。据有学者考证，库博克儿之役发生在1587年。[3]

概言之，阿巴泰是16世纪后半叶喀尔喀最强悍的首领。他在1580年称汗，号"赛音汗"，喀尔喀始有汗。阿巴泰1586年在呼和浩特谒见三世达赖喇嘛索南嘉措，被授予"佛法大瓦齐赉汗"号，此后称作"瓦齐赉赛音汗"。阿巴泰汗立喀尔喀右翼的赉瑚尔为汗，并在库博克儿取得了对卫拉特人的决定性胜利，这些充分显示了他在16世纪后半叶喀尔喀历史上的领袖地位，他实际上是当时喀尔喀万户的汗。"土谢图汗"号始自其孙衮布，他是喀尔喀第一代土谢图汗。汉文史料所记阿巴泰"赴唐古特，始称汗"是错误的，但是"衮布始号土谢图汗"符合事实。入清以后，"土谢图汗"号作为喀尔喀三汗的名号之一，被固定并世袭。

2. 素班第与扎萨克图汗部

"扎萨克图汗"，是喀尔喀右翼的汗号。前文论及，右翼在赉瑚尔时始有汗号，是左翼的阿巴泰赛音汗立他为汗的。右翼本为格哷森札长支所在，地位高于左翼，应成为万户之首。但是，左翼阿巴泰势力的发展，使右翼听命于他。

喀尔喀始祖格哷森札长子阿什海达尔汗珲台吉，其长子巴延达喇，其次子赉瑚尔汗。[4]赉瑚尔生于水狗年（壬戌，1562）。[5]赉瑚尔汗的事迹和卒年，于史籍俱不详。学界曾认为，赉瑚尔汗在1606年曾与喀尔喀人订立盟约，因此认为他至少活到那个年代。[6]但是，根据前引

---

[1] 五世达赖喇嘛阿旺罗桑嘉措：《五世达赖喇嘛传》，陈庆英、马连龙、马林译，中国藏学出版社，1997年，第852页。

[2] 中国第一历史档案馆、内蒙古大学蒙古学学院编：《清内阁蒙古堂档》（Dayičing gürün-ü dotoɣadu yamun-u monɣol bičig-ün ger-ün dangsa），内蒙古人民出版社影印本，2005年，第6页，第18页。

[3] 详见宝音德力根：《从阿巴岱汗和俺答汗的关系看喀尔喀早期历史的几个问题》，第87页。

[4] 善巴：《阿萨喇克其史》（Byamba-yin Asaraɣči neretü [-yin] teüke），第49叶下。

[5] 《大黄史》A本，第237页。

[6] 若松宽：《哈喇虎喇的一生》，《东洋史研究》，22—4，1964年，第30页；冈田英弘：《乌巴什珲台吉传研究》，《游牧社会史探究》32，1969年，第5页。

蒙古文档案资料，阿巴泰立赉瑚尔为汗之后，卫拉特人杀死了他，因此发生了 1587 年的库博克儿之役。据此，赉瑚尔被推为汗和被杀，均发生在 1580 年至 1587 年之间。[1]

赉瑚尔汗的长子素班第[2]为第一代扎萨克图汗。《王公表传》载："初，赉瑚尔为右翼长，所部以汗称，传子素班第，始号扎萨克图汗，与其族土谢图汗衮布、车臣汗硕垒，同时称三汗。"[3]这里看不出素班第称扎萨克图汗的具体年代。但是，在蒙古文档案中有重要的信息。

喀尔喀兀良哈贵族额尔克伟征诺颜于 1686 年呈康熙皇帝的一份奏折中讲到，"就是从前，我们[也]是喀尔喀七和硕之一。在拥立博克多汗即位的塔喇尼河会盟上，封我曾祖父伟征诺颜为扎萨克。"[4]我们暂时搁兀良哈贵族的事情不管，重要的是博克多汗在塔喇尼河会盟上即位的消息。据喀尔喀右翼另外一个贵族达尔玛什哩的奏折说："从前，在博克多扎萨克图汗时代，扎萨克图汗之弟我父达尔玛什哩在诺颜们中拥有官位。"[5]呈奏人达尔玛什哩名叫卓特巴，奏折中提到的达尔玛什哩是其父亲，名叫乌班第，是扎萨克图汗素班第之弟。[6]达尔玛什哩是他们父子的美号。可见，"博克多汗"就是扎萨克图汗素班第。

17 世纪中后期，喀尔喀发生内讧，右翼扎萨克图汗与左翼土谢图汗、车臣汗严重对立。在这次内讧中，受右翼扎萨克图汗统治的阿巴哈纳尔部回到左翼故土，又附属了旧主车臣汗。为了调节喀尔喀内讧，清朝和达赖喇嘛于 1686 年在库伦伯勒齐尔地方举行会盟。在库伦伯勒齐尔会盟上，扎萨克图汗和车臣汗为争夺阿巴哈纳尔部互不相让。因此，阿巴哈纳尔部之长额尔克木古英台吉向康熙皇帝呈上奏折，详述阿巴哈纳尔部的历史，尤其是他们和喀尔喀左右二翼的关系。该奏折的有些内容为解明塔喇尼河会盟的疑问提供了重要线索。该奏折称（括号里为引者所加内容）："曼殊室利大恰克喇瓦尔迪汗（指康熙皇帝），恩养众生如自己的子孙，为平息喀尔喀之间的纷争，在向众佛的象征和智能之本质圣达赖喇嘛瓦只喇答喇倡议，使派遣噶尔丹席勒图额尔德尼达赖呼图克图（第四十四任甘丹主持），并派遣自己的大臣阿喇尼（理藩院尚书），还让哲布尊丹巴呼图克图相助，为此，七和硕于火虎年（丙寅，1686）之八月在库伦伯勒齐尔地方会盟之际，右翼之扎萨克图汗（名沙喇）与左翼之汗（指车臣汗诺尔布）争夺翁牛特（指阿巴哈纳尔部），土谢图赛音汗（指察珲多尔济）、额尔克岱青诺颜（指《阿萨喇克其史》作者善巴）也说话了。……还有，在九十一年前的猴年在塔喇尼河会盟上，因我们是独立的诺颜，国家大臣里委派了[我们的]斡纳海扎雅噶齐、土虎辉两个大臣，[此事]难道未记载于那个律令里吗？……"[7]根据这份文书，在火虎年（1686）的库伦伯勒齐尔会盟之前九十一年的猴年（丙申，1596），在塔喇尼河畔举行了会盟，会盟上为阿巴哈纳尔部委派了两个大臣，他们的名字分别为斡纳海扎雅噶齐和土虎辉，而且这事已记入"那个律令里"了。

1970 年，当时苏蒙学者在蒙古一座塔墟中发现了以蒙古文和藏文在桦树皮上书写的《桦

---

[1] 参考宝音德力根：《从阿巴岱汗和俺答汗的关系看喀尔喀早期历史的几个问题》，第 88 页。
[2] 清代汉文文献记素班第的名字为"素巴第"。据蒙古文档案和史籍，他名字叫 Subandi，故正确的音写为"素班第"。Subandi 的弟弟名叫 Ubandi（乌班第），可见将此人名字读作 Subadi（素巴第）是错误的。
[3] 祁韵士：《王公表传》，卷 61《喀尔喀扎萨克图汗部总传》，第 424 页。
[4] 中国第一历史档案馆、内蒙古大学蒙古学学院编：《清内阁蒙古堂档》，第 6 册，第 60 页。
[5] 中国第一历史档案馆、内蒙古大学蒙古学学院编：《清内阁蒙古堂档》，第 6 册，第 47 页。
[6] 善巴：《阿萨喇克其史》（Byamba-yin Asaraγči neretü [-yin] teüke），第 48 叶下。
[7] 中国第一历史档案馆、内蒙古大学蒙古学学院编：《清内阁蒙古堂档》，第 6 卷，第 49—53 页。关于这份文书的解读还请参考宝音德力根：《从阿巴岱汗和俺答汗的关系看喀尔喀早期历史的几个问题》，第 83—84 页；图雅、乌云毕力格：《关于猴年大律令的几个问题》，《内蒙古大学学报》（蒙古文版），2007 年第 1 期，第 105—109 页。

树皮文书》。1974 年，呼·丕凌列将《桦树皮文书》中的法律文书以抄本形式向学界公布。其中有一部律令叫做《猴年大律令》。这正是上文所指"那个律令"。《猴年大律令》前言这样写道："愿一切吉祥！……黄金家族之汗阿海、执政的哈坦巴图尔诺颜、达尔罕土谢图诺颜、岱青巴图尔诺颜、昆都伦楚琥尔诺颜、卓尔瑚勒诺颜、（后面罗列了各位诺颜的名字，此处省略——引者）大小诺颜为首，开始拟写大律令。此律令于猴儿年春末月，在塔喇尼河畔制定。"《猴年大律令》在谈到这次会盟上任命的各部执政大臣时提到："……七和硕执政的大臣有这些：汗殿下之和硕齐德勒格尔（以下人名，从略——引者）；哈坦巴图儿之固什浑津（以下人名，从略——引者）；珲津台吉之察纳迈、脱博齐图；翁牛特台吉之斡纳海扎雅噶齐、土虎辉……"[1]《猴年大律令》前言中提到的"此律令于猴年春末月，在塔喇尼河畔制定"这条记载和关于各部执政大臣的"翁牛特台吉之斡纳海扎雅噶齐、土虎辉"这条记载，与上引额尔克木古英台吉之奏折的内容完全一致。因此，从以上诸条史料中得出结论，塔喇尼河畔会盟毫无疑问是在猴年，即 1596 年举行的。

素班第称扎萨克图汗，是一件大事。这是喀尔喀左右翼势力优势发生变化的开端。根据《猴年大律令》的序言，这是一次全喀尔喀大小诺颜参加的重要的会盟。参加塔喇尼河会盟的有喀尔喀左右二翼 1 名汗 20 名台吉，以扎萨克图汗素班第为首，以其族兄弟哈坦巴图尔为副，尚未称汗的阿巴泰汗之子额列克（1578—?）则以"诺颜"身份居于第三位。阿巴泰可能死于 1588 年左右。他死后多年间该部未能选出汗，可见部内有乱，或至少人心不齐。素班第乘机填补喀尔喀万户的权力空白，在二翼大会盟上称汗。到了 17 世纪 30 年代，在第一代土谢图汗衮布和第一代车臣汗硕垒的经营下，左翼势力重振旗鼓。但是，素班第在清朝征服浪潮面前，以喀尔喀万户之主自居，与后金－清朝对抗，并迅速与卫拉特蒙古媾和，1639—1640 年初之间建立了著名的蒙古－卫拉特联盟（关于这个问题另文详述）。这又抬高了素班第在喀尔喀的地位。1650 年，素班第卒，不久喀尔喀右翼陷入内乱，接着蔓延成全喀尔喀混乱。这个混乱最终导致了喀尔喀降清，而在这个过程中土谢图汗得到清朝的保护，逐渐成为清代喀尔喀的最显赫的势力。

3. 硕垒称汗与车臣汗部的形成

喀尔喀三汗中，最后登场的是车臣汗。第一代车臣汗为硕垒。

格呼森札四子名阿敏都喇勒，子二：长子为道尔察海哈喇扎噶勒都固尔格其，无嗣子；二子谟啰贝玛，即硕垒生父。硕垒生于火牛年（丁丑，1577）。[2]阿敏都喇勒属于喀尔喀左翼，游牧地在克鲁伦河流域。硕垒作为家族的唯一男性代表，继承了家产，在其父身后成为喀尔喀七和硕之一的大首领。

最早记载硕垒政治活动的是前文提及的《桦树皮律令》。如 1614 年，硕垒就以"洪台吉"身份出现在左翼诸和硕的几次会盟上，有时被称作"达赖车臣洪台吉"[3]（"达赖车臣"为硕

---

[1] 呼·丕凌列：《有关蒙古和中亚国家文化与历史的两部珍贵文献》（Mongɣol ba töb asiy-a-yin oron-nuɣud-un soyol ba teüken-dü qolbugdaqu qoyar qobur sorbulji bičig），乌兰巴托，1974 年，第 59—60 页，64 页。参考图雅、乌云毕力格：《关于猴年大律令的几个问题》，第 105—109 页。

[2] 善巴：《阿萨喇克其史》（Byamba-yin Asaraɣči neretü [-yin] teüke），第 60 叶上；《大黄史》A 本，第 248 页。

[3] 乌云毕力格：《绰克图台吉的历史与历史记忆》，Quaestiones Mongolorum Dispotatae 1, Association for International Studies of Mongolian Culture, Tokyo, 2005，第 200—201 页。

衮称汗之前的号）。后来他在蒙古文档案中又被称作"达赖济农"[1]，可见硕垒在称汗以前已称"济农"了。1687年，土谢图汗察浑多尔济呈上康熙皇帝的一份奏折中，提到二翼大人物时写道："在这里，右翼有赉瑚尔汗、扎剌亦儿的乌巴锡洪台吉、别速特的车臣济农，左翼有瓦齐赖汗、绰克图洪台吉、达赖济农。"[2] 达赖济农就是硕垒。

上文提到的土谢图汗察浑多尔济呈送康熙皇帝的蒙古文奏折，论及了硕垒称汗的经过。其书云："自察哈尔和阿巴噶[二部]来了为数众多的逃人到达赖济农处，奉他为汗。车臣汗自感畏惧，对我父亲（指土谢图汗衮布——引者）说：'逃来的诺颜们拥戴我，称我为汗。不是我自封[为汗]。若让我作罢我便作罢。'我父汗说：'我不责怪，仍照旧行事。'遂使其照旧行事，汗号亦未曾取消，[车臣汗亦]凡事不违背我父汗的指令。"[3]

可以看得出，硕垒称汗与17世纪20、30年代的蒙古政局的变化有直接关联。林丹汗统治时期是蒙古历史上多事之秋。1616年，女真建洲部首领努尔哈赤建立了金国（1616－1636）。努尔哈赤父子极力经营蒙古各部，1619年和1624年分别与东蒙古的喀尔喀五部和嫩科尔沁部建立了反明朝、反林丹汗的政治军事同盟，把矛头指向了蒙古合罕——林丹汗。林丹汗针锋相对，采取了以武力统一蒙古各部的强硬政策，讨伐喀尔喀五部和嫩科尔沁，但均遭失败。到了1627年，喀尔喀五部和科尔沁与后金国结盟，甚至直属合罕的察哈尔万户左翼，即住牧西拉木伦河以南的兀鲁特、敖汉、奈曼等鄂托克都投附了后金国。尽失左翼蒙古诸部于女真人后，林丹汗做出了西迁的决定，准备以右翼蒙古为根据地，再反饬经营左翼诸部。这样，1627年林丹汗西征。西征结果，在1627—1628年间，右翼诸万户随之纷纷瓦解。就在此时，为了避免战乱，察哈尔的一些属部北入喀尔喀境内，投靠了硕垒达赖济农。所谓"察哈尔人逃民"，指的是察哈尔属部苏尼特、乌珠穆沁、浩齐特等。[4] 还有不少"阿巴噶部"人，即成吉思汗之弟别里古台后裔部落——阿巴噶、阿巴哈纳尔部人，同时投靠了硕垒。硕垒一时声势浩大，便称汗。根据车臣汗致林丹汗遗孀和后金国的文书，汗号的全称为"共戴马哈撒嘛谛车臣汗"（Olan-a ergügdegsen maq-a samadi sečen qaɣan）[5]，简称"马哈撒嘛谛车臣汗"或"车臣汗"。

1634年秋林丹汗死，硕垒致书合罕之遗孀太后、太子额尔克及诸臣。硕垒汗写给太后、太子的书曰："愿吉祥！共戴马哈撒嘛谛车臣汗谕太后、儿额尔克及哲勒谟达尔汉诺颜以下为首诸寨桑等：在先，执珲诺颜送还，言辞互敬，事业相与有成。在后，亦未尝不善。只因国乱，遂不相往来。夫我等素无怨恨也。自可汗升天，闻尔等全体来归，自秋以来即令探望。我等与尔汗为同宗，于尔等黎民为主上也，[尔等]应即来归。言及姻亲，太后乃我哈屯之妹。

---

[1] 乌云毕力格：《绰克图台吉的历史与历史记忆》，第200页。
[2] 中国第一历史档案馆、内蒙古大学蒙古学学院编：《清内阁蒙古堂档》，第6卷，第25页。
[3] 中国第一历史档案馆、内蒙古大学蒙古学学院编：《清内阁蒙古堂档》，第6卷，第25页。
[4] 《清太宗实录》卷26，天聪九年十一月癸未，中华书局影印本，车臣汗"及乌珠穆秦部落塞臣济农、苏尼特部落巴图鲁济农、蒿齐忒部落叶尔登土谢图、阿霸垓部落查萨克图济农等大小贝子"遣百三十余人"赍书来朝"。这个名单证明，归附车臣汗的是乌珠穆沁、苏尼特和浩齐特等部。满蒙档案中也有相关证据，这里不一一列举。
[5] 《清太宗实录》译成了"诸人拥戴马哈撒嘛谛塞臣汗"。"马哈撒嘛谛"，梵语原名为 Mahāsammatah，"大平等"之意。佛教著作中所说人类第一位首领叫做 Mahāsammatah rājā（"大平等王"之意），藏文译为 mang pos bkur ba rgyal po，蒙古文译为 Olan-a ergügdegsen qaɣan（"被众人拥戴的汗"之意），汉文有时音译为"摩诃三摩多"，有时意译为"大太平王"，还有时译为"大三末多王"（参见乌兰：《〈蒙古源流〉研究》，第77页）。硕垒取此汗号，充分显示了他宏达的政治抱负。

若欲他往，无论于国政、姻亲，为最亲近者乃我也。三思之，三思之。"[1] 从中可以看得出，硕垒和林丹汗关系非同一般。所以，躲避战乱的察哈尔属部理所当然地投靠车臣汗，而不到其他喀尔喀贵族那里。这事一方面成就了硕垒，另一方面在喀尔喀也引起了轩然大波，喀尔喀贵族们为了争夺逃人，掀起了内战，左翼有势力的洪台吉绰克图就因此被逐出喀尔喀。[2] 绰克图被驱逐后，1634年到了青海。林丹汗西迁，始于1627年底。他部众投奔喀尔喀车臣汗，最早应在1628—1629年间。根据这些事实可以判断，硕垒称汗的时间大致在17世纪20年代末30年代初。

硕垒称汗后，一方面敦促太后和太子举国北迁，投奔自己，另一方面还致书金国汗皇太极，宣布自己以皇族身份"守护着大玉宝玦"[3]，力图将蒙古汗廷迁至漠北，以保证蒙古合罕汗统的延续。硕垒车臣汗还热心支持土谢图汗的儿子作为一世哲布尊丹巴呼图克图坐床，1646年又引诱苏尼特部叛清北入喀尔喀，在决定蒙古历史命运的岁月里，采取了诸多举措。

概言之，17世纪20年代末30年代初，硕垒在蒙古政局发生重大变化之际，在乌珠穆沁、苏尼特、浩齐特等察哈尔旧部和阿巴嘎部民的拥戴下，被推举为"共戴马哈撒嘛谛车臣汗"，成为喀尔喀历史上的第一代车臣汗。

概言之，阿巴泰汗于1580年称"赛音汗"，喀尔喀始有汗号。1586年，阿巴泰汗被三世达赖喇嘛授予"佛法大瓦齐赉汗"号。阿巴泰孙衮布始称"土谢图汗"，土谢图汗部最后形成。喀尔喀右翼长赉瑚尔被阿巴泰汗立为汗。阿巴泰死后，左翼势力一度衰微，赉瑚尔汗之子素班第乘机扩大影响力，1596年在塔喇尼河畔举行的全喀尔喀贵族会盟上被推举为"扎萨克图汗"，成为第一代扎萨克图汗。硕垒称汗时间最晚，大致在1630年前后。硕垒称汗与17世纪20年代蒙古政局的混乱有密切关系。林丹汗属下的乌珠穆沁、苏尼特、浩齐特等部，为了避开战乱，投奔了林丹汗的盟友和连襟硕垒济农，与他的属下和阿巴哈纳尔等部一起，推举硕垒为"共戴马哈撒嘛谛车臣汗"。

这样，在喀尔喀形成了三个汗部，他们各自为政，各行其是，到17世纪70年代编纂《阿萨喇克其史》时，喀尔喀万户实际上不复存在了。

（二）17世纪中后期喀尔喀民族危机

喀尔喀三汗割据局面，导致了万户的瓦解。左右翼各大贵族们为了百姓、领地和财物，争权夺利，相互猜忌和攻伐，最终在17世纪中叶爆发了大规模的内乱。这个长达30年的内乱，以准噶尔汗国的侵入和喀尔喀被迫投附清朝的结果收场。

《阿萨喇克其史》成书的年代，正是喀尔喀内乱战火蔓延之时。下面我们探讨一下17世纪50年代至70年代喀尔喀内乱和清朝势力在喀尔喀的渗透，以及所有这些政治事件对喀尔喀史学思想的影响。

1. 17世纪中后期喀尔喀内乱

---

[1] 台湾故宫博物院编：《旧满洲档》，台北满文影印本，台北：1969年，第4292—4293页。汉译系笔者自译。
[2] 详见乌云毕力格：《绰克图台吉的历史与历史记忆》，第204—206页。
[3] 台湾故宫博物院编：《旧满洲档》，第4288页。"皇族"原文为 qayan törültü，"守护着大玉宝玦"原文为 qas yeke törü-yi qadayalaju sayunam。

喀尔喀三部形成后，土谢图汗部与车臣汗部构成喀尔喀左翼，扎萨克图汗部成为右翼。1650年代，扎萨克图汗部发生内讧，不久喀尔喀左翼也卷入，最终蔓延为整个喀尔喀内战。

关于喀尔喀内讧的情形，清朝内阁蒙古堂留下了十分珍贵的档案资料。1686年，清朝和达赖喇嘛敦促喀尔喀二翼在库伦伯勒齐尔会盟，但会盟以失败告终。此后，喀尔喀汗、济农、台吉们纷纷上书清廷，说明各自在喀尔喀的地位和内乱中的遭遇，于是形成了大量的文书档案。其中，土谢图汗察珲多尔济、达尔玛什哩诺颜和莫尔根济农等人的奏折比较全面地反映了内乱的发生和发展。宝音德力根根据这些档案，在《17世纪中后期喀尔喀内乱》一文[1]中对相关问题进行了精辟的论述。下面结合蒙古文档案资料，在宝音德力根研究的基础上对喀尔喀内乱做一概述。

17世纪50年代末[2]，扎萨克图汗诺尔布[3]和鄂木布尔德尼洪台吉[4]二人破败了额尔济根鄂托克。额尔济根鄂托克之主为格呼森札二子诺颜泰哈坦巴图尔之孙赛音巴特玛哈坦巴图尔。额尔济根鄂托克被克后，其多数诺颜率属民东奔喀尔喀左翼，投靠了土谢图汗察珲多尔济。察珲多尔济以赈济难民为由，把他们安插在己部，实际上吞并了额尔济根的大部分。为此，右翼扎萨克图汗等遣使达赖喇嘛，欲借达赖喇嘛法旨，从土谢图汗部收回逃人。达赖喇嘛先后派遣了阿克布钦布绰尔济和拉萨拉布占巴、噶布珠车登等到喀尔喀调解。察珲多尔济不得已归还了右翼的大部分人，但又传哲布尊丹巴呼图克图之命，让右翼在迈达哩呼图克图面前收集和安置逃人。

这时，扎萨克图汗诺尔布去世，其弟弟浩塔拉[5]继位，称扎萨克图汗。同时，和托辉特部首领罗卜藏也新立为汗[6]。在扎萨克图汗部，和托辉特自为一部，其领主自称"阿勒坦汗（黄金汗）"，素与扎萨克图汗有隙。在处理右翼内乱中额尔济根鄂托克的问题上，浩塔拉和罗卜藏产生了尖锐的矛盾。1662年，罗卜藏以浩塔拉继位未经七和硕诺颜允许为由，袭杀了新立扎萨克图汗浩塔拉，掠夺了扎萨克图汗麾下的斡勒忽努特鄂托克，引起了更大的乱子。于是，1664年，土谢图汗察珲多尔济等左翼贵族们与从扎萨克图汗部逃出的阿海岱青、达尔玛什哩等用兵罗卜藏，并立诺尔布长子旺舒克为扎萨克图汗。土谢图汗等以惩治右翼不法诺颜为名，掳掠了大量百姓，在左翼的右翼难民越来越多。1666年，卫拉特的僧格出兵罗卜藏，抓获其

---

[1] 载《明清档案与蒙古史研究》第1集，内蒙古人民出版社，2000年。
[2] 喀尔喀内乱发生的年代，据宝音德力根说。见宝音德力根：《17世纪中后期喀尔喀内乱》，载《明清档案与蒙古史研究》第1集，内蒙古人民出版社，2000年。
[3] 格呼森扎长子阿什海达尔汉珲台吉，巴颜达喇珲台吉的次子赉瑚尔汗，赉瑚尔汗长子素班第扎萨克图汗，其子诺尔布。
[4] 格呼森扎长子阿什海达尔汉珲台吉，其次子岱青霍图古尔，其长子硕垒赛音乌巴什珲台吉，其四子巴特马额尔德尼珲台吉，即鄂木布尔德尼洪台吉。
[5] 浩塔拉为尊号，本名衮布扎克冰图。见宝音德力根上引文。
[6] 扎萨克图汗部所属的硕垒乌巴什珲台吉及其子嗣鄂木布额尔德尼、罗卜藏等世代统治和托辉特部，以乌布苏湖为中心，自为一部。其首领的名字首次出现在1604年的俄国文献中，被称作"阿勒坦汗（黄金汗）"。先后有三代阿勒坦汗，控制着邻近地区和民族，并与俄罗斯频繁交往。尽管阿勒坦汗的势力范围广泛，但他仍隶属于扎萨克图汗。第一代阿勒坦汗硕垒乌巴什珲台吉，阿什海达尔汉次子岱青霍都古尔之长子；第二代为鄂木布额尔德尼洪台吉，第三代为其第四子罗卜藏。第三代"阿勒坦汗"罗卜藏延续其父祖对邻近地区的统治，多次以武力征服，并1657－1679年间与俄罗斯保持着互通往来关系。但是1662年（康熙元年）罗卜藏袭杀扎萨克图汗旺舒克，被土谢图汗为首的左翼封建主讨伐，逃往卫拉特。1682年（康熙二十一年）投服清朝，被封为扎萨克，"阿勒坦汗"号也随之废除。罗卜藏参加1696年讨伐噶尔丹战役，阵亡（详见若松宽：《阿勒坦汗传考证》，乌云毕力格译，载《清代蒙古的历史与宗教》，黑龙江教育出版社，1994年）。

本人及其家族。[1]

1666年旺舒克死，其弟成衮不立旺舒克子，在卫拉特准噶尔部首领僧格的支持下，自称扎萨克图汗。成衮继位后，向察珲多尔济索要额尔济根和斡勒忽努特二鄂托克在左翼的人口，遭到土谢图汗的拒绝。于是，察珲多尔济和成衮的矛盾趋于激化，察珲多尔济一直拒绝承认成衮为合法的扎萨克图汗。期间，达赖喇嘛先后两次派人调节，并承认成衮的扎萨克图汗之位。察珲多尔济不得已在1677年时才承认了成衮的合法性。但是，内乱并未结束。

喀尔喀内乱首先削弱了右翼势力，使左右翼进入敌对状态。经过诺尔布和鄂木布破败额尔济根鄂托克、罗卜藏执杀浩塔拉扎萨克图汗和掳掠斡勒忽努特鄂托克以及察珲多尔济、僧格等攻打罗卜藏等一系列事件，喀尔喀右翼的许多诺颜及其属民，或逃到左翼，或逃到卫拉特，扎萨克图汗部势力大大削弱。其次，喀尔喀内乱改变了喀尔喀—卫拉特势力对比。1666年，准噶尔首领僧格出兵罗卜藏，俘虏了罗卜藏及其家族，占有了札剌亦儿—和托辉特几千部众，并支持成衮成为扎萨克图汗。从此，喀尔喀右翼进入准噶尔首领僧格的控制之下，这就导致了日后喀尔喀右翼被僧格的继任者噶尔丹汗所控制。最后，喀尔喀内乱极大地削弱了喀尔喀政治力量，清朝在调节喀尔喀内部矛盾的过程中逐渐地渗透到其政治中。当喀尔喀内乱进一步发展为卫拉特和喀尔喀战争时，喀尔喀南下投靠了清朝。

2. 清朝势力在喀尔喀的渗透

1634年林丹汗逝世后，喀尔喀左翼硕垒车臣汗立刻遣使林丹汗遗孀囊囊太后和太子额哲额尔克孔果尔母子，劝他们举国北迁，期望将蒙古国统接到喀尔喀。同时，硕垒另写一书，委托出使喀尔喀的察哈尔使者，将书转交给天聪汗。书信以左翼车臣汗硕垒、土谢图汗衮布、车臣济农的名义写给天聪汗，称皇太极为"水滨六十三姓满洲国天聪汗"。关于蒙古情形，硕垒首先承认蒙古合罕（林丹）未能善治其国，但又称硕垒等合罕的同宗仍然"守此大宝"，即蒙古国政仍在大汗同宗手里。最后，硕垒顺便表达了与爱新国"互相通好，信使不绝"的愿望。即，在林丹汗以后的年代里，硕垒等蒙古国主愿意与爱新国和平相处。[2]

但不久，发生了所谓的土默特"鄂木布事件"。鄂木布为土默特部俺答汗四世孙，第四代顺义王卜失兔之子，当时为归化城土默特部首领。1632年（天聪六年），爱新国首克归化城时降服。由于位居明朝和喀尔喀中间的边界地带，土默特成为爱新国前哨阵地，爱新国方面对土默特特别是对其上层的举动极为敏感。1635年，正在呼和浩特养病的爱新国将军岳托得到了"博硕克图之子（指鄂木布——引者）遣往阿鲁部喀尔喀处，阿鲁部喀尔喀使者将与之同来"的密报。岳托立刻派人去堵截。果然，四名明朝使臣和百名喀尔喀人，随鄂木布使臣一同前来。从他们所携带之物，如驼、马、貂皮等物来看，这里的百名喀尔喀人，实际上是喀尔喀商队。他们得到鄂木布乳母之父毛罕的密报而返回。爱新国军队捕获毛罕所遣十人和明使四人，又擒乌珠穆沁部四十六人。乌珠穆沁部当时由硕垒统治，该商队无疑是车臣汗派来的贸易商队。这是硕垒汗与满洲人的第一次直接冲突。硕垒汗是想通过土默特与明朝贸易，但爱新国方面不许喀尔喀与明朝贸易。爱新国方面通过截获硕垒汗的商队，不仅控制了土默特部，而且控制了呼和浩特商道，车臣汗部与土默特间的贸易通道已被爱新国所截断。

在呼和浩特被岳托贝勒劫掠以后，于1635年（天聪九年）底，硕垒车臣汗等派百余人的使

---

[1] 若松宽：《阿勒坦汗传考证》，乌云毕力格译，载《清代蒙古的历史与宗教》，黑龙江教育出版社，1994年。

[2] 姑茹玛：《入清（1691）以前的喀尔喀车臣汗部研究》，内蒙古大学博士学位论文，第三节。

团前往盛京，献方物。这是硕垒汗乃至整个喀尔喀蒙古首次正式遣使爱新国。[1]硕垒汗自称为"成吉思汗黄金家族麻哈萨嘛谛塞臣汗"，但对天聪汗不敢再使用"水滨六十三姓满洲国汗"之称谓，而冠以"所向无敌的天聪汗"。硕垒首先承认了爱新国已占有部分蒙古，并对它们行使主权，同时表达了喀尔喀与爱新国"往来通问不绝，共守盟约不渝"，和平共处的愿望。天聪汗厚赏喀尔喀使臣，于次年初，遣卫寨桑率团出使车臣汗部。是年十一月，爱新国派往车臣汗的使臣卫寨桑等同喀尔喀使团一起抵盛京。喀尔喀使团由六名使臣率领，同来的还有一百五十六名商人。硕垒汗向天聪汗说明了与明朝贸易之原委，并表示将与之停止贸易的想法。二十六日，天聪汗后赏车臣汗使者卫征喇嘛等衣服、缎布，并遣察汉喇嘛率六十四人出使喀尔喀，厚赐车臣汗及众台吉大臣等。[2]

此后，车臣汗部与爱新国之间往来不断。1637年（崇德二年）八月，左翼汗、台吉遣使到盛京，商讨喀尔喀与满洲一同赴藏邀请达赖喇嘛之事。这一次，喀尔喀左翼另一首领土谢图汗也首次遣使与硕垒汗使者一同抵达盛京贡方物。[3]这样，在清朝入关以前，喀尔喀左翼和清朝保持睦邻关系，互通有无。

但需要指出的是，喀尔喀右翼则不同。扎萨克图汗素班第奉行了与爱新国—清朝对抗的政策，未与之建立和平关系。[4]在他的影响下，17世纪40年代喀尔喀与清朝的关系发生了重大变化。鉴于漠南蒙古并入清朝和清廷对喀尔喀蒙古和卫拉特蒙古的野心，喀尔喀右翼扎萨克图汗素班第于1640年召集喀尔喀和卫拉特贵族举行大会盟，决心协力抵抗清朝的威胁。[5]

1646年，喀尔喀左翼实际领袖车臣汗硕垒利用清朝军队与内地农民军和南明小朝廷激烈争战，一时无暇顾及北方草原的时机，策划了著名的"腾吉思事件"。腾吉思是苏尼特部首领，林丹汗时期归附硕垒，奉他为车臣汗，后来又率部降清。顺治三年（1646），在车臣汗的策动下，腾吉思叛清，率苏尼特部北入喀尔喀避居。清朝派军征讨，土谢图汗、丹津喇嘛、硕垒汗等两次领兵迎战[6]，但遭失败。此后，土谢图汗部二楚琥尔又掳掠漠南巴林蒙古人畜，清廷多次与土谢图汗、车臣汗和丹津喇嘛交涉。顺治四年五月，清廷谕丹津喇嘛："前苏尼特腾机思举国来归，尚格格，封王爵，恩养甚优。乃负恩叛去，因命德豫亲王以偏师追逐之。尔出师逆敌，致天降谴。我朝与尔素无嫌隙，而二楚虎尔掠我巴林，今尔如欲安生乐业，可将二楚虎尔所掠巴林人畜等物散失者，照数赔补，见存者，尽行送还，以驼百头、马千匹前来谢罪。傥能遵旨，及此未雨雪之前，即遣使全送，如不遵旨，可毋遣使。"[7]顺治七年（1650），迫于清廷的压力，喀尔喀左翼派使者求和。善巴的叔父察木查尔额尔德尼诺木齐作为土谢图汗部的使者来到到清廷。但是，喀尔喀与清朝的敌对局面仍未结束。顺治九年（1652），顺治皇帝又谕喀尔喀土谢图汗、车臣汗、丹津喇嘛等左翼贵族："尔等为四九牲畜来奏，辄言从前赏例太薄，再不来贡，又言逃人有在贝子、大臣讲和以前去者，有在后去者，逃人往来私行，何以称和等语。又朕曾遣使至尔处，迟至两月余，乃先令拜塔而后见尔等，种种违谬，朕故不复遣使。朕为天下主，尔乃弹丸小国之长，以方物来贡，朕酌量赏赉，即云微薄，亦宜奏请

---

[1] 冈洋树：《清代蒙古盟旗制度研究》（日文），东方书店，2007年，东京，第76页。
[2] 台湾故宫博物院编：《旧满洲档》，第5288—290页。
[3] 《清内秘书院档》，第一辑，"土谢图汗致崇德帝协商与卫拉特三方区邀达赖喇嘛之文"，第191页。
[4] 详见乌云毕力格：《喀尔喀扎萨克图汗素班第与清太宗的书信往来》，《西域研究》2008年第3期。
[5] 详见达力扎布：《1640年卫拉特—喀尔喀会盟的召集人和地点》，载达力扎布主编：《中国边疆民族研究》，第一辑，中央民族大学出版社，2008年。
[6] 《内国史院满文档案》，中国第一历史档案馆藏，顺治六年二月初七日。
[7] 《清世祖实录》，顺治四年五月乙巳。

增益，乃辄言赏例如前，则九畜不贡，尔等将欲构畔乎。且尔既不归我巴林人畜，为首贝子又复不至，尚何可言。若尽还巴林人畜，为首贝子前来，视同一国，誓言修好，始可候旨定夺。若不遵信誓而为此大言，是尔等终无诚心，不愿修好也。朕荷天眷，统一四海，尔弹丸小国逼处一方。慎勿恃道里辽远，听奸邪言词，以败和好。朕开诚相示，自古以来曲者曲，直者直，悉听天鉴。今尔速将所有我国人畜并额贡驼马，遣为首贝勒、贝子、大臣来觐则已，否则后悔，自贻伊戚，于朕无预，可亟详虑裁处，勿更延缓也。"[1] 可见，喀尔喀贵族们在顺治初中年，通过武力和外交各种手段，与清廷抗衡，力求自保。丹津喇嘛是喀尔喀左翼四大首领之一，他一直配合车臣汗硕垒和土谢图汗衮布多尔济与清朝抗衡。但是，喀尔喀在斗争中步步失利，尤其是在土谢图汗衮布多尔济、车臣汗硕垒和扎萨克图汗素班第等人去世后，喀尔喀贵族们不得不向清廷妥协。

到顺治十二年（1655），喀尔喀各部首领在清朝的巨大压力下，各遣子弟来朝乞盟。是年，清廷在喀尔喀设八大扎萨克，左、右翼各四人。"初定例，喀尔喀部落土谢图汗、车臣汗、丹津喇嘛、墨尔根诺颜、毕席勒尔图汗、鲁卜藏（罗卜藏）诺颜、车臣济农、坤都伦陀音此八扎萨克，每岁进贡白驼各一、白马各八，谓之九白年贡。"[2] 此八人为当时喀尔喀的八大首领，清廷不过予以确认。但此举意义重大，清廷实际上将设立喀尔喀大扎萨克之权弄到手里。此后，喀尔喀向清廷不断进九白之贡，清朝对喀尔喀政治的干预加剧。

接着，清廷利用喀尔喀内乱，组织举行库伦伯勒齐尔会盟，并通过任命新车臣汗继位，越来越多地直接干预喀尔喀内部事务。

在1677年编纂《阿萨喇克其史》之时，喀尔喀内乱战火蔓延，清廷的政治干预不断加剧。

二、书名、成书年代与内容结构

（一）书名与成书年代

1. 书名：本无书名

《阿萨喇克其史》的一种抄本入藏蒙古国立图书馆珍本库，这是目前所见唯一的传世孤本。本书封面本无书名，后人（根据字体即可判断为后人作为）根据该书内容为之题写书名为"Činggis-eče uqaɣantu toɣon temür kürtel-e mongɣol-un teüke"（《从成吉思到乌哈笃妥欢帖穆尔的蒙古史》）。[3] 又到后来，图书馆的工作人员为之再加标题"Asaraɣči neretü-yin teüke. 1677 on-du tüsiyetü qan ayimaɣ-un šamba jasaɣ jokiyabai"（《阿萨喇克其》，1677年土谢图汗盟善巴扎萨克著）。这个标题显然是1960年蒙古国学者呼·丕凌列院士研究确定该书的作者和成书年代以后所加（一说为他本人手迹）。

现在通用的《阿萨喇克其史》（Asaraɣči neretü-yin teüke）这个书名，是呼·丕凌列院士

---

[1] 《清世祖实录》，顺治九年十一月甲申。
[2] 《清世祖实录》，顺十二年十一月辛丑。
[3] 呼·丕凌列院士认为，该标题是当时蒙古人民共和国图书馆原馆长罗卜藏·胡尔查拟写的。

在1960年刊布该书时首创的。因为该书的跋中有这样一段话："ulam qoyitusi uqaqu-yin tula asarayči neretü teüke bolɣan bičibe. 为使后世了解[历史]，名叫阿萨喇克其者，编纂成史书。"所以，呼·丕凌列院士正确地指出，该书的作者为阿萨喇克其。从作者的这句话中看得出，作者未给自己的书起书名。这在过去是很正常的现象。

但是，前人对作者跋文中的上述那句话多有误会，因此误解了呼·丕凌列所起的书名本意。首先是前苏联学者莎斯基娜。她把"ulam qoyitusi uqaqu-yin tula asarayči neretü teüke bolɣan bičibe"这句话误译为"为了训导后世子孙，写成了名'救星'之史书。"[1] 她把作者"阿萨喇克其"误以为书名，故将其意译为"救星"。这样一来，作者名就变成了书名。接着是日本蒙古学家冈田英弘和森川哲雄。冈田的译文为："为了后生之觉悟，撰写为'名为慈氏的史书'。"他认为：asarayči是米勒佛的蒙古文名字，用藏文翻译就是byams pa。asarayči不是作者的名字，而是书名，所以称此书为Asarayči neretü-yin teüke不准确，"严格地说，应称之为Asarayči neretü teüke。"[2] 森川完全接受了冈田的观点。[3] 误会的不仅是外国学者。用蒙古文校注该书的巴·巴根也说，"占巴（即善巴——引者）用自己的名字命名了自己所写的史书。"[4] 接着，鲍音用汉文译注该书时，犯了同样的错误。他将此句错译为"为教诲后人撰此名曰《阿萨拉格齐史》焉。"[5] 他显然步巴根的后尘了。究其错误理解的原因，人们未能正确分析该句结构，将主语Asarayči neretü（名为阿萨喇克其者）误作了补语。在呼·丕凌列以后唯一正确理解和翻译的是德国学者堪佛。[6]

据以上研究，《阿萨喇克其史》本无书名，现在通用的书名为呼·丕凌列所加。但是，《阿萨喇克其史》并非像有些人错误理解的那样意为"名为阿萨喇克其（或救星、或慈氏）的史书"，而是包含着"名为阿萨喇克其的人所撰写的史书"之意。阿萨喇克其是善巴的别名，详见后文。

2. 成书年代

呼·丕凌列院士早已考证出，该《阿萨喇克其史》成书于1667年。呼·丕凌列的依据如下：

（1）《阿萨喇克其史》跋中有这样一段诗文（65v，15-25）："učirquy-a berke čidaɣči-yin sajin-i öglige-in ejen bolɣasad-un nersi: urtu nasutu tngri-eče inaɣsi döčin tabun üy-e bolqyi-dyr: ulabur sira moɣai jil-ün kerteg sarayin ider edür-e: ulam qoyitusi uqaqu-yin tula asarayči neretü teüke bolɣan bičibe（于遇缘难求佛教之诸施主之名列，长生天至四十五世之时，粉红色蛇年昴宿月祥和日，为使后世了解[历史]，名叫阿萨喇克其者，编纂成史书）。"

（2）本书记载额尔德尼召的部分（52v，27-29）中提到："ene süme bariɣsan-ača edüge arban

---

[1] 莎斯基娜：《十七世纪蒙古的编年史〈阿萨喇克其史〉》，余大钧译，《蒙古史研究参考资料》新编第32、33辑，1984年。
[2] 冈田英弘：《善巴著（丕凌列编）阿萨喇克其史——一部新发现的蒙古编年史》，《东洋学报》48-2，1960，第117-118页。
[3] 森川哲雄：《蒙古编年史》，白帝社，2007年，第262页。
[4] 巴·巴根：《阿萨拉格齐史》，民族出版社，1984年，第7页。
[5] 鲍音译注：《阿萨拉格齐蒙古史》，《昭乌达蒙古族师专学报》，1990年第2期。
[6] Hans-Rainer Kämpfe, *Das Asaraɣči neretü-yin teüke des Byamba Erke Daičing Alias Šamba Jasaɣ (Eine mongolische Chronik des 17. Jahrhunderts)*, p.131, Asiatishe Forshungen, Band 81, Otto Harrasowitz, Wiesbaden. H.-R.·堪佛：《善巴额尔克岱青扎萨克所著〈阿萨喇克其史〉——一部17世纪蒙古文编年史》，《亚洲研究》丛书第81卷，威斯巴登，第131页。

nigedüger-ün sayitur boluγsan γal moγai-dur yeren γurban jil bolbai（这座寺庙从建造到现在的第十一绕迥的火蛇年已经九十三年了）。"

本来，仅仅根据"粉红色蛇年"的记载不足确认该蛇年为公元何年。但是，根据第二个证据，该"粉红色蛇年"等于是额尔德尼召建造后第93年的火蛇年（丁巳）无疑。又据该书载，额尔德尼召建于乙酉年（1585）。93年以后的丁巳年就是公元1677年了。

3. 内容结构

《阿萨喇克其史》是一部编年史。全书不分章节。它的结构、内容如下：

第一部分是全书的"序"，交代了编纂目的，韵文体。

第二部分为成吉思汗的祖先（包括极其简略的印度和西藏帝王传承）和成吉思汗本人的历史。按照作者的观点，蒙古黄金家族的历史始于孛端察儿，故自孛端察儿以后的记载逐渐趋于详细。该部分的重点是成吉思汗的历史，比《元朝秘史》和罗藏丹津《黄金史》简略得多。

第三部分为自窝阔台合罕，经贵由、蒙哥、忽必烈及元代诸帝，到元顺帝妥欢帖穆尔的历史。内容极其简略。

第四部分为从北元昭宗到答言合罕的历史。

第五部分为答言合罕第一至第十子世系。记载比任何17世纪蒙古文史书都详细。

第六部分为喀尔喀简史及答言合罕幼子格哷森札后裔世系。内容相当丰富。

第七部分为跋，韵文体。

笔者根据《阿萨喇克其史》的以上内容结构，在译注时将其分为"序"、"跋"和第一至第五卷7个部分。但是，为了保留本文的原貌，在罗马字转写部分中不分卷，照原文每叶每行转写，并在书后附了原文影印件。

三、作者姓名、家世及其前半生

（一）作者：善巴，又名阿萨喇克其

《阿萨喇克其史》两次明确交代了该书的作者。

第一次，是在《阿萨喇克其史》第57叶正面有以下记载："aldarsiγsan nom-un ejen-ü köbegün yeldeng dügürgeči čoγtu ildüči: dayičing qosiγuči: čamčar erdeni nomči: mergen dayičing: čing čoγtu toyin boluγsan-u qoyin-a lubsang toyin: erdeni dayičing: gürüsgib erke aqai: yeldeng dügürgegči-yin köbegün tobajab erdeni yeldeng noyan: kabču tngri toyin: bi öber-iyen byamba erke dayičing: šambadar čoγtu aqai。著名的诺扪罕的儿子伊勒登都尔格齐、绰克图伊勒都齐、岱青和硕齐、察木查尔额尔德尼诺木齐、墨尔根岱青、青绰克图出家后称罗卜藏陀音、额尔德尼岱青、固噜斯齐布额尔克阿海。伊勒登都尔格齐的儿子是图巴札布额尔德尼伊勒登诺颜、噶布珠腾格哩陀音、我自己是善巴额尔克岱青、善巴达尔绰克图阿海。"这里，作者明确指出本书作者是"善巴额尔克岱青"。

第二次，作者在《阿萨喇克其史》的跋诗中还提到，"ulam qoyitusi uqaqu-yin tula asaraγči neretü teüke bolγan bičibe. 为使后世了解[历史]，名叫阿萨喇克其者，编纂成史书。"

过去研究者们都曾指出，善巴和其他清代蒙古文人一样，在自己著作中不直书其名，而以自己藏文名的蒙古文翻译暗示了作者（"阿萨喇克其"，译成藏文叫 byams pa，按照蒙古人的读音规则，这个藏文词可音译为"善巴"、"津巴"、"占巴"等）。

其实并不这样。事实是，善巴当时就有两个名字，一为善巴，另一个为阿萨喇克其，词意相同，但前者为藏语，后者为蒙古语。在十分正式的场合，该人曾使用过其蒙古语名字。新近影印出版的《清朝内阁蒙古堂档》所收善巴的蒙古文呈文证明了这一点。比如，他在康熙三十四年（1695）写给哲布尊丹巴呼图克图的呈文中称："blam-a-yin gegen-e, giyün wang asaraγči erke daičing-un ayiladqal[哲布尊丹巴呼图克图]喇嘛明鉴。郡王阿萨喇克其额尔克岱青呈奏。"清朝内阁蒙古房为该文书加的题目为"郡王善巴的回呈"。[1]这里善巴将自己的名字写成了"阿萨喇克其"，当时处理这些文书的清朝官员们清楚地知道他就是善巴。可见，阿萨喇克其不是善巴的"笔名"，而是当时被人广为知晓的常用名。

善巴又名阿萨喇克其这一事实有力地证明，作者善巴写在《阿萨喇克其史》跋诗中的"asaraγči neretü teüke bolγan bičibe"这段话，不是像莎斯基娜、冈田等学者主张的那样是"编写成名为救星（慈氏）的史书"，而是丕凌列最初主张的那样，是"名叫阿萨喇克其者，编纂成史书。"

据此断言，该书的作者为善巴，此人姓名同时叫善巴或阿萨喇克其。

（二）作者家世：答言合罕后裔、护法世家

善巴是成吉思汗裔、蒙古"中兴之主"答言合罕六世孙，博尔济吉特（元代作孛儿只斤）氏。根据《阿萨喇克其史》、《大黄史》、《王公表传》等诸书记载，自答言合罕以降，善巴的世系如下：

第一代：答言合罕；
第二代：答言合罕十一子格哷森札（Geresenje），号札剌亦儿珲台吉；
第三代：格哷森札三子诺诺和(Noγonoqu)，号伟征诺颜；
第四代：诺诺和四子图蒙肯(Tömengken)，号赛因诺颜；
第五代：图蒙肯次子丹津喇嘛(Danjin blam-a)，号诺扣罕；
第六代：丹津喇嘛长子塔斯希布（Taskib），号伊勒登都尔格齐；
第七代：塔斯希布的三子善巴（阿萨喇克其, Byamba/Asaraγci），号额尔克岱青。

善巴出身的诺诺和家族在喀尔喀左翼乃至全喀尔喀历史上都具有重要地位。该家族的历史对善巴的学识和思想行为有直接的影响。

诺诺和的长子是赫赫有名的阿巴泰汗，一度成为喀尔喀万户的首领，他首先皈依了藏传佛教格鲁派，在呼和浩特谒见了三世达赖喇嘛索南嘉措，得"佛法大瓦齐赉汗"号。其三子图蒙肯，即善巴的曾祖父，也是喀尔喀著名的格鲁派护法王。《游牧记》载，"初，喀尔喀有所谓红教者，与黄教争。伟征诺颜诺诺和第四子图蒙肯尊黄教，为之护持。唐古特达赖喇

---

[1]《清朝内阁堂档》，第13卷，第423页。

嘛贤之，授赛因诺颜号，令所部奉之视三汗。"[1]根据蒙古文档案史料，赛因诺颜家族的这样崇高地位世代相传。图蒙肯之玄孙诺颜伊刺古克三呼图克图的奏折（1691年）说："古昔，赛因诺颜有子十三，其一为伊勒登和硕齐。他的儿子是我。在喀尔喀，葛根（指哲布尊丹巴——引者）、喀尔喀三汗、善巴岱青诺颜为首大小诺颜大加扶持，叫我位在扎萨克之上如三汗之例，允许我虽无汗号仍照三汗例行走。"[2]据说，图蒙肯是喀尔喀蒙古贵族中最先赴西藏朝觐礼佛的人。他朝觐的时间为1617年，即四世达赖喇嘛云丹嘉措圆寂的第二年。当时，藏巴汗禁止达赖喇嘛转世，格鲁派处于危机之时。图蒙肯和土默特人联军进藏，保护格鲁派，建立云丹嘉措的银舍利塔，返回时迎请四世达赖喇嘛的法帽到喀尔喀供养。四世班禅喇嘛授予他"昆都伦楚琥尔"的名号。[3]图蒙肯去世后，经四世班禅确认，图蒙肯的"转世"成为喀尔喀一世札雅班第达罗藏呼·丕凌列。札雅班第达葛根是喀尔喀三大活佛系统之一。

善巴的祖父丹津喇嘛，图蒙肯次子。丹津喇嘛五次赴藏，给达赖喇嘛和班禅额尔德尼以及格鲁派四大寺以莫大的布施，在蒙古建立寺庙，从五世达赖喇嘛那里得到了"诺扪汗"称号。他还资助一世札雅班第达呼图克图罗藏丕凌列赴藏学佛。丹津喇嘛在喀尔喀宗教界具有重大影响。[4]

丹津喇嘛时期，清朝和喀尔喀关系一度恶化。1646年，发生了"腾吉思事件"。清朝派军征讨北入喀尔喀的苏尼特腾吉思部，土谢图汗、丹津喇嘛、硕垒汗等两次领兵迎战，但遭失败。此后，土谢图汗部二楚琥尔又掳掠漠南巴林蒙古人畜，清廷多次与土谢图汗、车臣汗和丹津喇嘛交涉。喀尔喀在斗争中步步失利，最终不得不向清廷妥协。到顺治十二年（1655），喀尔喀各部首领在清朝的巨大压力下，各遣子弟来朝乞盟。是年，清廷在喀尔喀设八大扎萨克，左、右翼各四人。其中，左翼四扎萨克为：土谢图汗察珲多尔济、墨尔根诺颜、丹津喇嘛和巴布车臣汗。

丹津喇嘛死后，其长孙额尔德尼伊勒登继任扎萨克。下面将提到，额尔德尼伊勒登和他的祖先一样，也很热心于弘扬佛法事业，曾经用金粉缮写过《甘珠尔经》。

善巴是在他兄亡故后成为这个家族的首领。

纵观善巴家族史，他们家族有以下两个特点：一，该家族在喀尔喀历史上，尤其是在左翼历史上具有重要地位，是颇具势力的一支政治势力。二，该家族以崇佛为传统，某种意义上讲，该家族势力就是依靠藏传佛教格鲁派最高领袖达赖喇嘛的眷顾发展起来的。他们不仅与西藏格鲁派关系密切，而且与喀尔喀宗教领袖哲布尊丹巴呼图克图和著名的札雅班第达活佛系统有千丝万缕的关系。因此，善巴从小有条件受到良好的教育。他有条件学习蒙藏文，也有条件广泛接触蒙古编年史著作和西藏佛学与史学著作。这对他日后纂修《阿萨喇克其史》创制了条件。

（三）善巴的前半生

迄今为止，人们对善巴的前半生一无所知。善巴的史书问世于1677年，对其史书产生影响的是他的前半生，而不是后半生。

---

[1] 张穆：《蒙古游牧记》，卷8。
[2] 《清朝内阁蒙古堂档》，卷9，第558－559页。
[3] 参见若松宽：《札雅葛根事迹考》，载《清代蒙古历史与宗教》，哈尔滨：黑龙江教育出版社，1993年。
[4] 以上参见若松宽：《札雅葛根事迹考》。

在清代官修史书中，丹津喇嘛死后谁继他成为扎萨克，记载有些混乱。但这个问题与善巴的前半生经历有直接关系。根据《王公表传》善巴传，善巴于康熙六年（1667）袭扎萨克，遣使通告清廷后，获"信顺额尔克岱青"（蒙古语 Itegeltü nayirtu erke dayičing，满语为 Akdun dahashūn erke daicing）称号。但在该书《赛因诺颜部总传》中记载，康熙三年（1664）丹津喇嘛死，其子塔斯希布袭，旋即死去，于是善巴继其成为扎萨克，与善巴传记载相左。

根据内秘书院档案，《王公表传》的两种记载均属误载。康熙八年（1669）八月五日，康熙皇帝遣使喀尔喀左翼，赏赐车臣汗、岱青台吉、昆都伦托因、车臣济农、土谢图汗和丹津喇嘛六人。[1]这说明，直到1669年秋天丹津喇嘛仍在世。

实际上，《王公表传》不仅误载了丹津喇嘛去世的年代，而且还混淆了善巴及其长兄。据清代内秘书院蒙古文档案，在康熙九年十一月十四日（1670年12月25日），康熙帝颁诰命于丹津喇嘛长孙额尔德尼伊勒登诺颜。诰命中说："(sdanjin blam-a) önggeregsen-ü qoyin-a, erdeni ildeng noyan čimayi itegel-tü nayir-tu erdeni ildeng noyan čola ergübe.（丹津喇嘛）去世后，赐尔额尔德尼伊勒登诺颜以信顺额尔德尼伊勒登诺颜名号。"[2]据此，丹津喇嘛死于康熙九年（1670），是年清廷赐其长孙额尔德尼伊勒登以"信顺"名号。这说明，丹津喇嘛死后，其长孙袭扎萨克，故清廷有此举措。这也说明，丹津喇嘛子塔斯希布并没有继任扎萨克，可能先于其父亡故。但是，额尔德尼伊勒登对清朝没有功劳，在清朝并不知名。《王公表传》的作者们在撰写善巴传记时，有意无意地将其事迹按在了善巴的头上。

事实是，善巴很晚才继承了他长兄的"信顺"名号，继而成为扎萨克。据《清朝内阁蒙古堂档》载，康熙十七（1678）年九月额尔德尼伊勒登诺颜还以"信顺额尔德尼伊勒登诺颜"的名义奏疏康熙皇帝，因为他以金粉缮写《甘珠尔经》已经完成，请求清廷赐给包裹经卷的蟒缎和制作供奉器皿的白银。[3]康熙二十年（1681），额尔德尼伊勒登的夫人以"信顺额尔德尼伊勒登诺颜福晋"名义上书康熙皇帝，请求为他亡夫善后提供帮助。[4]可见，额尔德尼伊勒登死于是年。接着，康熙二十一年（1682）七月初四日，康熙皇帝给喀尔喀汗王诸台吉的敕书中不再见到额尔德尼伊勒登，取而代之的是其弟额尔克岱青，即善巴。[5]值得注意的是，当时康熙皇帝给善巴的敕书仍称之为"喀尔喀额尔克岱青诺颜"[6]，而未称"信顺额尔克岱青"。清内阁蒙古房满蒙古文档案明确记载，善巴正式继承其长兄的"信顺"名号，时间在康熙二十一年十一月十九日。"为喀尔喀信顺额尔克岱青诺颜更授敕书事，侍读学士白哩、主事莽吉图等报于大学士勒德浑、明珠、内阁学士萨海、鄂伦岱、席柱、喇巴克、王守才等。此乃理藩院已上奏请旨事，不必再奏，授之。等语。康熙二十一年十一月十九日。"[7]所谓"更授敕书"，指的是将为额尔德尼伊勒登授"信顺"名号的敕书换给善巴之事。毫无疑问，善巴受"信顺"名号和成为丹津喇嘛家族代表的时间迟在1682年。《王公表传》之"善巴传"不足为信。

关于善巴1677年以前的事情，蒙古文档案中仅见一处记载。康熙二十一年（1682），理藩院派使者到喀尔喀各汗诺颜处，其中还包括善巴。理藩院对使臣鄂齐尔说："我院自康熙十三年至十五年（1673—1675）将逃人情况一一写明后遣书[于额尔克岱青诺颜]。他几年不回

---

[1]《清朝内秘书院蒙古文档案汇编》，第7册，第188—198页。
[2]《清朝内秘书院蒙古文档案汇编》，第7册，第316页。
[3]《清朝内阁蒙古堂档》，第1卷，第552页。
[4]《清朝内阁蒙古堂档》，第2卷，第344页。
[5]《清朝内阁蒙古堂档》，第3卷，第31页。
[6]《清朝内阁蒙古堂档》，第3卷，第31、67页。
[7]《清朝内阁蒙古堂档》，第3卷，第152页（蒙古文）、358页（满文）。

一书，亦不查逃人。"[1] 可见，善巴当时虽然不是扎萨克，但作为部内的诺颜，管辖自己的属民。而且，当时的善巴并不热心于同清朝的合作。

那么，1682年善巴成为丹津喇嘛家族首领之前，他有过什么活动，档案资料和史书中没有留下记载。但根据他丰富的蒙藏文知识和1677年完成《阿萨喇克其史》撰写工作的事实，可以肯定，善巴前半生的主要内容为读书和写书。

1682年其长兄额尔德尼伊勒登去世后，他才被推到政治舞台上。但不幸的是，当善巴步入喀尔喀政坛后不久，噶尔丹博硕克图汗袭来，他被迫背井离乡，投靠了清朝。后来在清朝屡建战功，先后被封为多罗郡王（康熙三十年，1691）、和硕亲王（康熙三十五年，1696）[2]。但这是后话，与《阿萨喇克其史》的创造没有关系。

（四）《阿萨喇克其史》纂修目的与作者思想倾向

以往研究者对善巴颇多微词，前蒙古人民共和国和前苏联学者持有批判的态度。1960年呼·丕凌列公布该书时，就强调善巴是封建主阶级代表和亲满派。1961年，苏联学者莎斯基娜在《十七世纪的蒙古编年史〈阿萨喇克其史〉》一文中提到，"善巴是十七世纪的典型封建主。作为封建主编年史家，他恪守了本阶级的传统。""在编年史作者所写的林丹汗的记载中，流露出了他的亲满情绪。善巴只字未提林丹汗的反满斗争。"[3] 蒙古国学者沙·比拉的言辞更加尖锐。他写道："图蒙肯十三子中的第二子——丹津喇嘛是阿萨拉格齐的祖父。丹津喇嘛为亲满派，曾不止一次派使者觐见顺治皇帝，顺治皇帝也以使者、信件、礼品与之往还。当喀尔喀立了八个统治人物——扎萨克时，丹津喇嘛便是其中之一。……史料记载称，他于1667年继承父位，被封为扎萨克。阿萨拉格齐保持了祖父的亲满倾向。满清皇帝玄烨以荣誉称号赐予他以为奖励，最初封他为信顺额尔克岱青，后封他为扎萨克亲王。从史料中可以看到，他是满洲人占领喀尔喀蒙古前即已完全亲满的喀尔喀封建主之一。他不仅与玄烨保持积极的联系，而且还千方百计地帮助玄烨同卫拉特之噶尔丹进行征战。……如此看来，该史书的作者是喀尔喀封建上层中在满洲人尚未征服喀尔喀之前即已公开与异族人合作并反对西部同胞——卫拉特封建主的一个代表人物。"[4]

当然，这些学者的论点都有特殊的时代背景和浓厚的意识形态色彩，我们不应以今天的眼光苛求他们。但有两点需要指出。其一，迄今为止所有的研究者们都仅利用了清朝官修史书——《王公表传》、《朔漠方略》和《清实录》，其中有不少错谬记载。他们把善巴的政治活动和与清朝的关系从康熙六年（1667）开始写起，这根本就是错误的。其二，前人无一例外地犯了一个技术性错误，那就是以善巴自17世纪80年代至18世纪初（1707）的事迹来论述他的一生，在他后半生的活动中去寻找《阿萨喇克其史》的思想倾向。这不仅是徒劳的，而且根本就是荒谬的。比如，沙·比拉在讲述了善巴后半生的历史后，困惑不解地写道："然而值得指出的是，尽管作者的政治立场与本国民族利益格格不入，但是他的史著却是蒙古编年

---

[1] 《清朝内阁蒙古堂档》，第3卷，第282页。

[2] 《清圣祖实录》，康熙三十年五月戊子；三十五年六月甲午。

[3] 莎斯基娜：《十七世纪蒙古的编年史〈阿萨喇克其史〉》，余大钧译，《蒙古史研究参考资料》新编第32、33辑，1984年。

[4] Sh·比拉：《蒙古史学史（十三至十七世纪）》，陈弘法译，内蒙古教育出版社，1988年，第246—247页。

史中不受亲满情绪支配的一部书。至于为什么作者的政治活动没有影响到他这部作品的思想内容，实在难以作出解释。"[1]其实很容易解释，因为善巴当时根本就不是什么"亲满派"。

实际上，"亲满派"论点是在特殊的意识形态环境下对靠不住的史料进行不正确的分析后得出的。如前所说，喀尔喀右翼一贯地奉行与清朝对抗政策。左翼则自1635年以后奉行了与清朝保持睦邻关系的政策，但自1646年以后又采取了武力抵抗的战略。"腾吉思事件"与围绕"二楚琥尔掳掠巴林人畜"问题的争执就是实证。迫于形势，喀尔喀左翼的对清政策较为灵活，但这些贵族中不存在什么"亲满派"。不必特别抬出丹津喇嘛作"亲满派"代表，丹津喇嘛一直与车臣汗与土谢图汗统一行动，在腾吉思事件中武力抵抗清军，在二楚琥尔事件中与清廷抗衡。因此，清廷一再遣使斥责车臣汗、土谢图汗、丹津喇嘛等左翼贵族。顺治初年，喀尔喀与清廷关系缓和，各汗王均示弱求好，这并非丹津喇嘛一人作为。

善巴本人更不是什么"亲满派"人物，他在著书立说的同时管辖自己的属民，而1673—1675年间清廷遣书敦促他归还从漠南逃入其辖内的逃民，善巴采取不闻不问的态度。1681年，善巴兄死，他于次年继任扎萨克，步入喀尔喀政坛。不久在准噶尔汗国的进攻面前，喀尔喀溃败，善巴逃入漠南蒙古境内。全喀尔喀接受了清朝的庇护，喀尔喀贵族们与清军一道抵抗噶尔丹汗的侵略。善巴不是唯一或少数与清朝合作的人之一。17世纪80年代以后的善巴的思想、立场不可能不变，但这种变化恰好说明，他在此以前曾有另一种思想和立场。

那么，善巴纂修《阿萨喇克其史》时候的思想和立场是什么样的呢？在回答该问题时，《阿萨喇克其史》所包含的相关信息就是最好不过的史料了。

如翻阅善巴所写这部史书，其"序"以对成吉思汗黄金家族的祝福开篇，而其"跋"仍以同样的内容收篇。该书一开始就写道："顶礼上师！依无比三宝之神力，依护佑密乘本尊之神通，依伟大护法诸神之法力，依赖种种福荫，愿繁衍生息吧，黄金家族！"而"跋"的最后一句为："承蒙增持之杭爱山的吉祥，愿兀鲁思和部众聚满世间！依靠无量导师圣宗喀巴，信仰无异于吉祥圆满化身之金刚度母的怙主喇嘛，无离坐定在彰显本尊之威仪里，愿达不离不弃的二次第之终点，黄金家族之全体！"从中可以读到作者的美好愿望——祝愿蒙古黄金家族繁衍生息，蒸蒸日上。在喀尔喀内乱连年、民族危机加深的背景下，善巴表现出如此强烈的愿望，是事出有因的。

关于编写该书的目的，作者指出："虽将圣主成吉思合罕的子孙称作天子者多，但深入探究详细叙述者甚少。为了在他人询问时使糊涂人弄明白，以孛儿只斤氏为主将[历史]叙述到现在。""达赖喇嘛所著《圆满史》一书间接引用了[一段]比喻："《郎氏麟卷》云：人如果不了解自己的族源，好比森林中的猴子。人如果不知道自己的姓氏，好比假的绿宝石雕龙。[人]如果永世不了解有关祖先事迹的史书，好比丢弃[自己]孩子的门巴人。""贵人需要美名荣誉，事业需要圆满目的，大人需要高贵名分。""遵照这样的法旨，为了使当今不懂得[历史]的人了解[历史]，并希望[我们的]子孙读后继续写下去，将[史事]概括叙述，撰为此史。""收服了五色之国，英武男子成吉思合罕；引万众皈依佛法享利乐业者，四十万[蒙古]之忽必烈薛禅合罕；把悲兮哀，失大朝政教于汉人，不聪慧而名为惠宗的合罕；教法广布喀尔喀国，秉持政教的阿巴泰赛音汗。……为使后世了解[历史]，名叫阿萨喇克其者，编纂成史书。"

这些话的内容可以这样概括：善巴认为，人类不能不知道自己的族属和姓氏，不能不了

---

[1] Sh·比拉：《蒙古史学史（十三至十七世纪）》，陈弘法译，内蒙古教育出版社，1988年，第246—247页。

解自己祖先的历史。蒙古人虽然都说成吉思汗及其子孙是天子，但很少有了解者。所以，他为了使人们了解蒙古黄金家族的历史，也为了子孙后代将其继续写下去，编纂了这部史书。此外，善巴提到了成吉思汗的帝国霸业、忽必烈皇帝的政教事业、元顺帝的误政失国和阿巴泰汗的政教二道，他是要总结历史，并"为使后世明白"历史，所以撰写了这本书。在当时的内外形势下，善巴作《阿萨喇克其史》的目的显然是为了唤起本民族的自豪感，总结民族历史的得与失，并要告诫那些"糊涂人"和后世之人。

如果仔细分析《阿萨喇克其史》的一些段落，人们会发现，善巴是多么热衷于维护和歌颂蒙古"黄金家族"的。这与他的撰写此书的目的紧密相关。试看一二例子。

16 世纪藏传佛教传入蒙古以后，"印藏蒙同源说"盛行一世，蒙古僧人把藏文典籍记载的西藏止贡赞普的三个儿子的名字改写为孛啰出、失宝赤和孛儿帖赤那，并杜撰出《蒙古秘史》所记载的成吉思汗远祖孛儿帖赤那为止贡赞普幼子的传说。善巴心里反对这个说法，虽然被迫于当时的习惯，他还是叙述了孛儿帖赤那来自藏王家族的故事，但用"据说"一词标明了自己的不信任。他简短叙述该传说后，特意写了一句，这位藏王与蒙古妻子所生的后裔"据说是"成了后来的蒙古氏族。以往研究《阿萨喇克其史》的学者们对善巴此举赞赏有加，予以充分肯定，认为是一个进步现象。其实，善巴此举另有目的。善巴生长在喀尔喀护法世家，他兄弟和他本人都具有虔诚的佛教信仰，这从其长兄用金粉缮写《甘珠尔经》的事实和他所著《阿萨喇克其史》的前言后语以及该书中对元代历代帝师和蒙古佛教的记载中可以清晰地看到。他否认"印藏蒙同源说"的理由和原则，不是其他，而仅仅是为了说明成吉思汗是"天之子"。就像他自己在该书的序言中所说，"虽将圣主成吉思合罕的子孙称作天子者多，但深入探究详细叙述者甚少"，他立志要做到这一点。

出于这样的目的，善巴开创了"成吉思汗的始祖为孛端察儿"的说法，这与《蒙古秘史》的传统不同。善巴在《阿萨喇克其史》中改写《元朝秘史》以来的史书记载，说阿阑豁阿"感光而生"的儿子只有一个人——孛端察儿，意在说明，只有孛儿只斤家族是"天子"后裔。据《元朝秘史》和罗藏丹津《黄金史》载，朵奔篾儿干在世时，其妻阿阑豁阿生了两个儿子，名叫不古讷台、别勒古讷台。朵奔篾儿干死后，阿阑豁阿又生了三个儿子，他们分别叫做不忽合答吉、不合秃撒勒只与孛端察儿。[1] 佚名《黄金史》的记载与此不同：朵奔篾儿干在世时生了不忽合答吉思、不合赤撒勒只两个儿子，他们分别成为合答斤氏和撒勒只兀惕氏。朵奔篾儿干死后，阿阑豁阿又生了别克帖儿、别里哥台、孛端察儿三子。[2] 善巴《阿萨喇克其史》在原则上遵循了佚名《黄金史》这类史书的说法，但在细节上也有所不同。善巴对《元朝秘史》提到的不古讷台、别勒古讷台只字不提，并把不忽合答吉、不合秃撒勒只二人说成是朵奔篾儿干的儿子；善巴也不提别克帖儿、别里哥台这两个人。这样一来，在善巴笔下，只有孛端察儿才是"感光而生"的天子。善巴故意做出这样的安排，目的是为了说明，只有蒙古黄金家族孛儿只斤氏的祖先孛端察儿才是天子，而他的两个兄弟（无论他们是不忽合答吉、不合秃撒勒只还是别克帖儿、别里哥台）不是"感光而生的"。所以，善巴一反不记载孛儿只斤以外氏族起源的做法，特别提到，"不忽合答吉的子孙成为合答斤氏，不合赤撒勒只的子孙成为撒勒只兀惕氏。"然后又明确指出，"孛儿帖赤那的子孙从此分出支派。[如此]似乎没有考证出蒙古诺颜们的祖先为孛儿帖赤那。"如果按《元朝秘史》的说法，不忽合答吉、不合赤

---

[1] 《元朝秘史》，17 节；罗藏丹津《黄金史》，第 6 页。
[2] 朱风、贾敬颜汉译：《汉译蒙古黄金史纲》所附蒙古文文本，内蒙古人民出版社，1985 年，第 138—139 页。

撒勒只二人也是阿阑豁阿"感光而生"的,那么,他们的子孙合答斤、撒勒只兀惕也都应该是天子后裔。善巴绝对不同意这个说法。他认为,天子只有一个人,那就是孛端察儿,不忽合答吉、不合赤撒勒只二人是朵奔篾儿干的儿子,孛儿帖赤那的后裔。所以,善巴认为,孛儿帖赤那的后裔变成了合答斤氏和撒勒只兀惕氏,蒙古皇室的诺颜们与他们无关。为了提高他这一说法的权威性,善巴特别引用藏文名著《青史》尤其是五世达赖喇嘛的《青春喜宴》中的"感日月之光所生的孛端察儿蒙合黑"的记载。

《蒙古秘史》与罗藏丹津《黄金史》等史书还记载,朵奔篾儿干的两个儿子曾经背着他们的母亲议论,这三个弟弟是否为家人马阿里黑伯牙兀惕之子。善巴没有记载此事,其原因必定是为了"证明"天子孛端察儿生身之母阿阑豁阿的圣洁,其实质还是为了捍卫黄金家族的威严和名声。按常人之理,阿阑豁阿家里没有其他男人的情况下,家里增添了三个孩子,在家里行走的马阿里黑伯牙兀惕自然而然就有嫌疑。善巴不提此人,是不想让人们就孛儿只斤氏的来历说三道四。

此外,还有关于也速该娶诃额伦的记载。《元朝秘史》和罗藏丹津《黄金史》都记载,也速该是将诃额伦从篾儿乞惕的也客赤列都手里抢来的。但是,善巴虽然移录了这个史事,但特意写了一笔:"据说,这就是也速该把阿秃儿娶诃额伦的经过"。看得出,善巴不愿意说也速该是把诃额伦抢来做妻子的。他用"据说"这个词间接表达了不确定性。在17世纪蒙古文化背景下,善巴可能认为抢婚习俗不那么光彩。

以上种种表明,善巴大力鼓吹成吉思汗及其"黄金家族"的神圣性,坚决捍卫他们的荣誉,呼唤蒙古人的自豪感。在喀尔喀面临空前的民族危机之时,善巴作为中世纪蒙古贵族文人,以史书为工具,为本民族的利益大声疾呼,不能不说是一个值得称道的事情。前人对善巴的种种责难,既不真实,也不公平。

如从另一个侧面看《阿萨喇克其史》,这位被定位为"亲满派"的作者其实没有一处歌颂满洲统治者如清朝太祖努尔哈赤、太宗皇太极和世祖福临。前苏联和前蒙古人民共和国学者们认为,善巴流露出了他的亲满情绪,只字未提林丹汗的反满斗争。实际上,善巴对那个时代南蒙古和爱新国关系保持沉默,正好说明了他对满洲统治者的反抗。这与后世的蒙古文史书大不一样,如18世纪扎鲁特人答里麻的《金轮千辐》中,对林丹汗颇多微词,而对清朝历代皇帝则歌功颂德。

四、研究史

2007年,《阿萨喇克其史》问世整整330年了。它自1937年第一次同学术界谋面到现在,也经历了整整一个世纪。一百年间,国际蒙古学界公布、翻译和研究该史书,取得了丰硕的学术成就。下面,让我们简单回顾一下《阿萨喇克其史》学术研究史。

(一) 国外研究概况

前蒙古人民共和国著名语言学家、辞书专家策伯勒(Y. Tsebel)于1937年首次报道了《阿萨喇克其史》一书。他在《国立图书馆藏亚洲部蒙古文手抄本和刻本目录》一书中,对《阿萨喇克其史》做了如下描写:"39(号):1906,《成吉思到乌哈噶图妥欢帖帖穆尔的历史》；地区：蒙古；一部，65 叶；手抄本；叙述自蒙古大元帝国皇帝成吉思到末帝乌哈噶图妥欢帖穆尔事迹的记载。"[1]

此后，1957 年呼·丕凌列院士在他《前所未发现的三种手抄本》小册子中，较为全面地介绍了《阿萨喇克其史》。1960 年，该氏将此史书作为 Monumenta Historica 丛书第二部第四卷，在蜡纸上重新刻写原手抄本，第一次以 Asarayči neretü-yin teüke（《阿萨喇克其史》）的书名公布于众。[2]丕凌列为之撰写序文，加了 142 条注释。他全面介绍了该书的来历、文本外部特征和收藏情况，考证了作者、成书年代和书名，初步讨论了该书的史源和史料价值。限于当时的物质条件和整理理念、水平，丕凌列没有公布该书的影印件。但必须指出，丕凌列的整理工作使《阿萨喇克其史》重见天日，使国际蒙古学界有机会读到该书的基本内容，因此揭开了《阿萨喇克其史》研究的序幕。丕凌列关于该书的作者和成书年代的结论准确无误。

《阿萨喇克其史》刚一公布，就引起了学术界的特别重视。首先，1960 年，日本学者冈田英弘为丕凌列刊布的新书写了书评，介绍了该书。在这篇短文中，冈田提出了以下三个重要问题。一，《大黄史》成书的时间比《阿萨喇克其史》晚。这就是说，善巴没有利用过《大黄史》。二，《阿萨喇克其史》的成书时间比罗藏丹津《黄金史》早。三，作者利用过在喀尔喀流传的《蒙古秘史》的一种蒙古文本子的原文。[3]

1961 年，前苏联著名蒙古学家莎斯基娜在《亚非民族》杂志 1961 年第 4 期上发表了题为《十七世纪的蒙古编年史〈阿萨喇克其史〉》一文[4]，介绍该书的内容、史料价值，同时简单发表了关于该书史源问题的初步见解，认为善巴可能利用了与《元朝秘史》蒙古文本子不同的另一种《蒙古秘史》。

在莎斯基娜之后，1964 年和 1965 年，联邦德国学者 W. 海西希在他的《蒙古文学史》和《蒙古家族与寺庙历史编纂学》中提到过该《阿萨喇克其史》，但还仅停留于介绍丕凌列研究成果的阶段。[5]但无论如何，海西希第一次将《阿萨喇克其史》介绍给了西欧同行。

1976 年 4 月，日本学者吉田顺一在日本蒙古学春季大会上做了题为《〈阿萨喇克其史〉与〈蒙古秘史〉》的报告，1978 年在《日本蒙古学报》第九期上发表。[6]这是对《阿萨喇克其史》所做的第一篇颇具分量的深入细致的学术研究。作者通过对《阿萨喇克其史》所包含的《元朝秘史》所不载或与之有出入的部分进行深入研究，同时利用他本人对《元朝秘史》和罗藏丹津《黄金史》的比较研究成果，最后提出了两种极其引人注目的观点：一，善巴利用了在喀尔喀蒙古地区流传的、与《元朝秘史》蒙古文本不同的《蒙古秘史》；二，善巴在编写成吉思汗的历史时，未曾利用罗藏丹津《黄金史》。

---

[1] Čebel, *Ulus-un nom-un sang-un azi-yin anggi-dur büküi monyol anggi-yin bičimel ba darumal nom bičig-üd-ün büridkel*, Ulaganbayatur, 1937.

[2] Byamba, *Asarayči neretü-yin teüke,* orshil bichij hevleld beldhej tailvar hiisen Perinlei, *Monumenta Historica,* Tomus II, Fasciculus 4, Ulaanbaatar, 1960.

[3] 冈田英弘：《善巴著（丕凌列编）阿萨喇克其史——一部新发现的蒙古编年史》，《东洋学报》48-2，1960。

[4] 莎斯基娜：《十七世纪的蒙古编年史〈阿萨喇克其史〉》，《亚非民族》杂志 1961 年第 4 期，余大钧译，《蒙古史研究参考资料》新编第 32、33 辑，1984 年。

[5] Walther Heissig, *Mongolische Literatue*r, in: *Handbuch der Orientalistik*, 1. Abt. 5. Band 2. Abschnitt-Mongolistik, S. 227-274, Leiden/Köln, 1964; *Die Familien- und Kirchengeschichtsschreibung der Mongolen* II, Asiatische Forschungen Band 16, Wiesbaden, 1965.

[6] 吉田顺一：《〈阿萨喇克其史〉与〈蒙古秘史〉》，《日本蒙古学报》1978 年第 9 期。据作者说，《日本蒙古学报》在刊登该文时出现了一些编辑错误。因此本文引用了吉田顺一原文的蒙古文译文（青格力等译：《〈蒙古秘史〉研究——吉田顺一论文集》，民族出版社，2005 年）。

1986年，石滨裕美子和福田洋一出版了《西藏佛教宗义研究（第四卷）——土官〈一切宗义〉蒙古章》一书，其中第三章讨论了藏文典籍《三世达赖喇嘛传》、《四世达赖喇嘛传》在蒙古文史书《阿萨喇克其史》与罗藏丹津《黄金史》中的流传，指出：一，《三世达赖喇嘛传》与《四世达赖喇嘛传》是《阿萨喇克其史》的重要史源，善巴的引文是对该两部传记的忠实的译文；二，见于罗藏丹津《黄金史》的两部藏文传记的相关记载不是译自原文，而是来自《阿萨喇克其史》，所以，《阿萨喇克其史》是罗藏丹津《黄金史》的重要史源。[1]

森川哲雄在该书与《蒙古秘史》的关系问题上继承了吉田等人的观点，认为善巴利用了与《元朝秘史》蒙古文本不同的另一种《蒙古秘史》，在《阿萨喇克其史》与两《黄金史》关系方面，则赞同石滨裕美子的观点，主张《阿萨喇克其史》利用了佚名《黄金史》，罗藏丹津《黄金史》不是《阿萨喇克其史》的史料来源之一，恰恰相反，罗藏丹津利用了《阿萨喇克其史》。在《大黄史》与《阿萨喇克其史》关系方面，森川接受了冈田意见，认为《大黄史》源于《阿萨喇克其史》，成书时间大致在17世纪末18世纪初。[2]

1978年，蒙古国学者沙·比拉在他所著《蒙古史学史（十三世纪—十七世纪）》中，专设一节讨论了《阿萨喇克其史》。[3]在《阿萨喇克其史》和《蒙古秘史》的关系方面，毕拉的观点与上述几位学者不同，他认为，善巴没有直接利用过《蒙古秘史》文本，只是间接利用了它的口传传说；该书的主要价值在于记载元朝灭亡以后的蒙古史部分，而喀尔喀贵族世系和生卒年代的记载颇具特色。

1983年，德国波恩大学蒙古学家H.R.堪佛翻译和研究丕凌列所公布的《阿萨喇克其史》。堪佛的德译本名为《额尔克岱青善巴扎萨克著〈阿萨喇克其史〉——一部17世纪蒙古文编年史》[4]，在《亚洲研究》丛刊第81卷上发表。堪佛该书的内容包括第一部（前人研究，善巴及其时代，阿萨喇克其史的史源）、第二部（德文翻译和简单注释）以及附（世系表，参考书目，专有名词索引）三部分。堪佛的德文译文相当准确，显示了作者扎实的古典蒙古文知识。堪佛所做的注释不涉及历史人物和历史事件等史学范畴。作者精通藏文，具有丰富的藏学知识，因此对该书中的佛学概念、所引用的藏文典籍内容以及藏文人名地名的解释令人信服。堪佛关于该书史源问题的见解很独特。他画出了《阿萨喇克其史》与其他史书的关系图。据该图，它们的关系应该是这样的：善巴利用了一个我们所不知的一部史料集X/Y，而这个X/Y很可能是萨冈彻辰《蒙古源流》中提到的《沙儿巴·忽笃土诸汗源流史》(Šarba qutuɣ-tu-yin jokiyaɣsan qad-un ündüsün-ü tuɣuji) 和《妙见花蕾史》(Ɣaiqamsiɣ-a üjegdeküi sečeg-ün čomorliɣ)。而该《诸汗源流史》和《妙见花蕾史》的史源可能是包括《蒙古秘史》的古蒙古文史料和藏文史籍（其中有些是藏文史籍的蒙古文译文，如包括我们所不知道的一部三世达赖喇嘛传记）。结论是：《阿萨喇克其史》的史源为所说的史料集X/Y和蒙古世系谱。

历史进入21世纪后，《阿萨喇克其史》也迎来了研究的新世纪。值得大书特书的重大事件，莫过于2002年由蒙古国功勋教授沙格都尔苏隆与韩国著名蒙古学家李圣揆二人影印出版

---

[1] 石滨裕美子、福田洋一：《西藏佛教宗义研究（第四卷）——土官〈一切宗义〉蒙古章》，STUDIA TIBETICA No.11，东洋文库，1986年，第21—25页及第147—159页。

[2] 森川哲雄：《关于17世纪至18世纪初蒙古编年史——特别是围绕〈蒙古源流〉与〈大黄史〉的关系问题》，载《东洋史研究》61—1，2002年；《蒙古编年史》，白帝社，2007年，第266—269页。

[3] Sh·比拉：《蒙古史学史（十三世纪至十七世纪）》，陈弘法译，内蒙古教育出版社，1988，第二部第二章第四节。

[4] Hans-Rainer Kämpfe, *Das Asarayči neretü-yin teüke des Byamba Erke Daičing Alias Šamba Jasay (Eine mongolische Chronik des 17. Jahrhunderts), Asiatishe Forshungen,* Band 81, Otto Harrasowitz, Wiesbaden.

《阿萨喇克其史》之事。[1]该书分前言、罗马字音写、词语索引和原文影印四个部分。前言部分由研究概况、文献名称、成书年代、作者、文献特点等内容组成。罗马字转写部分将原书66叶131面的文本逐叶逐面转写，每行前标有叶码顺序和行号。单词索引部分将该文本的所有单词按拼音字目顺序，用表格形式标明，并注明该词所在页码。附件部分以影印形式，首次公布了该书的原文。经此影印，《阿萨喇克其史》在真正意义上重见天日，真正成为科学研究的可靠依据，为全面、系统、深入研究该书创造了条件。

此后，2006年，蒙古国立大学蒙古学研究中心为庆祝大蒙古国成立八百周年出版了《蒙古历史文献丛书》28卷，将《阿萨喇克其史》作为第9卷列于其中。这个出版物是《阿萨喇克其史》的吉里尔蒙古文转写，转写者对文本中的一些疑难词句和部分史事做了注释。

（二）国内研究

1984年，巴·巴根以丕凌列的油印本为底本，将《阿萨喇克其史》在北京出版。巴·巴根保留丕凌列油印本书写形式原貌的同时，在不少词后面标出了现代蒙古文规范书写形式，并对重大史事和历史人物做了注释。[2]与丕凌列1960年油印本相比较，巴·巴根的本子多处存在遗漏、错谬和衍文，不仅保留了丕凌列抄本原有的错误（这当然不是巴·巴根的过失），而且错上加错，在某些地方连丕凌列本来正确之处也改错了。[3]但是应该指出，在上世纪80年代中蒙文化交流水平条件下，巴·巴根的本子毕竟为内蒙古读者提供了《阿萨喇克其史》的概貌，虽然它的学术价值还仅限于"歌词大意"一类的水准，但它成为内蒙古学界和历史爱好者了解该史书的一个窗户。

1989—1990年，鲍音将《阿萨喇克其史》译成汉文，并加简单注释，以《阿萨拉格齐蒙古史》为题，连载在《昭乌达蒙族师专学报》1989年第1－4期、1990年第1－2期上。这是该书迄今为止第一部完整的汉文译文。但令人遗憾的是，鲍音不利用丕凌列抄本而用巴·巴根的铅印本，在版本选择上犯了不该犯的错误。巴·巴根的本子错误连篇，校注者对原文所加当代蒙古语解释和改写错误甚多，可惜鲍音毫无批判地接受了巴根的错误，加之译者对原文的很多误解，译文错谬甚多。另一个方面，鲍音译文采用了文言文，有不少不文不白、文不通顺之处。

2005年，中央民族大学博士研究生王梅花，以《阿萨拉格齐史研究》为题的学位论文取得了博士学位，于2008年在内蒙古人民出版社正式出版。[4]这在国内属于首部专门研究《阿萨喇克其史》的专著。王梅花研究的重点是文献学问题。她利用全书38%的篇幅，在丕凌列油印本、巴·巴根铅印本和沙格都尔苏隆影印本二者之间进行详尽的校勘，列出了前两种本子的种种失误。这个成果算得上是对丕凌列本子和巴·巴根本子的一次很好的校对。这项工作倒是提醒人们，在学术研究中，原始文本具有多么重要的地位和价值。王梅花根据《清实录》、《朔漠方略》与《王公表传》等清朝官修史书，比较全面地反映了《阿萨喇克其史》作者善巴在17世纪80年代以后的事迹。作者有两处引用了中国第一历史档案馆藏清《内阁蒙古堂档簿》的档案资料，可惜没有进一步挖掘这方面的材料。作者还探讨了《阿萨喇克其史》

---

[1] *Byamba-yin Asarayči neretü[-yin] teüke (eh bichgiin sudalgaa)*, teruun devter, galiglaj usgiin helhees uilden hevleld beltgesen: Tseveliin Shagdarsuren, Lee Seong-gyu, Ulaanbaatar, 2002.
[2] 巴·巴根校注：《阿萨拉格齐史》，民族出版社，1984年。
[3] 见王梅花：《〈阿萨拉格齐史〉研究》，内蒙古人民出版社，2008年，第51－128页。
[4] 王梅花：《〈阿萨拉格齐史〉研究》，内蒙古人民出版社，2008年。

的史源。她认为：一，《阿萨喇克其史》利用了《蒙古秘史》的口传传统；二，善巴利用了罗藏丹津《黄金史》；三，《阿萨喇克其史》是《大黄史》的重要史源。

五、史源与价值

在《阿萨喇克其史》研究的诸多问题中，其史源问题最令人瞩目。以往研究者们或多或少都涉及了该问题，也提出了各自的见解，然而学术界尚未形成统一意见，在不少问题上有分歧，甚至有些意见针锋相对。

本书在前人研究的基础上，在《阿萨喇克其史》与藏文典籍、《阿萨喇克其史》与《蒙古秘史》、《阿萨喇克其史》与两《黄金史》、《阿萨喇克其史》与《大黄史》、《阿萨喇克其史》与其他史籍等五个方面，对《阿萨喇克其史》的史源与它和其他蒙古文史书的关系进行探讨。

（一）《阿萨喇克其史》与藏文典籍

关于《阿萨喇克其史》的藏文史源，善巴直接提到了五世达赖喇嘛著《圆满史》（即《西藏王臣记》）和《青史》。1983年，德国学者堪佛确认，善巴还引用了《三世达赖喇嘛传》。[1] 如前所说，1986年，石滨裕美子和福田洋一经进一步的考证得出结论，善巴还利用了《四世达赖喇嘛传》。

善巴出生在喀尔喀蒙古护法世家，他的先人曾经到西藏朝圣，而喀尔喀著名的大活佛哲布尊丹巴一世和札雅葛根与他们家族有密切关系。因此，善巴家族完全有机会收藏藏文典籍，他本人也完全有机会学会藏文、阅读藏文史籍。《阿萨喇克其史》证明了这一点。

善巴在《阿萨喇克其史》中直接提到的藏文典籍有《西藏王臣记》、《青史》和《郎氏麟卷》三部。

善巴开卷即写道："达赖喇嘛所著《圆满史》一书间接引用了[一段]比喻：《郎氏麟卷》云：人如果不了解自己的族源，好比森林中的猴子。人如果不知道自己的姓氏，好比假的绿宝石雕龙。[人]如果永世不了解有关祖先事迹的史书，好比丢弃[自己]孩子的门巴人。（dalai blam-a-tan jokiyaγ- san: sčuwags ldan (+Tib: sjogs ldan) dibtir-tur: dam üliger tataγsan-anu rlang {+Tib: rlang}-un bseru (+ Tib:bse ru) boti-ača yerü rüg-sen kümün öberün uγ ija-γur-i ese medebesü oi dotra-ki bečin-dür adali: kümün öberün obuγ-iyan ese mede-besü jasadaγ gyu luu-dur adili: ečige ebüges eyimü eyim kemeküi bičig-ün egüri ese mede-besü mön keüken-i jabqaju gegegsen-dür adali kemegsen kiged）。"

善巴所说的达赖喇嘛所著《圆满史》指的是五世达赖喇嘛阿旺罗桑嘉措（1617—1682）于1643年所撰Gangs chan yul gyi sa la spyod pa'i mtho ris kyi rgyal blon gco bor brjod pa'i deb ther rjogs ldan gzon nu'i dga' ston dpyid kyi rgyal mo'i glu dbyangs《天神王臣下降雪域陆地事迹

---

[1] Hans-Rainer Kämpfe, *Das Asarayči neretü-yin teüke des Byamba Erke Daičing Alias Šamba Jasay (Eine mongolische Chronik des 17. Jahrhunderts)*, pp.37-38, *Asiatishe Forshungen,* Band 81, Otto Harrasowitz, Wiesbaden.

要记——圆满时节,青春喜宴之杜鹃歌声》一书的简称(藏文简称为 bod kyi rgyal rabs deb ther rjogs ldan gzon nu ma,《西藏王统史圆满青春》)。17世纪蒙古编年史《大黄史》中,将此史书简称为 Jalaɤus-un qorim(《青春喜宴》)。[1]中国学者刘立千根据本书内容汉译为《西藏王臣记》,因此在中国学界以此名著称。五世达赖喇嘛这本书记载了释迦牟尼先世、吐蕃王朝历史人物、萨迦政权和帕木竹巴政权时期的西藏历史人物以及17世纪西藏的藏巴汗和顾实汗等人的传记。该书既是一部西藏历史文献,又是一部西藏文学巨著。

善巴书中的这段引文的藏文原文如下:"rlangs kyi po ti bse ru las, lar skyes pa'i mis rang gi skye brgyud ma shes na nags khung gi spre'u dang 'dra, mi rang gi cho 'brang ma shes na gyu 'brug zol ma dang 'dra, yab mes kyi che ge'i yig tshang ma shes na, mon phrug yal por dang 'dra, zhes dang, skyes pa'i mi la grags pa'i gtan dgos, byas pa'i chos la grub pa'i mtha' dgos, che ba'i mi la mtho pa'i rtags dgos zhes gsungs pa ltar."[2]这段引文,刘立千在《西藏王臣记》中汉译为:"郎氏族谱《灵犀宝卷》云:'若人不知自己所出之家世,犹如林中之猿猴;不知自己之高贵种姓,犹如虚假之苍龙;不知父祖业绩之史传,犹如被弃之孤儿。'"[3]赞拉等的译文为:"生而为人,若不知自己的族属,则宛如林中的猕猴;人若不知自己的母系血统,则犹如虚假的苍龙;若不知祖宗的谱系,则像离乡背井的门巴孩子。"[4]与善巴的蒙古语译文相比较,两部汉译著作的译文都没有善巴的准确,尤其是对最后一句话的理解均有误。可见,善巴掌握很好的藏文知识,他直接利用过达赖喇嘛的《西藏王臣记》。

善巴直接利用过《西藏王臣记》的另一个证据是关于西藏颈座王的记载。关于这个王的父亲,大多藏文史料都说是印度 Bad-sa-la 国王,唯独《西藏王臣记》记为"百军王"。两《黄金史》记载为拘萨罗王的儿子沙八王。[5]可见,善巴看到了五世达赖喇嘛的记载,并引用了他的说法。但是,关于百军王儿子的怪异长相,善巴又参考了佚名《黄金史》的记载,而不从达赖喇嘛说法。

善巴还利用过藏文典籍《青史》。《青史》是西藏著名的历史典籍,原著名 Deb ther sngon po。作者为译师顺努巴勒(gzon nu dbal 又译循努白,1392—1481)。该书记载了西藏历代王朝历史、西藏著名历史人物、藏传佛教各教派发展史等内容,一向被推崇为一部信实可靠的史料。五世达赖喇嘛在《西藏王臣记》中称顺努巴勒为"浊世中被奉为娴于史学之泰斗"的人。[6]

善巴利用了《青史》所载蒙古王统世系的一部分,即从孛儿帖赤那至哈出的记载。善巴写道:"据《青史》记载:最初为大子孛儿帖赤那,他的儿子为巴塔察客。他的儿子为塔马察客。他的儿子为豁里察儿蔑儿干。有人说他[豁里察儿蔑儿干]就是如今盛传的镇坐在蒂古斯嘴上的莲花生。豁里察儿蔑儿干的儿子为阿兀站孛罗温勒。他的儿子也客你敦。他的儿子挦锁赤。他的儿子为哈出。这是《青史》[所记]情况。"据藏文《青史》,该书对蒙古祖先的记

---

[1] 《大黄史》D本,第1叶下。
[2] 参考 Hans-Rainer Kämpfe, *Das Asarayči neretü-yin teüke des Byamba Erke Daičing Alias Šamba Jasay (Eine mongolische Chronik des 17. Jahrhunderts)*, p.35.
[3] 五世达赖喇嘛著,刘立千汉译:《西藏王臣记》,民族出版社,2000年,第79页。
[4] 绛求坚赞著,赞拉、阿旺、余万治汉译:《郎氏家族史(又名郎氏灵犀宝卷)》,西藏人民出版社,1988年,第6页。
[5] 乌兰:《〈蒙古源流〉研究》,第95页,辽宁民族出版社,2000年。
[6] 五世达赖喇嘛著,刘立千译:《西藏王臣记》,民族出版社,2000年,第4页。

载始自孛儿帖赤那:"dang por gnam gyi bu sbor te che 最初为天之子名孛儿帖契。"[1]藏文的 sbor te che 无疑是蒙古文 Börte činu-a 的音译,而且在 che 字后面本来肯定有 no 字,想必在转抄过程中脱落了。巴塔察客的名字作 bar chi gan（这里的 bar 当然就是 bad 的误写,在藏文中字母 r 和 d 很容易混淆,译写外族人名的词里就更容易相混了）。该人是孛儿贴赤那的儿子,《元朝秘史》作巴塔赤罕,佚名《黄金史》作 Badai čaγan,罗藏丹津《黄金史》作 Bata čaγan。可以推测,《阿萨喇克其史》中的 Bataču 可能是 Batača γan 的笔误。塔马察客,《青史》作 Tham chag。《元朝秘史》作塔马察,罗藏丹津《黄金史》作 Tamčin。善巴从了《青史》。豁里察儿蔑儿干,《青史》作 chi ji mer gan,《元朝秘史》作豁里察儿蔑儿干,佚名《黄金史》作 Qoričal mergen。《青史》有误,故善巴未从其说。阿兀站孛罗温勒,《青史》作 l'u jang bhe re ol,《元朝秘史》作阿兀站孛罗温勒,佚名《黄金史》作 Oγjim Buγurul,善巴写法与罗藏丹津《黄金史》同。也客你敦,《青史》作 ka sa pa ni dun,《元朝秘史》作也客你敦,其他蒙古文献同。《青史》不准确。挦锁赤,《青史》作 sems dz'o ji,《元朝秘史》作挦锁赤。善巴写法与佚名《黄金史》同。哈出,《青史》作 la ju,《元朝秘史》作合儿出,佚名《黄金史》不载,罗藏丹津《黄金史》作 Qaračus（哈喇出思）。善巴作 qaju,显然是采自《青史》。看来,《青史》中的 la ju 应该是 lha ju 的笔误,善巴读到的是 lha ju,否则他不会把他写成 qaju 的。

从以上对比中看得出,善巴利用了《青史》中蒙古皇统世系表的前半部分,而且遵循了它的世系顺序,但是音写藏文所记蒙古人名时,没有完全拘泥于藏文原文。值得注意的是,没有任何一本蒙古编年史把豁里察儿蔑儿干与莲花生联系起来过,该说法仅见于《青史》。[2]此外,善巴在书中提到,"《青史》和达赖喇嘛的《青春喜宴》两部书中则称,'感日月之光所生的孛端察儿蒙合黑。'"如翻阅该两本书,果然会发现这个说法:顺努巴勒《青史》记载,"de 'das rting nag mo a lan lo las nyi ma dang zla ba'i zer las skyes pa bo don char mu gan 其妻阿阑豁阿感日月之光所生的孛端察儿蒙合黑"[3],五世达赖喇嘛的《青春喜宴》（即《西藏王臣记》）也记载:"其妻阿伦感日月精英所生者。"[4]这说明,善巴亲自读过《青史》和《西藏王臣记》应无疑问。

善巴还利用过五世达赖喇嘛撰写的《三世达赖喇嘛传》（1646 年成书）和《四世达赖喇嘛传》（1652 年成书）。关于善巴在《阿萨喇克其史》中将该两部传记翻译引用的情况,石滨裕美子和福田洋一做了详细的介绍,此不赘述。[5]石滨等人的研究显示,《阿萨喇克其史》与两传中的相关内容完全吻合,显然是善巴对藏文原文进行逐字逐句翻译的结果。

此外,善巴还提到过《郎氏麟卷》。这是绛求坚赞的著作,藏文名为 rlangs kyi bo ti bse ru,直译为"朗氏麟卷"。赞拉、阿旺、佘万治等将此书译成汉文,取名为《郎氏家族史（又名郎氏灵犀宝卷）》。[6]该书的作者为西藏帕竹政权第一代执政王绛求坚赞（1302－1371）。本书的内容,第一部分是郎氏家族史,其中保留了许多神话故事,第二部分为作者的自传。至于《郎氏麟卷》,善巴不过提到而已,似乎没有读到过,因为该书中记载了蒙元帝国与西藏关系的许多事件,善巴根本没有提到这些。

---

[1] 顺努巴勒:《青史》（藏文）,四川民族出版社,1985年,上册,第81页。
[2] 顺努巴勒:《青史》（藏文）,四川民族出版社,1985年,上册,第81－82页。
[3] 顺努巴勒:《青史》（藏文）,四川民族出版社,1985年,上册,第82页。
[4] 五世达赖喇嘛著,刘立千汉译:《西藏王臣记》,民族出版社,2000年,第62页。
[5] 详见石滨裕美子、福田洋一:《西藏佛教宗义研究》,东洋文库,1986年,第147－159页。
[6] 绛求坚赞著,赞拉、阿旺、佘万治汉译:《郎氏家族史（又名郎氏灵犀宝卷）》,西藏人民出版社,1988年。

总之，我们可以肯定，善巴是一位精通藏文和佛学的史家，他至少阅读和利用过五世达赖喇嘛所写《西藏王臣记》、《三世达赖喇嘛传》、《四世达赖喇嘛传》和顺努巴勒所撰《青史》。

当然，引自藏文典籍的内容在《阿萨喇克其史》中占很少篇幅。善巴引用西藏历史上的"伟大的五世"和他所十分推崇的史家顺努巴勒的史书，无非是为了提高自己史书的权威性。善巴以达赖喇嘛的话强调历史知识对蒙古民族的重要性，又以达赖喇嘛和顺努巴勒的记载证实蒙古黄金家族为"天子后裔"。所以，他虽然利用《青史》的蒙古世系谱，但不拘泥于它的文字，也没有全文引用。至于对三世和四世达赖喇嘛传记的引用，是出于编写藏传佛教传入蒙古的历史和四世达赖喇嘛事迹的需要。

（二）《阿萨喇克其史》与《蒙古秘史》

《阿萨喇克其史》与《蒙古秘史》的关系，是该书史源研究的重中之重，历来引起研究者们的浓厚兴趣。围绕该问题，学界争论最激烈，观点分歧最多，有些观点甚至针锋相对。

如前文提到，《阿萨喇克其史》与《蒙古秘史》的关系，有以下几个重要的意见：

1. 善巴利用过与《元朝秘史》蒙古文不同的流传在喀尔喀地区的另一种蒙古文《蒙古秘史》（持此观点的代表为莎斯基娜、吉田顺一）；

2. 善巴未曾利用《蒙古秘史》文本，他仅仅引用了口传的《蒙古秘史》（持此观点的代表为沙·比拉）。

3. 善巴利用了源自《蒙古秘史》和其他史书的某种史料集（持此观点的代表为 H. R. 堪佛）。

下面，笔者试就这个问题发表自己的看法。

1.《阿萨喇克其史》中与《元朝秘史》相当部分的范围

13世纪蒙古汗廷用畏吾体蒙古文陆续纂修的名为 Tobčiyan（脱卜赤颜，汉译《国史》）的蒙古文史籍，在元末战乱中落入明人手里。在蒙古地方，脱卜赤颜的某种抄本流传下来，虽然至今还没有被发现，但是清初蒙古史家罗藏丹津在他撰写的《黄金史》中移录了它的大部分内容。今天人们看到的脱卜赤颜的原文，是明朝人用汉字音写的汉字蒙古语史籍——《元朝秘史》。明朝翰林译员们用汉字音写蒙古语，在正文旁边逐词注有汉译（称"旁译"），分成282节，每节后面附缩译（称"总译"）。

今天人们能够做到的《阿萨喇克其史》与《蒙古秘史》的比较，实际上就是与《元朝秘史》的比较。

冈田英弘认为，《阿萨喇克其史》从孛端察儿到成吉思汗去世的记载内容与《蒙古秘史》的第42节至第266节的"内容非常一致"。[1] 吉田顺一则指出，善巴引用了《蒙古秘史》282节中的139节。因为他认为，在关于蒙古祖先的记载中，从捋锁赤到孛端察儿的记载虽然与《元朝秘史》多有不同，但可能作者利用了与《元朝秘史》蒙古文本子不同的某种《蒙古秘史》本子。[2]

---

[1] 冈田英弘：《善巴著（丕凌列编）阿萨喇克其史——一部新发现的蒙古编年史》，《东洋学报》48-2，1960。

[2] 吉田顺一：《〈阿萨喇克其史〉与〈蒙古秘史〉》，载于青格力等译《〈蒙古秘史研究〉——吉田顺一教授论文集》，2005年。

实际上，谈论善巴"利用过"《蒙古秘史》的多少多少节，为时过早。我们只能说，善巴《阿萨喇克其史》中包含着不少与《元朝秘史》记载相当的内容。这些内容主要包括自孛端察儿以降到成吉思汗去世的历史，大体上覆盖《元朝秘史》的第42节至第267节的部分内容，相当于《阿萨喇克其史》的第3叶上到第21叶上。关于孛端察儿之前的蒙古祖先世系和成吉思汗之后窝阔台合罕事迹的记载，与《元朝秘史》明显不同。

必须指出，在比较研究中必须考虑《阿萨喇克其史》的记事风格：这是一本简明蒙古史，有些内容甚至过于简略。因此，《阿萨喇克其史》与《元朝秘史》的比较，只能是内容上的比较，不能研究罗藏丹津《黄金史》与《蒙古秘史》关系一样，在两者之间进行文本对堪。

如果对《阿萨喇克其史》进行认真、具体的研究，人们会发现，善巴未曾直接利用《蒙古秘史》。下面从两个方面谈这个问题。

2. 《阿萨喇克其史》与《元朝秘史》的不同记载

首先要考虑的是，《阿萨喇克其史》和《元朝秘史》中都有记载但说法明显不同的地方。下面，罗列并分析这类记载中的一些较重要者。

（1）成吉思汗祖先的名字和世系顺序。善巴先是引用藏文典籍《青史》叙述了自孛儿帖赤那至挦锁赤的儿子哈出的系谱，接着又利用"其他史籍"写了自挦锁赤到孛端察儿的系谱。在孛儿帖赤那以下的人名中，善巴将"巴塔赤罕"写成了"batačaɣ 巴塔察喀"，"塔马察"写成了"tamčaɣ 塔马察喀"，"合儿出"写成了"qaju 哈出"，"伯升豁儿多黑申"写成了"bai bars singqur doɣsin 伯把儿思升豁儿多黑申"，"屯必乃薛禅"写成了"Tombaqai 屯巴海薛禅"；在世系方面，据《元朝秘史》，合必赤巴阿秃儿的儿子为篾年土敦，篾年土敦的儿子为合赤曲鲁克，合赤曲鲁克的儿子为海都，海都的儿子为伯升豁儿多黑申。但是，按照善巴的记载，合必赤巴阿秃儿的儿子为必乞儿把阿秃儿，必乞儿把阿秃儿的儿子为篾年土敦，篾年土敦的儿子为合赤曲鲁克，合赤曲鲁克的儿子为伯把儿思升豁儿多黑申。这样，比《元朝秘史》，成吉思汗的祖先中多了一位必乞儿把阿秃儿，而少了那位著名的海都。

（2）成吉思汗弟弟及其他一些重要人物的名字。善巴记载的成吉思汗两个弟弟合赤温和斡赤斤的名字与《元朝秘史》不同。成吉思汗三弟的名字，《元朝秘史》作合赤温（qačiɣun）。罗藏丹津把此人名写成了哈赤古（qačiɣu），是 qačiɣun 的脱落词尾-n 辅音的形式。《阿萨喇克其史》也作哈赤古（qačiɣu）。成吉思汗幼弟的名字，《元朝秘史》作帖木格斡惕赤斤（temüge otčikin），佚名《黄金史》作 očoɣu，《大黄史》作 očiɣu。《阿萨喇克其史》的写法与《蒙古秘史》不同，而与大部分17世纪蒙古文史书的写法一样，写作 očiɣu（斡赤古）。

此外，善巴记载中的成吉思汗的一位岳父，在《元朝秘史》（154节）中作"也客扯连"。罗藏丹津《黄金史》作 yeke čerü（也客扯鲁），《阿萨喇克其史》也作 yeke čerü（也客扯鲁）。成吉思汗的恩人锁儿罕失剌的名字成了土儿浑失剌。根据《元朝秘史》，该人名作锁儿罕失剌，《史集》作 sūrqān-šireh，也即锁儿罕失剌。罗藏丹津《黄金史》、《蒙古源流》等蒙古文文献均作 Torqun šira（土儿浑失剌），《阿萨喇克其史》同。成吉思汗的大臣孛斡儿出（Buɣurču）的名字，在《阿萨喇克其史》中作 Buɣurči（孛斡儿赤）；给成吉思汗送口信使他得以逃命的乞失里黑（Kisilig）的名字，善巴写成了失失里黑（Sisilig），等等。

试想，如果善巴手里曾经有过一部蒙古文《蒙古秘史》，这部《蒙古秘史》与《元朝秘史》的蒙古文本子竟然有如此大的差别，尤其是在世系和人名记载产生如此大的差异，是难以想象的。如果说《阿萨喇克其史》的面貌反映了假定善巴利用过的那本《蒙古秘史》的面貌，那么，那本书还算是什么《蒙古秘史》吗？另外，善巴所用《青史》与他所用的"其他史籍"的记载相互矛盾，并不衔接。《青史》说挦锁赤的儿子为哈出，而那部"其他史籍"则记载着挦锁赤的儿子为撒里合勒札兀。假设善巴手里有《蒙古秘史》在，他难道不知道用这本原始资料来判断后期蒙藏文史料的孰是孰非吗？像 qačiɣu 这样的词，显然是中古蒙古语 qačiɣun 的古典蒙古语形式（17 世纪以降），这明明在说明，善巴手里没有过什么蒙古文的《蒙古秘史》。

（3）关于阿阑豁阿的儿子们。《阿萨喇克其史》关于阿阑豁阿儿子们的记载与《元朝秘史》不一样。据后者记载（10、17 节），朵奔篾儿干在世时，其妻阿阑豁阿生了两个儿子，名叫不古讷台、别勒古讷台，朵奔篾儿干死后，阿阑豁阿又生了三个儿子，他们分别叫做不忽合答吉、不合秃撒勒只与孛端察儿。善巴对《元朝秘史》提到的不古讷台、别勒古讷台只字不提，并把不忽合答吉、不合秃撒勒只二人说成是朵奔篾儿干的儿子。但这不说明善巴所掌握的"另一种《蒙古秘史》"有这样独特的记载。这种做法和善巴所掌握的史料没有关系。善巴故意做出这样的安排，目的是为了说明，只有蒙古黄金家族孛儿只斤氏的祖先孛端察儿才是天子，而他的两个兄弟不是"感光而生的"，是凡夫俗子。在这段记载后，善巴特意指出，"孛儿帖赤那的子孙从此分出支派。[如此]似乎没有考证出蒙古诺颜们的祖先为孛儿帖赤那。"如果按《元朝秘史》的说法，不忽合答吉、不合赤撒勒只二人也是阿阑豁阿感光而生的，那么，他们的子孙即合答斤、撒勒只兀惕二氏的贵族也都应该是天子后裔。善巴绝对不同意这个说法。他认为，天子只有一个人，那就是孛端察儿，不忽合答吉、不合赤撒勒只二人是朵奔篾儿干的儿子，孛儿帖赤那的后裔。所以，善巴认为，孛儿帖赤那的后裔变成了合答斤氏和撒勒只兀惕氏，蒙古皇室的诺颜们与他们无关，只有孛儿只斤氏才是唯一的天子。善巴利用藏传佛教在蒙古意识形态中的巨大作用，特别引用了藏文名著《青史》和五世达赖喇嘛的《青春喜宴》两部书中的"感日月之光所生的孛端察儿蒙合黑"，以此为证。这个问题前文已经提到过了。

（4）帖木真迎亲事。据《元朝秘史》（94 节）载，帖木真亲自带着别勒古台前往德薛禅家迎亲。但善巴记载，帖木真派遣他的两位弟弟合撒儿和别勒古台前去聘请孛儿帖，与《元朝秘史》记载有明显的区别。

（5）帖木真亲赴王罕处求援事。据《元朝秘史》（104 节），孛儿帖被篾儿乞人俘获以后，帖木真、合撒儿、别勒古台三人遣往王罕处求援。善巴记载，帖木真派他弟弟合撒儿与别勒古台到土罕处。

例 4 和 5 的产生，似乎是为了抬高帖木真的地位，也就是说，在一些场合他不会亲自出马，而是派他兄弟代表自己。

（6）王罕与帖木真二人结为父子的事。该记载见于《元朝秘史》164 节。《秘史》把此事记在狗儿年（1202）里。紧接着此事，在猪儿年（1203）春天，札木合、桑昆等决定攻伐帖木真（《元朝秘史》166 节）。善巴将王罕与帖木真结为父子的事写在猪儿年条里。

（7）速别额台把阿秃儿征服脱黑脱阿诸子时间。据《元朝秘史》199 节和 236 节载，速别额台于牛儿年出征脱黑脱阿诸子，后来（时间不详）在垂河追到忽秃与赤剌温，将其消灭后凯旋。据《史集》，速别额台出征脱黑脱阿诸子的牛儿年是丁丑年（1217）[1]。《阿萨喇克其史》将这件事记在猪年（1203）秋天。假如善巴看到过某种《蒙古秘史》抄本，就很难想象，

---

[1] 拉施特：《史集》，余大均汉译本，第 1 卷第 2 分册，商务印书馆，第 244 页。

在那个本子里就没有速别额台征忽秃等人的年代记载。如有这段记载，同样很难想象，善巴就对如此重要的记载视而不见，竟把事件错误地记在猪儿年（1203）秋天里。如果说这些年代记载的误差是因为《元朝秘史》和善巴的"另一种《蒙古秘史》"记载的不同而产生的，那么这就等于说，可能存在的那本《蒙古秘史》与《元朝秘史》在史实记载方面具有相当大的差异。这当然是不可能的。

（8）命者别、忽必来二人降服乃蛮部的记载。据《元朝秘史》载，鼠儿年（1204）夏四月十六日帖木真祭了旗纛，命者别、忽必来二人做头哨，逆客鲁连河进军。这样，对乃蛮部的征战开始。者别、忽必来二人是大军的先锋，而不是对乃蛮战争的最高统帅。善巴将这次战争仍记在猪儿年（1203）条下，时间上与《元朝秘史》相悖，并说者别、忽必来二人降服了乃蛮部，不仅与《元朝秘史》的记载不符，而且还同善巴自己的仅在几行文字以后所记的"鼠儿年成吉思合罕亲征，降服了乃蛮部"的记载自相矛盾。

任何人都无法相信，这里出现的问题是因为善巴所拥有的《蒙古秘史》与《元朝秘史》的不同所致。

（9）关于肃良合思（高丽）的不合察罕合罕的女儿忽阑哈屯。据《元朝秘史》197节，忽阑哈屯是豁阿思（兀洼思）篾儿乞部首领答亦儿兀孙的女儿，1204年其父答亦儿兀孙亲自将其送至帖木真处。《史集》记载同《元朝秘史》。[1]善巴记载，忽阑哈屯为肃良合思的合罕不合察罕的女儿。肃良合思即高丽。17世纪蒙古文编年史诸如佚名《黄金史》、《蒙古源流》等均称忽阑哈屯为高丽王的女儿，善巴的记载显然来自17世纪蒙古文史书。

（10）札木合被他的五个那可儿执送的事。该记载见于《元朝秘史》200节。时间为牛儿年（1205），地点在傥鲁山，即唐努山。善巴把此山名作"帖列格图"，与《元朝秘史》不同。

（11）派拙赤及不合二人，率领右翼军出征林木中百姓事。《元朝秘史》载，兔儿年（1207）成吉思汗命长子拙赤出征林木中百姓，不合为之做向导。拙赤在忽都合别乞的帮助下，招降了斡亦剌惕、不里牙惕、巴儿浑、兀儿速惕、合卜合纳思、康合思、秃巴等部落（239节）。善巴没有记载兔儿年，把该事件仍附记在札木合被捕的牛儿年（1205）条下，故时间显然有误。善巴还将"兀儿速惕、合卜合纳思、康合思、秃巴思"分别写成为"兀巴孙、合卜萨克、秃克木克、吉儿吉思"，与《元朝秘史》明显不同。

（12）孛斡儿赤聚集巴牙兀惕人做万户事。善巴记载，孛斡儿赤收集巴牙兀惕人做了万户。他在此处所说的孛斡儿赤，《元朝秘史》作孛斡儿出，《元史》作博而术，是成吉思汗四杰之一。善巴把四杰之一的孛斡儿赤和汪古儿厨子（厨子：保兀儿赤）二人相混了。据《元朝秘史》213节，成吉思合罕"对汪古儿厨子说：'在前你与这脱忽剌兀惕三姓、塔儿忽惕五姓、敞失五惕和巴牙兀的两种，与我做着一圈子。昏雾中不曾迷了，乱离中不曾离了，寒温处曾共受来，如今你要什么赏赐？'汪古儿说：'赏赐叫拣呵，巴牙兀惕姓的兄弟每，都散在各部落里有，我欲要收集着。'成吉思合罕应许了，说：'你收集了做千户管着。'"成吉思汗对孛斡儿赤的赏赐记在《元朝秘史》的205节，说："如今你的座次坐在众人之上，九次犯罪休罚，这西边直至金山（阿尔泰山——引者），你做万户管着。"

很明显，善巴把孛斡儿赤和汪古儿保兀儿赤事都记在孛斡儿赤一个人的头上了。这是因为孛斡儿赤之名虽然在《元朝秘史》中被写作孛斡儿出（Buyurču），但在17世纪的蒙古文文

---

[1] 拉施特：《史集》，余大均汉译本，第1卷第2分册，商务印书馆，第206页。

献（比如佚名《黄金史》）中作 Buyurči（孛斡儿赤），与意为"厨子"的 Buyurči（保兀儿赤）一词完全相同。这样，《阿萨喇克其史》把厨子汪古儿与四杰之一的孛斡儿赤误作同一个人。这又一次说明，善巴所利用的有关大蒙古国时期的文献不是《蒙古秘史》的一种抄本，而是出自 17 世纪蒙古史家之手的晚期文献。

（13）关于散班之长。在《元朝秘史》里，带弓箭的侍卫被称为"豁儿赤"（qorči），旁译为"带弓箭的"（225 节）。《阿萨喇克其史》作 sayadayčin，意为"箭筒士"，叫法与《元朝秘史》不同。关于散班的长官，《元朝秘史》（226 节）说斡格列扯儿必为孛斡儿出宗族之人，善巴指出是他的弟弟；《元朝秘史》记载不合为木合黎宗族之人，善巴指出是他弟弟；均不知有何根据。此外，《阿萨喇克其史》缺载阿忽台和阿儿孩合撒儿两位散班之长。

（14）关于宿卫的职责。《元朝秘史》（232、234 节）记载了宿卫负责管理铠甲、弓箭、马匹、饮食、餐具等等的很多具体记载，但没有像《阿萨喇克其史》里那样命也孙帖额和斡格列扯儿必具体负责某一方面的记载。有令怯薛与失吉忽秃忽一起断案之记载，但没有让失吉忽秃忽管辖怯薛铠甲、弓箭、马匹的记载。

（15）千户数。据《元朝秘史》（202 节），成吉思汗时期的千户数为 95，而不是像善巴所记的 99。

（16）成吉思汗征金战争。相关记载见于《元朝秘史》247 节。据该书记载，蒙古军的先锋为者别和古亦古捏克把阿秃儿二人，但善巴记为者别、忽必来、速别额台三人。据《元朝秘史》，者别攻占的城为东昌，《阿萨喇克其史》则作通州城。

（17）《阿萨喇克其史》中的一些韵文与《元朝秘史》相比较，面目全非，完全不是抄文，而是地道的变文。如帖木真和合撒儿杀害异母弟别克帖儿回来，诃额伦母亲怒斥帖木真道：

> 您初生时手里握着黑血块生来！您每如吃胞衣的狗般，又如冲崖子的猛兽般，又如忍不得怒气的狮子般，又如活吞物的蟒蛇般，又如影儿上冲的海青般，又如嗓声吞物的大鱼般，又如咬自羔儿后跟的风驼般，又如靠风雪害物的狼般，又如赶不动儿子将儿子吃了的鸳鸯般，又如护巢的豺狼般，又如不疑贰拿物的虎般，又如妄冲物的禽兽般。您除影子外无伴当，尾子外无鞭子。泰亦赤兀惕兄弟每的苦受不得，仇怎生般报得？思想间，您怎生过了，又这般做？（78 节）

这段韵文在《阿萨喇克其史》中变成这样了：

> 像冲向山崖的野鹰，像咬噬胞衣的狗，像雨中奔窜的狼，像咬驼羔脚踵的雄驼，像捕不到的老虎，我的儿子们啊，你们怎么变成这样了呀！

《元朝秘史》与《阿萨喇克其史》的差异之大，不必多言。

还有，阿勒坛、忽察儿、撒察别乞等对帖木真的誓词见于《元朝秘史》123 节。善巴也记载了他们誓词，但内容比《元朝秘史》简略得多，而且一些较古老的词汇不再登场了，如"合儿含：臀节"、"哈剌：号令"、"忽纳：山崖"、"合里失里：家活"、"额列思合剌：家人每、家活"等，同时誓词叙述的前后顺序也与《元朝秘史》不同。

这样的例子不一而足。对这类现象的解释，与其说是善巴用古典蒙古语改写了中古蒙古语，不如说他利用了自己时代的口传资料。

3.《阿萨喇克其史》中比《蒙古秘史》新增加的内容

以上提出了《阿萨喇克其史》中与《元朝秘史》明显不同的一些记载。那么，下面我们再探讨一下《阿萨喇克其史》中《元朝秘史》所不载的新增加的内容。坚持认为善巴利用过与《元朝秘史》不同的另一种蒙古文《蒙古秘史》的学者们,往往引用这些事例以为证据。按照他们的看法,这些新增加的内容说明了善巴手里有过一本内容比《元朝秘史》更为丰富的《蒙古秘史》,它一定程度上补充了《元朝秘史》的记载,因而体现出了《阿萨喇克其史》弥足珍贵的史料价值。那么,那些"新增加"的部分是"另一种《蒙古秘史》"的内容,还是善巴所编辑进去的呢?请看以下分析。

(1)推举帖木真为汗的时间、地点。善巴记载,帖木真水虎年二十一岁时在斡难河之源称汗。关于帖木真第一次称汗,《元朝秘史》没有确切年代记载,但记载其营地在不儿罕合勒敦山阳古列勒古山内桑沽儿河沿岸的合喇主噜格地方的阔阔纳浯儿湖边(122节)。佚名《黄金史》仅仅记载了贴木真于丙寅年(1206)即大位的事。[1]《蒙古源流》记载为己酉年(1189)帖木真二十八岁时在曲雕阿兰称汗[2]。萨冈彻辰有关成吉思汗的纪年基本上都是错误的,他的1189年说同样是他错误推算的结果,而在曲雕阿兰即位云云,显然把窝阔台汗即位的地点错记在成吉思汗的身上了。

善巴记载的帖木真称汗地点——斡难河之源虽然不确切,但是水虎(壬寅,1182)年帖木真二十一岁时称汗的说法,有很大可能性。在成吉思汗二子察合台之后裔喃答失王领地上所立《重修文殊寺碑》记载中有这样一段话:"金转轮王皇帝南瞻布州,为世之主,传位于成吉思汗皇帝,即位之年,降生察合歹。"[3]据察合台之弟窝阔台生于1186年推测,察合台的生年在12世纪80年代初大致无误。据此,帖木真称汗年代应在12世纪80年代初。

那么,善巴的这一重要年代记载是从何而来的呢?可有两种推测:

第一种推测,这个年代是善巴推算出来的,而不是根据什么史料。支持这个推测的理由是:1.善巴自始至终把帖木真称作成吉思,所以他一直认为帖木真称汗的年代(即第一次称汗的年代)就是称成吉思汗的年代。2.善巴没有记载帖木真1206年即位和称成吉思汗的事情,只提到在1206年分封诸臣和分"分子"。显然,善巴认为,帖木真在丙寅(1206)年即位称成吉思汗的说法不可信。3.善巴把帖木真在壬寅年称汗的地点仍作斡难河源头,这可能在说明,善巴的1182年说的依据实际上就是"帖木真于虎年在斡难河河源称成吉思汗"的说法。因为他认为贴木真早已称成吉思汗,不可能迟到1206年才称汗(他不知道这是第二次称汗),于是推算出了另外一个虎年——壬寅(1182)年。

第二种推测,善巴手里有一部与其他蒙古文史书不同的古老史书,即有人坚持认为的"另一部《蒙古秘史》"。这种推测必须得到其他足够多的有力佐证,但就目前来说,我们还没有掌握这样的佐证。笔者认为,善巴的1182年说接近帖木真第一次称汗的年代,但是,这个年代记载的来源是根据"虎年"这个年份和成吉思汗在丙寅年(1206)之前的种种事迹这两个限定条件推测出来的。

(2)帖木真出征王罕的时间。《元朝秘史》把帖木真攻伐王罕的战役放在猪年(1203)里叙述,但是没有确切指出在哪个季节。今天看到的罗藏丹津《黄金史》遗漏了《元朝秘史》176-207节的内容,故对此次战役没有记载。但是,善巴明确记载,战役发生在"是年秋天"(即1203年秋)。日本学者吉田顺一认为,《史集》和《圣武亲征录》均记载,帖木真于猪儿年秋天发动了对王罕的战争,可见善巴的这一记载可以补充《元朝秘史》的不足。他说:

---

[1] 朱风、贾敬颜译:《汉译蒙古黄金史纲》所附蒙古文文本,内蒙古人民出版社,1985年,第146页。
[2] 乌兰:《〈蒙古源流〉研究》,第150页。
[3] 参见宝音德力根:《关于王汗与札木合》,《蒙古史研究》第三辑,第5页;乌兰:《〈蒙古源流〉研究》,第192页

"可以肯定，善巴利用过的《蒙古秘史》仍然保留着《元朝秘史》所遗漏的'是年秋天'一语，而《阿萨喇克其史》原封不动地引用了它。"[1]这是吉田顺一认为善巴曾经利用过一种流传在喀尔喀地区的《蒙古秘史》蒙古文抄本的重要根据之一。

理论上讲，推测善巴的"是年秋天"源于"另一种《蒙古秘史》"有一定的可能性，但实际上还是缺乏证据。如考察《元朝秘史》关于这次战事的前后记载，我们可以得出另一种更具说服力的结论：《元朝秘史》记载，帖木真被客列亦惕打败后到了巴勒渚纳海子修整，从那里南下，消灭了客列亦惕部。据182节载，在巴勒渚纳海子扎营时，有名叫阿三的回回商人，自汪古惕部赶着白驼一、羯羊一千，顺着额沥古涅河（今额尔古纳河）来，易换貂皮和灰鼠皮。了解游牧经济生活的人都明白，草原上的这类贸易活动只有在秋季里进行。来自汪古惕部的商人，在草青季节赶着羊群移动，到秋天羊群喂肥后卖掉，换取贵重兽皮，天冷时转回原地。贸易不可能在春夏季节里进行。在严寒的冬季到来之前，商人们要回到汪古惕人所在的阴山一带。《元朝秘史》虽然没有明文记载帖木真攻伐王罕的确切时间，但是，史家们很容易根据该信息推测出战争发生的具体时间。笔者认为：要么，善巴所见到的史料根据《元朝秘史》182节或相当于此的文字已经记载了"是年秋天"字样；要么，是善巴读到类似史料后自己补进去的。

那么，《史集》和《圣武亲征录》的记载怎么解释？

首先，该二部史书都是以《蒙古秘史》为主要历史资料的。《圣武亲征录》是汉人史臣们按照内地封建史书的义例，删去了不利于美化成吉思汗的内容，又按照内地史学传统，删掉了传闻和故事，并尽量明确了历史事件发生的具体时间。《史集》引用的则是《圣武亲征录》的蒙古文译本，即所谓《金册》。因此，《圣武亲征录》和《金册》的记载有很多相同处。[2]乍一看，《圣武亲征录》在中原汉地成书，《史集》在波斯伊利汗廷写成，似乎两本书里的一致的记载很能说明问题。其实，《史集》的部分内容间接译自《圣武亲征录》，两部书的一致的记载没有相互印证的价值。在这里，《史集》的"猪年秋天"就是来自于《圣武亲征录》的同一条记载。

其次，《圣武亲征录》的"秋天"这个时间从何而来呢？汉人史臣们编写《圣武亲征录》时，除了编辑《蒙古秘史》以外，同时也增加了中原的汉文史料的信息。汉人史臣们在整理帖木真对王罕战争的资料的时候，一定寻找过相关时间的记载。但是，关于13世纪初的蒙古内战，限于当时历史条件，在中原地区很难找到详至年月的可靠记载，这一点是完全可以肯定的。元人所修《金史》的相关记载就可以说明这一点。在金章宗《本纪》中只有一处记载了赐陁括里（即王罕[3]）部赈灾事。[4]在章宗泰和年间（1201—1208）率重兵屯守边墙的金内族宋浩传，虽然对广吉剌（翁吉剌惕）、合底忻（合答斤）、山只昆（撒勒只兀惕）等部的征战有所记载，但均缺乏具体时间，战争经过也不甚详。对撒里部（即王罕的客列亦惕部，见宝音德力根上引文）的战争虽然提到了，但寥寥数语，并缺具体年月记载。[5]如果金人得到过陁括里（王罕）及其儿子被杀的消息，应该有记载传世，《金史》对此类重要记载不会置之不

---

[1] 吉田顺一：《〈阿萨喇克其史〉与〈蒙古秘史〉》，载于青格力等译《〈蒙古秘史研究〉——吉田顺一教授论文集》，2005年。
[2] 参见亦邻真：《莫那察山与〈金册〉》，载于《亦邻真蒙古学文集》，内蒙古人民出版社，2001年。
[3] 参见宝音德力根：《关于王汗与札木合》，《蒙古史研究》第三辑。
[4] 《金史》，"章宗本纪一"，中华书局标点本，第217页。
[5] 《金史》，卷93，宋浩传，第2073—2075页。

理。据此，元翰林史臣们在汉文文献里发现帖木真攻伐王罕的确切月份的记载的几率几乎是零。我们可以很有把握地说，《圣武亲征录》所记战争发生在秋季的说法是推测出来的，而且同样是从汪古惕部商人在巴勒渚纳海子遇见帖木真的《蒙古秘史》的史料中总结出来的。《圣武亲征录》被译成蒙古文，作为《金册》传到了波斯，于是在《史集》中同样有了帖木真于猪年秋天攻伐王罕的记述。

笔者的结论是：无论《圣武亲征录》、《史集》，还是《阿萨喇克其史》的史源，都是从《元朝秘史》182节或者相当于《元朝秘史》182节的文字中总结出了猪年"秋天"这个时间。

(3)关于桑昆在土伯特失踪事。关于桑昆下落，是《阿萨喇克其史》的又一个独特的记载。据《元朝秘史》188节记载，王罕与桑昆突围后，王罕逃到乃蛮的哨望豁里别速赤那里，被他杀死。桑昆则带着骟马夫阔阔出夫妇绕过乃蛮边哨，到了川勒地方。在这里，阔阔出撒下桑昆，牵着桑昆乘骑的马，投奔了帖木真。至于桑昆的下落，《秘史》缺载。在善巴书里，王罕死于乃蛮人手里的记载与《元朝秘史》同，但关于桑昆的下场却与《元朝秘史》不一致，说桑昆到西方的土伯特失踪了。蒙古文的 Töbed，清代汉文文献译作"土伯特"，指西藏或藏人地区，也即汉文文献所指"吐蕃"。

有趣的是，在《圣武亲征录》和《史集》中有桑昆曾到过吐蕃的记载。《圣武亲征录》记载，"亦刺合（即桑昆——引者）走西夏，过亦即纳城，至波黎吐蕃部，即讨掠欲居之。吐蕃收集部众逐之，散走西域曲先居撒儿哥思蛮之地，为黑邻赤哈刺者杀之。"[1]以《圣武亲征录》为重要史料之一的《史集》的记载与此大同小异："当王汗被抓住杀死时，王汗的儿子桑昆逃出。他经过蒙古地区无水原野边界上的一个名叫亦失黑-巴刺合孙的村子，逃到了波黎吐蕃（būri-tbbt）地区。他洗劫了那些地区的一部分地方，在那里住了一段时期，大肆蹂躏。吐蕃的部落和居民们集合起来，将他包围在一个地方，要抓住他。但他战败后安全地从那里突围，从那些部落手中逃脱出来。他逃到了忽炭和可失哈儿境内的一个名叫曲薛居-彻儿哥失箧的地方。当地异密和长官、合刺赤部的一个异密乞里赤-合刺将他抓住杀死了。"[2]《圣武亲征录》提到的"西域"，在《史集》中更具体地记载为和阗和喀什噶尔。"亦即纳城"被写为"亦失黑-巴刺合孙"（亦即纳的蒙古文写法为 Isinai，在蒙古文中 -nai 和 -qai 形近，故"黑 qai"是"乃 nai"之误读；"巴刺合孙"意为"城"）。

吉田顺一据此认为："很难想象，善巴根据其他什么资料补充了桑昆到过土伯特的记载，所以我认为，大概他手里的《蒙古秘史》包含这样的记载。"[3]

问题在于，如果蒙古人当时确知桑昆的下落，那么《元朝秘史》应该予以记载，就像记载王罕的下落一样。因为桑昆是帖木真的主要对手之一，也是《元朝秘史》中的一个重要角色。就按照《元朝秘史》的说法（暂不评论该说法），造成王罕和帖木真的分裂，蒙古部与客列亦惕部决战的罪魁祸首就是桑昆。很难想象，《元朝秘史》的作者对桑昆的下落漠不关心。但是，明人所获《元朝秘史》里不见记载，这是为什么呢？至少有两种可能性：

第一，《元朝秘史》里曾经有过记载，后来明人将其音写为汉字时遗漏了，或者删掉了。但是，如仔细阅读《元朝秘史》188节，看不出某些文字或段落脱落的痕迹。该节先叙述了阔阔出撒下桑昆投奔帖木真的事，接着叙述阔阔出到帖木真那里讲述他"在川勒地方撒桑昆

---

[1] 《圣武亲征录》，王静安先生遗书本，中卷。
[2] 拉施特：《史集》，余大均汉译本，第1卷第2分册，第184—185页。
[3] 吉田顺一：《〈阿萨喇克其史〉与〈蒙古秘史〉》，载于青格力等译：《〈蒙古秘史研究〉——吉田顺一教授论文集》，2005年。

的事",再接着讲述帖木真怎样处死阔阔出和嘉奖忠实于自己主子的阔阔出妻子的事情,于是有关客列亦惕部败亡的记载收尾。这里看不出叙事结构和文字表达方面的任何不衔接的地方。

这里还有一个问题必须注意。就像《蒙古秘史》的研究者们反复强调的那样,《蒙古秘史》不是一次性成书,并且它经历过多次修改。修改的一个重要原因,是忽必烈篡夺蒙古大汗位以后,在忽必烈和他后继者的授意下,对大蒙古国早期历史尤其是拖雷家族相关历史的记载进行过一些改写。直到元朝灭亡以后几百年的17世纪,蒙古史家们仍然站在忽必烈的立场上叙述历史,处处表露维护拖雷家族利益的倾向。但是,桑昆逃到波黎吐蕃和西域的事与元朝统治者们的利益毫不相干,元朝内廷完全没有必要从《蒙古秘史》中有意删除这条记载。

第二,《蒙古秘史》作者确实不了解桑昆的下落,所以《蒙古秘史》中根本没有相关记载。如果这样,我们还必须回答两个问题:其一,《圣武亲征录》既然以《蒙古秘史》为主要史料编写成吉思汗的事迹,那么它关于桑昆在吐蕃和西域的记载从何而来?元翰林学士等内地史臣们在编写《圣武亲征录》的过程中,主要参考了《蒙古秘史》,但同时还参考了成吉思汗实录以及其他汉文史料和可靠的口碑资料。这样,到13世纪80年代初,《圣武亲征录》才得以问世。在这个过程中,《圣武亲征录》的作者们完全有可能从西域人或蒙古人那里直接或间接地探访到有关桑昆的事。换句话说,《圣武亲征录》关于桑昆在波黎吐蕃和西域的事不是源自《蒙古秘史》,而是在编纂该书的过程中在别处发现的。《史集》的记载比《圣武亲征录》详细,这说明,元朝时期人们已经普遍知道桑昆的下落了,所以这个消息也传到了波斯。其二,善巴不可能参考《圣武亲征录》和《金册》(《史集》所据蒙古文史书,《圣武亲征录》的蒙古文译本),那么他关于桑昆逃到吐蕃的记载又从何而来呢?笔者认为,善巴这一记载的来源要么基于蒙古人的口传史料,要么他所参考的史料中有此记载。罗藏丹津、萨冈彻辰以及17世纪其他佚名的蒙古史家们在编写他们的编年史时,都大量引用过口碑资料,这是有目共睹的。善巴也不例外。据《圣武亲征录》的记载,在元朝初年,翰林兼国史院已经掌握了桑昆先赴吐蕃后辗转到西域的某种资料,这说明,当时人们已经了解到了桑昆的下落。无论元国史院的这个资料是文字的还是口传的,据其内容,它必定源于西域人那里。这个消息既然传到了内地,那么不难想见,在当时西域人中肯定也有所传闻,蒙古人得知这个传说当然在情理之中。也就是说,蒙古人中可能早就有了桑昆流窜到吐蕃的传闻,善巴在编写他的史书时随手补充了该传闻。作为传闻,它不像《圣武亲征录》的记载那样具体,也没有"先到吐蕃后赴西域"等等细节,而仅仅是"桑昆逃到吐蕃失踪了"云云。最后,也许有人会问:既然在蒙古人中早已有该传闻,那么17世纪其他编年史作者为什么不记载,唯独善巴一个人去记载它呢?在史料取舍问题上,史家们的观点、立场、情趣等起着极其重要的作用。史家们对同一个口传资料的重视度不完全一样,比如,17世纪其他史家都曾笔录的一些传说故事和韵文,善巴就很少记载它。

(4)帖木真降服乃蛮部和蔑儿乞部众事。善巴记载,"鼠儿年成吉思合罕亲征,降服乃蛮部和蔑儿乞部的六成[百姓]。"因为在蒙古语里"乃蛮"(部名)和"八"(基数词)同音,这句话也可以理解为:"鼠儿年成吉思合罕亲征,降服了八个蔑儿乞的六个"。根据《元朝秘史》193—196节,帖木真在鼠儿年(1205)打败了乃蛮部,但乃蛮部长塔阳合罕的儿子古出鲁克出逃。又据197节,"还在鼠儿年",帖木真俘获了蔑儿乞人部众,其首领脱黑脱阿、忽秃、赤剌温等出逃。善巴用一句话概括了这两件事。据此,这句话应该理解为"降服了乃蛮部和蔑儿乞部的六成"。那么为什么说"六成"呢?笔者的理解是:这大概是因为,帖木真虽然降服了二部，但未能抓获其首领们的缘故。丕凌列释读该句子为"八个篾儿乞的六个"[1]，吉田顺一解释它为"乃蛮和篾儿乞的六部"[2]，并说指出乃蛮和篾儿乞共有六部的说法很有价值（即善巴所掌握的《蒙古秘史》的记载比《元朝秘史》更为丰富——笔者），都不能认为是正确的。

（5）1206年成吉思汗建国即位事。关于此事记载见于《元朝秘史》第202节。该节开头写道："收服了毡帐诸国，于虎儿年，在斡难河源头举行大会，竖起九脚白旄纛，在那里被奉为成吉思合罕。授木合黎以国王名号……"善巴《阿萨喇克其史》记载，虎儿年夏初月十六日那天，成吉思汗授豁阿木合黎以"国王、丞相、太师"称号，命其"手举九旄白旄纛，掌管万户，九罪免罚"。这样一来，虎儿年（1206）似乎不是帖木真被奉为"成吉思汗"和成吉思汗竖起九脚白旄纛建国的时间，而是将白旄纛授予木合黎并封他为国王、丞相、太师的时间。善巴这样说，是因为他认为早在另一个虎儿年（1182）帖木真已经即位，而且成吉思这个名字早已有之。善巴将帖木真第一次称蒙古部之汗和第二次即大位建立大蒙古国的两件事情混为一谈了。

至于封木合黎为国王事，《元朝秘史》206节也有记载。成吉思汗封他为国王，座次在众人之上，并世代相传，同时封为左翼万户，管辖东边到合剌温只敦山（即兴安岭）的部众。但是，《元朝秘史》没有记载木合黎曾被封为"丞相、太师"事。

据《元史》，封木合黎为丞相、国王、太师，并赐纛，事在丁丑年（1217）。"丁丑年（1217）八月，诏封太师、国王、都行省承制行事，赐誓券、黄金印曰：'子孙传国，世世不绝。'分弘吉剌、亦乞烈思、兀鲁兀、忙兀等十军，及吾也而契丹、蕃、汉等军，并属麾下。且谕曰：'太行之北，朕自经略，太行以南，卿其勉之。'赐大驾所建九斿大旗，仍谕诸将曰：'木华黎（木合黎——引者）建此旗以出号令，如朕亲临也。'乃建行省于云、燕，以图中原。"[3]据此，1206年建国以后，成吉思汗封木合黎为左翼万户长，而封他为"丞相、国王、太师"事在1217年。这是符合大蒙古国发展历程的，应该可信。《史集》的记载也证实了这一点："成吉思汗将他（木合黎——引者）派到了与乞台（金朝——引者）结界的哈剌温－只敦地方时，汉人将他称作'国王'，意即'尊贵者'。后来成吉思汗就封了他这个尊号，他的后裔也就被称为国王了。"[4]《元朝秘史》将此事错记在1206年了。

木合黎被封为丞相、国王和被授予纛之事，在蒙古人中广泛流传。如在鄂尔多斯地区成吉思汗祭奠有关的《九脚白纛祭文》提到了"赏给木合黎丞相的"白纛，《八脚白纛祭文》更明确提到，白纛是"命札剌亦儿人木合黎为国王、丞相、达尔汉太师"而建的。[5]可见，善巴关于木合黎的记载是在蒙古人口传资料的基础上加工而成的，不能说它反映着某种与《元朝秘史》不同的《蒙古秘史》抄本的内容。

（6）关于四大斡耳朵。《元朝秘史》没有记载成吉思汗皇后、皇妃的四大斡耳朵。善巴记载："大斡耳朵之主为翁吉剌惕部德薛禅的女儿孛儿帖哈屯；第二斡耳朵之主为肃良合思之不合察罕合罕的女儿忽阑哈屯；第三斡耳朵之主为塔塔儿也客扯鲁的女儿也遂哈屯；第四斡

---

[1] Byamba, *Asarayči neretü-yin teüke,* orshil bichij hevleld beldhej tailvar hiisen Perinlei, *Monumenta Historica,* Tomus II, Fasciculus 4, Ulaanbaatar, 1960.
[2] 吉田顺一上引文。
[3] 《元史》，卷119，木华黎传，第2932页，中华书局标点本。
[4] 拉施特：《史集》，余大均汉译本，第1卷第2分册，第370页。
[5] 《新校勘'成吉思汗金书'》，内蒙古文化出版社，2000年，第232、243页。

耳朵之主还是塔塔儿也客扯鲁的女儿也速干哈屯。"罗藏丹津《黄金史》的记载与《阿萨喇克其史》有所不同。据罗藏丹津记载,"孛儿帖勒真哈屯之大斡耳朵为固累斡耳朵（gürüi ordu），忽阑哈屯斡耳朵为肃良合思的巴儿思斡耳朵（solungɣus-un bars ordu），也遂哈屯之斡耳朵为西儿噶其斡耳朵（širgaci-yin ordu），也速干哈屯之斡耳朵为罕图特辉斡耳朵（qamtutqui-yin ordu）。"[1] 吉田顺一认为，善巴的记载有可能不是《蒙古秘史》原有的记载，但其资料方面的古老特征不次于《蒙古秘史》。但笔者认为，仅凭将忽阑哈屯作"肃良合思的不合察罕之女"这一点，就很难赞同吉田氏的观点。无论是罗藏丹津的还是善巴的四大斡耳朵的记载，可能都是基于17世纪民间口传材料。

（7）者勒蔑封万户事。据《元朝秘史》211节，成吉思汗历数者勒蔑的功劳，恩准他"九罪不罚"，但没提到封为万户事。者勒蔑封万户事，只见于《阿萨喇克其史》，其他蒙古文史书均不载。吉田顺一认为，按照者勒蔑的功劳，他可以和豁儿赤、忽难一样被封为万户（吉田上引文），暗示相信该记载。但是，如果者勒蔑真的和豁儿赤、忽难一样做了万户，《元朝秘史》为什么不记载呢？在其他有关蒙元史的早期史书诸如《史集》、《圣武亲征录》等文献里为什么统统不见相关记载呢？若将这一切全视为早期文献的遗漏，而奉善巴的书为信史，恐怕不妥。在17世纪史书中登场的早期历史文献所没有记载的东西，大都来自口传资料。不排除这样的事实，即：这些资料在某种程度上反映着当时历史事实的轮廓和影子。但认为句句都反映着事实，就错了。关于者勒蔑这样大名鼎鼎的人，如《元朝秘史》等早期文献没有记载他是万户，那他大致就不是，而口传资料说他是万户，那么它仅仅反映着后世之人对者勒蔑的承认、崇拜和爱戴。善巴本人可能也认为（或者说相信），凭者勒蔑之功他应该（或者说可能）做过万户。

（8）恩准主儿扯歹"九罪不罚"事。据《元朝秘史》108节，成吉思汗赏赐给主儿扯歹四千户兀鲁兀惕人。善巴记载为赐给了一千兀鲁兀惕人，并恩准"九罪不罚"，与《元朝秘史》异。吉田氏认为主儿扯歹九罪不罚的记载仍可成立，因为主儿扯歹对成吉思汗的功劳很大。[2] 笔者认为，善巴的记载只是传闻而已，没有反映事实本身，理由同7。

（9）成吉思汗给诃额伦母亲与幼弟斡赤斤的分子。成吉思汗分"分子"的记载见于《元朝秘史》242节。据此，成吉思汗给其母亲诃额伦和幼弟斡赤斤分了10000百姓，给弟合撒儿分了4000百姓，合赤温的儿子阿勒赤歹2000，别勒古台1500；长子拙赤9000百姓，次子察阿歹8000，三子窝阔台5000，幼子拖雷5000。《史集》记载的人数与《元朝秘史》有所不同。据该书记载，诃额伦：3000人，斡赤斤：5000人；合撒儿诸子：1000人，阿勒赤歹：3000人，拙赤：4000人，察阿歹4000人，窝阔台：4000人；别勒古台和拖雷缺载。[3]《阿萨喇克其史》的记载与二书都有出入，但更接近《元朝秘史》。

最引人注目的是，善巴记载，成吉思汗给诃额伦母亲和斡赤斤分"一万女真人，叫[他们]给[诃额伦和斡赤斤]耕作"的记载。《元朝秘史》没有这样记载，两《黄金史》等17世纪蒙古文史书里也没有类似记载。于是，丕凌列据此认为，《阿萨喇克其史》的这条记载说明成吉思汗时期蒙古就已拥有相当规模的农业，而吉田顺一则指出，该记载可能是在蒙古流传着另一本《蒙古秘史》的证据。这些观点都很难成立。

---

[1] 罗藏丹津：《黄金史》，第129页。
[2] 吉田顺一：《〈阿萨喇克其〉与〈蒙古秘史〉》，载于青格力等译《〈蒙古秘史研究〉——吉田顺一教授论文集》，2005年。
[3] 拉施特：《史集》，余大均汉译本，第1卷第2分册，第375—380页。

关于诃额伦母亲和斡赤斤分子的构成，《史集》提供了一些线索："成吉思汗将跟随他母亲一起来的那些豁罗剌思部及斡勒忽讷部异密及三千军队分给了她。""成吉思汗分给他（斡赤斤——引者）的五千军队为：两千乞里克讷惕部人，一千别速惕部人，其余为各部落里的人，其中包括一些札只剌惕人。"[1]豁罗剌思是后来所称的郭尔罗斯，在兀良哈部和科尔沁部都能见到他们的名字；斡勒忽讷就是弘吉剌惕部之一支斡勒忽讷兀惕，是诃额伦的母家所在部落；乞里克讷惕是属于迭儿列勤—蒙古的斡罗纳兀惕部的一个分支[2]，别速惕部是尼伦蒙古人的一支，而札只剌惕人是大名鼎鼎的札木合所出部落，仍属于尼伦蒙古。总之，诃额伦母亲和斡赤斤分子里没有提到女真人部落。

就 1206 年时期蒙古实际情况来分析，成吉思汗当时绝无条件给家人分给女真人的"分子"。当时金朝还相对强大，12 世纪末 13 世纪初金军常常攻入蒙古东南部草原，比如 1203 年金军大肆进攻王罕的客列亦惕部，致使该部在帖木真的突然袭击前土崩瓦解。1234 年灭金之前，蒙古没有可能控制大量的女真人，成吉思汗更不可能将如此数目惊人的女真百姓作为家产分给其家属。

笔者认为，善巴这条记载仍然来自于蒙古口传资料。众所周知，斡赤斤后人是明人所谓"兀良哈三卫"的首领。1316 年元廷封斡赤斤后人脱脱为辽王，从此该家族首领一直世袭该王号。明初置泰宁、福余、朵颜三卫，称"泰宁等三卫"，命泰宁卫首领辽王阿札失里领之。三卫中的福余卫基本上由蒙古化的女真人组成，这些女真人被称作兀者人，故它的蒙古文名叫"我着"（Öjiyed），即兀者。明人又称他们为"女直野人"。明正统年间，福余卫头目可台为首的三卫，受也先、脱脱不花之命东征松花江一带的兀者人。据研究，后来参加满官嗔部的由女真人构成的卜剌罕卫是福余卫的属卫。[3]斡赤斤及其后裔的封地在兴安岭以东以南，与女真各部接壤。凡此种种都说明，斡赤斤后裔辽王后人掌控的三卫里有不少女真人，三卫曾经也控制过女真人一些部落，与女真各部有交往。所以在蒙古人中可能一直有斡赤斤家族与女真人关系的某些记忆，按照蒙古口传资料的特点，这些记忆很可能把事情都记在该家族的始祖斡赤斤头上了。因此，善巴撰写《阿萨喇克其史》时顺手记载了此事。

（10）善巴记载了成吉思汗在进行分封诸、划分千户之后，对众人颁布的训谕。这是一段较长的韵文：

> 合罕受到爱戴，而不该无节制，
> 黎民百姓，应该省察自己的品行。
> 玉宝大政，应该日夜思虑，
> 伴当朋友，应该和谐相爱。
> 锐利武，应该牢守。
> 临外族仇敌，应奋身勇进。
> 眷从亲密间，应恭敬和睦。
> 对众人温和相待，应被称为善。
> 修习博学智慧，为恒久伴友。
> 弃骄满性，应与众人顺和。

---

[1] 拉施特：《史集》，余大均汉译本，第 1 卷第 2 分册，第 380 页，第 379 页。
[2] 拉施特：《史集》，余大均汉译本，第 1 卷第 1 分册，第 272 页，第 279－280 页。
[3] 见宝音德力根：《十五世纪前后蒙古政局、部落诸问题研究》，内蒙古大学博士学位论文，1997 年，第 82－83 页。

不尚跋扈，[跋扈]反害其身。
持卑谨慎，晓[泱泱国]不缺尔辈之理。
恩臣度功量勋而互比攀。
凭力凭智，博得垂爱。
怀宏伟心，持诚尽力。
按此般恒行，向我进善言。

这段韵文《元朝秘史》不载，以两《黄金史》为首的早期其他蒙古文史籍也不载。但是，根据蒙古文原典，它的句法、词汇都是17世纪古典蒙古语，其中看不到中古蒙古语的任何痕迹。不仅如此，该韵文具有典型的口头文学特点，与书面的古典蒙古语有一定差距。应该说，这是善巴对整理17世纪口传蒙古文学作品的一大贡献。

该韵文虽然是成吉思汗某一《必勒格》（又称《成吉思汗箴言》）变文的口传，但它无法成为善巴利用过记载着更多成吉思汗《必勒格》的《蒙古秘史》的旁证。

4. 结论

根据以上分析，我们可以得出如下结论：

首先，善巴没有直接利用《蒙古秘史》，《阿萨喇克其史》中相当于《蒙古秘史》部分内容的记载不是直接来自于《蒙古秘史》文本，而是从其他史书中引用的，有些内容是根据口传资料编写的。

其次，《蒙古秘史》不载而善巴记载的一些内容，不说明善巴曾经利用过与《元朝秘史》蒙古文本不同的另外一种《蒙古秘史》。这些内容的增加，有的是善巴对他所用史料进行分析和推理推则的结果，更多的是他根据17世纪蒙古民间口传历史增加的。

考证到此，笔者认为，沙·比拉关于《阿萨喇克其史》与《蒙古秘史》关系的评论十分有道理。他说：《阿萨喇克其史》中有关成吉思汗的史料几乎无一处不包括在《蒙古秘史》中。然而，这两部书中出现的不一致情况和异读情况却是如此严重，以至很难说它们之间有什么直接借用关系。不难发现，阿萨喇克其笔下的成吉思汗史同《蒙古秘史》中的成吉思汗史相比，显得过分简略，残缺不全，前者只是后者中主要各节的简略转述而已。《蒙古秘史》的很多细节被遗漏了，其特有的写作上的生动性也不见了，两部著作相应部分在风格和语言上也大相径庭。[1]与其他研究者相比较，沙·比拉更加准确地把握着本民族历史编纂学的规律和特色，具有远见卓识。

最后，笔者必须说明两点：其一，笔者不否认在蒙古草原上曾流传着蒙古文的《蒙古秘史》。17世纪末年的罗藏丹津手里就有过《蒙古秘史》抄本，并将其移录到自己纂修的史书《黄金史》里。然而，如果去掉罗藏丹津所加的内容，罗藏丹津在《黄金史》中所移录的《蒙古秘史》内容与《元朝秘史》内容之间没有太多的差异（虽然不是没有差别）。这就说明，《蒙古秘史》在流传过程中的变异并不很大。假如在喀尔喀也流传着一种蒙古文《蒙古秘史》抄本（这完全可能），其充其量也不过是罗藏丹津所见到的《蒙古秘史》的转抄（尽管善巴连这样的本子都未曾见到）。其二，罗藏丹津《黄金史》所收《蒙古秘史》内容不包括窝阔台汗时期的内容。17世纪其他蒙古文史书也都没有详细记载窝阔台汗朝的事。就像学者们早已指出的那样，在蒙古高原流传的《蒙古秘史》实际上就是一部成吉思汗史。没有迹象表明，

---

[1] Sh·比拉：《蒙古史学史（十三至十七世纪）》，陈弘法译，内蒙古教育出版社，1988年，第249页。

在草原上流传过相当于足本《元朝秘史》的《蒙古秘史》。假如善巴看到过与罗藏丹津的本子不同的一种足本,甚至是比《元朝秘史》都丰富的大足本,那么他不会不记窝阔台汗的一二事吧。善巴曾经逐字逐句翻译引用了《三世达赖喇嘛传》和《四世达赖喇嘛传》,这在某种程度上反映了善巴引用书面材料的态度和风格。如果说他手中有过《蒙古秘史》,他对该书的引用恐怕不会如此简短,也不会从内容到文字进行大刀阔斧的修改。实际上,因为善巴只是通过 17 世纪蒙古书面和口传资料编写了蒙元史,所以他的《阿萨喇克其史》的基本框架与 17 世纪其他蒙古文史书没什么两样,都仅书成吉思汗事,而且夹杂了大量的民间口传历史。

(三) 《阿萨喇克其史》与两《黄金史》的关系

虽然学术界就佚名《黄金史》成书的确切年代有过争论(有 1604 年说、1634 年说等),但是基本上一致认为它成的时间最迟不会晚于 17 世纪 30 年代。关于罗藏丹津《黄金史》的成书年代,学术界一直众说纷纭[1],没有取得统一意见。笔者赞同 17 世纪末说。[2]然而,虽然《阿萨喇克其史》成书时间比罗藏丹津《黄金史》早,但是对该两书记载进行比较研究仍有很大的学术价值。这是因为,虽然《阿萨喇克其史》是罗藏丹津《黄金史》的重要史源,但是两者记载的不同之处,对探讨《阿萨喇克其史》的史源有很大的参考价值。

1.《阿萨喇克其史》所见佚名《黄金史》内容

善巴利用过佚名《黄金史》,这在他所著《阿萨喇克其史》中得到印证。下面举一些较明显的例子。

(1) 在《阿萨喇克其史》开头部分,善巴简短叙述了孛儿贴赤那的来历。这段文字明显是来自佚名《黄金史》。试看二书对照(佚名《黄金史》简称《佚名书》,《阿萨喇克其史》简称《善巴书》,下同):

《佚名书》:köbegün-inü dalai subin altan sandali-tu qaɣan: ɣurban köbe gün-tei: aqamad-anu boruču: ded-inü sibaɣuči, udagan-anu börte činu-a buyu. öber-e jaɣuraban maɣulalduju börte činu-a umar-a jüg tangkis dalai-yi getülün jad-un ɣajar-a ireged: ere-ügei ɣou-a maral neretü ökin-i abču

---

[1] 留金锁认为,罗藏丹津《黄金史》成书于 1628—1634 年间(《13—17 世纪蒙古历史编纂学》,内蒙古人民出版社,1979 年,第 220—221 页),海西希认为成于 1651—1655 年间(*Die Familien- und Kirchengeschichtsschreibung der Mongolen* I, 16.-18.Jahrhundert, *Asiatische Forschungen*, Band 5, Wiesbaden, 1957),冈田英弘认为在 1675 年之后(冈田英弘《善巴著(丕凌列编)阿萨喇克其史——新发现的一部蒙古编年史》,《东洋学报》48—2, 1960),石滨裕美子认为 1677 年后(《西藏佛教宗义研究》,与福田洋一合作,东洋文库,1986 年),Sh•比拉(《蒙古史学史(十三至十七世纪)》,陈弘法译,内蒙古教育出版社,1988 年),森川哲雄认为成书于 17 世纪末年(《蒙古编年史》,白帝社,2007 年)。

[2] 赞成"17 世纪末说"的理由主要有如下几点:据比拉研究,《黄金史》的作者比丘•固什•罗藏丹津是喀尔喀札雅班第达•丕凌列(1642—1715)的弟子,1721 年编纂了 *Uda-yin tabun aɣulan-u orusil süsügseün-čikin-ü čimeg kemekü orusibai* 一书,所以他的主要活动应在 17 世纪末 18 世纪前半期。证明"17 世纪末说"的最有力的证据莫过于石滨裕美子、福田洋一的研究成果。据他们研究,罗藏丹津《黄金史》中的有关三世、四世达赖喇嘛记载的内容不是直接译自藏文传记,而是引自《阿萨喇克其史》。罗藏丹津没有照抄善巴的译文,而是对它进行删减增补等编辑之后引用的。这一点对断定《黄金史》成书时间非常重要。

em-e bolɣayad: jad-un ɣajar-a nutuɣlan saɣuɣad: mongɣol ayimaɣtan bolba: [1] "（颈座王）之子达赖萨宾金座王，生三个儿子：长孛啰出、次失宝赤、次孛儿帖赤那。因为内部不和，孛儿帖赤那渡过腾吉思海子来到扎答地方，娶名叫豁埃马阑勒的未婚女子为妻，居住在扎答地方，成为蒙古氏族。"

《善巴书》：tegün-eče ündüsüleǰü töbed-ün dalai suban altan sandalitu qaɣan-u köbegün boruču, sibaɣuči, börte činu-a ɣurbaɣula aɣsan-ača: aq-a degüs maɣulalduju börte činu-a jad-un ɣajar-a irejü: ere-ügei ɣou-a maral neretü ökin-i abču: mongɣol omuɣ-tan bolba gekü: "[颈座王]后裔吐蕃达赖苏班金座王生三个儿子：孛啰出、失宝赤、孛儿帖赤那。因为兄弟内部不和，孛儿帖赤那来到扎答地方，娶名叫豁埃马阑勒的未婚女子为妻，据说是成了[后来的]蒙古氏族。"

佚名《黄金史》的"达赖萨宾"在善巴那里成了"达赖苏班"，还有一两处省略，这是蒙古文文本抄传过程中经常发生的事情，除此之外两个文本中的人名、地名以及叙述顺序都很一致。

（2）善巴引用《青史》中蒙古祖先的世系之后，又写到："其他史籍记载：挦锁赤的儿子撒里合勒札兀。他的儿子为孛儿只吉歹篾儿干。他的儿子脱罗豁勒真伯颜。脱罗豁勒真伯颜[之妻]巴儿忽真豁阿所生的朵奔篾儿干和都蛙锁豁儿二人。（朵奔篾儿干之子孛端察儿——此处有省略，引者）孛端察儿的儿子为合必赤把阿秃儿。他的儿子为必乞儿把阿秃儿。他的儿子为篾年土敦。他的儿子为合赤曲鲁克。他的儿子为伯把儿思升豁儿多黑申。他的儿子为屯必乃薛禅。他的儿子为合不勒合罕。他的儿子为把儿坛把阿秃儿。他的儿子为也速该把阿秃儿。"

这个世系在佚名《黄金史》中是这样的：

挦锁赤－撒里合勒札兀－孛儿只吉歹篾儿干－脱罗豁勒真伯颜－朵奔篾儿干－孛端察儿－合必赤把阿秃儿－必乞儿把阿秃儿－篾年土敦－合赤曲鲁克－伯升豁儿多黑申－屯必乃薛禅－合不勒合罕－把儿坛把阿秃儿－也速该把阿秃儿。[2]

可见，善巴记载的世系与佚名《黄金史》完全相同。显然，善巴所谓的"其他史籍"指的正是佚名《黄金史》（不少学者认为善巴所说的"其他史籍"泛指他所引用的所有史料，误）。

（3）善巴笔下的朵奔篾儿干几个儿子，乍一看与《元朝秘史》、罗藏丹津《黄金史》和佚名《黄金史》都不同。但若仔细比较就会发现，其实善巴就是在佚名《黄金史》框架下编写的。佚名《黄金史》记载：朵奔篾儿干在世时生了不忽合答吉思、不合赤撒勒只两个儿子。朵奔篾儿干死后，阿阑豁阿又生了别克帖儿、别里哥台、孛端察儿三子。善巴为了说明只有孛端察儿是天子，不提佚名《黄金史》所记孛端察儿胞兄弟别克帖儿、别里哥台二人。但是，他保留了不忽合答吉思、不合赤撒勒只为朵奔篾儿干的儿子的说法。这说明，善巴在引用史料时根据自己的需要进行过一些在他看来有必要的改动。

（4）关于也速该娶诃额伦的事，善巴记载的手法与上述例子雷同。根据罗藏丹津的记载（来自《蒙古秘史》），也速该把阿秃儿在斡难河边打猎时，碰到了篾儿乞惕的也客赤列都娶亲回来，望见那女子有姿色，便返回家里，领着哥哥和弟弟一起来抢。佚名《黄金史》载，也速该兄弟几人捕猎时，发现了一女子撒尿痕迹，便追了过去。善巴记载的是，也速该兄弟

---

[1] 朱风、贾敬颜汉译：《汉译蒙古黄金史纲》所附蒙古文文本，内蒙古人民出版社，1985年，第137页。
[2] 朱风、贾敬颜汉译：《汉译蒙古黄金史纲》所附蒙古文文本，内蒙古人民出版社，1985年，第137页。

几人捕猎时,发现了一群移牧人的踪迹,便顺着追上去,发现是篾儿乞惕的男人赤列都娶亲回家。在这里,发现诃额伦的过程与佚名《黄金史》类似。但是,此后也速该兄弟追赶赤列都、诃额伦将自己的衬衫送给赤列都、赤列都逃之夭夭等等记载,又与佚名《黄金史》异,而与《元朝秘史》的说法有些接近。

可见,关于也速该抢娶诃额伦的故事,是善巴对佚名《黄金史》和其他史料(可能包括口传资料)进行编辑而得的。

(5)关于"成吉思"名称的由来,诸书记载不一致。根据《元朝秘史》(123节)记载,大致在12世纪80年代,蒙古乞颜部贵族推举帖木真为成吉思汗,但没有提到任何与此称号相关的传说故事。罗藏丹津记载,在帖木真出生的第七天,有一只浅黑色的鸟来到大湖半岛上的一块黑色石头上连鸣叫了三天。也速该把阿秃儿第一次砸开石头,见一枚金玺从石中飞入天;第二次砸开石头,见一枚银玺从石中跳入大湖;第三次砸开石头,见有一枚玉玺在石中,于是拿回家中燃香叩拜。这时,那只鸟落在也速该家天窗上,连叫"成吉思,成吉思",由于那只鸟的啼叫声,就称帖木真为成吉思汗。善巴的记载与罗藏丹津有所出入,但基本内容雷同。《蒙古源流》也记载了这个传说,但有些情节与罗藏丹津《黄金史》和《阿萨喇克其史》不同。[1]罗藏丹津《黄金史》所记传说的内容比《阿萨喇克其史》的内容丰富,显然不是来自《阿萨喇克其史》。这说明,善巴与罗藏丹津各自记载了他们自己所掌握的口碑资料。这有力地证明,善巴和罗藏丹津书中都包含着不少口传资料。

(6)善巴书里有这么一段记载:帖木真兄弟与德薛禅家多年失去联系后,帖木真派他弟弟合撒儿去见德薛禅。德薛禅对合撒儿兄弟说:"今天太阳给我升起来啦!(edüge nadur naran urγubai)"。这句话在《元朝秘史》里是这样写的:"阿阑兀者罢者赤马宜"(94节),复原成蒙古语为"aran üjebei i-ye čimayi"。"阿阑"的旁译为"仅得"。据亦邻真先生研究,aran 是 arai 的复数,意即"差一点,好不容易"。[2]整句话的意思是"好不容易见到了你!"

再看看罗藏丹津的《黄金史》是怎样记载这句话的。罗藏丹津写道:AARAN-i üjebei bi čimai-yi。"[3]第一个词 AARAN,可读成 naran,也可读成 aran,但从其后所加宾语格附加成分 -i 判断,罗藏丹津显然将它作名词 naran(太阳)理解的,因为虚词 aran 后面是不能附加名词格的。罗藏丹津的这句话汉译后就变成了"我见到了太阳,把你",原句子中的宾语"把你"(čimai-yi)已失去了谓语,成了病句。罗藏丹津的错误移录说明,aran 在17世纪古典蒙古语中已经消失(至少不再积极使用),人们不再知道它的含义了。善巴书中出现与罗藏丹津同样的错误这一事实说明,善巴看到的某些文字资料已经误传了《蒙古秘史》的本意:德薛禅听到了生死未卜的女婿的消息,他心中升起了幸福的太阳。读起来非常合乎逻辑,但与原话意思相差甚远了。

这个例子说明,善巴在编写自己的史书时,还曾经利用过我们今天所不知道的17世纪的某些史籍。我们不得不说,德国教授堪佛假设的善巴可能利用过一些不知名的史料文献的推测有一定的可能性。

(7)善巴记载,忽阑哈屯为肃良合思(高丽)的不合察罕合罕的女儿。据《元朝秘史》197节,忽阑哈屯是豁阿思(兀洼思)篾儿乞部首领答亦儿兀孙的女儿,1204年其父答亦儿兀孙亲自将其送至帖木真处。《史集》记载同《元朝秘史》(汉译本,第1卷第2分册)第

---

[1] 乌兰:《〈蒙古源流〉研究》,第150页。
[2] 亦邻真:《〈元朝秘史〉复原》,内蒙古大学出版社,1987年,第62页。
[3] 罗藏丹津:《黄金史》,第22页。

206页)。肃良合思即高丽。佚名《黄金史》称忽阑哈屯为高丽王的女儿,善巴的记载显然来自该史书。

(8)善巴记录了成吉思汗抱怨健康状况的韵文,内容与佚名《黄金史》和罗藏丹津《黄金史》基本一致。该韵文的内容,善巴记载如下:

"sur dörüge sun-tala: temür dörüge dölürütele jigeyju:yeke ulusi joban jö-gejü jongkilan quriyaqi čaγ-tur eyimü jobalang-i ese üjelüge: ermeg čaγaγčin-iyan unuju, isi-gen daquban bögtürjü eng olan ulus-i quriyaqi-dur eyimü jobalang ese üjelüge: [当我]把皮马镫蹬得伸长,把铁马镫蹬得变薄,艰苦聚集、辛勤统一大国时,也未曾如此受苦。跨着白飘骏马,穿着羊羔皮袄,收抚众多的百姓时,也未曾如此受难!"

这段韵文在佚名《黄金史》中是这样的:"sur dörüge sunal-a: temür dörüge döleretel-e jigejü: yeke ulus-i-iyen joban jögejü jongkilan quriyaju yabuqu čaγ-tur-iyan ene metü jobalang-i ese üjelüge: ermeg čaγaγčin-iyan unuju, esegei-yin daqu-ban bögtürejü, eng yeke ulus-iyan joban jögejü jonkilan quriyaqi- čaγ-tur eyimü jobalang ese medelüge bi. [当我] 把皮马镫蹬得伸长,把铁马镫蹬得变薄,艰苦聚集、辛勤统一大国时,也未曾如此受苦。跨着白飘骏马,穿着毡制皮袄,收抚众多的百姓时,也未曾如此受难。"[1]

善巴显然是从佚名《黄金史》中移录了这段韵文。

(9)在成吉思汗临终时,雪你惕人吉鲁格台把阿秃儿禀奏的韵文,见于佚名《黄金史》、罗藏丹津《黄金史》和《蒙古源流》,但前二书所载诗文大体一致,而《蒙古源流》与二书的出入较大。善巴所记诗文内容与两《黄金史》接近,只是省略了其中重复内容,因此少了两段。但不难看出,善巴所记该韵文来自于佚名《黄金史》。[2]

(10)善巴记载了吉鲁格台把阿秃儿对仙逝的成吉思汗的赞颂和灵柩车陷入母纳山泥沼后朗读的韵文。《阿萨喇克其史》的记载与两《黄金史》同,而与《蒙古源流》有较大出入。善巴的记载来自于佚名《黄金史》。[3]

(11)关于向全国发布假通告、将成吉思汗遗物安葬在他去世的地方的说法,来自于佚名《黄金史》。罗藏丹津《黄金史》无此记载。佚名《黄金史》载:"据说,向全国发布假通告,将穿过的衣服、帐房和一只袜子,安葬在[母纳山]那里。[合罕]真的遗体,有的说安葬在不儿罕合勒敦山,有的说安葬在阿尔泰山北麓、肯特山南麓的也客斡贴克地方。"[4]《阿萨喇克其史》记载:"于是向全国发布假通告,将圣主穿过的衣服、帐房和一只袜子,安葬在[母纳山]那里。[合罕]真的遗体,有的说安葬在不儿罕[合勒敦]山,有的说安葬在阿尔泰山北麓、肯特山南麓的也客朝贴克地方。"两书记载完全相同。

(12)关于窝阔台合罕的生年、即位年、在位时间和卒年,佚名《黄金史》记载:于牛儿年(1229),在客鲁列河畔的阔迭额阿剌勒地方,在四十三岁时即合罕位。在位十三年,牛儿年(1241)五十五岁时驾。窝阔台合罕生于羊年(丁未,1187)。[5]根据《大黄史》载,窝阔台生于火羊年(丁未,1187),四十二岁时于鼠儿年(戊子,1228)即位,在位六年,卒于

---

[1] 朱风、贾敬颜汉译:《汉译蒙古黄金史纲》所附蒙古文文本,内蒙古人民出版社,1985年,第158页。
[2] 朱风、贾敬颜汉译:《汉译蒙古黄金史纲》所附蒙古文文本,内蒙古人民出版社,1985年,第160页。
[3] 朱风、贾敬颜汉译:《汉译蒙古黄金史纲》所附蒙古文文本,内蒙古人民出版社,1985年,第160—161页。
[4] 朱风、贾敬颜汉译:《汉译蒙古黄金史纲》所附蒙古文文本,内蒙古人民出版社,1985年,第161页。
[5] 朱风、贾敬颜汉译:《汉译蒙古黄金史纲》所附蒙古文文本,内蒙古人民出版社,1985年,第161页。

蛇年（癸巳，1233），享年四十七岁。《蒙古源流》记载，窝阔台生于丁未年（1187），卒于癸巳（1233）年。[1] 可见，佚名《黄金史》与《阿萨喇克其史》同说，与《大黄史》和《蒙古源流》迥异。善巴引用的显然是佚名《黄金史》的记载。

（13）善巴关于蒙哥合罕的记载，来自佚名《黄金史》。该书记载，"此后五年，在猪儿年，蒙哥汗四十五岁时在客鲁连之阔迭额阿剌勒地方，于四月初三日即大位。九年后，在五十四岁时于羊儿年在庆章府城驾崩。蒙哥汗生于兔儿年。"[2] 善巴对此做了稍许修改："其后，认为窝阔台合罕的子孙不适吉兆，猪儿年，在阔迭额阿剌勒地方，推举拖雷额真的长子蒙哥为合罕。其上师为索南嘉穆禅。在位九年，在庆王州城[3]驾崩，无子嗣。蒙哥合罕生于兔儿年。"

（14）在《阿萨喇克其史》中，自完泽笃汗以降，经曲律合罕、普颜笃合罕、格坚合罕、也孙铁木儿合罕、札牙笃合罕、和世㻋忽都笃合罕，直到额儿点绰黑图合罕等元朝诸帝及其帝师的记载，在诸帝的讳、生年、即位年、卒年等方面基本上与佚名《黄金史》[4]同。但是，也有几处不同之处：比如，善巴将普颜笃合罕即位时的年龄说成是二十七岁（佚名《黄金史》记载为三十七岁），去世时三十七岁，比《黄金史》的记载整整少了十岁。善巴说普颜笃合罕生于鸡儿年，但是《黄金史》记载为生于猪儿年。还有，善巴记载札牙笃合罕三十一岁时即位，《黄金史》记载他三十五岁时即位。此外，善巴还将天顺帝 Račabaγ（阿剌吉巴）误作札牙笃合罕，这显然是笔误。这些说明，善巴在记载元朝诸帝时以佚名《黄金史》为蓝本，同时参考了其他史书。

（15）妥懽帖睦尔失掉国政的经过，在两《黄金史》、《大黄史》和《蒙古源流》中均有记载，但是，在内容细节上两《黄金史》基本雷同，而《大黄史》和《蒙古源流》与前二书多有不同。经比较，善巴的记载与两《黄金史》同（但比二书更简略），可见该记载源于佚名《黄金史》[5]。

（16）永乐皇帝为元顺帝遗腹子的传说见佚名《黄金史》[6]，善巴所记内容与之相同。

（17）关于招力图合罕，佚名《黄金史》："招力图合罕即大位，历四年，羊年驾崩。"[7] 但是善巴记载："招力图合罕即大位，历四年驾崩。其后，恩克合罕即大位，历四年驾崩。"实际上，恩克合罕与招力图合罕为同一人，"恩克合罕"是招力图合罕的尊号，全称应作"恩克招力图合罕"。这个事情在罗藏丹津《黄金史》中是这样记载的："招力图合罕即大位，历四年，羊年驾崩。恩克合罕在位四年。"看来，善巴此处的记载来自于另外一部史书，该史书的原始记载应与罗藏丹津《黄金史》记载同（这段记载中第一次用了合罕的讳，第二次用了合罕的尊号，但指同一人）。善巴误会了这段记载，把一个合罕分作两位合罕了。

（18）关于额勒别克合罕杀子夺儿媳妇的故事，见于两《黄金史》、《大黄史》和《蒙古源流》，内容雷同。但是，各文本之间仍有一定的差别，比如：两《黄金史》与《阿萨喇克其史》记载，额勒别克合罕杀儿子夺儿媳妇；妣吉用单口双腹壶，一边盛酒，一边装水，灌醉

---

[1] 乌兰：《〈蒙古源流〉研究》，第231页。
[2] 朱风、贾敬颜汉译：《汉译蒙古黄金史纲》所附蒙古文文本，内蒙古人民出版社，1985年，第162页。
[3] "庆章府"与"庆王府"，是误读引起的差别。在蒙古文中，jang 和 wang 形近，而 fu 和 ju 亦然。
[4] 朱风、贾敬颜汉译：《汉译蒙古黄金史纲》所附蒙古文文本，内蒙古人民出版社，1985年，第162－163页。
[5] 朱风、贾敬颜汉译：《汉译蒙古黄金史纲》所附蒙古文文本，内蒙古人民出版社，1985年，第163－166页。
[6] 朱风、贾敬颜汉译：《汉译蒙古黄金史纲》所附蒙古文文本，内蒙古人民出版社，1985年，第167页。
[7] 朱风、贾敬颜汉译：《汉译蒙古黄金史纲》所附蒙古文文本，内蒙古人民出版社，1985年，第168页。

了太尉；妣吉遣人向合罕报信等。在同样的地方，《大黄史》和《蒙古源流》则记载，合罕害弟夺弟媳妇；妣吉用银碗盛酒敬献于太尉；妣吉遣其丈夫的侍卫多黑申沙剌向合罕报信。从这些微小的差异上不难看出，善巴用的是佚名《黄金史》的记载。

（19）善巴关于坤帖木儿、完者帖木儿、答里巴和斡亦剌歹的汗位继承顺序和年代的记载，基本与两《黄金史》同，不同的只有"坤帖木儿合罕"的名字。该合罕的名字在两《黄金史》中作"脱干合罕"(Toɣoɣan qaɣan)。《大黄史》记载了坤帖木儿、完者帖木儿、德里伯（答里巴的阴性词形式）三人，提到了额色库的卫拉特贵族，但未提及他继承皇位的事。《蒙古源流》记载了坤帖木儿、完者帖木儿、答里巴和额色库四个合罕，没有脱干合罕和斡亦剌歹合罕登场。如此看来，善巴的合罕世系是从佚名《黄金史》和《大黄史》中编辑出来的。

（20）善巴所记阿台合罕征瓦剌事，见于两《黄金史》、《大黄史》和《蒙古源流》等17世纪蒙古文史书，但内容不尽相同。据《蒙古源流》，这次战争中征瓦剌的是太松合罕，在争夺敌对大阵的圆心时，兀鲁人小失的打头阵。据此，《阿萨喇克其史》的这段记载显然与《蒙古源流》无关。《大黄史》简单记载了阿台合罕征瓦剌的事，但仅三言两语提到了阿台合罕在札剌蛮山攻打瓦剌、俘获巴秃剌丞相的事情，不见双方摆阵和各出一名大将阵前厮杀的情景。《阿萨喇克其史》没有采自《大黄史》也是一目了然的。

善巴的记载源自佚名《黄金史》。善巴书与两《黄金史》比较，全文几乎一致，只是把《黄金史》中登场的瓦剌大将归邻赤把阿秃儿的名字改写为忽里台篾儿干。归邻赤，蒙古语意为"乞丐"。也许正因为如此，善巴认为这个名字不像是一位大将的名字，把他改掉了。至于为什么换成"忽里台篾儿干"这个名字，不得而知，有可能民间口传故事中此人名叫忽里台篾儿干吧。

（21）善巴记载，脱欢三次遇到吉兆三次向天叩拜，最后率领四瓦剌来进攻蒙古，杀死了阿台合罕。阿台合罕在位十四年。有关阿台合罕事迹的这段记载，《阿萨喇克其史》与佚名《黄金史》基本一致，唯一的分歧是阿台合罕在位年数（佚名说十年，善巴记载为十四年）。顺便说一下，《阿萨喇克其史》的这段记载与《蒙古源流》完全不同。根据萨冈彻辰的记载，遇见吉兆和向天叩拜的是东蒙古权臣阿鲁台，而不是脱欢；善巴所记载的有关脱欢杀害阿台合罕的过程，也与《蒙古源流》大不相同。脱欢杀害阿台合罕的事，《大黄史》则简单写了一笔，"率四卫拉特来伐，弑阿台合罕。"

（22）脱欢太师袭击成吉思合罕八白帐而身亡的传说，两《黄金史》、《大黄史》、《蒙古源流》均有记载。佚名《黄金史》载："取得蒙古政权后，脱欢太师执政，欲叩拜圣主八帐即人位，到圣主八白帐叩拜即位。脱欢太师喝醉圣主恩酒，说道：'你虽是福荫圣皇帝，我便是福荫圣皇后的后裔！'口出狂言，大声叫喊着敲打了圣主的宫帐。脱欢太师正要从那里出去，[突然]口鼻流血，抱住马鬃而待。查其原委，大家见到，圣主装撒带的鹫翎箭矢染上了血，在颤动着。脱欢说：'福荫圣皇帝显示他的雄威了，福荫圣皇后之裔脱欢我死了。芒刺已除尽，满宫嗔的蒙哥尚在，除掉他！'说完就死了。"[1]据《大黄史》的记载，"脱欢太师绕着敲打圣主白帐，说道：'你虽是福荫圣主，我便是福荫圣后之裔！'圣主撒带中的箭出了一声，脱欢口鼻出了血。[脱欢]叫其子也先前来，说：'芒刺已除尽，杀死蒙哥合罕蒙哥！福荫女家之裔我被福荫圣主如此被害了。'说完就死了。"《蒙古源流》记载比以上几部书的记载更详细。[2]经

---

[1] 朱风、贾敬颜汉译：《汉译蒙古黄金史纲》所附蒙古文文本，内蒙古人民出版社，1985年，第180－181页。

[2] 参考乌兰：《〈蒙古源流〉研究》，第270－271页。

比较，《阿萨喇克其史》的记载与佚名《黄金史》一致，唯一区别是，脱欢嘱咐要除掉的人物的名字叫"猛贵"，而不像《黄金史》载叫"蒙哥"（Möngke）。这类的误差可能是蒙古文抄本的流传过程中产生的。

（23）阿黑巴儿只吉囊对其兄太松合罕的背叛和太松合罕被其前岳父所杀事，见于两《黄金史》、《大黄史》和《蒙古源流》。佚名《黄金史》[1]和罗藏丹津《黄金史》所记内容完全一致，是后者引自前者。《阿萨喇克其史》的记载是对佚名《黄金史》记载的概括。太松合罕前妻"阿勒台哈屯"的名字在《大黄史》和《蒙古源流》中作"阿勒塔哈勒真"，彻卜登说的一段话（"嫌水草不好而遗弃的牧场，还回来驻牧吗？嫌姿色不佳而抛弃的妻子，还回头来娶吗？"）也不见于《大黄史》和《蒙古源流》。罗藏丹津《黄金史》记载，太松合罕在位十五年，而《大黄史》与《蒙古源流》说他在位十四年。不仅如此，《阿萨喇克其史》与《大黄史》、《蒙古源流》在行文方面有很大不同。

（24）关于毛里孩的事，两《黄金史》记载一致。《蒙古源流》也有记载，但在细节上与两《黄金史》有所不同，比如向毛里孩王进谗言的是肃良合人忽都巴哈，而在《黄金史》里作鄂尔多斯人蒙哥、合丹不花二人。[2]《阿萨喇克其史》的相关记载采自佚名《黄金史》（善巴记载蒙哥、合丹不花二人时落下了蒙哥）。

（25）从哈儿固楚克之出逃到孛罗忽吉囊之死，《阿萨喇克其史》的记载基本上是对佚名《黄金史》相关记载的缩写。《蒙古源流》对这段历史的记载也与佚名《黄金史》基本类似，但有些细节仍有不同（如在《蒙古源流》中孛罗忽是满都鲁合罕的侄孙，但在《黄金史》中作弟弟，《阿萨喇克其史》也作弟弟等）。

（26）《阿萨喇克其史》中从答言合罕降生到他被送到满都海夫人处的这段记载内容与佚名《黄金史》同。[3]在《阿萨喇克其史》中，抢娶孛罗忽吉囊夫人失吉儿太后的人叫Samul taiši，而在佚名《黄金史》中作Ismal taiši，这是善巴将Ismal 误抄成Samul的结果；《阿萨喇克其史》中的bolqu jinung burbuɣ-un qajaɣar *bolud-tai* qoyauɣl-a dutaɣa-ju yabutala（"孛罗忽吉囊和卜儿报的拐子孛罗二人在一起逃亡"）这句话，在佚名《黄金史》中作bolqu jinung burbuɣ-un *ɣajar-a* boludai qoyauɣla dutaɣaju yabutala（"孛罗忽吉囊和孛罗二人在卜儿报地方一起逃亡"）。原来，善巴将佚名《黄金史》中的ɣajar-a（地方）一词错抄为qajaɣar（拐子）了。但是，罗藏丹津《黄金史》的记载与《阿萨喇克其史》完全相同。这又一次证明了罗藏丹津《黄金史》源于善巴《阿萨喇克其史》的观点。

（27）满都海哈屯对兀捏孛罗王所说的话和向成吉思汗八白帐祭奠的词是两段美妙的韵文。这两段韵文在17世纪蒙古文史书中均有不同的流传。下面是善巴《阿萨喇克其史》与佚名《黄金史》[4]相应部分的对照：

《善巴书》：qaɣan-u minu öb-i qasar-un ür-e idekü bile-üü

《佚名书》：qaɣan-u minu öbi qasar-un ür-e či i(n)dekü buyu

《善巴书》：qasar-un ür-e-yin öb-i qaɣan-u ür-e idekü bile-üü

《佚名书》：qasar-un ür-e činu öbi bida idekü bilüü

---

[1] 朱风、贾敬颜汉译：《汉译蒙古黄金史纲》所附蒙古文文本，内蒙古人民出版社，1985年，第175页。
[2] 朱风、贾敬颜汉译：《汉译蒙古黄金史纲》所附蒙古文文本，内蒙古人民出版社，1985年，第184页。
[3] 朱风、贾敬颜汉译：《汉译蒙古黄金史纲》所附蒙古文文本，内蒙古人民出版社，1985年，第188页。
[4] 朱风、贾敬颜汉译：《汉译蒙古黄金史纲》所附蒙古文文本，内蒙古人民出版社，1985年，第190－191页。

《善巴书》: ergüjü ülü bolqu egüdetei:
《佚名书》: ergüjü ülü bolqu egüd-etei bile:
《善巴书》: alqaju ülü γarqu bosuγ-a-tai bile:
《佚名书》: alqaju ülü γarqu bosuγ-tai bile:
《善巴书》:——————————
《佚名书》 qaγan-u minu ür-e baital-a čimadur ülü ečinem.
《善巴书》: qaγan-u ür-e-yi bičiqan gejü
《佚名书》: qaγan-u minu ür-e öčüken gejü
《善巴书》: qamuγ ulus-iyan ejen-ügei gejü
《佚名书》: qamuγ ulus ejen-ügei gejü
《善巴书》: qatun biy-e-yi minü belbesün gejü:
《佚名书》: qatun bey-e bi belbesün gejü:
《善巴书》: qasar abaγ-a-yin ür-e-yi küčün bolqu-du:
《佚名书》: qasar abaγai-yin ür-e törübe gejü:
《善巴书》: qara morin-u jisün ülü taniγdaqu γajara berilem bile bi:
《佚名书》: qara morin-u jüsün ülü taniγdaqu γajar-a, berilen bile:
《善巴书》: qaγan ejen-ü ür-e-yi činü baγ-a gejü:
《佚名书》: qaγan-u ür-e narayidba:
《善巴书》: qasar abaγ-a-yin ür-e-yi abuy-a gekü-dü
《佚名书》: qasar abaγai-yin ür-e abuy-a gekü-dü
《善巴书》: qan yeke ordun-u činu dergede irebei bi::
《佚名书》: qan ordun-u dergede irebei::
《善巴书》: alaγ morin-u jisün ülü taniγdaqu γajar-a berilem bile:
《佚名书》: alaγ morin-u jüsün ülü taniγdaqu γajar-a berilen bile:
《善巴书》: ači ür-e činü öčüken gejü:
《佚名书》: ači üre činü öčüken gejü:
《善巴书》: alus-un abaγai abuy-a gekü-dü
《佚名书》: alusun abaγa abuy-a gekü-dü
《善巴书》: ayuqu min-iyan orkiju altan ordun-u činu dergede irebei bi::
《佚名书》: ayuqu amin-iyan orkiju altan ordun-u dergede irebei bi::
《善巴书》:——————————
《佚名书》: ayuqu amin minu aldaraba:
《善巴书》:——————————
《佚名书》: ičikü niγur minu ebderebe:
《善巴书》: örgün yeke egüde-yi činü könggen gejü:
《佚名书》: örgün yeke egüde-yi činü könggen gejü:
《善巴书》: öndür yeke bosuγ-a-yi činu boγuni gejü:
《佚名书》: öndür yeke bosuγ-a-yi činu narin gejü:
《善巴书》: üne-bolud-tur ečiküle
《佚名书》: noyad bolud vang-dur ečiküle

《善巴书》: urγ-a činu urtu quubi činu aγuu buyu
《佚名书》: urγ-a činu urtu quubi činu aγuu bui
《善巴书》: namayi uruγlaju ab:
《佚名书》: namayi urγalaju ab:
《善巴书》: ür-e-yi-činü öčügüken gejü basuju abqula:
《佚名书》: činü üre-yi öčüken gejü basuju abqula:
《善巴书》: üne-bolud-i uruγlaju ab::
《佚名书》: noyad bolud-i vang urγalaju ab::

显然，善巴的记载就是来自于佚名《黄金史》。

（28）善巴关于答言合罕镇压右翼三万户的记载，是对佚名《黄金史》相关记载[1]的缩写。关于答言合罕的享年和在位年也与佚名《黄金史》同（《大黄史》和《蒙古源流》称，答言合罕享年八十岁，在位七十四年）。

（29）善巴关于不地阿剌黑合罕即位经纬和李罗乃攻杀莫罗其的事的记载，是对佚名《黄金史》内容[2]的缩写。《大黄史》和《蒙古源流》不载这个内容。

2. 结论

经以上比较发现，佚名《黄金史》是《阿萨喇克其史》的主要史料之一。善巴在编写成吉思汗祖先的世系时，除了《青史》，就利用了该《黄金史》。假如善巴手中有过《蒙古秘史》的某种抄本，他在此处不会引用佚名《黄金史》和《青史》，而会直接引用《蒙古秘史》。这又一次说明，善巴肯定没有见过什么"流传在喀尔喀地区的另一种蒙古文《蒙古秘史》"。《阿萨喇克其史》中的窝阔台合罕以后到林丹汗的历史，主要参考了佚名《黄金史》。但是，就像上文证实的那样，善巴手里还有过17世纪其他蒙古文史书，只可惜我们今天还没有发现它们。

（四）《阿萨喇克其史》与《大黄史》

《阿萨喇克其史》与《大黄史》的关系问题，是17世纪蒙古编年史研究中的又一个重要课题。因为学界对《大黄史》成书年代的说法大相径庭，首先有必要论述一下笔者的基本观点及其理由。

1. 关于《阿萨喇克其史》与《大黄史》关系的两种对立观点

萨冈彻辰在1662年编纂的《蒙古源流》中提到了他所利用过的7部历史文献，其中列在最后的是名叫"Erten-ü monγol-un qad-un ündüsün-ü yeke sir-a tuγuji（古昔蒙古诸汗源流之大黄史）"的史书。[3]到19世纪末，发现了一种书名同为"Erten-ü monγol-un qad-un ündüsün-ü yeke sir-a tuγuji（古昔蒙古诸汗源流之大黄史）"的史书，后来又确认了另外三种与此书同样内容的抄本。学术界简称它们为《大黄史》。目前，部分学者认为，迄今被发现的四种《大黄

---

[1] 朱风、贾敬颜汉译：《汉译蒙古黄金史纲》所附蒙古文文本，内蒙古人民出版社，1985年，第196－198页。

[2] 朱风、贾敬颜汉译：《汉译蒙古黄金史纲》所附蒙古文文本，内蒙古人民出版社，1985年，第199－200页。

[3] 乌兰：《〈蒙古源流〉研究》，第479页（库伦本97r）。

史》抄本和萨冈彻辰所利用的《大黄史》是同一种书，还有一部分学者认为不是同一本书。持第一个观点的人们认为，《大黄史》成书的时间比《蒙古源流》早，它是《蒙古源流》和《阿萨喇克其史》的史源；持第二种观点的人们认则为，《蒙古源流》和《阿萨喇克其史》同为《大黄史》的史源。可以说，两种观点针锋相对，无法调和。

俄罗斯蒙古学家札木察诺最早介绍和研究《大黄史》，提出了该书成书的时间在《蒙古源流》之前，最后到17世纪末得以完善的结论。[1]此后，沙斯基娜指出，《大黄史》成书于1662年以前。[2]海西希进一步认为，该书在1651—1662年间成书，有些涉及17世纪末18世纪初人物的内容是后人转抄时编进去的。[3]在国内，研究者们大都赞成1662年前说（可以列举乔吉、乌兰、宝音德力根和笔者等人）。国内学者们虽然没有撰写专文探讨《大黄史》的成书年代，但不是全都人云亦云，他们是在研究15—17世纪蒙古史的实践中，根据各种蒙古编年史的记事内容和特点形成了这样的共识。

首先对1662年前之说提出异议的是日本学者冈田英弘。冈田认为：一方面，《大黄史》的开头所引用的五世达赖喇嘛著作《青春喜宴》里的一段话，比《阿萨喇克其史》所引用的内容简短得多，实际上是对后者的概括和转述（这就是说《大黄史》成书时间比《阿萨喇克其史》晚）；另一方面，《大黄史》中记载着生活在康熙四十几年（18世纪初）的人物。因此，"无论如何，《大黄史》无疑不是萨冈彻辰所列举的《蒙古源流》七种史料之一。"[4]接着，森川哲雄出于同样的理由，认为《大黄史》成书于18世纪初。他还在《蒙古源流》和《大黄史》的记载内容相一致的部分进行对照，认为：后者的记载比前者简短，具有概括引用的特点，这是后者引自前者的证据。[5]不久前，王梅花也提出了《阿萨喇克其史》先于《大黄史》成书的意见。[6]王梅花在《阿萨喇克其史》中找出19段内容与《大黄史》进行比较，但其中的17段落竟然与摘自《阿萨喇克其史》的《大黄史》的附录（后人作为）相比较。这样一来，王梅花所做的《阿萨喇克其史》与《大黄史》之间的比较就成了《阿萨喇克其史》与《阿萨喇克其史》的比较，其充其量不过是《阿萨喇克其史》原文的某些段落和其在《大黄史》附录中的移录之间的校对！

笔者认为，冈田等人颠倒了史籍传承的过程。不是《大黄史》源自《阿萨喇克其史》，而是正好相反。佚名《大黄史》成书时，善巴的书尚未问世。

2，关于《大黄史》的抄本和成书年代

最早，俄国学者波兹得捏大在1876—1878年间参加俄罗斯地理协会在蒙古进行考察时在喀尔喀发现了一本蒙古文抄本，题名叫"Erten-ü mongγol-un qad-un ündüsün-ü yeke sir-a tuγuji"，后被学界称《大黄史》C本，与萨冈彻辰所引用的上述史书同名。1891年俄罗斯的突厥学家拉德罗夫在蒙古鄂尔坤河流域又发现了一本蒙古文史书手抄本，因为该书前几页残

---

[1] Č.Ž.Žamcarano, The mongol chronicles of the seventeenth century, translated by Rudolf Loewenthal, Otto Harrassowitz, Wiesbaden, 1955 (札木察诺：《17世纪蒙古编年史》，威斯巴登，1955年)，第48页。

[2] 沙斯基娜：《沙剌图济：一部17世纪蒙古编年史》，莫斯科—列宁格勒，1957年，第4—5页。

[3] W. Heissig, Die Familien- und Kirchengeschichtsschreibung der Mongolen I, pp. 83-84, Wiesbaden, 1959.

[4] 冈田英弘：《善巴著（丕凌列编）阿萨喇克其史——一部新发现的蒙古编年史》，《东洋学报》48—2，1960，第117—118页。

[5] 森川哲雄：《关于17世纪至18世纪初蒙古编年史——特别是围绕〈蒙古源流〉与〈大黄史〉的关系问题》，载《东洋史研究》61—1，2002年。

[6] 王梅花：《〈阿萨拉格齐史〉研究》，内蒙古人民出版社，2008年。

缺，不知其名，习惯称《拉德罗夫史》。后经比较发现，它实际上是《大黄史》的一种抄本。该抄本具有 17 世纪蒙古文书法特征，比 C 本年代久远，学界称它为《大黄史》A 本。据札木察诺介绍，C 本行文有很多正字法错误，疑为出自某色冷格河一带的布里亚特人之手，可能是在 A 本尚完整的时候从 A 本移录的。在俄罗斯东方学研究院圣彼得堡分院还收藏着波兹得捏夫的另外一种《大黄史》的不完整的手抄本，无书名，习称《大黄史》B 本。此外，蒙古国立图书馆藏有《大黄史》的一种抄本，但书名叫《达赖喇嘛所著名为青春之宴的汗诺颜源流史》(Dalai blam-a-yin nomlaγsan jalaγusun qurim kemekü qad noyad-un uγ teüke ene bulai)，是《大黄史》D 本。

1957 年沙斯基娜铅印公布了以 A 本为底本并与 B 本和 C 本校勘的本子，1959 年海西希影印介绍了 D 本。[1]笔者利用了海西希影印的 D 本和俄罗斯东方学研究院圣彼得堡分院的 A 本、B 本的影印件。

过去，在《大黄史》的四种抄本中，D 本被认为是最古老的抄本。D 本内容比另外三种本子少，不包含以下内容：(1) 成吉思汗之弟合撒儿、别里古台的世系，(2) 格呼森札成为喀尔喀统治者的传说，(3) 格呼森札诸子世系（含女性成员及其婚姻状况）等。因此，冈田等人认为 D 本是没有后人手笔的最古老的本子，另外三本是对 D 本进行加工而得的。这是他们论证《大黄史》成书年代的一个很重要的前提。

但是，冈田的判断不能说是正确的。单凭 D 本内容比其他三本少就断言它最古老，很难令人信服。笔者认为，根据《大黄史》四种抄本的内容，它们都来自于同一个更加古老的本子，只是在转抄过程中发生了各种变异。根据 A 本和 C 本可以判断，除了 A 本行间所加《阿萨喇克其史》的片断，其他内容应该是《大黄史》固有的。D 本中有术赤和察合台后裔世系的事实可以说明，在 A 本和 C 本中的合撒儿和别里古台后裔世系不能说是后人作为，而只能认为 D 本缺少该内容。格呼森札成为喀尔喀统治者的传说和格呼森札后裔的独特的世系表（含黄金家族的婚姻状况和女性成员信息），是《大黄史》独有的记载，是本书特色所在。作为喀尔喀编年史，该内容是《大黄史》的核心。但是，如果把 A、C 两个文本中的这些内容看做是"后人手笔"，而不含有这类记载的 D 本看成是最古老的本子，实在令人难以置信。笔者认为，D 本实际上是《大黄史》的一个不完整的抄本。

其次考察一下《大黄史》的书名和相关问题。如前所述，在 ABC 三种文本中，C 本有书名（即我们简称的《大黄史》），而其他两个文本缺。森川哲雄不相信《大黄史》早于《蒙古源流》成书，所以他怀疑《大黄史》是该书本名。于是，他提出了这样一个猜测：《大黄史》的成书时间比《蒙古源流》晚，所以，"很有可能，《大黄史》C 本的抄写者借用了《蒙古源流》所载的这一书名（即《大黄史》——引者）。"[2]这种假定恐难成立。抄写《大黄史》的人为了给该书起名，去翻阅《蒙古源流》，在它的跋文中发现了七部书名后，挑选了其中的《大黄史》这个名字。这全然是想象。与其这样想象，还不如着眼于几种抄本之间的关系。我们知道，A 本缺前 4 页，所以不能说它没有书名，尽管目前还不能确定其书名。然而，正如札木察诺所判断，C 本源于 A 本，除了个别字句，两者所载内容基本一致，那么 C 本的书名很可能就是来自于当时还完整的 A 本，也就是说，A 本的书名本来就是《Erten-ü mongγol-un

---

[1] 沙斯基娜：《沙剌图济：一部 17 世纪蒙古编年史》，莫斯科—列宁格勒，1957 年；W. Heissig, *Die Familien- und Kirchengeschichtsschreibung der Mongolen* I, Wiesbaden, 1959.

[2] 森川哲雄：《关于 17 世纪至 18 世纪初蒙古编年史——特别是围绕《蒙古源流》与《大黄史》的关系问题》，载《东洋史研究》61－1，2002 年。

qad-un ündüsün-ü yeke sir-a tuγuji（古昔蒙古诸汗源流之大黄史）》。这种推测应该更接近事实。

如前所言，冈田认为，《大黄史》的书名和《蒙古源流》所据一部文献《大黄史》的名字一致，但是两者绝不是同一本书。他的这一判断是对《阿萨喇克其史》和《大黄史》的开篇一节进行比较后做出的。先看看该两本书的相关记载。

《大黄史》一开篇就写道：

"dalai blam-a-yin nomlaγsan jalaγus-un qurim kemekü teüken-dür, yerü kümün öber-ün uγ ijaγur-iyan ese medebesü oi dur dügüregsen sarbačin-dur adali: öber-ün obuγ-iyan ese medebesü üyün (okyu)-bar keyigsen luu-dur adili: ečige ebüges-ün eyimü eyim kemekü bičig-üd-ü(i) ese üjebesü mön keüken-ü(i) jabqaju gegsen-dür adali kemegsen buyu）[1] 达赖喇嘛所著《青春喜宴》曰：'凡人如果不了解自己的族源，好比弥漫在森林中的猴子。人如果不知道自己的姓氏，好比用绿宝石做成的龙。[人]如果不读有关祖先事迹的史书，好比门巴人把[自己的]孩子丢弃一样。'"

《阿萨喇克其史》的序言中写道：

"dalai blam-a-tan jokiyaγ- san: sčuwags ldan (+Tib: sjogs ldan) dibtir-tur: dam üliger tataγsan-anu rlang {+Tib: rlang}-un bseru (+ Tib:bse ru) boti-ača yerü törüg-sen kümün öberün uγ ija-γur-i ese medebesü oi dotra-ki bečin-dür adali: kümün öberün obuγ-iyan ese mede-besü jasadaγ gyu luu-dur adili: ečige ebüges eyimü eyim kemeküi bičig-ün egüri ese mede-besü mön keüken-i jabqaju gegegsen-dür adali kemegsen kiged. 达赖喇嘛所著《圆满史》一书间接引用了[一段]比喻：'《郎氏麟卷》云：人如果不了解自己的族源，好比森林中的猴子。人如果不知道自己的姓氏，好比假的绿宝石雕龙。[人]如果永世不了解有关祖先事迹的史书，好比丢弃[自己]孩子的门巴人'。"

正如冈田所说，《阿萨喇克其史》的作者明确指出，这段引文是达赖喇嘛在《圆满史》一书中间接引用了《郎氏麟卷》，并在行间附了《圆满史》和《郎氏麟卷》的藏文书名简称的原文，《大黄史》则不含以上内容。而且，善巴的译文比《大黄史》作者的译文更加准确。所以，冈田把《大黄史》的成书时间定在1677年之后。森川赞同冈田的说法，并进一步认为：该书最古老的抄本D本具有《青春之宴》之名，而其后的新抄本C本却有据说是《蒙古源流》所引用过的《大黄史》这个书名，"这是一种奇怪的说法。"[2]所以他强调，所谓的《大黄史》是《阿萨喇克其史》成书以后才被编纂的。

这种推论其实是经不起推敲的。《大黄史》所引达赖喇嘛书中的那一段话（即郎氏巴拉吉僧格 dbal kyi seng ge 名言[3]，下文简称"巴拉吉僧格名言"）来自于《阿萨喇克其史》（其实也未必如此。达赖喇嘛书中的这句名言可能在当时蒙古人中广为流传），但这不能说明《大黄史》成书时间就比《阿萨喇克其史》晚。这是因为，我们没有确凿根据认定D本的前言是《大黄史》固有的，它有可能是后人在转抄过程中根据《阿萨喇克其史》或者其他书补进去的（《大黄史》在转抄流传的过程中，尤其是到了17世纪末以后，人们从《阿萨喇克其史》中摘抄一些内容加到该书中）。在这里我们可以参考一下《蒙古源流》。《大黄史》和《蒙古源流》二书的结构极其相似，它们之间的承袭关系是明显的。《蒙古源流》的开头部分，除了没有"巴拉吉僧格名言"外，其他部分的结构和内容（虽有详略之别）一致：首先从宇宙的形成开始讲

---

[1] 《大黄史》D本，第1叶下。
[2] 森川哲雄：《蒙古编年史》，白帝社，2007年，第290页。
[3] 赞拉、阿旺、余万治译：《郎氏家族史》，西藏人民出版社，1988年，第6页。

起，其次叙述人类的起源，再其次记载印度西藏王统史，接着进入蒙古史部分。这其实间接证明，《蒙古源流》所利用的《大黄史》的早期原文，也是从宇宙起源开始写起，而不是和现在发现的本子一样是以"巴拉吉僧格名言"开始的。现在看到的《大黄史》的这个前言，可能是转抄过程中增加的。D本不是一次性成书，这是再明白不过的了。D本所记载的人物中出现了1728年袭扎萨克多罗郡王爵位的Mingjur vang，此人不见于其他抄本（在其他本子记载的人物中袭爵最迟的在1702年）。从中我们可以发现蒙古文手抄本面貌不断变化的轨迹。如D本再被抄写，那些行间所加文字就自然变成正文了。

D本可能抄自源于A本的一个残本，所以内容远没有其他抄本全。抄写者根据该残本首页的内容，就起书名为《达赖喇嘛所著名为青春之宴的汗诺颜源流史》了。其实，这个书名与本书内容不符。根据该书内容判断，C本（可能A本也同样有过）具有的《古昔蒙古诸汗源流之大黄史》书名才是原书名，没有盗用他书书名之嫌。冈田等人的结论在很大程度上是假定D本为古本而得出的。我们没有任何理由把D本看作《大黄史》最古老的抄本。

认为《大黄史》晚于《阿萨喇克其史》成书的人们，还指出了以下两点：

一、在《大黄史》的世系表中有不少活动在17世纪末18世纪初的人，这些记载的存在说明了《大黄史》成书年代之晚。比如，森川指出：《大黄史》中有土谢图汗部的Dorji včir tüsiyetü qan（1702年袭土谢图汗称号），扎萨克图汗部的Čevan jab čing vang（1691年授和硕亲王），赛因诺颜部的Jasaɣ-un tayiji Sarvanja（1700年授扎萨克一等台吉）等人，甚至D本中还出现了1723年袭扎萨克一等台吉的Čabtan jasaɣ和1728年袭扎萨克多罗郡王的Mingjur vang等人。[1]但是，在论述该问题时不能忽略一个重要事实。大家知道，《大黄史》中有两套世系。第一套是答言合罕十一子世系，包括末子格呼森札，我们暂时称之为"前表"；第二套是喀尔喀贵族世系，即单列的格呼森札家族世系（含女性成员），我们称之为"后表"。这样，在《大黄史》包括了格呼森札家族的两种世系（即"前表"与"后表"）。现在我们发现的问题统统出现在"前表"中。同为《大黄史》所载世系表，单列格呼森札子孙的"后表"中没有一处记载过清代王公爵位。但是，记载答言合罕十一子世系的"前表"则包含生活在18世纪20年代的人物。此外，论者们还忽略了《大黄史》"前表"的一个极其明显的特点，那就是它突出记载入清以后（1691年）的喀尔喀扎萨克和具有王公台吉爵位的显贵们。很显然，在《大黄史》的流传过程中，"后表"未经后人修补[2]，所以保留了《大黄史》的原始面貌，而"前表"则被转抄者再三修补。修补者们的兴趣在于彰显他们的先人在清朝的高贵地位，主要利用的资料则是清代扎萨克和王公台吉的世系（在当时这方面的文字资料和口头资料都很容易到手）。因此，前表中出现的17世纪末18世纪前期的王公均系被后来的转抄人所补。正如扎木察诺、丕凌列和海西希等人所论，《大黄史》无疑是阶段性成书的。

二、论者们还指出，《大黄史》与《蒙古源流》相比较，前者比后者简略。森川通过6个例子在两书之间进行比较，最后总结如下："无论哪一个例子都在显示，《大黄史》简化了《蒙古源流》的记载。除此之外还可以举很多这样的例证。假如坚持通常所说的《蒙古源流》是利用《大黄史》而编纂的立场，那么，《蒙古源流》有之而《大黄史》缺载的记载就统统成

---

[1] 森川哲雄：《关于17世纪至18世纪初蒙古编年史——特别是围绕《蒙古源流》与《大黄史》的关系问题》，载《东洋史研究》61-1，2002年。

[2] 没有修补的原因可能与该表的特殊性有关系。此表将家族的男女成员混杂记载在一起，所以后人去修改较为明显的前表，而忽略了较为混乱的后表。

为萨冈彻辰所加内容。据这里显示的诸多例子来看，这是不可能的。"[1]但是，笔者认为，这一点没有太大的说服力。试举类似的其他例子。大家公认，佚名《黄金史》的成书时间早于罗藏丹津《黄金史》，但是罗藏丹津所记载的内容要比佚名《黄金史》详细得多。这是因为罗藏丹津掌握的资料比其前人多。萨冈彻辰利用了不少蒙汉文史书，有些蒙古文史书是藏文典籍的蒙古文译本[2]，他完全有可能用这些新到手的资料丰富前人记载。因此，这个问题似乎不必太多讨论。

3.《阿萨喇克其史》所见《大黄史》内容

如将《阿萨喇克其史》与《大黄史》相比较，就不难发现，善巴的确利用过这部史书，而且在体例和史事叙述编排上深受《大黄史》的启发。善巴虽然没有记载《大黄史》所载的五色四夷国、六万户、成吉思汗诸弟诸子后裔、瓦剌诸部首领世系等内容，也没有记载格哷森札诸子家族女性成员。但《阿萨喇克其史》其他部分的结构和内容安排与《大黄史》基本相同。

此外，在《阿萨喇克其史》中可以发现善巴引用过《大黄史》的直接证据，尽管篇幅很少。下面试列善巴所引内容：

（1）关于也速该侧妃的名字。也速该侧妃、别里古台生母之名《元朝秘史》没有记载。罗藏丹津记为 Sujigel qatun，《大黄史》记为 Manggilun[3]。善巴也作 Manggilun，应该源于《大黄史》。（2）关于阔端即位。关于阔端，《大黄史》载："degüü anu köden bars-tai qorin yisün-i morin jil qan oron saγuju,……köden qaγan arban nayiman jil qan oron saγuyad döčin jirγuγan-dur-iyan γaqai jil-e nögčibei（贵由合罕之）弟阔端，生于虎年，二十九岁时于马年即合罕位。……阔端合罕在位十八年，四十六岁时猪儿年驾崩。"[4]《阿萨喇克其史》载："tegünü qoyina güyüg qaγan-u degüü köden qaγan-i yeke orona saγulγabai: morin jil-dür nögčibei 其后，推举贵由合罕之弟阔端为合罕。马年驾崩。"阔端即过大位的说法，在先于《阿萨喇克其史》的17世纪蒙古文史书中只见于《大黄史》。《阿萨喇克其史》对阔端卒年的记载与《大黄史》不一致，其他信息应该采自该书。

（3）答言合罕诸子的名字和齿序以及他们的母亲，各书记载不一致。如佚名《黄金史》载："（答言合罕与满都海哈屯生了七个儿子：）铁力孛罗与兀鲁思孛罗二人系孪生，阿儿速孛罗与巴儿速孛罗二人孪生。……阿赤赖孛罗与安出孛罗一对双生子。后来又生了纳力不剌。七子皆以'孛罗'命名。兀良哈的忽秃黑少师的孙女撒木儿太后另生了格哷森札和革儿孛罗一人。另一个[哈屯] 古失哈屯生了克列迪、青台吉二人。"[5]罗藏丹津《黄金史》与此同。[6]《蒙古源流》载："后来，满都海扯臣哈屯生下了铁力孛罗、兀鲁思孛罗一对儿子，之后又孪生了脱啰勒图公主和巴儿速孛罗，再后又生下阿儿速孛罗一个"。后来，生下了纳勒出孛罗田和阿赤赖孛罗两个孪生子。"以后，又生了纳儿孛罗。""又有札剌亦儿人忽秃黑少师的女儿速米儿哈屯生了格咧孛罗、格列山只两个儿子；瓦剌一巴图特的把哈儿衮鄂托克的阿剌丞相的

---

[1] 森川哲雄：《关于17世纪至18世纪初蒙古编年史——特别是围绕《蒙古源流》与《大黄史》的关系问题》，载《东洋史研究》61-1，2002年。
[2] 乌兰：《〈蒙古源流〉研究》，第25—31页。
[3] 《大黄史》A本，第182页。
[4] 《大黄史》A本，第48、52页。
[5] 朱风、贾敬颜汉译：《汉译蒙古黄金史纲》所附蒙古文文本，第191—192页。
[6] 罗藏丹津：《黄金史》，第160—161页。

儿子忙吉来阿哈剌忽的女儿古失哈屯生了五八山只称台吉、克列兔台吉两人。"[1]

下面请看《大黄史》与《阿萨喇克其史》的记载（括弧中用斜体字写的是《阿萨喇克其史》的不同部分）：

törü-bolud: ulus-bolud（*törü-bayiqu: ulus-bayiqu*）qoyar iker-e bars-bolud, ars-a-bolud qoyar iker-e: včir-bolud (*učir- bolud*), alču-bolud qoyar iker-e: nal-bolud (*nal-buyur-a*) ken abai (*abaqai*) qoyar iker-e buyu (-): nögüge oyirad-un keriy-e qojiger-un ökin küsei qatun-ača törügsen *(-yi)* kerüdi čing qoyar bui (*buyu*): uruɣud-un oruči-siɣüsi (*siɣüüsi*)-yin ökin jimisken qatun ača törügsen (*-u*) gere-bolud gersenje qoyar buyu (-): "铁力孛罗（*铁力摆户*）和兀鲁思孛罗（*兀鲁思摆户*）系双生，巴儿速孛罗和阿儿速孛罗系双生，阿赤赖孛罗和安出孛罗系双生，纳力不剌和坚阿巴孩系双生。另一哈屯瓦剌的客哩耶秃子之女古失哈屯生有：克鲁岱、青两个孩子。兀鲁兀的斡罗出少师的女儿吉迷思斤哈屯生有：革儿孛罗、格呼森札两个儿子。答言合罕的十一个儿子，独生女儿。"[2]

除了长子和次子的名字以外，《阿萨喇克其史》的其他记载内容与《大黄史》完全相同。

（4）《阿萨喇克其史》载，"答言合罕次子兀鲁思摆户没有子嗣。他在年幼时，被畏兀惕人亦卜剌太师杀害。"这句话的原文与《大黄史》只字不差。[3]

（5）格呼森札被请到喀尔喀万户做诺颜的传说。这个记载除了《阿萨喇克其史》只见于《大黄史》。下面对二者记载进行比较（括弧中用斜体字写的是《阿萨喇克其史》独有的，有下划线的是《大黄史》独有的）：

(*erte urida*) dayan qaɣan-dur (-*a*) (*qalq-a-yin*) činus-un oda bolud (*odubolad*) (*neretü kümün*) jil büri daki čikitai alaju qataɣamal kürgen ajuɣu. nigen odaqui daɣan (*irejü*): (*edüge qalq-a-yi*) qaraču kümün jalayir kerüd-ün sikčiner (*-un sikečiner*) medejü yabun (*yabunam*): teden-e ger medegül-ün bülüge. edüge qan ejen-ečegen nigen köbegün ɣuyur-a irelüge bi (*ejen bolyan nigen keüken-iyen öggümüi*) kemen öčibesü (*ɣuyubai*): qaɣan (*asuru*) jöbsiyejü jimis-ken qatun-u yeke köbegün gerebolud-i ögbei: oda bolad nögüge (*abču oduyad qoyitu*) jil gerbolad-i qaɣan-a abun odču öčirün (-*dür gerebolad-i qaɣan-dur ačaraju*): ejen qaɣan-u köbegün-ü erke-inü yeke, eki ügei qalq-a-yin aburi anu doɣsin, (*aburi jang-iü güjir erke yeke-yin tulada*) asaradaɣsan albatu činu egün-eče qoyin-a eregüü-dü oruɣujai bi (*oruqu boluɣujai*) kemejü ögčü ireküi-degen (*öggüged qariqui-dur-iyan*) naɣadju yabu-qu geresenje neretü köbegün-i abču iregsen-ü medejü (*geresenje-yi abun odbai*) qaɣan-u dergeteki tüsimed ögülerün, qaɣan asaraju köbegün-iyen suyurqabasu qarin qariɣulju öggüged edüge ečine yakin qulɣaju odqu nekejü jasalaqaɣdaqu kemebesü, qaɣan boɣolčilan jaruqu busu abču odtu-ɣai kemen ese nekegülbei. oda bolad (*tedüi odubolud*) köbegünčilen yabuju: öjiyed-ün mönggüčei daruɣ-a-yin ökin qatungqai (*qangtuqai*): neretei uriyangqan-u mendü-yin (*medü-yin*) ökin mönggüi neretü qoyar-i qudačilan süyilejü: öjiyed-ün ökin-i baɣulɣaju ači raqui-dur (*tende-eče qangtuqai-yi bayulɣaqui- dur*) (*ɣayča*) čaɣan temege ačiɣulju (*temegetei*): jegeren uuji emüskijü ögbei: oda bolad (*tende odubolud*)-un yeke köbegün toɣtaqu isigei modun quriyan öčüken ger gerlen (*gerlegülbei*): mal saɣaju oda bolad-ača

---

[1] 乌兰：《〈蒙古源流〉研究》，第285、353页。
[2] 《大黄史》A本，第101-102页。答言合罕的第七子那力不剌的名字虽然在第101页上写成了Nalbolud，但是在第127页上又写成为Narbuyur-a。
[3] 《大黄史》A本，第113页。

berileküi-yin tula gerte inü ülü orun saɣaɣsan sün-iyen qana-yin nidü-ber ɣadana-ača öggün yabubai. mendü-yin ökin-i čaqar buliyaju abuɣsan ajuɣu. tende čaqar-tu nigen kümün-lüge qobtai boluɣad erten-ü minü süitü qalq-a.yin oda bolad bülüge kemen qalq-q-dur busju irebesü oda bolad geresenje-dür abqa-ɣulba. tende geresenje-yi öbere baɣulɣaɣsan büluge. yeke beiji baraɣun qoyimu-a umtaju baɣ-a beyiji jegün tege umtaju yabutala yeke beyiji ögülerün, ta qoyar-un jirɣaldun kebteküi-yi bi ker üjekü, minu gerte-eče ɣaruɣtun kemegsen-dü ger ügei ɣadana untaqu bolba. oda bolad öɣüken ger-tür-iyen oruɣulju nigen-e idegelen yabuquri-dur yeke beyiji toktaqu-yin ɣadana irejü ögülerün, ta bügüde möngɣüi lüge nigen bolba. tan-ača bi yakin qaɣaɣin büluge, kemen yeke daɣubar qayilabai. Jalayir-un qung tayiji qalq-a-yin ejen boluɣsan-u yosun eyimü büluge.[1]

译文：《阿萨喇克其史》："早先，喀尔喀部赤那思氏名叫乌都孛罗的人到答言合罕处，请求说：'如今，由札剌亦儿的西格其讷尔统辖喀尔喀部。请派一个儿子去做[喀尔喀的]主人。'[答言合罕]非常赞同，将吉迷思斤哈屯所生长子革儿孛罗送去。一年后，乌都孛罗将革儿孛罗送回，解释说：'[革儿孛罗]性情暴躁且任性，所以担心您安抚的百姓将会受罚！'[乌都孛罗]返回时，带走了正在玩耍的格呼森札，并把他作为养子。[格呼森札长大后]乌都孛罗 [将格垿森札]作养子，为其做主聘了乌济业特部孟固差达鲁噶的女儿杭图海、莫都的女儿孟贵二人。[后来]迎娶杭图海时，[杭图海]只有一峰白驼，穿一件黄羊皮马甲。那时，乌都孛罗的儿子托克塔呼，用木条和毡子搭起帐房，简单的成了家。"

《大黄史》："赤那思氏名叫乌达孛罗的人每年猎杀野马、野驴，向答言合罕送来干肉。有一次临走时说道：'哈喇出人札剌亦儿的克鲁特氏西格其讷尔统辖[我们]，他们在当家。如今来向合罕求您一个儿子 [去喀尔喀的]。'合罕赞同，给了吉迷思斤哈屯所生长子革儿孛罗。翌年，乌达孛罗将革儿孛罗送回合罕说：'合罕主子的儿子非常任性，没有秩序的喀尔喀人性情暴躁。担心受您恩典的阿勒巴图我日后将会受罚！'还给[革儿孛罗]，返回时带走了正在玩耍的名叫格呼森札的儿子。发觉后，合罕身边的大臣们说：'合罕恩赐了自己的儿子，他们却送了回来。如今怎能偷走合罕的儿子。将其追捕治罪吧。'合罕说：'也不是做家奴使唤，让他带走吧！'[所以]没让追赶。乌达孛罗作[格呼森札]为养子。[格呼森札长大后]为其聘了乌济业特部孟固差达鲁噶的女儿杭图海、门都的女儿孟贵二人。迎娶乌济业特部之女时，[她]只有一峰白驼，穿一件黄羊皮马甲。那时，乌达孛罗的长子托克塔呼，用木条和毡子搭起帐房，简单的成了家。[托克塔呼妻]挤奶，因行儿媳之礼，不进[公公]帐中，将奶子通过帐房哈纳的格子送进。察哈尔曾经掳掠过门都的女儿。在那里，[门都的女儿]和某人发生了纠纷，因她原来缔结婚约的是喀尔喀的乌达孛罗[家]，便秘密逃到喀尔喀。乌达孛罗将其嫁给了格呼森札。在那里让格呼森札单独立帐成家。大夫人睡在帐房里的西北方，小夫人睡在东边的位置。大夫人[对格呼森札和小夫人]说：'我怎能看着你们恩爱睡觉！从我帐房里出去！'于是，[格呼森札和小夫人]没有了帐房，开始露宿。乌达孛罗请他们到自己的小帐一起吃饭过日子。于是大夫人来到托克塔呼家门口说：'你们都站在孟贵一边了。叫我怎能离开你们！'说着大声哭叫。札剌亦儿珲台吉成为喀尔喀之主的经过如此。"

《阿萨喇克其史》的内容比《大黄史》简单得多。《大黄史》所记该传说的第二部分讲的是格呼森札的侧室孟贵曾被察哈尔抢掠以及后来正室和侧室争风吃醋的故事。处处维护黄

---

[1] 《大黄史》A本，第222—227页。

金家族利益和尊严的善巴当然不会对这个故事感兴趣。此外，善巴将《大黄史》所载格呼森札岳父Mendü误写为Medü，这也是善巴将这个传说引自《大黄史》的一个证据。

（6）格呼森札诸子的生年和所分得的家产——百姓集团（鄂托克）的名称，来自于《大黄史》。[1]

4. 《阿萨喇克其史》与《大黄史》所载答言合罕诸子世系：《大黄史》不晚于《阿萨喇克其史》的证据

我们认为《大黄史》是《阿萨喇克其史》的史源之一，但这并不等于说后者所有主要内容都取自前者。比如，在答言合罕诸子世系，尤其是格呼森札子孙世系方面，《阿萨喇克其史》并没有采用《大黄史》。

《大黄史》中有两套世系。第一套是答言合罕十一子世系，包括末子格呼森札，即我们所说的"前表"；第二套是喀尔喀贵族世系，即单列的格呼森札家族世系（含女性成员），即"后表"。《阿萨喇克其史》的编排与《大黄史》不同。善巴先叙述答言合罕前十子的世系，最后单独叙述第十一子格呼森札家族世系。那么，《阿萨喇克其史》的世系与《大黄史》的前后两表的关系如何呢？

为了做到一目了然，笔者制作了两个表，供比较。第一表是答言合罕三子巴儿速孛罗世系，第二表是格呼森札长子阿什海珲台吉世系（本表未录入阿什海家族女性成员）。为了反映全貌，本应该对照答言合罕十一子全体的世系，但限于篇幅，只能选择其中的两个家族为例。此处利用了《大黄史》A本。

表一：巴儿速孛罗世系比较

《大黄史》（前表）	《阿萨喇克其史》
3 巴儿速孛罗	3 巴儿速孛罗
3.1 库木里麦力艮哈剌吉囊	3.1 库木里麦力艮哈剌吉囊
3.1.1 那言大儿吉囊	3.1.1 那言大儿吉囊
3.1.1.1 不彦把都儿吉囊	3.1.1.1 不彦把都儿黄台吉
3.1.1.1.1 卜失兔吉囊	3.1.1.1.1 卜失兔吉囊
3.1.1.1.1.1 图巴吉囊	3.1.1.1.2 完者秃宾图
3.1.1.1.1.2 额林沁吉囊	3.1.1.1.3 班第著力兔
3.1.1.1.1.3 垂拉吉囊	3.1.1.2 那木图台吉
3.1.1.1.1.3.1 固噜亲王	3.1.1.2.1 班第都隆
3.1.1.1.1.3.1.1 栋罗布郡王	3.1.1.2.2 满珠失哩台吉
	3.1.1.3 隐布台吉
	3.1.1.4 济巴石台吉
	3.1.1.5 莽骨思朝库儿
	3.1.1.5.1 不纳班黄台吉
	3.1.1.5.2 不答失哩

---

[1] 《大黄史》A本，第222—227页。

3.1.2 伯桑豁儿狼台吉
3.1.2.1 著力兔诺颜
3.1.2.1 哈纳答莫尔根合收赤
3.1.2.1.2 塔尔巴
3.1.2.1.2.1 善达贝勒
3.1.2.1.2.1.1 索诺木郡王
3.1.2.1.2.1.1.1 松鲁布王

3.1.3 斡亦答儿麻那莫按台吉
3.1.3.1 铁盖合收赤
3.1.3.1.1 沙刺乞塔特
3.1.3.1.1.1 达喇什台吉
3.1.3.1.1.1.1 阿其台车臣
3.1.3.1.1.1.1.1 扎木素公
3.1.3.1.1.1.1.1.1 索诺木公
3.1.3.1.1.1.1.1.1.1 都楞贝子
3.1.3.3 纳乞牙昆迭连歹成
3.1.3.3.1 三济楚库尔
3.1.3.3.1.1 沙格札贝子
3.1.3.3.1.1.1 固噜斯古贝勒

3.1.1.5.3 奔巴歹
3.1.1.5.4 奔巴
3.1.1.5.5 不彦台
3.1.1.5.6 阿巴虇

3.1.2 伯桑豁儿狼台吉
3.1.2.1 埃答必思答言台吉
3.1.2.1.1 阿赤图答言台吉
3.1.2.1.2 额呈吉台吉
3.1.2.1.3 马第台吉
3.1.2.2 奥巴著力兔
3.1.2.2.1 阿难答合收赤
3.1.2.2.2 亦木辛爱
3.1.2.2.3 晁兔台吉
3.1.2.2.4 朵儿只台吉
3.1.2.2.5 图巴台吉
3.1.2.3 塔噶济宰桑台吉

3.1.3 斡亦答儿麻那莫按台吉
3.1.3.1 铁盖合收赤黄台吉
3.1.3.1.1 沙刺乞塔特
3.1.3.2 海努海把都儿
3.1.3.2.1 乞塔特都喇哈勒
3.1.3.2.2 古哲额赤台吉
3.1.3.2.3 土麦台吉
3.1.3.2.4 马柴台吉
3.1.3.2.5 库先台吉
3.1.3.3 纳乞牙昆迭连歹成
3.1.3.3.1 斡亦马孙台吉
3.1.3.3.2 扯臣台古
3.1.3.4 朝儿库青把都儿
3.1.3.4.1 哈坛
3.1.3.4.2 青
3.1.3.5 哭线威正著力兔
3.1.3.5.1 朵儿只台吉
3.1.3.5.2 萨冈台吉
3.1.3.6 朵儿只台吉
3.1.3.6.1 兀努衮黄台吉
3.1.3.6.2 亦失衮歹成
3.1.3.6.3 山巴答喇台吉

3.1.4 那木塔儿台吉
3.1.4.1 忽图黑台朝克察孙济鲁肯车臣台吉
3.1.4.1.1 石答台扯臣朝库儿
3.1.4.1.1.1 固什诺颜
3.1.4.1.1.1.1 额林沁贝子
3.1.4.1.1.1.1.1 塔尔其亚贝勒
3.1.4.1.1.1.1.1.1 旺楚克贝勒

3.1.6 巴札喇威正台吉
3.1.6.1 明盖岱青
3.1.6.1.1 固噜岱青
3.1.6.1.1.1 萨阑贝子
3.1.6.1.1.1.1 衮布喇锡贝勒
3.1.6.1.1.1.1.1 哈都斯基贝子

3.1.3.7 公谷儿薛缠

3.1.4 那木塔儿尼黄台吉
3.1.4.1 忽图黑台朝克察孙济鲁肯黄台吉
3.1.4.1.1 完者允都赤打儿汉把都儿
3.1.4.1.2 石答答扯臣朝库儿
3.1.4.1.3 苦跌跌宾兔歹成
3.1.4.1.4 不言大扯臣著力兔
3.1.4.1.5 奔不歹㖿兔台吉
3.1.4.1.6 奔巴失哩扯臣把都儿
3.1.4.1.7 答纳失哩哈坛把都儿
3.1.4.2 不颜答喇合落赤台吉
3.1.4.2.1 莽骨思合落赤
3.1.4.3 赛因答喇青把都儿
3.1.4.4 那木大麦力艮台吉
3.1.4.4.1 土雷青合落赤

3.1.5 不阳忽里都喇哈勒台吉
3.1.5.1 别勒该歹崩台吉
3.1.5.1.1 纳臣台吉
3.1.5.2 不儿赛歹成
3.1.5.2.1 撒台扯臣歹成
3.1.5.2.2 撒只把都儿黄台吉
3.1.5.2.3 瓦剌麦力艮台吉
3.1.5.2.4 阿歹银锭台吉
3.1.5.2.5 薛吟哈坛把都儿
3.1.5.2.6 巴图特台吉
3.1.5.2.7 察忽 麦力艮著力兔

3.1.6 巴札喇威正台吉
3.1.6.1 朵儿计歹成
3.1.6.2 庄秃赉威正
3.1.6.2.1 喇失威正黄台吉
3.1.6.2.2 答来宰桑
3.1.6.2.3 失喇卜㖿兔
3.1.6.2.4 翁归朝库儿
3.1.6.2.5 喇失颜台吉
3.1.6.2.6 阿巴台吉
3.1.6.3 恩克合收赤
3.1.6.3.1 萨只台吉

	3.1.6.3.2 失答台台吉
	3.1.7 八的麻扯臣台吉
	3.1.8 阿木答喇打儿汉台吉
	3.1.8.1 土麦打儿汉台吉
	3.1.8.1.1 奔拜台吉
	3.1.8.2 明爱额耶赤台吉
	3.1.8.3 比八失台吉
	3.1.9 翁剌罕银锭台吉
	3.1.9.1 吉赤吉银锭
	3.1.9.1.1 宰桑台吉
	3.1.9.2 备巴哩台吉
	3.1.9.3 虎秃台吉
3.2 俺答格艮汗	3.2 赛因格艮汗
3.2.1 辛爱都龙汗	3.2.1 辛爱都龙汗
3.2.1.1 松木儿台吉	3.2.1.1 松木儿台吉
3.2.1.1.1 云丹嘉措	3.2.1.1.1 云丹嘉措
3.2.2 不彦把都儿台吉	3.2.2 不彦把都儿台吉
3.2.2 赶兔诺颜	
3.2.2.1 敖目诺颜	
3.2.2.1.1 衮布贝子	
3.2.2.1.1.1 拉察布贝子	
3.2.3 铁背台吉	3.2.3 铁背台吉
3.2.3.1 额哲岱青	
3.2.3.1.1 温春台吉	
3.2.3.1.1.1 诺尔布台吉	
3.2.3.1.1.1.1 噶勒丹台吉	
3.2.3.1.1.1.2 根敦喇锡苏木章京	
3.2.3.1.1.1.3 丹津台吉	
3.2.4 宾兔银锭台吉	3.2.4 宾兔银锭台吉
3.2.5 答剌特哥力各台吉	3.2.5 答剌特哥力各台吉
3.2.6 不他失礼黄台吉	3.2.6 不他失礼黄台吉
3.2.7 衮楚克台吉	3.2.7 衮楚克台吉

3.2.8 嘉木措台吉	3.2.8 嘉木措台吉
3.3 剌不台吉 3.3.1 把都儿台吉 3.3.2 打儿麻台吉	3.3 剌不台吉 3.3.1 把都儿台吉 3.3.1.1 打儿麻台吉
3.4 伯思哈勒昆都力汗 3.4.1 摆三忽儿威正台吉 3.4.2 斋三忽儿青把都儿 3.4.3 赖三忽儿台吉 3.4.4 满五素台吉 3.4.5 满五大台吉	3.4 伯思哈勒昆都力汗 3.4.1 摆三忽儿威正台吉 3.4.2 斋三忽儿青把都儿 3.4.3 赖三忽儿台吉 3.4.4 满五素台吉 3.4.5 满五大台吉
3.5 伯颜答喇那林台吉 3.5.1 狼台吉 3.5.2 豁阿台吉 3.5.3 都腊儿台吉 3.5.4 打儿大台吉	3.5 伯颜答喇那林台吉 3.5.1 狼台吉 3.5.2 豁阿台吉 3.5.3 都腊儿台吉 3.5.4 打儿大台吉
3.6 卜只剌我托汉台吉 3.6.1 恩克跌儿歹成那颜 3.6.1.1 恩克七庆那颜 3.6.1.1.1 土麦台吉 3.6.1.1.2 八答麻台吉 3.6.1.1.3 阿伯秃台吉 3.6.1.1.4 朵儿只额耶图宰桑 3.6.1.1.5 噶儿麻银锭 3.6.1.1.6 喇麻札布朝库儿 3.6.1.1.7 卜颜图青把都儿 3.6.1.1.8 却亦儿扎威正 3.6.1.1.9 萨兰达什额儿德尼宰桑 3.6.1.1.10 扎木错朝库儿 3.6.1.1.11 衮布台吉 3.6.1.1.12 札米昂台吉 3.6.1.1.13 额林沁札布台吉 3.6.1.2 埃生威正那颜 3.6.1.2.1 不儿孩七庆朝库儿 3.6.1.2.1.1 额林沁台吉 3.6.1.2.2 朵儿只诺木齐宰桑	3.6 卜只剌我托汉台吉 3.6.1 恩克跌儿歹成那颜 3.6.1.1 恩克七庆那颜 3.6.1.1.1 土麦台吉 3.6.1.1.2 八答麻台吉 3.6.1.1.3 阿伯秃台吉 3.6.1.1.4 朵儿只额耶图宰桑 3.6.1.1.5 噶儿麻银锭 3.6.1.1.6 喇麻札布朝库儿 3.6.1.1.7 卜颜图青把都儿 3.6.1.1.8 却亦儿扎威正 3.6.1.1.9 萨兰毕喇什额儿德尼宰桑 3.6.1.1.10 扎木错朝库儿 3.6.1.1.11 衮布台吉 3.6.1.1.12 札米昂台吉 3.6.1.1.13 林沁札布台吉 3.6.1.2 埃生威正那颜 3.6.1.2.1 不儿孩七庆朝库儿 3.6.1.2.1.1 林沁台吉 3.6.1.2.2 朵儿只诺木齐宰桑

3.6.1.2.2.1 失喇敖金歹成 3.6.1.2.3 噶儿麻威正著力兔 3.6.1.2.3.1 彻布腾额尔克寨桑 3.6.1.2.3.1 固什托因 3.6.1.2.4 鄂尔斋图阿拜 3.6.2 也辛跌儿都腊儿台吉 3.6.3 那木跌儿合落赤台吉	3.6.1.2.2.1 那木扎儿托音 3.6.1.2.2.2 失喇敖金歹成 3.6.1.2.3 噶儿麻威正著力兔 3.6.1.3 鄂尔斋图阿拜 3.6.2 也辛跌儿都腊儿台吉 3.6.3 那木跌儿合落赤台吉

表二：格呼森札长子世系比较

《大黄史》（前表）	《大黄史》（后表）	阿萨喇克其史》
1 阿什海珲台吉	1 阿什海珲台吉	1 阿什海珲台吉
1.1 巴颜达喇珲台吉	1.1 巴颜达喇珲台吉	1.1 巴颜达喇珲台吉
1.1.1 赤诺沙喇	1.1.1 乞伦赤诺沙喇	1.1.1 赤诺沙喇
1.1.2 赉瑚尔汗	1.1.2 赉瑚尔汗	.1.2 赉瑚尔汗
1.1.2.1 素班第萨克图汗	1.1.2.1 乌能根扎萨克图汗	1.1.2.1 素班第扎萨克图汗
1.1.2.1.1 索那木阿海楚琥尔		1.1.2.1.1 索那木阿海楚琥尔
1.1.2.1.1.1 纳玛札布台吉		1.1.2.1.1.1 纳玛札布台吉
1.1.2.1.2 札布额尔德尼		1.1.2.1.2 札布额尔德尼
1.1.2.1.2.1 卓特巴台吉		1.1.2.1.2.1 卓特巴台吉
1.1.2.1.3 诺尔布弼什呼勒图汗		1.1.2.1.3 诺尔布弼什呼勒图汗
1.1.2.1.3.1 旺楚克墨尔根汗		1.1.2.1.3.1 旺舒克墨尔根汗
1.1.2.1.3.1.1 阿拉塔		1.1.2.1.3.2 成衮扎萨克图车臣汗
1.1.2.1.3.1.2 洪果尔		1.1.2.1.3.3 哈喇阿玉什
1.1.2.1.3.2 成衮扎萨克图车臣汗		1.1.2.1.3.4 察罕阿玉什
1.1.2.1.3.2.1 沙刺扎萨克图汗		1.1.2.1.3.5 根敦岱青
1.1.2.1.3.2.2 格勒敦乌巴什		1.1.2.1.3.6 噶朗拉
1.1.2.1.3.2.3 色布腾		1.1.2.1.3.7 噶勒丹呼图克图
1.1.2.1.3.2.4 策旺扎布		1.1.2.1.4 衮布扎克冰图阿海
1.1.2.1.3.3 哈喇阿玉什		1.1.2.1.5 衮布扎什达尔汉珲台吉
1.1.2.1.3.4 察罕阿玉什		1.1.2.1.5.1 罗卜藏达尔汉珲台吉
1.1.2.1.3.5 根敦岱青		1.1.2.1.6 伊沙尔约素图阿海
1.1.2.1.3.6 噶朗拉		1.1.2.1.6.1 约素图阿海
1.1.2.1.3.7 噶勒丹呼图克图		1.1.2.1.7 达沙尔车臣阿海
1.1.2.1.4 衮布扎克冰图阿海		
1.1.2.1.5 衮布扎什达尔汉台吉		
1.1.2.1.5.1 罗卜藏达尔汉珲台吉		

1.1.2.1.6 伊沙尔约素图阿海		
1.1.2.1.6.1 约素图阿海		
1.1.2.1.7 达沙尔车臣阿海		
1.1.2.2 乌班第达尔玛什哩	1.1.2.2 乌班第萨尔扎达尔玛什哩	1.1.2.2 乌班第达尔玛什哩
1.1.2.2.1 泰朋珲台吉		1.1.2.2.1 善巴尔额尔德尼
1.1.2.2.1.1 衮布卓哩克图乌巴什		1.1.2.2.2 诺木齐泰朋珲台吉
1.1.2.2.1.1.1 扎萨克台吉垂扎布		1.1.2.2.2.1 卓哩克图乌巴什
1.1.2.2.2 卓特巴伊勒登达尔玛什哩		1.1.2.2.2.2 固噜札布额尔德尼珲台吉
1.1.2.2.2.1 拉姆多尔济贝勒		1.1.2.2.2.3 桑噶札布
1.1.2.2.2.1.1 诺尔布班第贝勒		1.1.2.2.3 卓特巴达尔玛什哩珲台吉
		1.1.2.2.3.1 额尔德尼岱青
		1.1.2.2.3.2 额尔克岱青
1.2 图扣达喇岱青霍图古尔	1.2 图扣达喇岱青	1.2 图扣达喇岱青霍图古尔
1.2.1 乌巴什珲台吉	1.2.1 硕垒珲台吉	1.2.1 硕垒珲台吉
1.2.1.1 巴特马额尔德尼珲台吉	1.2.1.1 乌玛忽呼拉齐	1.2.1.1 青达玛尼陀音
1.2.1.1.1 赛音罗卜藏公	1.2.1.2 布迪松卓哩克图	1.2.1.1.1 固木齐诺木齐
1.2.1.2 岱珲台吉	1.2.1.3 满珠室礼固什	1.2.1.1.1.1 伊达木
1.2.1.2.1 根敦岱青贝勒	1.2.1.4 巴特马额尔德尼珲	1.2.1.1.2 都思噶尔巴图尔
1.2.1.2.1.1 松扎布贝勒	1.2.1.5 多尔济岱额尔克喀喇	1.2.1.1.2.1 楚琥尔台吉
	1.2.1.6 衮布多尔济诺颜	1.2.1.1.2.2 额尔克台吉
	1.2.1.7 桑噶尔斋额尔德尼	1.2.1.1.2.3 都尔哈勒台吉
	1.2.1.8 藏	1.2.1.1.2.4 固什台吉
	1.2.1.9 衮布伊勒登	1.2.1.1.2.4.1 车臣固什
		1.2.1.1.2.4.1.1 萨阑阿海
		1.2.1.1.2.4.2 巴图尔台吉
		1.2.1.1.2.4.3 都格尔岱青和硕齐
		1.2.1.1.2.4.1 霍尔固勒台吉
		1.2.1.1.2.4.4 贝玛额尔克巴图尔
		1.2.1.1.3 苏勒登台吉
		1.2.1.1.4 哈干台吉
		1.2.1.2 固什台吉
		1.2.1.3 卓哩克图台吉
		1.2.1.3.1 素德那木楚琥尔
		1.2.1.3.1.1 茨塔尔墨尔根阿海
		1.2.1.3.2 萨阑伊勒登
		1.2.1.3.2.1 巴噶素台吉
		1.2.1.3.3 山珠巴台吉
		1.2.1.3.3.1 多尔济台吉

		1.2.1.3.4 乌巴什巴图尔
		1.2.1.3.4.1 多尔济札布
		1.2.1.3.5 额尔克台吉
		1.2.1.3.5.1 贵达都尔哈勒和硕齐
		1.2.1.3.6 塔尔巴车臣卓哩克图
		1.2.1.4 巴特马额尔德尼琿台吉
		1.2.1.4.1 琳沁赛音琿台吉
		1.2.1.4.1.1 达什哈坦巴图尔
		1.2.1.4.1.2 蒿济格尔
		1.2.1.4.1.3 班第达
		1.2.1.4.1.4 安第
		1.2.1.4.1.5 巴罕达什
		1.2.1.4.1.6 塔喀奇
		1.2.1.4.2 扎拉康齐呼图克图格根
		1.2.1.5 多尔济岱琿台吉
		1.2.1.5.1 桑昆巴图尔台吉
		1.2.1.5.1.1 呼毕尔罕
		1.2.1.5.2 额尔德尼岱琿台吉
		1.2.1.5.2.1 玛喀尼图台吉
		1.2.1.5.3 巴勒丹杜固尔格齐
		1.2.1.5.3.1 阿勒达尔台吉
		1.2.1.5.4 根敦额尔克岱青
		1.2.1.6 岱诺颜
		1.2.1.6.1 沙喇布墨尔根岱青
		1.2.1.6.1.1 都尔哈勒台吉
		1.2.1.6.2 阿玉什巴图尔
		1.2.1.6.3 罗卜藏岱诺颜
		1.2.1.7 衮布伊勒登
		1.2.1.7.1 额尔德尼
		1.2.1.7.2　？
		1.2.1.7.3　？
		1.2.1.8 藏台吉
	1.2.2 明噶孩岱青	1.2.2 明噶孩岱青
	1.2.2.1 昂噶海巴图尔	1.2.2.1 昂噶海扎萨克图哈喇忽喇
	1.2.2.2 恩克墨尔根	1.2.2.1.1 温布楚琥尔
	1.2.2.3 拉巴赛车臣台吉	1.2.2.1.1 琳沁伊勒登
	1.2.2.4 额尔德尼巴特玛诺木齐	1.2.2.1.2 巴尔其墨尔根诺颜
	1.2.2.5 温布	1.2.2.1.3 巴尔巴噶泰固阳、
	1.2.2.6 沙喇布	1.2.2.1.4 罗卜藏额尔德尼

		1.2.2.2 达什岱青
		1.2.2.2.1 绰辉墨尔根台吉
		1.2.2.2.2 巴噶阑额尔德尼岱青
		1.2.2.2.3 茂
		1.2.2.2.4 罗卜藏、
		1.2.2.2.5 察干额尔克岱青
		1.2.2.3 拉玛泰冰图
		1.2.2.3.1 阿玉什巴图尔
		1.2.2.3.2 扎木彦诺木齐
		1.2.2.3.3 阿哩雅彻木布墨尔根台
		1.2.2.3.4 纳玛什哩
		1.2.2.4 云丹额尔德尼
		1.2.2.4.1 伟征台吉
		1.2.2.4.2 敖其尔岱巴图尔
		1.2.2.5 乌努呼绰鲁木
		1.2.2.5.1 固噜齐布车臣台吉
		1.2.2.5.2 班第台吉
		1.2.2.6 贡济斯克巴图尔
		1.2.2.7 冰图都尔哈勒
		1.2.2.8 楚斯齐布额尔克巴图尔
		1.2.2.8.1 哲布尊
		1.2.2.9 诺尔布伊勒登
		1.2.2.9.1 伊勒达海萨喇布
		1.2.2.2 恩克墨尔根诺颜
		1.2.2.2.1 琳沁伊勒登
		1.2.2.2.1.1 唐奇斯齐布额尔克台吉
		1.2.2.2.2 旺楚克玛奇克乌巴什
		1.2.2.2.2.1 呼图克图
		1.2.2.2.2.2 土布斯齐布车臣台吉
		1.2.2.2.3 丹巴台吉
		1.2.2.3 拉巴赛车臣台吉
		1.2.2.3.1 刺玛斯齐布冰图阿海
		1.2.2.3.1.1 土毕斯齐布冰图阿海
		1.2.2.3.1.2 索克孙额尔克阿海
		1.2.2.4 贡布额尔德尼台吉
		1.2.2.4.1 敖其尔冰图
		1.2.2.4.1.1 墨尔根台吉
		1.2.2.4.2 宾扎雅额尔克台吉
		1.2.2.4.2.1 博罗巴罕阿海
		1.2.2.4.3 扎木素巴图尔

		1.2.2.5 巴特玛伟征诺颜
		1.2.2.5.1 诺尔布额尔德尼楚琥尔
		1.2.2.5.2 衮布扎克岱青阿海
		1.2.2.5.2.1 巴罕乌巴什
		1.2.2.5.3 琳沁伊勒登阿海
		1.2.2.5.3.1 垂喇克
		1.2.2.5.3.2 阿凯
		1.2.2.5.4 陀音
		1.2.2.6 温布车臣楚琥尔
		1.2.2.6.1 温德忽额尔克楚琥尔
		1.2.2.7 沙喇布伊勒都齐哈喇忽喇
		1.2.2.7.1 呼图克图
		1.2.2.7.2 色布腾岱青阿海
	1.2.3 乌班岱达尔汉巴图尔	1.2.3 乌班岱达尔汉巴图尔
	1.2.3.1 衮楚克额尔克	1.2.3.1 德格济台吉
	1.2.3.2 策琳	1.2.3.1.1 博罗特布克台吉
	1.2.3.3 沙塔达	1.2.3.2 绰克图台吉
	1.2.3.4 奥布多尔济	1.2.3.3 衮楚克额尔克岱青
		1.2.3.3.1 诺颜绰尔济
		1.2.3.4 策琳伊勒都齐
		1.2.3.4.1 伊斯齐布
		1.2.3.4.2 翁谆伊诺颜
		1.2.3.4.3 满珠什哩呼图图克根
		1.2.3.4.4 罗卜藏
		1.2.3.4.5 僧格
		1.2.3.5 陀音达尔汉诺颜
		1.2.3.6 沙塔达都尔哈勒
		1.2.3.6.1 衮布墨尔根台吉
		1.2.3.6.2 扎木素
		1.2.3.7 噶尔玛墨尔根
1.3 乌特黑伊勒都齐	1.3 乌特黑伊勒都齐	1.3 乌特黑伊勒都齐

通过比较，发现了以下几个问题：

1.无论是巴儿速孛罗家族的世系，还是阿什海达尔汉家族的世系，《大黄史》记载极其简单，而善巴所载内容丰富。

2.《大黄史》的"前表"主要记载长子或清代扎萨克世系，善巴则记载家族全体成员。

3.《大黄史》记载的时间下限至18世纪初，而善巴所记人物至17世纪50—60年代。

这说明，《阿萨喇克其史》的世系表不是抄自《大黄史》，善巴最多将《大黄史》的世系表作为一个参考。笔者的结论是,善巴手里掌握着一个非常详尽的答言合罕诸子世系表,尤其是格呼森札诸子世系表。从《阿萨喇克其史》世系表的时间下限和人物覆盖面两方面考虑,善巴的表文具有入清以前蒙古人记载家族历史传统的特点。这一点很重要。它说明,善巴《阿萨喇克其史》中的黄金家族世系表是该书最具特色和价值的部分。

这里有一个问题值得特别注意。冈田等学者认为,《大黄史》源于《阿萨喇克其史》,但是我们的比较结果显示,在贵族世系方面两书几乎没有承袭关系。假设《大黄史》取材于《阿萨喇克其史》,那么《大黄史》的作者为什么不移录《阿萨喇克其史》中的如此详尽的世系表,而另用不十分完善的表呢?如果解释成因为两位作者的兴趣不同所致,是行不通的。因为两书作者的最大的兴趣点均在喀尔喀黄金家族的历史和世系方面。善巴没有采用《大黄史》中黄金家族女性成员的记载,完全可以用他的兴趣、观点来解释,但是如果假设《大黄史》的作者利用了善巴的书,就无法说明这一现象。实际上,不仅仅是贵族世系,在成吉思汗的历史方面,善巴书中有相对完整的记载(至少比《大黄史》丰富),如说《大黄史》的作者参考了《阿萨喇克其史》,就绝不会对此置之不理。《大黄史》世系表的内容有力地证实,《大黄史》绝不是晚于《阿萨喇克其史》的史书。

那么,《大黄史》中为什么有 17 世纪末甚至是 18 世纪人物的记载呢?如前所说,这是后人在转抄过程中添加的。所加的内容大部分是有关扎萨克和王公台吉等具有爵位的贵族。

总之,《大黄史》是《阿萨喇克其史》的史源之一。《大黄史》在 17 世纪后半期以降经历了多次补充。

(五) 《阿萨喇克其史》与其他史书

1. 《阿萨喇克其史》与《蒙古源流》

在探讨《阿萨喇克其史》与佚名《黄金史》时已多次提及,善巴书中的许多记载与萨冈彻辰《蒙古源流》有很大出入。比如,《阿萨喇克其史》中有关右翼三万户的叛乱、巴儿速孛罗篡位、俺答汗与藏传佛教等重大人物和事件的记载均来《黄金史》和藏文史乘,而与萨冈彻辰《蒙古源流》没有任何共同之处。

笔者找不到《蒙古源流》与《阿萨喇克其史》的任何继承关系。我们不得不说,善巴没有见到过萨冈彻辰的《蒙古源流》。

2. 《阿萨喇克其史》与其他史书

在文字资料方面,善巴除了佚名《黄金史》、《大黄史》以及《青史》、《西藏王臣记》、《三世达赖喇嘛传》、《四世达赖喇嘛传》等藏文典籍外,可能还利用过其他史书。比如,阿巴泰汗小传等等一些内容,不见于 17 世纪蒙古文其他史书。目前,我们还不能确定,善巴这些记载来自于何种史乘。H.R.堪佛提到的善巴利用了一个我们所不知的一部史料集 X/Y(可能包括《沙儿巴·忽笃土诸汗源流史》和《妙见花蕾史》)的说法,不是不可能。

另外,构成《阿萨喇克其史》的一个重要史源,就是蒙古口传历史和文学。这类内容在善巴书中的比重不容小看。

（六）《阿萨喇克其史》的价值所在

《阿萨喇克其史》最具特色和价值的部分，是该书所载答言合罕诸子世系（尤其是格哷森札后裔世系）和阿巴泰汗相关的历史以及所收口传历史资料。

答言合罕诸子世系比较全面，比两《黄金史》和《大黄史》丰富得多。格哷森札家族世系表是目前为止最完整、最古老的世系表，与《大黄史》中喀尔喀黄金家族女性成员的记载互为补充，成为研究古代喀尔喀历史的重要工具书。

阿巴泰汗小传对研究阿巴泰汗本人、研究喀尔喀藏传佛教历史等问题提供了重要依据，可以用来评判、补充和证实其他相关史料的记载。

《阿萨喇克其史》中的蒙古口传历史资料，为我们提供了研究17世纪蒙古文编年史纂修过程和特点的重要依据。蒙古史家们的书，不是有些人想象的那样都是从各种前人史书中移录而成，而是根据自己的编写要求对史料进行取舍，感到必要的时候甚至进行一定程度的改写（比如孛端察儿兄弟们的人数和出身等），同时大量加进自己掌握的口传历史资料。

第二部
译　注

汉译说明

一、本文汉译文体为现代汉语。

二、方括号[ ]中的文字是译者根据上下文内容加的，目的是为了使读者更准确地理解原书本义。

三、解释性的文字写在圆括号（ ）里。

四、《阿萨喇克其史》本文不分卷，为了方便读者，汉译时根据文本内容分"序"、"第一卷"、"第二卷"、"第三卷"、"第四卷"、"第五卷"和"跋" 7 个部分，并在各卷中分了段落。但是为了如实地再现原书原貌，罗马字音写部分完全保留其原状。

阿萨喇克其史

善巴 著

河姆渡其及史

巴図著

序

顶礼上师![1]
依无比三宝[2]之神力，
依护佑密乘本尊[3]之神通，
依伟大护法诸神[4]之法力，
依赖种种福荫，
愿繁衍生息吧，黄金家族[5]！
虽将圣主成吉思合罕的子孙称作天子者多，
但深入探究详细叙述者甚少。
在他人询问时，为了使糊涂人弄明白[6]，
以孛儿只斤氏[7]为主将[历史]叙述到现在。
达赖喇嘛[8]所著《圆满史》[9]一书间接引用了[一段]比喻："《郎氏麟卷》[10]云：人如果不了

---

[1] 顶礼佛祖、顶礼上师、顶礼法宝，是宗教文人作品的开篇习惯用语。

[2] 三宝："一切之佛陀 Buddha 佛宝也；佛陀所说之教法，法宝 Dharma 也；随其教法而修业者，僧宝 Samgha 也。佛者觉知之意义，法者法规之义，僧者和合之义也。"见丁福保：《佛学大辞典》，福建莆田广化寺印行，1990 年，第 366 页。

[3] 原文 Idam，来自藏文 yi-tham，指密乘的不共依怙主尊佛及菩萨。

[4] 护法诸神：原文 nom-un sakiγulsud。护法神，蒙古语有时还称 Čoyijong，来自藏语 chos-sgyong。护持佛法的诸神。

[5] "黄金家族"，指成吉思汗后裔。在清代，确切的说是指达延汗诸子后裔诸台吉。成吉思汗诸弟后裔台吉不在黄金家族之列，他们与成吉思汗后裔诸台吉联姻，属于"姻亲台吉"（Uruγ tayiji）。"依赖种种福荫，愿繁衍生息吧，黄金家族！"这句，在原书中出于押头韵的需要，将其顺序打破，写成了"愿繁衍生息吧，黄金家族，依赖种种福荫"。所以，鲍音译文出现了明显的断句错误（《阿萨拉格齐蒙古史》，《昭乌达蒙族师专学报》，1989 年第 1 期，第 87 页）。

[6] 原文中的 ergigčin 一词的词根为 ergi-，本意为"回头"、"打转"，衍生意为"晕头转向"，"糊涂"等。-gčin 是名词后缀，多用于指人的名词。该词在这里指缺乏蒙古历史知识、糊里糊涂的人。

[7] 本为成吉思汗祖先出生的氏族名称，后来演变为姓氏。

[8] 此指五世达赖喇嘛阿旺罗藏嘉措（1618—1682）。

[9] 达赖喇嘛所著《圆满史》，五世达赖喇嘛阿旺罗藏嘉措于 1643 年所撰《天神干臣下降雪域陆地事迹要记——圆满时节，青春喜宴之杜鹃歌声》一书的简称。原文中将该书藏文名用蒙古文音写，同时附了藏文原文，但是把 rjogs 误写为 sjogs。该书藏文原名为 Gans čan yul gyi sa la spyod pa'i mtho ris kyi rgyal blon gco bor brjod pa'i debt her rjogs ldan gzon nu'i dga' ston dpyid kyi rgyal mo'i glu dbyangs，简称 bod kyi rgyal rabs debt her rjogs ldan gzon nu ma。17 世纪蒙古编年史《大黄史》中简称为 Jalaγus-un qurim《青春喜宴》（莎斯基娜《沙剌图济：一部 17 世纪蒙古编年史》，莫斯科－列宁格勒，1957 年，第 15 页）。刘立千先生根据本书内容汉译为《西藏王臣记》。这本书记载了释迦牟尼先世、吐蕃王朝历史人物、萨迦政权和帕木竹巴政权时期的西藏历史人物以及 17 世纪西藏的藏巴汗和顾实汗等人的传记。该书既是一部西藏历史文献，又是一部西藏文学巨著，是藏族文化遗产中的瑰宝。鲍音译注的《阿萨拉格齐蒙古史》把此书与 16 世纪西藏另一部历史文献《贤者喜宴》混淆，并说《贤者喜宴》又名《青年宴史》、《青年之宴》，误（《昭乌达蒙族师专学报》，1989 年第 1 期，第 94 页）。

[10] 《郎氏麟卷》：指绛求坚赞所著《郎氏家族史》，藏文名为 rlans kyi bo ti bse ru，直译为"朗氏麟卷"。赞拉、阿旺、佘万治等将此书译成汉文，取名为《郎氏家族史（又名郎氏灵犀宝卷）》（西藏人民出版社，1988 年）。该书的作者为西藏帕竹政权第一代执政王绛求坚赞（1302—1371）。本书的内容，第一部分是郎氏家族史，其中保留了许多神话故事，第二部分为作者的自传。

解自己的族源，好比森林中的猴子。人如果不知道自己的姓氏，好比假的绿宝石雕龙[1]。[人]如果永世不了解有关祖先事迹的史书，好比丢弃[自己]孩子的门巴人[2]。"[3] "贵人需要美名荣誉，事业需要圆满目的，大人需要高贵名分。"[4]

遵照这样的法旨，为了使当今不懂得[历史]的人了解[历史]，并希望[我们的]子孙读后继续写下去，将[史事]概括叙述，撰为此史。

---

[1] 原文为 jasaday，不甚符合蒙古语表达习惯的藏文硬译。译成 kimel gyu luu 等更合适一些。

[2] 门巴是族称。门巴人主要居住区是西藏门隅（还包括墨脱等地）。门隅处于喜马拉雅山脉南麓，西同不丹毗邻，道路艰险，交通闭塞。门巴人的语言属汉藏语系藏缅语族，通用藏文。门巴人主要信仰藏传佛教，也有部分人信仰原始宗教。这里有贬低门巴人的意思。

[3] 这段引文，刘立千在《西藏王臣记》中汉译为："郎氏族谱《灵犀宝卷》云：'若人不知自己所出之家世，犹如林中之猿猴；不知自己之高贵种姓，犹如虚假之苍龙；不知父祖业绩之史传，犹如被弃之孤儿。'"（民族出版社，2000年，第79页）赞拉、阿旺、佘万治等的译文为："生而为人，若不知自己的族属，则宛如林中的猕猴；人若不知自己的母系血统，则犹如虚假的苍龙；若不知祖宗的谱系，则像离乡背井的门巴孩子。"（西藏人民出版社，1988年，第6页）据《郎氏家族史》载，这段话出自郎氏贝季僧格（dbal kyi seng ge）之口（同上，第6页）。在《阿萨喇克其史》中，这段话的蒙古文原文为："dalai blam-a-tan jokiyay-san: sčuwags ldan (+Tib: sjogs ldan) dibtir-tur: dam üliger tataysan-anu rlang {+Tib: rlang}-un bseru (+ Tib:bse ru) boti-ača yerü rüg-sen kümün öberün uγ ija-γur-i ese medebesü oi dotra-ki bečin-dür adali: kümün öberün obuγ-iyan ese mede-besü jasaday gyu luu-dur adili: ečige ebüges eyimü eyim kemeküi bičig-ün egüri ese mede-besü mön keüken-i jabqaju gegegsen-dür adali kemegsen kiged."《大黄史》的卷首也引了贝季僧格的这段语录。其原文为："dalai blam-a-yin nomlaγsan jalaγus-un qorim kemekü teüken-dür, yerü kümün öber-ün uγ ijayur-iyan ese medebesü oi dur dügüregsen sarbačin-dur adali: öber-ün obuγ-iyan ese medebesü üyün (okyu)-ber keyigsen luu-dur adili: ečige ebüges-ün eyimü eyim kemekü bičig-üd-ü(i) ese üjebesü mön keüken-ü(i) jabqaju gegsen-dür adali kemegsen buyu. 达赖喇嘛所著《青春喜宴》曰：'凡人如果不了解自己的族源，好比弥漫在森林中的猴子。人如果不知道自己的姓氏，好比用绿宝石做成的龙。[人]如果不读有关祖先事迹的史书，好比门巴人 把[自己的]孩子丢弃一样。"（《大黄史》D本，第1叶下）两书相比较，《阿萨喇克其史》明确指出，这段话是达赖喇嘛在《圆满史》中间接引用了《郎氏麟卷》，并在行间附了《圆满史》和《郎氏麟卷》的藏文书名简称的原文。从内容上看，善巴的译文比《大黄史》作者的译文更准确。据此可认为，善巴可能掌握很好的藏文知识，他可能直接利用过达赖喇嘛的《西藏王臣记》。假设善巴的引文是仅对《大黄史》相关内容进行编辑而得，那么他不会知道达赖喇嘛这段话是从《郎氏麟卷》间接引用的，更不能附藏文原文。

在原文释读上，这段话的第三句有一些问题，即《阿萨喇克其史》和《大黄史》中的"…… mön keüken-i jabqaju gegegsen-dür adali"。其中的 mön 在蒙古语中可解释为"该"、"本"、"就这个"等，所以整个句子令人有些费解（如不顾意境，可以理解为"好比将该姑娘抛弃了一样"）。鲍音译注《阿萨垃格齐蒙古史》把这句话译为"若不读前辈之典籍，则似迷路之儿童"（《昭乌达蒙古族师专学报》，1989年第1期，第87页），显然没有明白其原意。德国学者堪培根据该引文的藏文原文（mon phrug yal bor dan 'dra），第一次正确解释这里的 mön 即藏文的 mon（门巴人）之意（Hans-Rainer Kämpfe, Das Asarayči neretü-yin teüke des Byamba Erke Daičing Alias Šamba Jasay (Eine mongolische Chronik des 17. Jahrhunderts), Asiatishe Forshungen, Band 81, Otto Harrasowitz, Wiesbaden1983 H.-R.堪佛：《善巴额尔克岱青扎萨克所著〈阿萨喇克其史〉——一部17世纪蒙古文编年史》，《亚洲研究》丛书第81卷，威斯巴登，1983年，第44页）。

[4] 这段话刘立千译为"生而为人，应有名声；所学之法，应有所宗；身为大人，应有高风"（《西藏王臣记》，民族出版社，2000年，第79—80页）。《阿萨喇克其史》中的这段话译自藏文，其藏文原文为："skyes pa'i mi la grags pa'i gtam dgos, bya ba'i chos la grub mtha' dgos, che ba'i mi la mtho pa'i dogs"，据此，我们译如上文。鲍音译为"圣教之言于众有益，修善福事于诵经者有益，博大智慧于高尚者有益"（《昭乌达蒙古族师专学报》，1989年第1期，第87—88页），译文与原文相距甚远。

卷 一

　　自印度最初的摩诃三摩多王[1]以降，至净饭王[2]，经历十二万一千五百一十四代[王]以后，在净饭王之子释迦牟尼[3]涅槃一千多年后，印度百军王[4]的幼子，头发指甲全是青色，手和足扁平，眼睛向上合，父母认为是上天[派来]的鬼的化身而将他赶走。吐蕃一苯教徒为首的十个贤者拾到[那孩子]，问他"你从哪里来？"[那孩子]用手指向上天，"是天上来的。[正好]我们吐蕃国没有君主。"于是[他们将那孩子]驮在脖子上带了回来。这就是吐蕃最初的"颈座王"[5]。[颈座王]后裔吐蕃达赖苏班金座王生三个儿子：孛啰出、失宝赤、孛儿帖赤那。因为兄弟内部不和，孛儿帖赤那来到扎答地方，娶名叫豁埃马阑勒的未婚女子为妻[6]，据说是成了[后来的]蒙古氏族。

　　据《青史》[7]记载：最初为天子孛儿帖赤那[8]，他的儿子为巴塔赤罕[9]。他的儿子为塔马察[10]。

---

[1] 佛教文献中所说人类最初的王。梵文 Mahasammatah（意为"大平等王"），藏文 Mang pos bkur ba rgyal po（意为"众戴王"），蒙古文除了梵文音译外还称作 Olan-a ergügdegsen qaγan（意为"共戴王"）。汉文文献还作"大三末多王"、"大平等王"等（乌兰：《〈蒙古源流〉研究》，辽宁民族出版社，2000年，第77页）。

[2] 释迦牟尼之父。梵文名为 Suddhodana。

[3] 佛陀之名。梵文名为 Sakayamuni。据说生活在公元前565年至485年。

[4] 传说中西藏第一个君王的父亲。梵文名 Satanika。

[5] 藏文名 gnya' khri btsan po（意为"肩座王"），传说中西藏最早的君王，印度百军王的儿子。

[6] 据藏文典籍和取材于藏文史书的蒙古文史乘，颈座王再传七代，到了金座王，这七代人被称为"天座七王"。天座七王的最后一位金座王就是藏文典籍中的止贡赞普。《阿萨喇克其史》没有列出七王的前六位。关于金座王的儿子，藏文和蒙古文史书记载不尽一致。早期吐蕃文献记为二人，而《红史》以后的史书则记为三人，他们的名字分别为夏赤（意为乘鹿者）、涅赤（意为乘鱼者）和甲赤（意为乘鸟者）（见乌兰《〈蒙古源流〉研究》，辽宁民族出版社，2000年，第99—100页）。16世纪藏传佛教传入蒙古以后，"印藏蒙同源说"盛行，蒙古僧人把藏文典籍记载的止贡赞普的三个儿子的名字改写为孛啰出、失宝赤和孛儿帖赤那，并杜撰《蒙古秘史》所记载的孛儿帖赤那为止贡赞普幼子的传说。值得注意的是，蒙古名失宝赤意为"训鸟者"，应与藏文名甲赤对应，而孛啰出（Boroču）显然是孛古赤（Buγuči，意为驯鹿者）在传抄过程中的讹误，他与夏赤对应，孛儿帖赤那是代替夏赤的人物。

[7] 《青史》，西藏历史典籍名，原著名 Deb ther sngon po。作者为译师顺努巴勒（gzon nu dbal，1392—1481）。该书记载了西藏历代王朝历史、西藏著名历史人物、藏传佛教各教派发展史等内容，一向被推崇为一部信实可靠的史料。五世达赖喇嘛在《西藏王臣记》中称顺努巴勒为"浊世中被奉为娴于史学之泰斗"的人（刘立千汉译《西藏王臣记》，民族出版社，2000年，第4页）。

[8] 《青史》记载："dang por gnam gyi bu sbor te che 最初为天之子名孛儿帖契。"（藏文《青史》，四川民族出版社，1985年，上册，第82页）《元朝秘史》作"应天命而生的孛儿帖赤那"，明人的总译中则译为"苍狼"。后来的罗藏丹津《黄金史》等蒙古文史书均称 Börte činu-a（孛儿帖赤那），做人名。孛儿帖为突厥语，意为狼，而赤那为蒙古语，意思仍为狼。藏文的 sbor te che 无疑是蒙古文 Börte činu-a 的音译，而且在 che 字后面本来肯定有 no 字，想必在转抄过程中脱落了。善巴没有采纳《青史》的写法。

[9] 《青史》作 bar chi gan。这里的 bar 当然就是 bad 的误写，在藏文中字母 r 和 d 很容易混淆，译写外族人名的词里就更容易相混了。该人是孛儿贴赤那的儿子，《元朝秘史》作巴塔赤罕，罗藏丹津《黄金史》作 Bata čaγan。善巴写成了巴塔察略，写法与众史不同，译文据《元朝秘史》改译为巴塔赤罕。

[10] 《青史》作 Tham chag。《元朝秘史》作塔马察，罗藏丹津《黄金史》作 Tamčin。善巴依从了《青史》。波斯文史书拉施特所著《史集》记为 Tamaca。善巴作塔马察略，译文据《元朝秘史》改译为塔马察。

他的儿子为豁里察儿蔑儿干[1]。有人说他[豁里察儿蔑儿干]就是如今盛传的镇坐在莽古斯嘴上的莲花生[2]。豁里察儿蔑儿干的儿子为阿兀站孛罗温勒[3]。他的儿子也客你敦[4]。他的儿子挦锁赤[5]。他的儿子为哈出[6]。这是《青史》[所记]情况。

其他史籍记载：挦锁赤的儿子撒里合勒札兀[7]。他的儿子为孛儿只吉歹篾儿干。他的为儿子脱罗豁勒真伯颜。脱罗豁勒真伯颜之[妻]巴儿忽真豁阿所生的朵奔篾儿干和都蛙锁豁儿二人[8]。朵奔篾儿干之[妻]、秃马惕[部落]的豁里剌儿台篾儿干的女儿阿阑豁阿生有不忽合答吉、不合赤撒勒只二人[9]。不忽合答吉的子孙成为合答斤氏。不合赤撒勒只的子孙成为撒勒只兀惕氏。孛儿帖赤那的子孙从此分出支派。[如此]似乎没有考证出蒙古诺颜们的祖先为孛儿帖赤那。朵奔篾儿干去世后，阿阑豁阿没有丈夫却生下了孛端察儿。不忽合答吉、不合赤撒勒只二人说道："近边没有男人，这个儿子是谁的呢？"他们的母亲[阿阑豁阿]发觉后说："你们生疑是对的。每到黑夜[里]，有个透明的黄色的人，沿着天窗进来时，屋内[一片]光亮。早晨变成黄色的狗出去。看征兆或许是上天的儿子吧！"《青史》和达赖喇嘛的《青春喜宴》两部书称，"感日月之光所生的孛端察儿蒙合黑。"[10]

---

[1] 《青史》作 chi ji mer gan，《元朝秘史》作豁里察儿蔑儿干，《黄金史》作 Qoričir mergen。《青史》有误，故善巴未从其说。

[2] 莲花生，藏文称 padma 'byaung gnas，生于印度西方古国乌仗那境内，被其国王抚养为太子。后赴孟加拉出家，号释迦狮子。8 世纪中，应吐蕃王赤松德赞之邀入藏，倡建桑耶寺，在西藏弘扬佛法。后来离开西藏，回到印度。把豁里察儿蔑儿干与莲花生联系起来的说法，不见于其他蒙古文史书，这说明善巴确实亲自读过《青史》。

[3] 《青史》作 l'u jang bhe re ol，《元朝秘史》作阿兀站孛罗温勒，善巴写法与佚名《黄金史》同。

[4] 《青史》作 ka sa pa ni dun，《元朝秘史》作也客你敦，其他蒙古文献同。《青史》不准确。

[5] 《青史》作 sems dz'o ji，《元朝秘史》作挦锁赤。善巴写法与《黄金史》同。

[6] 《青史》作 la ju，《元朝秘史》作合儿出，罗藏丹津《黄金史》作 Qaračus（哈喇出思）。善巴采自《青史》的蒙古祖先世系谱只到这里，此后的未予采纳。

[7] 善巴引完《青史》以后，根据"其他史籍记载"继续罗列了蒙古祖先的世系。他记载，撒里合勒札兀为挦锁赤的儿子。但是，这个记载与《元朝秘史》、罗藏丹津《黄金史》、萨冈彻辰《蒙古源流》等均不符。上述蒙古文典籍都指出，撒里合勒札兀是也客你敦的父亲。只有佚名《黄金史》两次提到此人，第一次是与其他蒙古文史籍同，说成是也客你敦的父亲，第二次提到时称他为挦锁赤的儿子。实际上，第二次提到他的文字是衍文。可是，善巴在编写蒙古世系谱时，开头部分采用了《青史》的说法，所以不记撒里合勒札兀这个人，但在编写挦锁赤以下的世系谱时，改用了佚名《黄金史》的说法，去掉了《青史》所记哈出（佚名《黄金史》中也没有），而保留了佚名《黄金史》的说法，即挦锁赤之子为撒里合勒札兀的说法。据此，善巴所说的"其他史籍记载"实际上就是指佚名《黄金史》。

[8] 从孛儿只吉歹篾儿干到朵奔篾儿干和都蛙锁豁儿的世系与《元朝秘史》、罗藏丹津《黄金史》一致。

[9] 据《元朝秘史》、罗藏丹津《黄金史》等史书记载，朵奔篾儿干在世时，其妻阿阑豁阿生了两个儿子，名叫不古讷台、别勒古讷台，朵奔篾儿干死后，阿阑豁阿又生了三个儿子，他们分别叫做不忽合答吉、不合秃撒勒只与孛端察儿。佚名《黄金史》的记载与此不同：朵奔篾儿干在世时生了不忽合答吉思、不合赤撒勒只两个儿子，他们分别成为合答斤氏和撒勒只兀惕氏。朵奔篾儿干死后，阿阑豁阿又生了别克帖儿、别里哥台、孛端察儿三子。

[10] 善巴引用的这句话在顺努巴勒《青史》（"de 'das rting nag mo a lan lo las nyi ma dang zla ba'i zer las skyes pa bo don char mu gan 其妻阿阑豁阿感日月之光所生的孛端察儿蒙合黑"，四川民族出版社，1985年，上册，第82页）和五世达赖喇嘛的《青春喜宴》（"其妻阿伦感日月精英所生者。"刘立千《西藏王臣记》，民族出版社，2000年，第62页）中确实有记载。

孛端察儿的子孙成为孛儿只斤氏[1]。孛端察儿的儿子为合必赤把阿秃儿[2]。他的儿子为必乞儿把阿秃儿[3]。他的儿子为篾年土敦[4]。他的儿子为合赤曲鲁克[5]。他的儿子为伯把儿思升豁儿多黑申[6]。他的儿子为屯必乃薛禅[7]。他的儿子为合不勒合罕。他的儿子为把儿坛把阿秃儿。他的儿子为也速该把阿秃儿[8]。

[一天]也速该把阿秃儿兄弟几人捕猎时，发现了一群移牧人的踪迹，便顺着追上去。原来篾儿乞惕[部]的男人赤列都从斡勒忽讷兀惕部娶了名叫诃额仑的女孩子正在归家。当也速该把阿秃儿兄弟几人追到时，赤列都鞭策着他那快黄马逃跑。[也速该等从后面]追赶，[赤列都]绕过一小山咀，转回到自己的车旁。诃额仑说："刚才那三人行色可疑，或许会害你的性命。你只要性命在，妻子总会有的！为了一女子，牺牲性命不值。常闻着我[身上的]气味吧！"她说着脱下自己的衬衫给了[赤列都]。赤列都很生气，刚接过衬衫，[也速该]兄弟追了上来，于是急忙逃命。[也速该兄弟]追赶，过了三条河没能追上[才罢休]。

---

[1] 据《史集》载，孛儿只斤是突厥语，意为"蓝眼睛的人。"（余大均汉译本，商务印书馆，1983 年，第 1 卷第 1 分册，第 254 页）成吉思汗家族的姓氏。《蒙古秘史》、《黄金史》等蒙古文诸文献记载，孛端察儿是孛儿只斤氏族的始祖。《史集》说成吉思汗的父亲也速该的后裔成为孛儿只斤氏（余大均汉译本，商务印书馆，1983 年，第 1 卷第 1 分册，第 253 页）。但是，《蒙古秘史》记载了孛端察儿的祖父孛儿只吉歹篾儿干。按古代蒙古人的姓名习俗，孛儿只吉歹是由姓氏孛儿只斤（borjigin）加表示男性词尾的 –dai 构成的，表示这个人是孛儿只斤氏族的男子（参考亦邻真《蒙古姓氏》，《亦邻真蒙古学文集》，2001 年，第 58 页），篾儿干是称号，"善射者"之意。这说明，至少在孛端察儿祖父时代，孛儿只斤作为氏族名称已经存在，这一点过去很多学者都曾注意到了。值得注意的是，孛儿只吉歹篾儿干的妻子名叫忙豁勒真豁阿，忙豁勒真是氏族名称忙豁勒（即蒙古，mongγol）和表示女性的词尾真（-jin）构成的，意为蒙古氏族的女人，豁阿是本名，意为"美丽"。此外，还有两点值得注意：其一，如注意观察蒙古皇室祖先世系谱，孛儿贴（突厥语：狼）、巴塔赤（突厥语：牧人）父子的名字均为突厥语。其二，在历史上，匈奴和许多突厥语族民族有过源于狼的传说。孛儿只斤氏族的源于狼和鹿的传说，很有可能折射了他们的起源。根据以上种种现象，可以看出以下几个问题：1.孛儿只斤是一个古老的氏族，不是从孛端察儿时期或其后才有的；2."孛儿只斤"一词系突厥语；3.孛儿只斤氏族与蒙古氏族互相通婚，孛儿只斤不是蒙古部落的分支；4，根据孛儿只斤氏族祖先的传说、他们男性首领们的名字以及与蒙古通婚等事实，孛儿只斤是突厥血统的古老氏族。后来，室韦—鞑靼人从今天的额尔古纳河流域来到蒙古高原时，突厥孛儿只斤氏族与室韦蒙古氏族杂居、通婚、同化，结果孛儿只斤氏族蒙古化了。

[2] 《元朝秘史》载，孛端察儿的儿子为巴林失亦剌秃合必赤。罗藏丹津《黄金史》记为巴林失亦剌秃哈必赤巴秃儿，多了巴秃儿称号。《史集》记为不合（余大均汉译本，第 1 卷第 2 分册，第 15 页），与蒙古文史书完全不同。佚名《黄金史》称合必赤曲律。《阿萨喇克其史》不载巴林失亦剌秃这个绰号，但仍称巴秃儿。

[3] 《元朝秘史》载，合必赤巴阿秃儿的儿子篾年土敦，没有必乞儿把阿秃儿此人。《史集》称不合的儿子叫土敦篾年（余大均汉译本，第 1 卷第 2 分册，第 16 页），也不记必乞儿巴阿秃儿。佚名《黄金史》和罗藏丹津《黄金史》记载，合必赤巴阿秃儿的儿子为必乞儿把阿秃儿，《阿萨喇克其史》与此同。

[4] 《元朝秘史》作此人为合必赤巴秃儿之子，《史集》作土敦篾年，辈分与《元朝秘史》的记载同。《元朝秘史》说篾年土敦有子七人，《史集》记载他有九个儿子，他们的母亲名叫莫拏伦（余大均汉译本，第 1 卷第 2 分册，第 18 页）。佚名《黄金史》作麻合土敦。麻合为篾年之笔误。

[5] 《元朝秘史》、罗藏丹津《黄金史》等均记载此人为篾年土敦的儿子，唯独《史集》记载篾年土敦的儿子为海都，是成吉思汗的六世祖（余大均汉译本，第 1 卷第 2 分册，第 22 页）。《元朝秘史》指出，海都为合赤曲鲁克的妻子那莫伦所生。《史集》中的莫拏伦或许是那莫伦的误倒，如这样，所谓的莫拏伦就应该是合赤曲鲁克的妻子。

[6] 按《元朝秘史》的世系，合赤曲鲁克的儿子应为海都，海都的儿子为伯升豁儿多黑申。罗藏丹津《黄金史》同此，不过把伯升豁儿多黑申写为巴儿升豁儿多黑申。《阿萨喇克其史》写成了伯把儿思升豁儿多黑申。《史集》作伯升豁儿（余大均汉译本，第 1 卷第 2 分册，第 23 页），可知善巴写错了该人的名字。

[7] 《元朝秘史》作屯必乃薛禅。《史集》记为屯必乃汗（余大均汉译本，第 1 卷第 2 分册，第 24 页）。罗藏丹津也作屯必海薛禅。屯必海为屯必乃之误，故译文改译为屯必乃。

[8] 善巴所记自合不勒合罕至也速该把阿秃儿的世系与诸史一致。

带诃额仑返回时,也速该把阿秃儿牵着[车子的]缰绳,他哥哥捏坤太师做前导,弟弟答里台斡惕赤斤赶车。[途中]诃额仑大声哭泣。答里台斡惕赤斤说:

"你要搂抱的,

已经翻越过重重山岭。

你在哭泣的,

已经涉过无数条河。

寻也寻不见踪迹,

望也望不到身影。

你的哭声他已经听不到了,

再也不会回来了。

不要做声了!"

诃额仑默不作声了。据说,这就是也速该把阿秃儿娶诃额仑的经过。

也速该把阿秃儿俘获塔塔儿[部]的帖木真归来时,诃额仑生下了手里攥着髀石大小黑色凝血块的男婴。因为恰好在俘虏帖木真时降生,所以取名为帖木真。从第二天开始,有一只鸟落在伸入水中的陆地上的一块石头上,顺时针盘旋鸣叫了三天。也速该把阿秃儿心想,这孩子刚一出生,[就出现了]这只鸟,或许是[好]兆头。于是砸开石头一看,里边有一枚玉玺。那只鸟又飞来落在门上,叫"成吉思!成吉思!"这就是[给帖木真]起为成吉思的缘由[1]。

依长生天之气力所形成,降生到人间的名为成吉思的男儿,于水马年夏初月十六日,出生在斡难河的迭里温孛勒答黑地方[2]。

---

[1] 关于"成吉思"名称的由来,诸书记载不一。根据《元朝秘史》(123节)记载,大致在12世纪80年代,蒙古乞颜部贵族推举帖木真为成吉思汗,但没有提到任何与此称号相关的传说故事。罗藏丹津记载,在帖木真出生的第七天,有一只浅黑色的鸟来到大湖半岛上的一块黑色石头上鸣叫了三天。也速该把阿秃儿第一次砸开石头,见一枚金玺从石中飞入天;第二次砸开石头,见一枚银玺从石中跳入大湖;第三次砸开石头,见有一枚玉玺在石中,于是拿回家中燃香叩拜。这时,那只鸟落在也速该家天窗上,连叫"成吉思,成吉思",由于那只鸟的啼叫声,就称帖木真为成吉思汗。罗藏丹津的记载与善巴有所出入,但基本内容雷同。《蒙古源流》也记载了这个传说,但有些情节与《黄金史》和《阿萨喇克其史》不同(乌兰《〈蒙古源流〉研究》,第150页)。这个传说的渊源可能与蒙古乞颜部的图腾海东青有关。早在1271年成书的《弓手国族(蒙古)史》中就记载,"上帝的使者化作金鹰,把上帝的旨意传给了他们(指蒙古——引者)的领袖帖木真。"(札奇斯钦《黄金史译注》,第22页)后来,人们不具体说这神鸟是何种鸟类,只传说神鸟传授了长生天的意志。

关于"成吉思"的词义,众说纷纭。据《史集》的解释,这个尊号是由大巫帖卜腾格里献给帖木真的,"成吉思"是"成"的复数,意为"最高君主或王中之王。"(《史集》汉译本,第一卷第二分册,第347页)成吉思是帖木真的汗号,而非本名,他被推举为成吉思汗的时间是在1206年,而非他出生当年。善巴记载有误。

[2]《元朝秘史》没有记载成吉思汗的生年。壬午年为1162年。

诃额仑母亲所生哈布图合撒儿生于木猴年[1]。哈赤古生于火狗年[2]。斡赤古生于土鼠年[3]。另一个[妻子]芒吉仑[4]生了别克帖儿、别勒古台二人。

成吉思九岁时，也速该把阿秃儿带他前往诃额仑的娘家斡勒忽讷兀惕[部]去，想为他聘媳妇。途中遇见翁吉剌惕部人德薛禅。[德薛禅]问："也速该亲家到哪里去？"也速该说："我去斡勒忽讷兀惕为儿子聘媳妇。"德薛禅说："这两宿梦见一只白海青抓着日月飞来，落在我的手上。向他人打探这一梦。[这白海青]本来是你们乞颜部孛儿只斤氏的吉兆。到我家去吧！家里有个名叫孛儿帖的十岁的女儿。

自古以来我们翁吉剌惕人，
与他国无争，
将颜面秀丽的姑娘，
嫁与皇家。
[让她们]坐在大篷车，
驾着黑色公驼，
送上皇后之位。
将姿色美丽的姑娘，
坐在高轴车，
驾着黑青色公驼，
送上国主皇后位。
到我家去看看吧！"[5]

说着就把[也速该父子]请到他家里。[也速该]看那姑娘，是一位面上有光，目中有火的姑娘。看了很是中意。[也速该父子]宿了一夜，第二天[向德薛禅]聘他女儿。德薛禅说：

"不是多次聘娶后应允就能受敬重，
不是一次聘娶便答应就被欺凌[6]。

---

[1] 哈不图合撒儿，成吉思汗的胞弟。合撒儿，又作拙赤合撒儿，据《史集》解释，"'拙赤'是名字，'合撒儿'是猛兽的意思。由于他是个十分勇猛的人，故用这样的称呼来形容他。"（汉译本，第1卷第2分册，第63页）"哈不图"（qabutu，得劲儿的，恰到好处的，此处为引申义：百射百中），因善射而得此美誉。《元朝秘史》说他比成吉思汗小两岁（60节）。据此，合撒儿当生于1164年（木猴，甲申）。17世纪以后的蒙古文史书可能根据《蒙古秘史》的记载推算出了合撒儿及其诸弟的生年。

[2] 哈赤古，成吉思汗胞弟，《元朝秘史》作合赤温（qačiɣun），《史集》作qājiūn即哈赤温。《元朝秘史》说哈赤温比成吉思汗小四岁（60节），据此，合赤温当生于1166年（火狗，丙戌）。《阿萨喇克其史》把合赤温的名字写成了qačiɣu，是qačiɣun的脱落词尾-n辅音的形式。

[3] 斡赤古，成吉思汗幼弟。《元朝秘史》作帖木格斡惕赤斤（temüge otčikin），《史集》作铁木哥斡惕赤斤，并说："'铁木哥'是名字，'斡惕赤斤'意为'灶火和禹儿惕之主'，幼子也称'斡惕赤斤'，后来，斡惕赤斤那颜成了他的名字，他以此名为人所知。"（第1卷第2分册，第71页）《元朝秘史》（60节）记载，成吉思汗九岁时斡惕赤斤二岁，当生于1168年（土鼠，戊子）。斡惕赤斤的名字，佚名《黄金史》作očoɣu（朱风、贾敬颜译注《蒙古黄金史纲》，第141页），罗藏丹津《黄金史》作 tömüge otčikin。

[4] 《元朝秘史》没有记载也速该侧妃的名字。罗藏丹津记为Sujigel qatun，《大黄史》记为Manggilun。善巴的记载源于《大黄史》。

[5] 这段诗文见于《元朝秘史》（64节）和罗藏丹津《黄金史》（82—83页）。善巴所记内容比二书少一首，在文字上，用"öndör terge 高轴车"替代了"öljigidei terge 有车前的车"，用动词"saɣulɣaju 使坐着"替代了"unuɣulju 使骑着、使坐着"。因为，"öljigidei terge"的用法在17世纪后半期已渐旧，"unuɣulju"只用于骑在马驼等家畜背上。

[6] 这段话在《元朝秘史》（66节）和《黄金史》（84页）里作"多次聘娶后应允就能受敬重，一次聘娶便答应就被欺凌。女孩子的命，不可老在生身之门。"《阿萨喇克其史》说法与上二书相反，疑有笔误。

女孩子的命,不可老在生身之家乡。
我把女儿许配,你将儿子留下。"

于是,也速该把阿秃儿留下儿子回去了。独自归途中,遇见塔塔儿人正在举行宴会。[他]心想"[这是]可怕的部众啊!但不能躲过去呀!"便赴了宴。[塔塔儿人]在食物里下毒[给他吃]。途中,[也速该把阿秃儿]发病[1]。回到家里,也速该把阿秃儿说道:

"途径可怕的塔塔儿国,
享用了美味的食物,
生命已垂危。[2]
身边有谁在?"

有人道:"察刺合老人的儿子蒙力克在。"将蒙力克叫到跟前说:"留下成吉思在德薛禅那里做女婿,归途中被塔塔儿人暗害。我很难受。快去把成吉思带回来!"说罢,就去世了。蒙力克去对德薛禅说:"也速该把阿秃儿思念成吉思,我来接成吉思回家!"德薛禅说:"回去吧!快回来啊!"就让回去了。

蒙力克接回成吉思后,泰亦赤兀惕人将成吉思母子遗弃在营地迁徙了。察刺哈老人前去泰亦赤兀惕人处劝阻塔儿忽台乞邻勒秃黑时被他刺了一枪。察刺合老人受了伤,回家躺下。成吉思去探望时,察刺合老人对成吉思说:"你贤父所收的我们的兀鲁思,被你们泰亦赤兀惕兄弟们带着走了。我前去劝阻,竟被刺伤成这个样子!"成吉思[听后]哭着回去了。诃额仑前去追回了部分百姓。可是[不久],那些百姓又丢下[成吉思一家]跟随泰亦赤兀惕人迁走了。

诃额仑母亲撅着山药养育着孩子们。有一天,成吉思和合撒儿二人对诃额仑母亲说:"前天,别克帖儿和别勒古台二人抢去了我们钓到的鱼。今天又夺去了合撒儿射中的一个雀儿。除掉别克帖儿和别勒古台二人吧!"母亲说:

"除影子之外没有伴当,
除尾巴之外没有鞭子。
不要说出先前阿阑豁阿母亲
孩子们说的那种话!"如此大声责骂。

成吉思、合撒儿把门猛力一甩,出去了。别克帖儿和别勒古台俩正坐着看管八匹银合马,成吉思从前面,合撒儿由后面走了过来。别克帖儿[发现后]说:"你们要杀我就杀吧!但不要杀别勒古台弟弟,他必定会给你们出力气。"[3]杀了别克帖儿,成吉思、合撒儿回到母亲跟前。母亲说:

---

[1] 《元朝秘史》(67节)与罗藏丹津《黄金史》(85页)记载,也速该因口渴赴了塔塔儿人之宴。《蒙古源流》说,在塔塔儿人请也速该吃宴时,也速该因为"想到有不拒邀请的说道",就享用了食物(乌兰《〈蒙古源流〉研究》,第146页)。《阿萨喇克其史》则说,也速该明知道塔塔儿人可怕,但无法绕道而行,才赴了宴。善巴和萨冈彻辰一样,明显为也速该的不慎中毒开导。原始文献与后期史书记载的此类差异,与其说是史源问题还不如说是作者情感所致。

[2] "途径可怕的塔塔儿国,享用了美味的食物,生命已垂危"这三句话,《元朝秘史》和罗藏丹津《黄金史》均不载,《蒙古源流》作"我走入亲朋的家中,享用了美味的饭菜,自己害了自身性命"(乌兰《〈蒙古源流〉研究》,第146页)。

[3] 《元朝秘史》(77节)和罗藏丹津《黄金史》(98页)载,别克帖儿临死时对帖木真说:"泰赤兀惕兄弟们的仇还没有得报,正苦于如何报仇之际,你们为什么把我看成眼中毛、口中鲠呢?正当影子之外没有伴当,尾巴以外没有鞭子的时候,为什么竟要这样呢?请不要毁灭了我的灶火。不要撇弃别勒古台!"善巴删掉了别克帖儿颇具道理的辩词,并以别克帖儿的话预言别勒古台必将为成吉思汗的事业出力。这样的改动(或者说编写),说明了善巴等后期史家极力维护成吉思汗个人形象的努力。

"像冲向山崖的野鹰,
像咬噬胞衣的狗,
像雨中奔窜的狼,
像咬驼羔脚踵的雄驼,
像捕不到的老虎,
我的儿子们啊,
你们怎么变成这样了呀!"[1]如此训斥。

正在此时,泰亦赤兀惕人突然袭击,把成吉思只身捉去,戴上木枷,[每家]轮值看管。锁儿罕失剌[2]的两个儿子赤老温、沉白心痛他。有一天,夏月十五日[3],泰亦赤兀惕人举行盛大宴会,将成吉思交给一个弱者看管。成吉思用木枷击倒[那人]逃跑。那人大声喊叫而去。于是泰亦赤兀惕人全体[出动]寻找[成吉思]。成吉思跳进斡难河里躺下,只露出嘴。锁儿罕失剌看到后说:"正因为你这样有智谋,才目中有火,脸上有光。赶紧回到母亲身边!我不会告发你的!"说罢,便走开了。等泰亦赤兀惕人解散后,成吉思来到救命人锁儿罕失剌家里。锁儿罕失剌责备说:"我不是叫你回到你母亲那里吗?你怎么到[我家里]来了?"赤老温、沉白两个儿子说:"雀儿钻进树丛,藏在里面不外出。李儿只斤后裔投奔咱家,[咱们]死就死吧![保护他吧]"说着就用斧子砸开木枷,将成吉思藏进装羊毛的车里。泰亦赤兀惕人称:"带木枷的人能逃到哪里?咱们挨户搜查!"第二天搜到锁儿罕失剌家,要搜羊毛车时,锁儿罕失剌发怒,说道:"这么热的天能把活人藏在那里边吗?我没偷你们的什么东西!"于是[搜查的人]都散去了。锁儿罕失剌对成吉思说:"你险些把我们断送了,你回到你母亲那里吧!"说着,让他骑上一匹不生驹的黄色骒马,又给一只吃两个母乳的肥羊羔肉做干粮,送走。[成吉思]沿着先前筑过栅寨的地方,寻踪辨迹,到斡难的别迭儿山咀与母亲相会了。

从此,[成吉思一家]往不儿罕合勒敦山前的桑沽儿小河畔居住。有一天,强盗把八匹银合马抢去了。傍晚,别勒古台在甘草黄马上驮着旱獭,牵着马步行回来。[听到八匹银合马被抢]说:"我去追!"合撒儿说:"你不行,我去追!"成吉思说:"你们俩都不行,我去追!"说罢,骑上甘草黄马,循着踪迹,追了三宿,遇见有一个少年看管一大群马。成吉思向他打听八匹银合马。那少年回答说:"从这里被赶过去了。那可儿(伴当),[看来]你很艰辛,男子汉的艰辛都是一样的。我愿和你结伴!我的父亲名叫伯颜纳忽,我是他的独生子,叫孛斡儿赤。"说罢,给成吉思骑上黑脊白马,自己骑上淡黄快马,没跟父亲打招呼就去了。循着踪迹又追了三宿,到了一个大"古列延"(圈子),看见众人正围着八匹银合马睡觉。成吉思对孛斡儿赤说:"那可儿,你留在这里,我进去赶出来!"孛斡儿赤说:"平安时结为伴当,战乱时逃避退缩。那样的话,我帮你没有一点儿功劳!"[4]说着一同进去[将八匹银合马]赶了出来。从后面追上来时,孛斡儿赤说:"那可儿,你把弓箭给我,我来[与他们]对射!"成吉思说:"我怕你为我而受到伤害!"说着,返身对射。追来的人便停下来了。走到纳忽伯颜家附近,成吉

---

[1] 善巴所记诃额伦母亲的训词,与《元朝秘史》(78节)和罗藏丹津《黄金史》(99—100页)有很大不同。

[2] 《元朝秘史》作锁儿罕失剌,《史集》作 sūrqān-šireh,也即锁儿罕失剌。罗藏丹津《黄金史》、《蒙古源流》等均作 Torqun šira(土儿浑失剌),《阿萨喇克其史》同。根据《秘史》和《史集》,改译为锁儿罕失剌。

[3] 帖木真逃难之日,《元朝秘史》(81节)与罗藏丹津《黄金史》(103页)记载为夏初月十六日,即四月十六日。《蒙古源流》作夏仲月十五日(乌兰:《〈蒙古源流〉研究》,第149页),即五月十五日。

[4] 孛斡儿赤说的这句话,《元朝秘史》和罗藏丹津《黄金史》不载。

思说："那可儿，如果没有你，我自己怎能找回这些马呢？咱们平分吧！"孛斡儿赤说："好那可儿！因为你很艰辛，我才来帮忙。怎能要[你的马]呢？我父亲纳忽伯颜的积蓄，对我这个独生子是用不尽的。如果要了[你的马]，我的帮助算什么帮助呢？"这样没有接受。来到纳忽伯颜家里，[看见]纳忽伯颜因过于悲痛而[生病]躺着。一见儿子就问："到底发生了什么事？"孛斡儿赤说："我看到这位好那可儿很艰辛，就同他去了，现在回来了！"纳忽伯颜笑着说道："从今以后，你们两个孩子不要放弃相助！"于是，宰了一只吃两母乳的肥羊羔做干粮，叫他返回。成吉思从那里出来，过了三天，才回到在桑沽儿小河边的家里。

成吉思派合撒儿、别勒古台二人前往德薛禅那里[1]。"先前曾聘过德薛禅的女儿，你们二人前去聘来！"这样派遣了。[他们二人]顺着客鲁涟河，到了德薛禅家里。德薛禅说："我听说泰亦赤兀惕人加害了成吉思及其兄弟们，今天太阳给我升起来啦！"于是，许配了孛儿帖兀真。[孛儿帖兀真的]母亲搠塔一直送到桑沽儿小河的古连勒古[地方]。等搠塔母亲返回后，[成吉思又]派别勒古台去请孛斡儿赤来做那可儿。别勒古台一到，孛斡儿赤连向父母都不禀告，就骑上一匹拱脊甘草黄马，同别勒古台一同来了。此后，[成吉思一家]迁到客鲁涟的不儿吉额儿吉地方。

成吉思、合撒儿、别勒古台三人前去拜见王罕，说："昔日您曾与我父亲结为安答，也就如同我的父亲。[现在]我给您带来了娶亲时[丈人家]给穿的貂皮袄！"就[把貂皮袄]给[王罕]穿上。王罕非常高兴地说：

"作你貂皮袄的回报，
要把你溃散的国众聚集到一起！
作为你黑色袄的回报，
要把你散失的百姓聚合到一起！"

兀良哈的札儿赤兀歹老人领来名叫者勒篾的儿子，[对成吉思]说："当初，在斡难河边的迭里温孛勒答黑地方时，你成吉思出生的时候，我曾[给你]做过摇车，[连同]这个三岁的者勒篾送来，但因为说他还小，就带回去了。如今又把者勒蔑领来，为你备马鞍子吧！"

有一天早晨，在诃额仑家中使唤的老妇人豁阿黑臣起早后说："有大动静！快起来！"成吉思、合撒儿、别勒古台、哈赤古、斡赤古、孛斡儿赤、者勒篾、诃额仑母亲九人[各自]骑上了马，孛儿帖兀真没有马骑。骑上马的人登上了不儿罕合勒敦山。来军抢走了孛儿帖兀真、别勒古台的母亲芒吉伦和老妇豁阿黑臣三人。那些敌人是篾儿乞人。[他们是]因为早先也速该把阿秃儿从也客赤列都处抢来诃额仑母亲之故前来报仇雪恨。[篾儿乞人]把不儿罕合勒敦山围了三次，终没有得到成吉思。等到篾儿乞人返回后，成吉思这样说道：

"不儿罕合勒敦的气力里，
骑着我云青马，
依着那小鹿径，
搭起了榆条棚，
保全了我虱子般的小命。
向不儿罕合勒敦山祷告吧！"

说罢，把腰带挂在脖颈上，把帽子搭在手上，把手按在膝盖上，跪拜九次，并洒奠致祭。

---

[1] 据《元朝秘史》（94节）和罗藏丹津《黄金史》（第115页），帖木真亲自带着别勒古台，前往德薛禅家迎亲。但善巴说，帖木真派遣他的两位弟弟合撒儿和别勒古台前去聘请孛儿帖，与上述二书的记载有明显的区别。善巴可能为了抬高帖木真的地位，故意改写的。

[成吉思]派去合撒儿、别勒古台二人到王罕那里[1]，说："三姓篾儿乞人无故来袭，掳去了我的妻儿。请求父亲消灭三姓蔑儿乞人，讨回我的妻儿！"王罕说："我履行前言，出兵消灭兀都亦惕蔑儿乞人！[你给]札木合送信。相约时间地点由札木合定夺！"成吉思派合撒儿、别勒古台二人前往札木合安答那里。札木合说："我出兵二万，王罕出兵二万，在孛脱罕孛斡儿只会师吧！"成吉思把札木合的这番话转报给王罕。当王罕、成吉思二人起兵到达会师地点时，札木合已到那里住了三宿。[联军]以木筏渡过了勤勒豁河，毁灭性的袭击了篾儿乞人。夜里，成吉思大声喊叫着："孛儿帖！孛儿帖！"孛儿帖兀真认出成吉思的声音，从惊慌逃窜的百姓中逃出来，上前抓住了成吉思的马缰绳。从篾儿乞部救回孛儿帖的经过如此。[篾儿乞人]前来报复先前也速该把阿秃儿从也客赤列都那里抢来诃额仑母亲之仇，掳去了孛儿帖兀真，[把她]给了也客赤列都的弟弟赤勒格儿孛阔为妻。别勒古台前去营救自己的母亲。当别勒古台刚从东门进去，母亲便从西门出去了。[被掳到]敌人那里，羞于自己褴褛的羊皮衣，对别人说："听说我的儿子已做了汗王，[如今]我有何脸面去见他们呢？"说罢，就钻进森林里去了。别勒古台喊着"还我母亲！"砍杀了许多篾儿乞人。但还是没找到[自己的母亲]。彻底消灭了篾儿乞人。

从篾儿乞人的营地里拾得一名头戴貂皮帽子，脚蹬鹿皮靴子，身穿着色熟皮衣，目中有火，名叫曲出的五岁孩子，送给了诃额仑母亲[收养]。

札木合、成吉思二人在一起过了一年。有一天迁营时，札木合说：

"安答啊！

咱们靠近山扎营住下，

以便咱们的牧马人休息！

咱们挨着河水扎营住下，

以让咱们的牧羊人就食！"成吉思不明白札木合的话，留下来对诃额仑说："札木合安答说了这番话，我没能明白，所以来问母亲！"没等诃额仑母亲作答，孛儿帖兀真先说道："看来札木合安答厌烦咱们了，如今已到了厌旧的时候。这番话里似乎有些讨厌咱们的意思，所以不要在这里扎营住下，连夜分离吧！"[成吉思]赞同这番话，连夜经过泰亦赤兀惕人[的营地]迁徙时，泰亦赤兀惕人投奔札木合那里去了。在泰亦赤兀惕人的营地上，拾得一名叫阔阔出的男孩，送给诃额仑母亲[收养]。

天亮时一看，有札剌亦儿人合赤温脱忽剌温、合剌孩、合阑勒歹四个脱忽剌温[2]；还有五个塔儿忽惕人前来与成吉思会合。巴牙兀惕人来了。豁阿薛禅为首的巴鲁剌思人来了。薛禅别乞[带领]一丁人来了。夜间，从札木合、泰亦赤兀惕部那里有很多部众前来[与成吉思会合]。从各处来了很多部众人，成吉思拥有了众多军队。

还有豁儿赤[带领]整个巴阿邻[部]来了。豁儿赤来后，对成吉思说："我是孛端察儿掳来的妇人所生的[后代]，与札木合是同胞同胎[兄弟]。我本不该与札木合分离。但是，神明降临于我，使我亲眼目睹了：有一头黄白色乳牛，来顶撞札木合的毡帐和车，撞折了一只犄角，就扬起尘土，向札木合[吼叫]：'还我角来！'又有一头无角的黑色牛，从成吉思背后吼叫着，

---

[1] 据《元朝秘史》（104节）与罗藏丹津《黄金史》（25页）记载，孛儿帖被篾儿乞人俘获以后，帖木真、合撒儿、别勒古台三人前往王罕处求援。善巴记载，帖木真派他弟弟合撒儿与别勒古台到王罕处，可能也是为了抬高帖木真的地位。

[2] 据《元朝秘史》（20节）和罗藏丹津《黄金史》（31页），此处应为三个脱忽剌温。善巴列了三个人名后称四位脱忽剌温，显然有误。

顺着大车道跑来了。[神明]告我：'天地合力，令成吉思当国主！'若成吉思你当上国主，让我如何享福？"成吉思说："果真如此，让你做万户的那颜！"[豁儿赤说]："让告诉你如此重大道理的人做万户那颜，有什么享乐可言？封我做万户那颜，再让娶三十个妻子，那才享乐呢！"

主儿勤的薛禅别乞的一个古列延，捏坤太师的儿子忽察儿别乞的一个古列延，忽秃剌罕的儿子阿勒坛斡惕赤斤的一个古列延，离弃札木合而来，对成吉思说道：

"[我们]奉你为合罕。

如你成为合罕，

[我们将]率先进攻

无数的敌人！

猎杀狡兽时，

[我们将]圈挤合围！

与敌厮杀时，

[我们将]做你护盾！

猎杀山兽时，

[我们将]合围，直到将它们挤扁！

去出征外敌，

携来艳丽美女让你搂！

掠来良种走马给你骑！

如果[我们]背叛你的太平大政，

违背你的盟约，

[你就]宰割我们的躯体！

如果不履行[我们]所有诺言，

[你就]割下我们的头颅！"如此盟誓。

众人赞同他们的话，在斡难河之源，树起了九游白纛，水虎（壬寅）年在[成吉思]二十一岁时，天地合力，推举成吉思为合罕[1]。

忽察儿别乞、阿勒坛斡赤斤二人派塔孩、速客该两人为使臣，通报客列亦惕部的王罕说："我们拥立成吉思为合罕了。"王罕说："推举我儿成吉思为合罕，你们做得对！你们不要违背誓言，不要破坏盟约！"

其后，鸡儿年，合答斤、撒勒只兀惕、塔塔儿的合只温别乞为首的四部塔塔儿、亦乞列思、翁吉剌惕、豁罗剌思人钦旦察合安[2]为首、乃蛮部的不亦鲁黑罕、篾儿乞惕的脱黑脱阿别乞的儿子忽秃、泰亦赤兀惕的塔儿忽台乞里勒秃黑、斡亦剌惕人忽都合别乞等部共同盟誓，在额儿古涅河与刊河的入口处，叫阿兀纳兀地方，共同推举札木合为合罕，商议去攻打成吉思合罕和王罕两人。

---

[1]《元朝秘史》没有确切年代记载帖木真第一次称汗的年代，但记载了当时帖木真营地的确切位置，即在不儿罕合勒敦山阳古列勒古山内桑沽儿河沿岸的合喇主噜格地方的阔阔纳浯儿湖边（122 节）。《蒙古源流》记载，己酉年（1189）帖木真二十八岁时在曲雕阿兰称汗（乌兰《〈蒙古源流〉研究》，第 150 页）。罗藏丹津《黄金史》记载，帖木真四十五岁时，于丙寅年在斡难河源头即大位（33 页）。丙寅年是 1206 年，罗藏丹津显然把帖木真第一次称汗和第二次即大位称成吉思汗的时间混淆了。

[2]《元朝秘史》（141 节）载，豁罗剌思部的首领为绰纳黑与察合安二人。

豁罗剌思人豁里歹前来，把这一消息报告给了成吉思合罕。成吉思、王罕二人领兵出征[1]，[各自]派出了先锋。成吉思合罕派阿勒坛斡赤斤、忽察儿别乞、答里台三人为先锋，王罕派桑昆、札合敢不、必勒格别乞三人做先锋。札木合派出的先锋是泰亦赤兀惕部人纳合出把阿秃儿[2]、不亦鲁黑罕、忽秃、斡亦剌惕部人忽都合别乞。双方的先锋相遇，约定第二天厮杀。当晚，不亦鲁黑罕和忽都合别乞二人施请风雨法术。然而风雨逆袭他们自己，有人马坠入河中淹死了。"上天不保佑我们！"不亦鲁黑罕这样想，奔向阿尔泰山山阳。蔑儿乞惕的忽秃朝薛凉格河走去。斡亦剌惕的忽都合别乞前往森林。泰亦赤兀惕的纳合出把阿秃儿、札木合二人向各自的营地回去。王罕去追击札木合，[并]降服了他。成吉思合罕追袭泰亦赤兀惕的纳合出把阿秃儿。纳合出把阿秃儿迎战，到了夜里，对峙着扎营住宿了。

成吉思合罕负了伤。者勒篾正吸吮出伤口的淤血，成吉思合罕清醒过来说道："出了血，我渴极了！"者勒篾脱下衣服，赤身到反复厮杀过的敌营里，从车里偷出一桶封口的奶酪，用水调好，给[成吉思合罕喝]。"我心里畅亮了！"[成吉思合罕说着]坐了起来，这时天也亮了。相峙着住宿的敌军已经在夜里逃走。[成吉思合罕]正追赶途中，锁儿罕失剌、只儿豁阿歹二人赶来。成吉思合罕对锁儿罕失剌说："你为什么这么晚才来呢？我们是托[你们]父子的大恩，才到此地步呀！"锁儿罕失剌说："我心里有数，忙什么呢？我想如果急着早来，留在[家里的]妻儿会被泰亦赤兀惕氏诺颜们所害。所以现在才赶来！"成吉思合罕问："那天对射时，射断了我白嘴黄战马的脖颈的人是谁？"只儿豁阿歹回答说："是我敌对时射的！[合罕]若把我杀了，只是巴掌大的地被玷污罢了。若恩赦不杀，[我将]：

横断深渊，
冲碎明石。
奔到命我奔到之处，
击碎青石。
攻到命我攻击之处，
坚忍不拔，
粉碎黑石，
愿为效力！"

成吉思合罕说："作为敌人箭射[对方]，何过之有？因你射死了我的战马，就起名叫'者别'（意为箭——译者）吧！跟随在我身边！"成吉思合罕屠杀泰亦赤兀惕人，几尽杀戮。

狗儿年，成吉思合罕征讨四部塔塔儿人，在答阑捏木儿根地方交战，俘获塔塔儿人。成吉思合罕收纳了塔塔儿人也客扯鲁[3]的女儿也遂、也速干姊妹。成吉思合罕和诸兄弟秘密商议道："先前，这些塔塔儿人杀害过我们的祖先和父辈。都要斩尽杀绝吧！"别勒古台先走出毡帐，塔塔儿人也客扯鲁问他："商议了什么？"别勒古台说："商议将你们全部杀光！"也客扯鲁通知塔塔儿人，他们每人袖中藏刀，当前来屠杀时，杀死了很多[蒙古]人。成吉思合罕宣布："今后，凡举行大议事，不准别勒古台参加！"

---

[1] 在原文中的与位格-dur 是衍字。
[2] 此人名在《元朝秘史》(143 节) 中作"阿兀出把阿秃儿"，并说他是蒙古部人。
[3] 此人名在《元朝秘史》(154 节) 中作"也客扯连"。

猪儿年[1]，成吉思、王罕二人在一起。[王罕说道]："让咱们俩结盟吧。如我[有朝一日]唅于奶哽于肉，你做我独子桑昆之兄管事。咱们二人，若毒蛇来调唆，不要被调唆，以口齿为凭，彼此取得理解。若齿蛇来离间，不要被离间，以口齿对证，彼此取得信任。"这样亲密相处。

成吉思合罕想亲上加亲，为[长子]拙赤聘桑昆的妹妹察兀儿别乞。桑昆却妄尊自大地说："我们族的女儿，不会嫁到你们家，坐在毡包的左侧！"[2]拒绝许配[察兀儿别乞]。成吉思合罕心想，桑昆看不起我。札木合记住桑昆[对成吉思合罕的那一席]话，经与阿勒坛、忽察儿等商定，札木合对桑昆说："成吉思合罕口头上[与王罕]称为父子，实际上与乃蛮的塔阳罕互换使节！"又说了很多[逸]言，[最后]说："去征战成吉思合罕吧！让我们走到长[征]的尽头，深[渊]的底部！"桑昆派人到父亲王罕处说："[向成吉思]出征吧！"王罕说："对我儿成吉思不要说那种话。上天不会佑护我们的！札木合是个搬弄是非的人。"桑昆很生气，亲自去说："连大活人说的话都不相信，您一旦唅于奶，由谁来统领这些百姓呢？"[说完]猛力甩门出去。王罕随了儿子的意愿，说："你自己定夺吧！"

桑昆说："他们曾想聘娶咱们的察兀儿别乞，[现在]答应[把察兀儿别乞]许配，约定日期，遣使邀成吉思合罕来吃婚宴。等他来时捉拿。"成吉思合罕将要带十个人前去[赴宴]时，蒙力克说："原先他们瞧不起咱们，没有答应把察兀儿别乞嫁给。应警惕。"于是成吉思合罕[借口]"春天到了，要饲养马群"，自己没去，派不忽台、失剌台二人[3]前去。他们二人一到，[桑昆等]商议："[咱们的计谋]被发觉了，明天出兵去捉拿[成吉思]！"巴歹、失失里黑[4]二人当夜赶去，给成吉思合罕报信。成吉思合罕连夜迁移。

第二天，王罕、札木合二人追来交战，不分胜负，各自[班师]回家。

[当年]秋天[5]，成吉思合罕出征王罕。[王罕]在只身脱逃途中，被乃蛮[部]的哨兵因不认识杀死了。[王罕的]儿子桑昆逃到西方的土伯特失踪了[6]。

---

[1] 王罕与帖木真二人结为父子的事，见于《元朝秘史》164节。《秘史》把此事记在狗儿年（1202）里。罗藏丹津的记载与《秘史》同。紧接着此事，在猪儿年春天，札木合、桑昆等决定攻伐帖木真（《元朝秘史》166节）。

[2] 毡包里的座位有严格的就座规定。正北的座位（"豁亦马儿"）是一家之主或男性尊贵客人的座位，左侧靠门的地方（"阿剌兀"，门后）是妇女或孩子就座的地方。《元朝秘史》记载桑昆的话："我们族人嫁到他们家，总是在门后（阿剌兀）向正北（豁亦马儿）站立。"（165节）在17世纪，"阿剌兀"一词似乎已经渐旧不用。

[3] 不忽台、失剌台二人：此二人名在《元朝秘史》（168节）里作不合台（Buqatai）、乞剌台（Kiratai）。罗藏丹津作Buqatai（不合台）、Kičiγutai（乞其古台）（60页）。

[4] 此人名在《元朝秘史》（169节）里作乞失里黑（Kisilig）。罗藏丹津同（61页）。

[5] 《元朝秘史》把帖木真攻伐王罕的战役放在猪年（1203）里叙述，但是没有确切指出在哪个季节。

[6] 据《元朝秘史》188节记载，王罕与桑昆突围后，王罕逃到乃蛮的哨望豁里别速赤那里，被他杀死。桑昆则带着骑马夫阔阔出夫妇绕过乃蛮边哨，到了川勒地方。在这里，阔阔出撒下桑昆，牵着桑昆乘骑的马，投奔了帖木真。至于桑昆的下落，《秘史》缺载。《圣武亲征录》记载，"亦剌合（即桑昆——引者）走西夏，过亦即纳城，至波黎吐蕃部。即讨略欲居之。吐蕃收集部众逐之，散走西域曲先居撒儿哥思蛮之地，为黑邻赤哈剌剌者杀之。"《史集》的记载与此大同小异："当王汗被抓住杀死时，王汗的儿子桑昆逃出。他经过蒙古地区无水原野边界上的一个名叫亦失黑－巴剌合孙的村子，逃到了波黎吐蕃（būri-tbbt）地区。他洗劫了那些地区的一部分地方，在那里住了一段时期，大肆蹂躏。吐蕃的部落和居民们集合起来，将他包围在一个地方，要抓住他。但他战败后安全地从那里突围，从那些部落手中逃脱出来。他逃到了忽炭和可失哈儿境内的一个名叫曲薛居－彻儿哥失篾的地方。当地异密和长官、合剌赤部的一个异密乞里赤－合剌将他抓住杀死了。"（《史集》汉译本，第1卷第2分册，第184—185页）《圣武亲征录》提到的"西域"，在《史集》中更具体地记载为和阗和喀什噶尔。

命者勒篾的弟弟速别额台把阿秃儿，在那年秋天里带车去征讨篾儿乞人[1]，将他们降服而归[2]。命者别、忽必来二人，降服乃蛮部的塔阳罕而归[3]。主儿扯歹收降翁吉剌惕人而归。主儿扯歹又降服客列亦惕部的札合敢不而归[4]。鼠儿年，成吉思合罕亲征，降服了乃蛮部和蔑儿乞部的六成[百姓]。有一部分蔑儿乞部百姓叛去，命孛罗忽勒、沉白二人前去降服他们而归[5]。成吉思合罕在那里娶了肃良合思的不合察罕合罕的女儿忽阑哈屯[6]。

牛儿年，忽必来降服合儿鲁兀惕的阿儿思阑罕而归[7]。札木合同五个那可儿，从乃蛮的塔阳罕那里脱逃，在帖列格图上杀了一只盘羊，正在烧烤着吃时，[他的五个]那可儿把他捉住，捆着押送到[成吉思合罕那里][8]。派儿子拙赤及不合二人，率领右翼军出征林木中百姓。斡亦剌惕部的忽都合别乞先于万户斡亦剌惕部落前来投降。拙赤继续前进，招降了斡亦剌惕、不里牙惕、巴儿浑、兀巴孙、合卜萨克、秃克木克、吉儿吉思等部落[9]。成吉思合罕给拙赤降旨道："在我诸子之中，拙赤你是长子，初出家门，出征顺利。所到之处，不劳人马！"因斡亦剌惕的忽都合别乞引导万户斡亦剌惕部落来降，成吉思合罕将[自己的女儿]扯扯亦坚嫁给他的儿子亦纳勒赤。将拙赤的女儿豁雷罕许配给亦纳勒赤的哥哥脱劣勒赤。

---

[1] 按照《阿萨喇克其史》的行文，该句似乎应该翻译成"命速别额台把阿秃儿，在是年秋天去征讨有车篾儿乞人（telgetü meikid）"。据《史集》等记载，篾儿乞人分成兀合思（兀洼思）、木丹、秃答黑邻、只温等部。此外，文献中还见到合阿惕、脱脱里孛斤等篾儿乞人分支，但从未见到"telgetü merkid"的记载。速别额台出征忽秃等篾儿乞人的事见于《元朝秘史》199节。据该节原文，"就在那牛儿年，成吉思合罕下令，命速别额台，命有铁车的（temür telgetü），教去追击脱黑脱阿的儿子们忽秃、合勒、赤剌温。"其中的"命速别额台，命有铁车的"是句子中的同位语，意为"命速别额台铁车军"。该同位语的蒙古语可复原为Sübegedei-yi temür telgetü-yi。Telge同terge，意即"车子"。1205年（牛儿年），帖木真决心彻底消灭篾儿乞残余势力，命速别额台远征篾儿乞人首领脱黑脱阿诸子忽都、合勒、赤剌温等，并特地为之造铁车以遣，故有"速别额台铁车军"之语。看来，"telgetü merkid"（有车篾儿乞人）是误会。但是，闹误会的是善巴，还是善巴所引用的某种文献的原作者，有待进一步考证。

[2] 据《元朝秘史》199节和236节载，速别额台于牛儿年出征脱黑脱阿诸子，后来（时间不详）在垂河追到忽秃与赤剌温，将其消灭后凯旋。据《史集》，速别额台出征脱黑脱阿诸子的牛儿年是丁丑年（1217，《史集》汉译本，第1卷第2分册，第244页）《阿萨喇克其史》将这件事记在猪年（1203）秋天，是错误的。

[3] 据《元朝秘史》载，鼠儿年（1204）夏四月十六日帖木真祭了旗纛，命者别、忽必来二人做头哨，逆客鲁连河进军。者别、忽必来二人是大军的先锋，而不是对乃蛮战争的最高统帅。善巴将这次战争记在猪儿年（1203）条下，时间上也与《元朝秘史》相悖。

[4] 据《元朝秘史》186节，1203年帖木真打败并瓜分了客列亦惕部。因为王罕的弟弟札合敢不献其二女投降，帖木真下令保全其属部。但是，又据208节，札合敢不后又反叛，主儿扯歹以计策拿获札合敢不，俘获其众。

[5] 有一部分蔑儿乞部百姓叛去，命孛罗忽勒、沉白二人前去降服他们而归：据《元朝秘史》198节，受命攻打驻扎在台合勒寨子的篾儿乞人的是锁儿罕失剌之子沉白。这里还提到了孛罗忽勒。

[6] 据《元朝秘史》197节，忽阑哈屯是豁阿思（兀洼思）篾儿乞部首领答亦儿兀孙的女儿，1204年其父答亦儿兀孙亲自将其送至帖木真处。《史集》记载同《秘史》（汉译本，第1卷第2分册，第206页）。

[7] 该记载与《元朝秘史》235节同。但是，《元朝秘史》没有提到降服阿儿思阑罕的年份。据《史集》，事在牛儿年，即丁丑年（1217）。善巴把此事与札木合被擒获的事一起，都放在牛儿年（1205）里记载。

[8] 札木合被他的五个那可儿执送的事，见于《元朝秘史》200节。时间为牛儿年（1205），地点在倪鲁山，即唐努山。善巴书里，倪鲁山作"帖列格图"。"帖列格图"在《阿萨喇克其史》前文中出现过，意为"有车的"，这里可能是"唐努"的笔误。

[9] 《元朝秘史》载，兔儿年（1207）成吉思汗命长子拙赤出征林木中百姓，不合为之做向导。拙赤在忽都合别乞的帮助下，招降了斡亦剌惕、不里牙惕、巴儿浑、兀儿速惕、合卜合纳思、康合思、秃巴思等部落（239节）。善巴没有记载兔儿年，把该事件仍附记在札木合被捕的牛儿年（1205）条下，故时间显然有误。善巴还将"兀儿速惕、合卜合纳思、康合思、秃巴思"分别写成为"兀巴孙、合卜萨克、秃克木克、吉儿吉思"，与《秘史》异。

虎儿年夏初月十六日，在斡难河源头，授札剌亦儿的迭勒都伯颜的儿子豁阿木合黎为国王、丞相、太师称号，命其手举九旒白旄纛，掌管万户，九罪免罚[1]。

建立了四大斡耳朵：大斡耳朵之主为翁吉剌惕部德薛禅的女儿孛儿帖哈屯；第二斡耳朵之主为肃良合思之不合察罕合罕的女儿忽阑哈屯；第三斡耳朵之主为塔塔儿也客扯鲁的女儿也遂哈屯；第四斡耳朵之主还是塔塔儿也客扯鲁的女儿也速干哈屯[2]。

成吉思合罕对那可儿孛斡儿赤降旨道：

"[在我]依托着不儿罕合勒敦山，

除了榆条别无伴当之时来的，

大雾中未曾迷失的，

战乱中不曾离去的，

我的那可儿孛斡儿赤，

说说你想要什么！"

孛斡儿赤说："我想把我的巴牙兀惕兄弟聚集到一起！"[成吉思合罕说：]"聚集你的巴牙兀惕兄弟们，统领万户。九罪不罚！"[3]

对者勒篾降旨：

"与我同生和我共死的，

为我制貂鼠皮摇车的，

有福的者勒篾恩德多多！

统领万户，九罪不罚！"[4]

又对锁儿罕失剌、赤老温、沉白说："托你们护佑，我才到了这地步。你们的错在离开泰亦赤兀惕部晚了一些。你们想要什么呢？"锁儿罕失剌说："愿领有自由自在的驻牧地，沿着薛凉格河游牧。如有他赏，请合罕亲自定夺。"成吉思合罕说："锁儿罕失剌、赤老温、沉白、巴歹、失吉里黑等人，征伐众敌时拿自己所掠得之财物，狩猎猞兽时拿自己所杀之猎物。锁儿罕失剌九罪不罚！"

将札合敢不的女儿亦巴合别乞连同她的一百名从嫁人赏给了主儿扯歹，并降旨："主儿扯

---

[1] 1206年成吉思汗建国即位事，见于《元朝秘史》第202节；至于封木合黎为国王事，《元朝秘史》206节也有记载。成吉思汗封他为国王，座次在众人之上，并世代相传，同时封为左翼万户，管辖东边到合剌温只敦山（即兴安岭）的部众。但是，《元朝秘史》没有记载木合黎曾被封为"丞相、太师"事。据《元史》，封木合黎为丞相、国王、太师，并赐旄纛，事在丁丑年（1217，《元史》，卷119，木华黎传，第2932页，中华书局标点本）。《史集》也记载："成吉思汗将他（木合黎——引者）派到了与乞台（金国——引者）结界的哈剌温一只敦地方时，汉人将他称作'国王'，意即'尊贵者'。后来成吉思汗就封了他这个尊号，他的后裔也就被称为国王了。"（汉译本，第1卷第2分册，第370页）。

[2] 《元朝秘史》没有记载成吉思汗皇后、皇妃的四大斡耳朵。罗藏丹津《黄金史》有记载，但与《阿萨喇克其史》有所不同。据罗藏丹津记载，"孛儿帖勒真哈屯之大斡耳朵为固累斡耳朵（gürüi ordu），忽阑哈屯斡耳朵为肃良合思的巴儿思斡耳朵（solungγus-un bars ordu），也遂哈屯之斡耳朵为西儿噶其斡耳朵（širgaci-yin ordu），也速干哈屯之斡耳朵为罕图特辉斡耳朵（qamtutqui-yin ordu）。"（129页）

[3] 善巴把四杰之一的孛斡儿赤和汪古儿厨子（厨子：保兀儿赤）二人相混了。据《元朝秘史》213节，成吉思合罕"对汪古儿厨子说：'在前你与这脱忽剌兀惕三姓、塔儿忽惕五姓、敞失五惕和巴牙吾的两种，与我做着一圈子。昏雾中不曾迷了，乱离中不曾离了，寒温处曾共受来，如今你要什么赏赐？'汪古儿说：'赏赐叫拣呵，巴牙吾惕姓的兄弟每，都散在各部落里有，我欲要收集着。'成吉思合罕应许了，说：'你收集了做千户管着。'"成吉思汗对孛斡儿赤的赏赐记在《元朝秘史》的205节，说："如今你的座次坐在众人之上，九次犯罪休罚，这西边直至金山（阿尔泰山——引者），你做万户管着。"

[4] 据《元朝秘史》211节，成吉思汗历数者勒蔑的功劳，恩赐者勒蔑"九罪不罚"，但没提到封为万户事。其他史书也不载者勒蔑曾被封为万户。

歹你统领千户兀鲁兀惕部。在所有战争中作我遮护的，使我离散的百姓聚集到一起的，主儿扯歹的恩德很多。九罪不罚！"[1]

[合罕又降旨]："兀孙、忽难、阔阔搠思、迭该这四人，凡是所见所闻，从不隐瞒。这是蒙古国政变得真实和牢固的缘故[2]。所以给他们穿白色衣，骑白色马，命令他们每年每月做[别乞]事。"

给孛罗忽勒降旨："先前，窝阔台受伤丢在客列亦惕部的营地时，是你救他回来。如今，又从合儿吉思失剌[3]手中救了拖雷的命。你报答了母亲[让你]给我作伴当而抚养的恩。九罪不罚！"

[又降旨]："派我的者别、者勒篾、忽必来、速别额台这四人，奔到命其奔到之处，粉碎[敌阵]，攻到命其攻到之处，冲碎山崖；让我孛斡儿赤、孛罗忽勒、拖雷、赤老温把阿秃儿这四杰[4]，陪伴在自己身边，安享太平。""者别、速别额台二人，可各自以其所得[百姓]，编成千户！"

又说："选一千名箭筒士，由者勒篾之子也孙帖额统领。一千名散班，由孛斡儿赤的弟弟斡格列扯儿必统领。一千名散班，由木合黎的弟弟不合统领。一千户散班，由阿勒赤歹统领。一千名散班，由朵歹扯儿必统领。一千名散班，由朵豁勒忽扯儿必统领。一千名散班，由主儿扯歹的亲族察乃统领。"[5]

[又降旨]："挑选出箭筒士和宿卫共一万名，委任千户长，守卫我黄金性命！[我]宿卫、箭筒士的官位在外千户那颜之上，在外百户那颜与[我]宿卫、箭筒士的随从等同。我的宿卫、箭筒士们，在我畋猎时跟随左右！我不亲征的战争不要参加！与失吉忽秃忽一起，也孙帖额统领箭筒士，斡格列扯儿必统领宿卫，负责分发铠甲、弓箭和驮载行李的马匹。如我这些怯薛失了职，所系甚大。因他们守护着我的性命，[其他人]不要妒忌他们！"又降旨："朵歹扯儿必掌管宫室牲畜，住在院落内，清扫垃圾，焚烧干粪。""举行大宴时，孛斡儿赤、木合黎

---

[1] 据《元朝秘史》108节，成吉思汗赏赐给主儿扯歹四千户兀鲁兀惕人。善巴记载为一千兀鲁兀惕人，并恩准"九罪不罚"，与《秘史》异。

[2] 《阿萨喇克其史》的原文为："mongyolun törü ünen mör biki bolqu-yin yosun ajiyu"（这是蒙古国政变得真实和牢固的缘故）。根据《元朝秘史》216节，《阿萨喇克其史》文有误。《秘史》的原文可复原为：mongγol-un törü noyan mör beki bolqui yosun ajuqui（亦邻真复原本，第206页），意为"在蒙古国体里，官职中说有别乞"。《阿萨喇克其史》将 noyan（官）误作 ünen（真），所以 biki（应作 beki）也无法理解为"别乞"而只能作"牢固"解，于是该句含义完全变了。也许，这是传抄过程中出现的失误。

[3] 此人在《元朝秘史》中作"合儿吉勒失剌"（214节），塔塔儿人，曾欲杀害成吉思汗幼子五岁的拖雷，未遂。按照《阿萨喇克其史》的写法，"合儿吉思"也可理解为形容词 qarkis（"残暴"）。善巴本人，或者善巴所用史料的作者，或者《阿萨喇克其史》的手抄者，可能将人名"合儿吉勒失剌"根据其行为误读为"残暴的失剌"。

[4] 据《元朝秘史》，成吉思汗的"四狗"为忽必来、者勒篾、者别、速别额台；"四杰"为孛斡儿出、木合黎、孛罗忽勒、赤老温把阿秃儿（209节）。善巴把拖雷计入"四杰"中，以代替木合黎，不知是笔误还是有意的安排。如是有意安排，那么这当然是为了美化忽必烈之父拖雷。我们无法确定，这是善巴的"创举"还是他前人的作为。

[5] 在《元朝秘史》里，带弓箭的侍卫被称为"豁儿赤"（qorči），旁译为"带弓箭的"（225节）。《阿萨喇克其史》作 saγadaγčin，汉译"箭筒士"。关于散班的长官，《元朝秘史》（226节）说斡格列扯儿必为孛斡儿出宗族之人，善巴指出是他的弟弟；《元朝秘史》记载不合为木合黎宗族之人，善巴指出是他弟弟；《元朝秘史》说阿勒赤歹为亦鲁该宗族之人，善巴没有具体说他是什么人。此外，《阿萨喇克其史》缺载阿忽台和阿儿孩合撒儿两位散班之长。

二人出发，给左右翼兀鲁思百姓没有缺漏地送到[赏赐品]！"[1]

命孛罗忽勒那颜去征秃马惕部。孛罗忽勒军前开道，[被秃马惕人]杀害。成吉思合罕获悉孛罗忽勒被杀，异常悲泣，意欲亲征，被孛斡儿赤、木合黎二人劝阻。这时，朵儿伯惕人朵儿伯多黑申说："我率军出征！"[朵儿伯多黑申]砍伐树木，开辟行军之路，破秃马惕人的天窗而入，征服了他们。豁儿赤那颜从秃马惕部选娶了三十名美女做了妻子。将一百名秃马惕人赏给了孛罗忽勒的子孙。

将诃额伦母亲和斡赤古（斡赤斤）的分子加在一起，分了一万女真人，叫[他们]给[诃额伦和斡赤斤]耕作。"拙赤是我诸子中的长者！"[成吉思合罕]分给了他九千人。分给察阿歹八千人，分给窝阔台七千人，分给拖雷六千人。分给合撒儿四千人，分给合赤温的儿子阿勒赤歹三千人，分给别勒古台一千五百人[2]。

选散班、宿卫万名，分封诸弟、诸子后，分封在外蒙古千户，形成了九十九个千户[3]。

于是对众人训谕道：

"合罕受到爱戴，而不该无节制，

黎民百姓，应该省察自己的品行。

玉宝大政，应该日夜思虑，

伴当朋友，应该和谐相爱。

锐利武，应该牢守。

临外族仇敌，应奋身勇进。

眷从亲密间，应恭敬和睦。

对众人温和相待，应被称为善。

修习博学智慧，为恒久伴友。

弃骄满性，应与众人顺和。

不尚跋扈，[跋扈]反害其身。

持卑谨慎，晓[泱泱国]不缺尔辈之理。

恩臣度功量勋而互比攀。

凭力凭智，博得垂爱。

怀宏伟心，持诚尽力。

按此般恒行，向我进善言。

敕令[这般]下达了。"[4]

羊儿年，成吉思合罕出征汉地的阿勒坛合罕（金国皇帝——译者）。派者别、忽必来、速别额台三人为先锋，到达居庸关，率军[佯]退。汉军追了上来，[者别等]掉过头来迎战，占领了[居庸关]关口。随后，成吉思合罕率主力军赶到。将敌军都屠杀完了，者别[又]攻占了通州城[5]。降服了汉地的阿勒坦合罕，娶其叫公主的女儿，军人们拉绫缎等驮载物品而归。合撒儿、

---

[1] 《元朝秘史》（232、234节）里有相应的记载，但内容与《阿萨喇克其史》有很大不同。

[2] 成吉思汗分"分子"的记载见于《元朝秘史》242节。《史集》也有记载（汉译本，第1卷第2分册，第375—380页）。值得注意的是，史书无一处记载成吉思汗给诃额伦母亲和斡赤斤分一万女真人。

[3] 据《元朝秘史》（202节），成吉思汗时期的千户数为95。

[4] 该韵文不见于其他蒙古文史书。

[5] 成吉思汗征金战争，见于《元朝秘史》247节。据该书记载，蒙古军的先锋为者别和古亦古揑克巴阿秃儿二人，但善巴记为者别、忽必来、速别额台三人。据《秘史》，者别攻占的城为东昌，《阿萨喇克其史》作通州城。

主儿扯歹二人率领左翼军，收服了女真而归。

成吉思合罕出征唐兀惕国。唐兀惕国派来使者说："愿做您的右翼，为您纳贡！"并进献了许多财物[1]。

却说，成吉思合罕派使臣到撒儿塔兀勒[2]，叫他们纳贡，[撒儿塔兀勒]却把使臣杀害了。成吉思合罕发誓："[如不征服撒儿塔兀勒，]直到我丧失金命，绝不从撒儿塔兀勒撤军！"就出征[撒儿塔兀勒]。[在出征前]派使臣去唐兀惕说："做[我]右翼出征！"唐兀惕的失都儿忽合罕还没说话，阿沙敢不抢先说道："[明明]力弱势单，却自称有势力者；[本来]不是合罕，却号称合罕！我们不会出兵！"成吉思合罕说："怎么能容忍阿沙敢不说这种话！祈祷长生天保佑，待[西征]凯旋后再说！"于是，出征撒儿塔兀勒国。在诸哈屯中，让忽阑哈屯从征。命者别为先锋，继者别之后为速别额台，速别额台之后为脱忽察儿。前面的俩人（即者别和速别额台）潜行不犯，脱忽察儿则跟随其后，劫掠了边城，于是惊动了他们。莎勒坛、罕篦力克二人，前来迎战成吉思合罕。在成吉思合罕军前，失吉忽秃忽做先锋。失吉忽秃忽战而失利，回逃。当[莎勒坛等]追上来时，者别、速别额台、脱忽察儿三人从背后杀来，成吉思合罕从前面迎战，在申河地方歼灭了撒儿塔兀勒人。因脱忽察儿经过[撒儿塔兀勒国境]时，随后行进，而先进攻，[理应当斩]但赦免未斩，以法严惩，夺统兵权。命拙赤、察阿歹、窝阔台三人率领右翼军，去围攻兀笼格赤、巴格达[二城]，并令窝阔台统一调遣。他们三人占领[兀笼格赤城]后，共同分取了[战利品]，而没有分出分子给成吉思合罕。成吉思合罕责怪[三个儿子]不让他们谒见。于是，孛斡儿赤、木合黎二人请求道："恐怕年纪小的人心将怠慢，他们已经知错了！"就让三人来见了。[成吉思合罕]又命朵儿伯朵黑申和速别额台二人去征讨[蒙古]军队尚未到达的地方，将他们全部降服而归。成吉思合罕出征四年而归。[3]

狗儿年，成吉思合罕出征唐兀惕国，在诸哈屯中，携也遂哈屯同行。行军途中，在爱不合地方[4]，围猎成群的野驴。[成吉思合罕]从马上摔下来，身上发烧，一夜没合眼。第二天，也遂哈屯对诸子和那颜们说："合罕身上发烧，一夜没合眼，大家商议归程吧！"诸子和那颜聚会商议时，成吉思合罕说："唐兀惕人将认为我们害怕而撤退了。我们遣使臣去吧！"于是派遣了使臣。失都儿忽合罕对使臣说："[成吉思合罕]叫我出征撒儿塔兀勒时，我没说不中听

---

[1] 唐兀惕，指汉文文献中的西夏。西夏是党项人建立的国家（1038－1227），1038 年元昊建国，国号"大夏"。汉文文献又音译称"唐兀"，以或汉语称"西夏"、"河西"。西夏疆域东至黄河，包括黄河河套地区，西至玉门关，南至兰州，北接瀚海，建都于兴庆府（今银川）。因其位于河西走廊，汉人称之为"河西"，蒙古人借用此称呼，又称"合申"（Qasin，"河西"之蒙占化音变）。成吉思汗征西夏记载见于《元朝秘史》149 节。

[2] 此指花剌子模。

[3] 这段记载了成吉思汗远征花剌子模的战争。花剌子模，蒙古人称之为"撒儿塔兀勒"（买卖人之意）。花剌子模是中亚古国之一，位于阿姆河下游，都城在斡笼格赤（今土库曼斯坦库尼亚乌尔根奇）。12 世纪中后期，花剌子模占领呼罗珊（阿姆河以南地区）西部，13 世纪初，又占据呼罗珊东部，不久进一步东进，攻占了不花剌（今乌兹别克斯坦不哈拉城）、撒麻儿干（今乌兹别克斯坦撒马尔罕）、讹答剌（今哈萨克斯坦齐穆耳）等地，据有了整个河中地区。此后花剌子模军队又挥戈西进，大败了法儿思（今伊朗法尔斯）和阿哲儿拜占（今伊朗阿塞拜疆）二国，称为伊斯兰世界最强大的国家。1219 年成吉思汗亲征花剌子模，1223 年班师，1225 年回国。这次战争的记载见于《元朝秘史》第 256 至 263 节。罗藏丹津《黄金史》与《秘史》同。《阿萨喇克其史》简约记载了本次战争，史事叙述基本与《秘史》和罗藏丹津《黄金史》同。明显不同之处有两个：一是，唐兀惕之国主名在《秘史》和《黄金史》中作不儿罕，而《阿萨喇克其史》作失都儿忽罕。据《秘史》267 节，这个名字是成吉思汗在不儿罕来降时所赐名，当时尚无此名。二是，成吉思汗西征的时间，《秘史》和《黄金史》称自兔儿年（1219）至鸡儿年（1225）前后 7 年，而《阿萨喇克其史》作 4 年。善巴可能指从出征的 1219 年至班师的 1222 年的实际作战期限，而没有计入回程上的时间。

[4] 成吉思汗在征西夏途中打猎的地名，《元朝秘史》作阿儿不合，该书称爱不合。

的话，是阿沙敢不说的。"阿沙敢不对使臣说："是我说的。你们蒙古人过于傲慢。我以阿剌筛[1]为游牧，以骆驼为驮载工具，以毛织帐房为居室。冲我来吧，在阿剌筛地方交战！"成吉思合罕还没有痊愈，但听了[阿沙敢不的]那段话，忍不住出征了。途中，见到母纳山嘴，很喜欢，如此降旨：

"国安时，可以驻牧。

国亡时，可以立寨。

年老的鹿，可以避居"。

到了阿沙敢不驻地，和他交战，把阿沙敢不[之众]屠尽杀绝[2]。

[成吉思合罕]命令所有士兵尽数拿取自己所掳获战利品。[又]对孛斡儿赤、木合黎二人降旨赏赐："以前，未曾把战利品分给你们二人。[这回]从唐兀惕在大家面前任意拿取。你们二人平分金国百姓中的纠军人吧！"。成吉思合罕在雪山地方过冬，命脱仑扯儿必杀死了失都儿忽合罕。杀死时，失都儿忽合罕对成吉思合罕说："杀了我，对你本人凶。不杀我，对你子孙凶。"成吉思合罕说："但愿对我子孙吉利，我一人不要紧！"于是下令杀死了失都儿忽合罕。

成吉思合罕降旨："前些天从马上摔下来受伤的身躯感到很疼痛。

[从前马背上]伸腿，

直到皮马镫变长，

直到铁马镫变薄，

艰辛地创建大国时，

也未曾如此受苦。

跨着白飘骏马，

披着羊羔皮袄，

收抚众多的百姓时，

也未曾如此受难！"

又说道："我的各位大臣你们会死吗？"

雪你惕人吉鲁格台把阿秃儿禀奏：

"[如我们死去]

你玉石般的国家会悲痛，

你心爱的孛儿帖哈屯会守寡，

你合撒儿、别勒古台二弟会悲伤，

你聚集经略的百姓会四散。

你高大的国家会变弱小，

你自小结缘的孛儿帖哈屯会逝去，

你的窝阔台、拖雷二子会孤苦无恃，

你苦心收集的属众将有他主而四散。

沿着杭爱山的山脚行进，

---

[1] 即阿拉善。

[2] 这段记载相当于《元朝秘史》的 265 节。善巴的记载与《秘史》基本一致。罗藏丹津《黄金史》等 17 世纪的蒙古文史书大量记载了成吉思汗此次攻伐西夏时的种种传说，善巴均不采纳。

你的哈屯和儿孙将嚎啕来迎，
那时我想把有益的遗言传达给他们！

为你孤单地留在人世的孛儿帖薛禅哈屯，
为你孤独地留在人世的窝阔台、拖雷二子，
在平原之地指给水源！
在崎岖之境指给道路！"¹
成吉思合罕说："此话有理，[你们]不要死，教导[我的遗孀和遗孤]而行吧！"[又]降旨说：
"玉石不生毛皮，
坚铁没有粘合，
可惜此身不可能永生，
你们要勇往直前自强不息！

言而有信的人，心地坚贞。
你们做事谦逊谨慎，要与众人和顺！
死亡不可抗拒，
你们要造富来世。
忽必烈孩儿出言不凡，
你们大家要按他的话行事！"²
说完训谕，于火猪年春末月十二日，在六十六岁时于米讷克之朵儿篾该城驾崩³。
用车舆载着合罕的灵柩返回时，吉鲁格台把阿秃儿颂说：
"您竟成了飞翔的鹰翼逝去了呀，我的主上啊！
您竟成了辚辚舆车的载负而去了吗？我的主上啊！
您竟成了翱翔的鹰翼而逝去了呀，我的主上啊！
您竟成了轮转舆车的载负而去了吗？我的主上啊！
您竟成了啼鸣的鹰翼而逝去了呀，我的主上啊！
您竟成了隆隆舆车的载负而去了吗？我的主上啊！"⁴
这样赞颂着行进到母纳山的泥淖地，舆车的车毂陷入泥中，挽上四十五匹马也没能拉动，全体人众都在犯愁。这时，吉鲁格台把阿秃儿叩拜禀奏：
"受命长生苍天而降生的，

---

¹ 该诗文见于佚名《黄金史》、罗藏丹津《黄金史》和《蒙古源流》，但前二书所载诗文大体一致，而《蒙古源流》与二书的出入较大。善巴所记诗文内容与《黄金史》接近，只是省略了两段。

² 该诗文见于佚名和罗藏丹津两《黄金史》以及《蒙古源流》，互相之间没有太大的出入。

³ 关于成吉思汗的卒年和地点，史书记载各异。关于去世的时间，《元朝秘史》只提到在猪年（1227），没有具体月日。《史集》记载猪年秋第二月十五日，即八月十五日（汉译本，第一卷第二册，第321页）。罗藏丹津《黄金史》记为丁亥年七月十二日，《蒙古源流》同。善巴所记火猪年春末月（三月）十二日的日期与众书不一致。关于成吉思汗去世的地点，也众说纷纭。参见乌兰《〈蒙古源流〉研究》，第245页。善巴所记"米讷克之朵儿篾该城"指西夏灵州（今宁夏灵武县）。"米纳克"为藏文 mi nyag 之音译，系西藏人对唐古惕人的称呼；"朵儿篾该"为灵州城的蒙古语名。

⁴ 该诗文见于17世纪蒙古文诸文献。《阿萨喇克其史》的记载与两《黄金史》同，而与《蒙古源流》有较大出入。萨冈彻辰明显对口传资料进行过较大的加工（相应部分的译文参考乌兰《蒙古源流》研究），第229页）。

我的豪杰圣主啊！
抛下您全体属民，
回到了天境。
您在世时建立的升平国家，
您的皇后和您所生的皇子们，
您出生的山岳、土地、江河，[都]在那边啊！
您肇始缔造的国家，
您心爱的皇后皇子们，
您的黄金宫殿，[都]在那边啊！
您巧妙创建的国家，
您结缘的皇后皇子们，
您生前收聚的百姓，
您的亲戚宗族，[都]在那边啊！
您繁荣的国家和百姓，
您浴身的水和雪，
您众多的蒙古臣民，
斡难河的迭里温孛勒答黑您出生的地方，
[都]在那边啊！
您的枣骝马鬃制成的神纛，
您的战鼓、号角和军笳，
您的诸种语言的百姓，
客鲁连河的阔迭额阿剌勒您即合罕位的地方，
[都]在那边啊！
您功成之前前结缘的孛儿帖兀真哈屯，
您的不而哈图山和江河大地，
您的孛斡儿赤和木合黎二位亲密伴当，
您的完美无缺的制度仪礼，[都]在那边啊！
您的靠神力结成姻缘的忽阑哈屯，
您的胡琴、胡笳美妙旋律，
您的广袤的大国和吉祥的土地、江河，
[都]在那边啊！
因为哈儿固纳山[阳]更温暖，
因为哈屯古儿别勒只更美丽，
您就遗弃了故土蒙古国吗？
我的主啊！

您可爱的性命已经仙逝，
让我们带回您美玉般的遗体，
让您的孛儿帖哈屯瞻仰您的遗容，

把您送到您全体国众中!"[1]

这样叩奏,合罕开恩[允许车子行进],大车才辚辚作响开动,臣民皆大欢喜,[护送灵柩]到可罕大禁地。最永久的陵墓在那里建造,成为可汗和臣工的灶火,普天之下的供奉,永恒的守护——八白帐。

据说,因为圣主[西征]途中曾赞美母纳山,所以舆车毂才陷入泥里[不能前进]。

据说曾向全国发布假通告,将圣主穿过的衣服、帐房和一只袜子,安葬在[母纳山]那里。[合罕]真的遗体,有的说安葬在不儿罕合勒敦[山],有的说安葬在阿尔泰山北麓、肯特山南麓的也客斡贴克地方[2]。

成吉思合罕的上师名叫衮噶凝波,在召城的北方,筑了一座名为达赖都里思呼的寺庙[3]。有的史书上称他为"名义上的上师"。[4]

---

[1] 这段韵文见于 17 世纪蒙古文诸文献。善巴收录的内容与《黄金史》同,但与《蒙古源流》比较有不少不同之处。

[2] 关于向全国发布假通告、将成吉思汗遗物安葬在他去世的地方的说法,来自于佚名《黄金史》。善巴关于安葬成吉思汗遗体的地点记载,与佚名《黄金史》同。据亦邻真研究,成吉思汗的葬地为汉文记载中的起辇谷,相当于蒙古文史书所载古连勒古。该地位于不儿罕山阳、曾克儿河源,即今蒙古国肯特省曾克儿满达勒一带(亦邻真:《起辇谷与古连勒古》,《内蒙古社会科学》1989 年第 3 期)。

[3] 衮噶凝波(1098—1158),是藏传佛教萨迦派的"萨迦五祖"之首,生活在成吉思汗出生之前的年代。召城,堪培认为指凉州,达赖都里思呼寺,即藏文文献中的 rgya mcho'i sde(H. -R. Kömpfe, *Das Asaragči neretü-yin teüke, Das Byamba erke Daičiing Alias Šamba Jasay*, Wiesbaden, p.81)。

[4] 在什么史书上称之为"名义上的上师"需要进一步考证。但是,这种记载大概出自喇嘛文人的文献无疑。因为衮噶凝波是成吉思汗出生之前的人物,所以喇嘛文人们一方面考虑衮噶凝波的生活年代,另一方面又希望把成吉思汗与藏传佛教联系起来,所以搞出了"名义上的上师"这个名堂。

卷 二

    遵循成吉思合罕之命，于牛儿年，在客鲁涟河畔的阔迭额阿剌勒地方，窝阔台[1]在四十三岁时即合罕位[2]。[窝阔台的]上师是衮噶奥德贝，又称为"名义上师"。

    有些史书上记载：窝阔台合罕患了足疾，给萨思迦板的达[3]派使臣说："如果你不来，[我]将派大军侵扰唐古忒国，将会犯下大罪孽。如明白这道理，就前来[为我治病]！"使臣前去转告后，[萨思迦板的达]向一位大喇嘛派了使臣，说[我要]去。那喇嘛将一个虱子、一块土、一粒舍利，装进壶里，交给使者带回，其他什么话也没有讲。[萨思迦板的达]问使臣："我的呼图克图喇嘛作何指示？"使者说："没作指示。只给了我[装有]一个虱子、一土块、一粒舍利的壶。"萨思迦板的达接过来说道："给一个块土，是预示着我将要死亡。给一个虱子，是说我因贪婪而要去。给一粒舍利，是预示着蒙古将来皈依佛法。死就死吧！贪婪就贪婪吧！但愿蒙古能够皈依佛法！"于是就前来[蒙古]。窝阔台合罕在额里伯的阔阔兀孙地方迎见了[萨思迦板的达]。窝阔台合罕询问足疾时，萨思迦板的达道："合罕的前世是印度国王的儿子，因建造寺庙破土动工砍伐树木，所以土地神到这里作祟。你有修建寺庙的功德，所以今生成为成吉思合罕的儿子。"他说着供四臂大黑天以食子，使窝阔台合罕的足疾立刻痊愈。窝阔台合罕、全体蒙古和汉地人民都起敬仰之心，皈依了佛法。[萨思迦板的达还]显示了许多法术。在召城建造了称为卡马拉西拉的佛塔[4]。在萨思迦板的达前来[蒙古]时，八岁的八思巴喇嘛[5]跟

---

[1] 窝阔台，成吉思汗三子，大蒙古国第二位合罕，庙号太宗。关于窝阔台生卒年，《元史》载，己丑年即位，在位十三年，卒于辛丑（1241）年，寿五十有六（等于说 1185 年生）（"太宗本纪"，中华书局标点本，第 29—37 页）。佚名《黄金史》载，窝阔台于牛儿年（1229）即位，在位十三年，于牛儿年（1241）五十五岁时驾崩，合罕生于羊儿年（朱风、贾敬颜译注《蒙古黄金史纲》，第 161 页）。罗藏丹津《黄金史》同。《蒙古源流》记载，窝阔台生于丁未年（1187），卒于癸巳（1233）年（乌兰：《蒙古源流》研究，第 231 页）。善巴的记载与两《黄金史》同。据考证，窝阔台汗生于丙午年（1186），卒于辛丑年（1241）。

[2] 据《元朝秘史》，鼠儿年（1228）年，右翼察阿歹、术赤子拔都等诸王，左翼斡赤斤、合撒儿子也古、也孙格等诸王，以及拖雷等在内的诸王、诸女、诸驸马、万户、千户等在客鲁涟河迭兀阿喇勒地方举行大会，遵照成吉思汗的遗命，推举窝阔台为合罕（269 节）。《蒙古源流》与《元朝秘史》同。但是，根据《史集》（汉译本，第二卷，第 30 页）和《元史》（太宗本纪，第 29 页，中华书局标点本），窝阔台在牛儿年或己丑年（1229）即位。17 世纪蒙古文编年史中，两《黄金史》、《大黄史》亦均作牛儿年。窝阔台的即位年应为 1229 年。

[3] 公哥监藏，尊称"萨思迦板的达"，简称"萨班"。吐蕃萨思迦人，款氏。藏传佛教萨思迦教派之主。1244 年萨思迦板的达公哥监藏奉窝阔台汗之子阔端之召，赴凉州，代表乌思藏地区归附蒙古汗国。1251 年去世。

[4] 据堪培研究，召城即凉州，卡马拉西拉为来自印度的西藏弘扬佛法者。

[5] 八思巴喇嘛（1234—1279），本名罗古罗思监藏（今译罗追坚赞），吐蕃萨思迦人，款氏。八思巴为其尊号，意为"圣者"。1244 年随其伯父萨思迦板的达来到蒙古。1251 年萨思迦板的达去世后成为萨思迦教派之主。1260 年，忽必烈即位，"尊（八思巴）为国师，授以玉印，任中原法主，统天下教门。"（王磐《八思巴行状》，《大正大藏经》第 49 卷，707 页）1264 年，元朝设立总制院管辖全国宗教和吐蕃僧俗政务，以国师领之。1269 年造元朝国字，一般称"八思巴字"。1270 年，"升号帝师大宝法王，更赐玉印，统领诸国释教。"（王磐，同上）。1280 年，追封八思巴为"皇天之下，一人之上，开教宣文辅治，大圣至德，普觉真智，佑国如意，大宝法王，西天佛子，大元帝师。"（《元史·释老传》，第 4518 页）

随来到[蒙古]。噶玛拔希[1]也一同前来。窝阔台合罕生于羊儿年，牛儿年五十五岁时驾崩。

其后，推举窝阔台合罕的长子贵由[2]为合罕。在位一年驾崩。有史书称萨思迦班的达为贵由合罕的上师[3]。

其后，推举贵由合罕的弟弟阔端为合罕。马儿年驾崩。[4]

---

[1] 吐蕃噶玛噶举派高僧噶玛拔希（Karma pag shi，1204—1283），本名绰思吉喇嘛（Chos kyi bla ma）。噶玛噶举派的开山祖为笃思松坚巴（Dus gsum mkyen pa，1110—1193），1187年在今西藏堆龙德庆县建立粗卜寺，成为噶玛噶举派的主寺。噶玛噶举派是藏传佛教中第一个采用活佛转世制度的教派，它的最主要的活佛系统为黑帽系，笃思松坚巴被认定为该系第一世活佛。噶玛拔希被认定为笃思松坚巴的转世，黑帽系第二世活佛。1253年忽必烈征大理，派人延请噶玛拔希，两人在今四川西北会晤。噶玛拔希拒绝忽必烈请他长期随侍左右的请求，游历今宁夏、内蒙古西部地区。1256年噶玛拔希应蒙哥汗诏赴蒙古首都哈剌和林，得到蒙哥汗的崇信。蒙哥汗封他为"国师"，授金印。1260年忽必烈即位后，下令逮捕噶玛拔希，后释放。噶玛拔希回到吐蕃，于1283年去世（参见王辅仁、陈庆英：《蒙藏民族关系史》，中国社会科学出版社，1985年，第22—23页，第70—71页）。

[2] 贵由为窝阔台汗长子，大蒙古国第三位合罕，庙号定宗。皇后脱列哥那哈敦所生。据《元史》，他生于丙寅年（1206），卒于戊申年即1248年（"定宗本纪"，第38—39页）。

[3] 贵由的上师为萨思迦班的达的说法，在17世纪蒙古文史书中仅见于此书。

[4] 阔端，为窝阔台汗次子。阔端在窝阔台汗时期受封于西夏故地，住凉州。1239年，阔端派兵吐蕃，蒙古与西藏始有交通。阔端遣使后藏萨思迦地方，以蒙古皇帝的名义下诏书，敦请萨思迦班第公哥监藏赴蒙古。据《萨迦世系史》记载，阔端给公哥监藏的诏书如下："长生天气力里，大福荫护助里，皇帝诏书。晓谕萨迦班第达贝ásmcbp布。朕为报答父母及天地之恩，需要一位能指示道路之喇嘛。在选择时选中汝萨班，故望汝不辞道路艰险前来。若是汝以年迈而推辞，那么往昔佛陀为众生而舍身无数，此又何如？汝是否欲与汝所通晓之教法之誓言相违？吾今已将各地大权在握，如果我指挥大军（前来），伤害众生，汝岂不惧乎？故今汝体念佛教和众生，尽快前来！吾将令汝管领西方众僧。赏赐之物有：白银五大升，镶缀有六千二百粒珍珠之珍珠架裟，硫磺色锦缎长坎肩，靴子，整幅花绸二十四等。着多尔斯衮和本觉达尔玛二人赍送。龙年（1244）八月三十日写成。"（阿旺贡嘎索南：《萨迦世系史》，陈庆英等译，西藏人民出版社，1989年，第80—81页）1246年，公哥监藏抵达凉州，不久给西藏僧俗上层写了劝降书。书云："祈愿吉祥利乐！向上师及尊者文殊菩萨顶礼！具吉祥萨迦班第达致书卫藏阿里各地善知识大德及诸施主：吾为利乐于佛法及众生，尤其操吐蕃语之众，前来蒙古之地。召我前来之大施主喜曰：'汝携带如此幼小之八思巴兄弟与侍从一起前来，是眷顾于我。汝以头来归顺，他人以脚来归顺，汝系因我召请而来，他人则是因恐惧而来，此情吾岂能不知！八思巴兄弟先前已习知吐蕃教法，可仍着八思巴学习，着恰那多杰学习蒙古语言。若吾以世间法护持，汝以出世间法护持，释迦牟尼之教法岂有不遍弘于海内者欤！'此菩萨汗王敬奉佛教，尤崇三宝。以良善之法度护持臣下，对我之关怀更胜于他人。汗王曾对我云：'汝可安心说法，汝子所需，吾俱可供给。汝作善行吾知之，吾之所为善否，天知之。'彼对八思巴兄弟尤为喜爱。彼有'为政者善知执法，定有益于所有国土'之善愿，曾曰：'汝可教导汝吐蕃之部众习知法度，吾当使安乐！'故众人俱应努力为汗王与王室诸人之长寿而祈祷愿之！当今之势，此蒙古之军队多至不可胜数，窃以为赡部洲已全部入于彼之治下。与彼同心者，则苦乐应与彼相共。彼等性情果决。故不准口称归顺而不遵彼之命令者，对此必加摧灭。畏兀儿之墙未遭涂炭且较前昌盛，人民财宝皆归其自有，必阇赤、库吏及别乞均由彼等自任之。汉地、西夏、阻卜等，于未灭亡之前，将彼等与蒙古一样看待，但彼等个遵命令，攻火之后，别无出路，只得归降。其后，因彼等悉遵命令，故现在各处地方亦多有委任其贵人充当别乞、库吏、军官、必阇赤者。我等吐蕃部民愚顽，或期望以种种方法逃脱，或期望蒙古因路远而不来，或期望与之交战而能获胜，凡以悭、诳、诡三种办法对待蒙古者，最终必遭毁灭。各处投降蒙古之人甚多，因吐蕃众人愚顽之故，恐只堪被驱为奴仆贱役，能被委为官吏者，恐百人中不到数人。吐蕃归顺者虽众，然贡物微薄，故其贵人们心中颇为不悦，此情至关重要。前此数年，蒙古兵未至上部地方，由我率白利归顺，因见此归顺甚佳，故上部阿里、卫、藏等部亦归顺，复又使白利诸部输诚，故至今蒙古未遣军旅前来，亦已受益矣，然吐蕃之上部诸人有不知此情者。其时有口称归降，但所献贡品不多，未能取信而遭兵祸，致使人财尽失，此事想尔等亦有所闻。与蒙古交兵者，欲想以其地险、人勇、兵众、甲坚和娴熟箭法等而能获胜，终遭覆亡。众人或以为：蒙古本部乌拉及兵差轻微，他部乌拉及兵差甚重，殊不知与他部相比，蒙古本身之乌拉及兵差甚重。两相对比，他部之负担反较轻易。（汗王）又谓：若能唯命是听，则汝等地方及各地之部众原有之官员俱可委任官职，对于由萨迦之金字使和银字使召来彼等，任命为我之达鲁花赤等官。为举荐官员，汝等可派遣干练使者前来，将该处官员姓名、百姓数目、贡品数量缮写三份，一份送来我处，一份存放萨迦，一份由各自长官收执。另需绘制一幅标明某处已归降及某处未归降之地图，若不区分清楚，恐已降者受未降者之牵累，遭到毁灭。萨迦金字使者应与各地官员

其后，认为窝阔台合罕的子孙不适吉兆[1]，猪儿年，在阔迭额阿剌勒地方，推举拖雷额真的长子蒙哥[2]为合罕。其上师为索南嘉穆禅[3]。在位九年，在庆王州城驾崩，无子嗣。蒙哥合罕生于兔儿年。

其后，拖雷额真的哈屯，客列亦惕部王罕的弟弟札合敢不女儿帖尼别乞所生的儿子忽必烈薛禅合罕[4]在上都城即了合罕位。[忽必烈] 生于木猪年。[忽必烈合罕]三十岁时，命十九岁的八思巴喇嘛坐法床，用白色石头筑成名为库楞参丹城[5]的柱子，使三色国[6]皈依佛法。忽必烈薛禅合罕将饰有黄金珍珠的狐裘、用宝石串成的袈裟、宝石的法帽、金伞、金床等为首的无尽的财宝以及马驼赠送给八思巴喇嘛。其后，八思巴喇嘛到喀木地方，向以堪布著称的喇嘛札巴僧格[7]上师学习"七聚"戒律，后返回[蒙古]。合罕曾三次举行金刚灌顶法会。在第一次，合罕施舍了土伯特三万户之地。在第二次，合罕施舍了土伯特的十万户之地。在第三次，

商议行事，除利益众生之外，不可擅作威福。地方官员亦不得在不与萨迦金字使商议的情况下擅权自主。不经商议而擅自妄行是目无法度，若获罪谴，我在此亦难求情，惟望汝等众人同心协力。奉行蒙古法度，则必有好处。对于金字使者应好生遣送，殷勤服侍。盖因金字使者至，（汗王）必先向彼等众人：'有逃遁者乎？遇拒战者乎？对金字使者殷勤服侍乎？有乌拉供应乎？归降者坚城乎？'若有对金宇使者不敬，彼必进危害之言；若恭敬承事，彼亦能福佑之。若不听从金字使者之言，补救甚难。此间对各地贵人及携贡物而来者俱善礼待之。若我等亦愿受礼遇，那么我等之所有官员则应携带丰盛贡物，差人与萨迦人同来，商议进献何种贡物为好，我亦当在此计议。然后返回自己地方，对己对他俱有裨益。总之，去年我亦曾遣人告知汝等'若如此而行则为上策'，然未见汝等照此行事者，岂汝等愿在败灭之余方俯首听命耶？汝等今日不听我言，将来不可谓：'萨迦人至蒙古地方后，对我等并无利益。'我怀舍己身利他人之心，为利益所有操蕃语之众而来蒙古地方。如听我言，必有好处。汝等未曾目睹此间情形，故对耳闻又难以相信。那种欲凭实力而行事者，正如'安逸之余突遭魔鬼压'之谚，在受此压抑之后，则恐卫、藏子弟及生民等等仍将被驱来蒙古之土。我无论遭祸得福均不后悔。凭藉上师三宝之加持恩德，仍可得福也，汝等亦应敬奉三宝。汗王对我亲切逾于他人，故汉地、吐蕃、畏兀儿、西夏等地之善知识大德及官员百姓均感奇异，前来听经，极为崇敬。无须顾虑蒙古如何对待我等来此地之众人，均甚为关切，待之优厚。至于我之各方面，众人自可放心为是。贡物以金、银、象牙、大粒珍珠、银殊、藏红花、木香、牛黄、虎（皮）、豹（皮）、草豹（皮）、水獭（皮）、蕃呢、卫地上等毯氇等物为佳，此间甚为喜爱。此间对于一般财物颇不屑顾，然各地当以最佳财物进贡可也。'有金能如所愿'，其深思焉！愿佛教遍弘于各方！愿一切皆吉祥！"（《萨迦世系史》，第91—94页）从此，吐蕃地方向蒙古归降。

阔端虽然以皇帝的名义下过诏书，但从来没有即过大位。阔端即皇位的说法只见于《大黄史》,《阿萨喇克其史》的记载源于该书。

阔端的卒年,《大黄史》作猪儿年（1251），无误。《阿萨喇克其史》未采此说，称卒于马儿年，不知依据为何。

[1] 这是维护忽必烈子孙皇统的说法。

[2] 蒙哥，拖雷长子。大蒙古国第四位合罕，庙号宪宗。生于1209年，母克烈氏唆鲁禾帖尼。猪儿年（1251），蒙哥在术赤子拔都等诸王的支持下在阔迭额阿剌勒地方即位，此为拖雷系掌控蒙古皇位之始。在位九年，1259年在进攻合州钓鱼山（今重庆合川）的战争中病死。此处的庆王州城，佚名《黄金史》作庆章府城，罗藏丹津《黄金史》称庆王府城。

[3] 蒙哥汗的喇嘛索南嘉穆禅（Bsod nams rgyal mchan, 1184—1239），指萨思迦板的达之弟。

[4] 忽必烈（1215—1294），拖雷次子，蒙哥汗之胞弟，即元世祖（1260—1294）。1260年在部分诸王的拥戴下，在开平即位，建元中统。1271年，忽必烈将"大蒙古国"汉译为"大元"（此前与汉地联系时译作"大朝"，因不雅之故，取《易经》"大哉乾元"之意，改译为"大元"，正式定为国名。

[5] 库楞参丹城："库楞"，意为绛紫色；"参丹"，即檀香树。元大都有座紫檀殿，或许指此而言。

[6] 三色国：按蒙古人的习惯，蒙古为蓝色，吐蕃（西藏）为黑色，汉地为红色，此处即指蒙古、汉地和西藏。

[7] 札巴僧格（Grags ba seng ge, 1283—1349），噶玛噶举派红帽系第一世活佛。1333年创建了乃囊寺，曾一度成为红帽系主寺。

合罕施舍了汉地的朱儿勤和门地方，又施舍了阿赤塔撒秃合罕[1][所珍藏的]舍利中的佛陀舍利子[2]。合罕敕封八思巴喇嘛为"班第达八思巴帝师"。[忽必烈合罕]冬天在大都过冬，夏天在上都避暑，使释迦牟尼教法像阳光普照。

有一个时期，噶玛拔希大显法术，水中潜行，空中飞翔，或握碎坚石。薛禅合罕说："我们的帝师喇嘛呼图克图虽然是阿可珠比佛[3]之人身化身，但是法术和理论倒是这位胡子智者（瑜伽）更厉害。"薛禅合罕的哈屯听到后，将原委如实告知八思巴喇嘛，并说："如果[合罕]奉噶玛拔希为供养之尊，于萨思迦之根本将有危害。请[您]也显示变化莫测的法术[给合罕]看。"[于是]，八思巴喇嘛在合罕和众臣面前，用大刀将自己的首和手足割成五段，将其化做不同的五尊佛，供众人观赏，并显示了其他种种法术。[从此]，[忽必烈合罕]制定[政教]二道并行的制度，巩固统御成吉思合罕开创的大政，闻名遐迩。薛禅合罕八十岁，在大都驾崩。

薛禅合罕的长子阿勒坦台吉未即位先逝世。其长子完泽笃合罕三十岁时即了大位。[4]其上师为答剌麻八剌[5]。完泽笃合罕生于牛儿年，四十四岁时在大都驾崩。其后，[完泽笃合罕的]弟弟曲律合罕[6]，二十七岁时在上都即大位。上师为挪思吉斡节儿[7]。据说，这位合罕对佛法贡献巨大。三十一岁时，在大都驾崩。曲律合罕生于蛇儿年。其后，普颜笃合罕[8]二十七岁时即大位。上师为多尼特巴[9]。三十七岁时在大都驾崩。普颜笃合罕生于鸡儿年。其后，格坚合罕[10]十八岁时即大位，上师为索南监藏[11]。格坚合罕生于鼠儿年。又在大都驾崩。其后，也孙铁木儿合罕[12]三十岁时即大位，上师为噶白索南[13]。也孙铁木儿合罕生于蛇儿年，三十五岁时

---

[1] 阿赤塔撒秃合罕：ačata sadaru，是梵文 Ajatasatru 的音译。此人为古印度麻伽答国王（公元前485—公元前453）。Sayibar oduysan 是藏文 bde bar gshegs pa（善逝，梵音译作修伽陀，佛名）的意译。arbijiqun šaril 是藏文 `phel gdung（舍利，佛骨）的意译（参见堪培，第83页）。

[2] 据《萨迦世系史》记载，忽必烈接受了萨迦派特有的喜金刚灌顶。他为第一次灌顶奉献了吐蕃十三万户之地。第二次奉献了吐蕃三区之僧众与属民。在第三次，按照八思巴的教戒，废止了在汉地以人填河渠之制（《萨迦世系史》，第108—109页）。

[3] 阿可珠比佛：梵语 Aksobhya，东方天国 Abhirati 的佛（堪培，第84页）。

[4] 据《元史》，忽必烈汗有子十人：长子朵儿只王，次子皇太子真金，三子安西王忙哥剌，四子北安王那木罕，五子云南王忽哥赤，六子爱牙赤大王，七子西平王奥鲁赤，八子宁王阔阔出，九子镇南王脱欢，十子忽都鲁帖木儿王。忽必烈汗没有名叫阿勒坦台吉的儿子。完泽笃皇帝的父亲是皇太子真金（1243—1285），先于忽必烈汗逝世。完泽笃也不是真金的长子，而是三子。完泽笃汗即成宗（1294—1307），本名铁穆耳。

[5] 答剌麻八剌，可能指忽必烈的帝师（1282—1286）Dharma ba la raksha` da。此人为八思巴弟恰那多结的儿子，八思巴的继承者。《元史·卌祖本纪》称他为答耳麻八剌合吉塔，《释老传》作答儿麻八剌乞列，误。《阿萨喇克其史》说他是成宗的帝师有误，因为答耳麻八剌合吉塔卒于1286年（至元二十三年）。关于成宗的父名及其帝师的记载不见于其他蒙古文文献，史源不详。

[6] 曲律合罕，即元武宗（1307—1311），本名海山。完泽笃合罕之兄答剌麻八剌之长子。善巴将曲律合罕作完泽笃合罕之弟，误。

[7] 挪思吉斡节儿，畏吾儿人，任过元朝国师。他翻译过不少佛经，还写过一本蒙古语语法书——《心箍》。

[8] 普颜笃合罕，即元仁宗（1311—1320），名爱育黎拔力八达，武宗之弟。

[9] 多尼特巴，应为藏文 Don yod pa 的音译，据说该喇嘛名 Don yon rgyal mtshan（见堪培，第85页）。

[10] 格坚合罕，即元英宗（1320—1323），名硕德八剌，仁宗子。1323年八月，英宗自上都南返大都，途中驻跸南坡店，被权臣铁失与锁南等刺杀，史称"南坡之变"。

[11] 索南监藏，藏文 Bsod nam rgyal mtshan。据《元史》，英宗时期的帝师为公哥罗古罗思监藏班藏卜（Kun dga` blo gros rgyal mtshan dpal bzang po），今译贡嘎罗追坚赞，是八思巴的侄孙。索南监藏或许指此人。

[12] 也孙铁木儿合罕，即泰定帝（1323—1328），也孙帖木儿，忽必烈次子真金长子甘麻剌之长子。忽必烈死后其次子真金子孙即皇位已成为传统，故也孙铁木儿合罕的即位，为日后的两都之战种下了火种。

[13] 噶白索南，藏文 Dga` ba bsod names，不见于汉藏文记载。据《元史·释老传》，泰定帝的帝师名旺儿儿监藏（第4519页）。

在上都驾崩。有些史书上称之为阿哩巴罕合罕。[1] 其后，札牙笃合罕[2] 三十一岁时，龙年即大位。过了四十天后驾崩。其上师为亦邻真旺[3]。其后，蛇年，和世㻋忽都笃合罕[4] 到西域名声大振，三十一岁时派人迎接，四月初三日于赤扯格图纳兀儿地方即大位，过了四个月后驾崩。上师为南喀坚灿。是（四）月十日，札牙笃合罕[5] 即大位。上师为耶西亦邻真。猴儿年，三十五岁时在大都驾崩。其后，额儿点绰黑图合罕[6] 七岁时，十月初五日即大位。上师为桑结八刺。[合罕]于当月十五日在大都驾崩。

其后，妥懽帖睦尔乌哈笃合罕[7]，于水鸡年即大位。上师名叫普颜奴鲁[8]。这位合罕在雄火猴年[9] 失掉了成吉思合罕缔造的伟大国政。从成吉思合罕到妥懽帖睦尔合罕，都信奉萨思迦派上师。

妥懽帖睦尔失掉国政[的经过]：汉人惴老翁[10] 的夫人生一男孩儿时，房中射出了彩虹。剌哈伊巴呼[11] 发觉了这个征兆，于是禀奏合罕："[如此征兆]无论对合罕有益还是有害，都应把这个孩子年幼时除掉为宜。"合罕没听他的劝告。剌哈伊巴呼又说："[如今]没有杀死他，将来[但愿不要]后悔自己的脑袋！"给那个孩儿起名叫朱葛[12]。等朱葛长大后，派他去管辖东方几个省。[后来]朱葛去名叫南京的汉地收税，三年没回来。合罕下令："若朱葛回来，不要给他开城门！"后来，合罕做了一个梦：众多的兵马，层层包围了皇城。他正找不到能逃出去的缝隙时，看到了一个地洞，于是就钻进了那个地洞逃命。合罕找来汉人格坚薛禅来解梦。薛

---

[1] 泰定帝又被称为"阿哩巴罕合罕"的记载，不知引自何书。

[2] 札牙笃合罕，即元文宗（1328—1332），武宗次子，名图贴睦尔。《阿萨喇克其史》说他即位四个月后死，误。图贴睦尔在泰定帝时被封怀王，居建康，后迁江陵。1328 年，泰定帝死，知枢密院事燕帖木儿在大都发动政变，谋立武宗子为帝，遣使迎接图贴睦尔。八月，梁王王禅、丞相倒沙剌等拥立泰定帝子阿剌吉巴于上都，改元天顺，发兵攻大都。九月，图帖睦尔即位于大都，改元天历，在燕帖木儿和一部分武宗旧部的支持下，击败王禅、倒剌沙等，取上都。这是元朝历史上有名的"两都之战"。图贴睦尔即位时，其兄和世㻋在按台山（今阿尔泰山）以西之地，图帖睦尔为了不引起他的反对，在即位诏中曾表示"谨俟大兄之至，以遂朕固让之心"（文宗本纪，第 709—710 页），并遣使迎接和世剌回朝。1329 年，和世剌得讯南还，在和林北即帝位，是为明宗。当明宗南行至上都附近的旺忽察都（在今河北张北县北）时，名义上已逊位的图帖睦尔携燕帖木儿前往迎接，伺机毒死明宗。于是图帖睦尔复于八月即位于上都。次年，改元天历。至顺三年（1332）八月病死，庙号文宗。

[3] 文宗上师为亦邻真旺的说法，不见于汉藏文史书记载。

[4] 忽都笃合罕，即元明宗（1329），名和世㻋，武宗长子。

[5] 上文说札牙笃合罕已死，此处又说他再度即位，相互矛盾。这实际上是指图贴睦尔即位后逊位，不久复立的事。

[6] 额儿点绰黑图合罕，即宁宗（1332），名懿璘质班，明宗次子。"额儿点绰黑图"为他藏语名懿璘质班（Rin chen dbal）的蒙古语译文。宁宗即位时年仅 6 岁，即位不及 2 个月即去世。

[7] 乌哈笃合罕，即元顺帝（1333—1370），名妥懽帖睦尔，宁宗之兄。妥懽帖睦尔为元朝统治内地的最后一位皇帝。

[8] 普颜奴鲁（Buyan-u luu），译言福龙，藏文名应该是 Bsod names klu。但是，在《元史》和藏文文献中未见此名。据《元史》，顺帝的帝师为公哥儿监藏班藏卜，八思巴的侄孙，在 1333 年至 1358 年间任帝师。

[9] 1368 年。

[10] 指明太祖朱元璋的父亲。

[11] 当指两个人，即孛斡儿赤的三世孙木剌忽与孛斡儿赤四世孙阿鲁图。木剌忽曾袭爵为万户，封广平王。阿鲁图于 1337 年袭广平王爵，1344 年任中书右丞相，后罢，1351 年复起为太傅，出守和林边，同年死。见乌兰《〈蒙古源流〉研究》，第 261 页。

[12] 指朱元璋。

禅解梦说:"这预示着将要失掉皇位!"其后,蒙古人脱脱丞相[1]解梦,说是好兆头。[合罕]按照梦中的征兆去寻找,在那里果真有一个地洞。[后来]朱葛赶着一万辆大车,其中七千辆大车里装了财物,三千辆大车里埋了身穿铠甲的士兵。合罕说:"搜查[车货]后放入!"[门卫]搜查了前面的五千辆大车,没搜查后面五千辆车就放入了。[暗藏士兵的车]一进门,就鸣枪冲出。合罕察觉[中了计],便遗弃了三十万蒙古,携同诸皇后和皇子以及其余十万蒙古,从曾梦见过的地洞逃了出来。逃往之际,哈布图合撒儿的后裔朵穆勒忽把阿秃儿[2]赶来,说:"与其毁灭声誉,不如粉身碎骨!"说着迎战汉人追兵而战死。[妥懽帖睦尔]经古北口而出,建造巴儿思合托[3]居住。汉人建造沙狐城[4]住了下来。乌哈笃合罕的儿子必里秃[5]施巫术,天起风暴,汉人的士兵和军马死亡甚多。追杀部分军队到长城脚下。当时流传[这样的谚语]:"汉人上了山岭,沙狐尾变成了帽子缨。"

乌哈笃合罕说:

"以诸色珍宝建成的我庄丽的大都呵,
诸先合罕的夏宫我金莲川凉爽宜人的开平上都呵,
不听预知未来的剌哈伊巴呼言我蠢货呵,
哭泣追悔的我像遗落在营地牛犊呵。
遗弃了天子成吉思合罕收聚的百姓,
把神明薛禅合罕建造的大都丢给了汉人。
失守了普天之下供奉的八方白塔,
袖中带出了合罕国主的玉玺,
丢弃了四方收聚的百姓。
不怕百万追兵,
不花帖木儿丞相杀出来了,
逃出来的我,恶名的乌哈笃合罕。
因天命失守了薛禅合罕建造的政教二道。
愿国政再转到成吉思合罕的黄金家族。
述说着心中的话哭泣着,

---

[1] 即元顺帝中书右丞相脱脱。据《元史》,他是蔑里乞氏,出身名门,父亲马札儿台、伯父伯颜都是朝廷重臣。脱脱本人历仕泰定帝、文宗、惠宗三朝,1335 年统兵平息唐其势党羽,1338 年讲御史大夫。1341年出任中书右丞相之职,在任期间,曾主持修撰辽、金、宋三史,并奏请修《至正条格》,后封太师,1354年被罢黜。1355 年流放云南,被哈麻派人杀死(见乌兰《〈蒙古源流〉研究》,第 261 页)。

[2] 此人名见于莫日根葛根所写《黄金史》中:合撒儿第三子 Toγtowa 后裔 Tomoloqu bayatur、Genji kölüge 二人,他们又被称作 Örüb temür 和 Aruy temür。Tomoloqu bayatur 在妥懽帖睦尔失去国政的戊申年五十一岁时与汉人厮杀中被害(罗布桑丹:《黄金史》,齐木德道尔吉、孟和宝音、格日乐等整理翻译,内蒙古文化出版社,1998 年,第 64—65 页)。合撒儿没有名叫 Toγtowa 的儿子,Toγtowa 也许是指合撒儿三子脱忽(秃忽)而言。Örüb temür 和 Aruy temür 是 15 世纪前期瓦剌太师脱欢时期的人物,如 Tomoloqu baγatu 与 Örüb temür 同一个人,其事迹应与元顺帝无涉。但是,据莫日根葛根所掌握的合撒儿后裔世系,合撒儿后人仍还记得有位叫做 Tomoloqu baγatu 的人曾经为了捍卫元顺帝而战死,时年五十一岁。综合这些因素可以认为,这位 Tomoloqu baγatu 可能是真实的历史人物,是脱忽后人。

[3] 此指应昌府。

[4] 原文 kirsa qotun。Kirsa,沙狐,乞儿撒(《华夷译语》,甲种本,"鸟兽门",明洪武二十二年刻本)。沙狐城,即今河北省沙城。

[5] 即后来的元昭宗(1371—1378),名爱猷识理达腊,顺帝子。在位七年,年号宣光。

因无奈把国政失于汉人的我乌哈笃合罕。"[1]

失国后过了四年，[乌哈笃合罕]在名叫应昌府的城驾崩。据说，在忽必烈薛禅合罕即位后一百零五年又六个月时失了国。

失国之际，乌哈笃合罕的翁吉剌惕氏皇后已有三个月身孕。当汉军攻入[宫内]时，[皇后]藏在一口"博通"里，没能逃出去。现在汉人称"博通"为"缸"。汉人的朱洪武皇帝收纳了那位皇后，即了皇位。那位皇后心里祈祷："如果我过七个月后就生产，孩子必将以敌人之遗腹子而被害。愿苍天发慈悲，[让我]足十三个月后分娩！"[皇后]十三个月而生[一男孩儿]。洪武皇帝的汉人皇后[也]生了一个儿子。洪武帝梦见两条龙互相搏斗，而且东龙战胜了西龙。于是，敕令巫者卜吉凶。巫者说："您所梦见的并非两条龙，而是您的两个儿子。西龙为汉人皇后所生之子，东龙为蒙古皇后所生之子。蒙古皇后所生之子享有天命，将会即您的皇位！"洪武皇帝心想，虽然都是我自己的儿子，但[其中之一的]母亲是敌人的皇后，他如果即我的皇位，显然不好。于是让他出宫，在长城外筑造可苛合托城[2]，让蒙古皇后所生的儿子在那里居住。[3]

洪武皇帝在位三十一年后死去。汉人皇后的儿子即了皇位。四年后，翁吉剌惕皇后所生的儿子[4]，统率自己少数伴当和山阳六千户兀鲁思[5]、水滨三女真[6]、长城汉人来攻打，擒获了汉人皇帝的儿子，在他的脖子上加盖烙印而将其驱逐。[7]

---

[1] 这首《妥懽帖睦尔合罕的悔恨诗》见于除《大黄史》以外所有17世纪蒙古文历史文献，但详略不同。善巴所收这首诗是最简短的一个变文。

[2] 可苛和屯城：据郭造卿《卢龙塞略》卷19《译部》载，泰宁城的蒙古语名为"可苛合托"（青城之意）。泰宁即今赤峰市宁城县大明城。让蒙古皇后所生的儿子居住在泰宁城的故事，是明太祖封第十七子朱权为宁献王，镇守大宁的讹传（见朱风、贾敬颜译注《蒙古黄金史纲》，第46—47页）。

[3] 永乐皇帝为元顺帝遗腹子的传说见两《黄金史》，善巴所记内容与二书相同。

[4] 所谓翁吉剌惕皇后所生的儿子指明成祖朱棣。

[5] 山阳六千兀鲁思指明人所谓"兀良哈三卫"。1388年（洪武二十一年），在明军的压力下，辽王阿札失里投附明朝。次年，明朝在辽王封地设泰宁、福余、朵颜等三卫。其中泰宁卫牧地在元泰宁路（今吉林省洮南附近）一带；朵颜卫在朵颜山（今内蒙古扎赉特旗北）一带；福余卫在福余河（今嫩江左岸支流黑龙江省齐齐哈尔市附近）一带（和田清《东亚史研究·蒙古篇》，第107—149页）。泰宁、朵颜、福余三卫是辽王阿札失里统治下的三部。泰宁卫人自称罔留，朵颜卫人自称五两案（兀良哈），福余人自称我着（兀者），蒙古文史籍中称他们为"山阳六千兀者人 ölge-yin jiryuɣan mingɣan üjiyed"、"兀者兀鲁思 üjiyed ulus"或"山阳万户 ölge tümen"。"山阳"指兴安岭之阳。

[6] 女真是现在满族的先民。在元代，居住在混同江（即松花江和黑龙江下游）流域和乌苏里江流域，元朝在这里设万户府、元帅府等机构。永乐元年（1403），明朝派人到黑龙江、乌苏里江流域招抚女真人。在明朝初期，女真人分为建州女真、海西女真和野人女真三大部。蒙古人称他们为"水滨三万女真"。

[7] 所谓翁吉剌惕皇后所生的儿子擒获并流放汉人皇帝的儿子，影射明史上的"靖难之役"。

卷 三

乌哈笃合罕的儿子永乐皇帝即位。因正统皇帝之裔即了大位，上尊号为"大明永乐皇帝"。据说，[永乐皇帝]因有功赏赐山阳六千户兀者人以三百大都[1]，赏赐女真人以六百大都。永乐皇帝在位二十二年后驾崩。永乐皇帝的子孙有十四人当了皇帝。如记载他们的名字，因同时记载[蒙汉]两朝皇帝即位事，不易知晓，故在此不载。[2]

乌哈笃合罕驾崩那一年，他的儿子必里秃合罕在应昌府即大位，在位九年后驾崩。其后，兀思哈勒合罕在马年即大位，在位十一年，龙年驾崩。其后，在同一年，招力图合罕即大位，历四年驾崩。其后，恩克合罕即大位，历四年驾崩[3]。

其后，额勒别克合罕即[4]大位。[有一次]额勒别克合罕见射杀的兔血滴在雪上，对瓦剌[5]的忽兀海太尉[6]说："世上有雪一样白，血一样红润脸颊的美人吗？"忽兀海太尉回答说："这般美人，您儿子都隆帖木儿洪台吉的夫人完者秃豁阿妣吉，您的儿媳妇，就是！"额勒别克合罕对忽兀海太尉说："能让我见到我未曾见到的，能满足我所欲望的，我的太尉，你让我见一见[她]吧！"忽兀海太尉前去对妣吉说："合罕想要看看你的容貌！"儿媳妇（妣吉）气愤地说：

"天和地岂能混合？
至上的合罕岂能觑看自己的儿媳妇？
合罕已经变成黑狗了吗？
合罕的儿子已经死掉了吗！"

合罕[竟然]杀害了儿子，收纳了儿媳妇[7]。后来，忽兀海太尉来讨"达鲁花"称号，因合罕不在宫里，就坐在外边等候。妣吉摆好酒席，去请太尉来。[妣吉]给他斟酒说：

"你使我低下之身变得高贵，
使我卑微之身变得显要，
使我妣吉之称变成太后之尊！"

她用单口双腹壶，一边盛酒，一边装水。[妣吉]自己喝水，给太尉喝酒，灌醉了他。为

---

[1] 大都（daidu），指明朝赐给蒙古、女真各部的允许其来京"进贡"（实为官方贸易）的文书。蒙古人称北京为大都，故得此名。

[2] 《阿萨喇克其史》关于永乐帝子孙十四个皇帝即大位的记载与两《黄金史》均不同（罗藏丹津记为十一代，佚名《黄金史》记为十三个皇帝）。

[3] 招力图合罕的全称为恩克招力图合罕。善巴误将恩克招力图合罕分作"招力图合罕"与"恩克合罕"两人。

[4] 《大黄史》和《蒙古源流》记载，该合罕是脱古思帖木儿合罕的次子。学界认为此说有误，但不能确指其家世。

[5] 瓦剌 Oyirad，元代称斡亦剌惕，明代作瓦剌，清代以降一般称作卫拉特。成吉思汗时期，斡亦剌惕人生活在蒙古高原西部，色楞格河支流德勒格尔河至叶尼塞河上游锡什锡得河一带。其首领忽都合别乞归降成吉思汗，被封为千户。明代，瓦剌势力强盛，不断东进，领东到杭爱山的地方。

[6] 此人为瓦剌著名首领也先的曾祖父。"忽兀海"意为睾丸，为此人浑名。

[7] 《蒙古源流》载，额勒别克合罕杀弟夺弟媳妇。

报先前[杀夫]之仇,把太尉躺倒在[妣吉]自己的床上,抓破自己的脸,扯乱头发,并派人向合罕通报。合罕得知后,急忙赶来。太尉酒醒,逃走了。合罕追上[太尉],相互厮杀,[太尉]射断了合罕的小拇指。合罕杀掉了太尉,叫雪泥惕氏扎申太保剥下太尉脊背上的皮,带回来交给了妣吉。妣吉将合罕的血和太尉脊皮上的油揉合在一起舔了舔说:"[我]虽为妇人,却为丈夫报了仇。要杀我,就杀了吧!"合罕虽知被妣吉所骗,但恋于她的姿色,没有杀[她]。因误杀了太尉,让其子巴秃剌丞相[1]、兀格赤哈什哈[2]二人掌管四万户瓦剌。六年后,瓦剌巴秃剌丞相、兀格赤哈什哈二人杀了额勒别克合罕。这就是巴秃剌丞相、兀格赤哈什哈二人统帅四万户瓦剌人,成为仇敌分裂出去的缘由。

其后,坤帖木儿合罕[3]于兔儿年即大位,马儿年驾崩。其后,完者帖木儿合罕[4]即位,于虎儿年驾崩。其后,答里巴合罕[5]即大位,于羊儿年驾崩。其后,斡亦剌歹合罕[6]即大位,过了十一年,于蛇儿年驾崩。

其后,阿台合罕[7]即大位,为报前仇,出兵征讨瓦剌。在孛罗那孩丘陵上交战时,从阿台合罕阵营里,合撒儿后裔小失的把阿秃儿[8]作先锋出阵。从巴秃剌丞相阵营里,其属下忽里台篾儿干[9]出阵。在对阵双方的中间,忽里台篾儿干头戴三层头盔,跨上线脸铁青马前来。小失的把阿秃儿身披三层铠甲,胸前夹着护心镜,乘骑黄骠马迎战。忽里台篾儿干说着:"做外甥的我先出招!"一箭射去,射穿了小失的把阿秃儿的前鞍桥、三层铠甲和护心镜,使他仰落在后鞍桥上。小失的说着"就看我这黄骠马的鼻梁,这凹口刀的锋刃吧!"砍忽里台篾儿干的头,劈开三层盔甲,直到脖颈上。征讨瓦剌,杀死了巴秃剌丞相,合罕收纳了他的妻子。[10]让巴秃剌丞相的儿子脱欢[11],为阿鲁台太师[12]家放羊。

---

[1] 也先祖父。明代汉籍中的瓦剌三大首领之一马哈木即此人。
[2] 此人大约是明代汉籍中记载的瓦剌首领猛可帖木儿。
[3] 两《黄金史》作脱欢,《大黄史》与《蒙古源流》作坤帖木儿,与本书同。
[4] 两《黄金史》作鄂累帖木儿,《大黄史》、《蒙古源流》的写法与该书同。
[5] 罗藏丹津《黄金史》、《大黄史》作德勒伯。
[6] 两《黄金史》与本书同,《大黄史》与《蒙古源流》作额色库。
[7] 该合罕的家系在蒙古文文献中有几种不同的说法:《蒙古源流》说他是斡赤斤后裔,《大黄史》说是成吉思汗后裔。有的学者认为他是窝阔台裔(详见乌兰《〈蒙古源流〉研究》,第302—303页)。
[8] 合撒儿第十一世孙,是好儿趁(科尔沁)部第一个统治者,是蒙古大汗脱脱不花麾下的诸王之一。也先杀死脱脱不花后,又杀死了小失的王。对此《蒙古源流》、两《黄金史》都有记载。小失的之名也见于《明英宗实录》正统四年正月癸卯条、八年正月壬午(此条倒误为"小的失王")、十年正月己亥等。
[9] 两《黄金史》记载,瓦剌大将名叫归邻赤把阿秃,而不是忽里台篾儿干。
[10] 据《蒙古源流》,这次战争发生在太松合罕与瓦剌之间,打头阵的小失的是兀鲁人。《大黄史》简单记载了阿台合罕在札刺蛮山攻打瓦剌,俘获巴秃剌丞相的事情,但没有提到双方大将阵前厮杀情景。《阿萨喇克其史》的记载近似两《黄金史》。
[11] 瓦剌首领,马哈木之子,也先之父。1431年,脱欢粉碎东蒙古阿鲁台势力,1433年拥戴脱脱不花为合罕。1434年,脱脱不花与脱欢大败东蒙古太师阿鲁台。1438年,脱欢攻杀阿鲁台所拥立的阿台合罕,领有阿鲁台部众,驻牧于蒙古东部地区。1439年死。
[12] 阿鲁台,又作"阿鲁克台"、"阿禄台"。阿速氏。15世纪前期蒙古汗廷的太师、权臣。阿鲁台即明代汉籍中著名的鞑靼首领"阿鲁台"。《蒙古源流》说此人本名为 Ögedeleküi,因为瓦剌的脱欢太师让他背筐拾畜粪,故得名为阿鲁台(Aruɣtai,背筐人)。这本是民间对阿鲁台一名的俗语言学解释。在《华夷译语》"鸟兽门"有"獐:阿剌黑台"(*Araqtai)的记载,阿鲁台实际上就是这个词(乌云毕力格:《喀喇沁万户研究》,内蒙古人民出版社,2005年,第22页)。阿鲁台原是元末名相脱脱长子哈剌章部下,出身阿速部,当是元代阿速卫首领的后裔。明代汉籍中,阿鲁台之名最早出现在1403年,当时他是大汗鬼力赤的部下,称为"太保枢密知院"。《明太宗实录》记载,1403年(永乐元年)二月,明成祖招谕鬼力赤并其部下大臣"太师右丞相马儿哈咱、太傅左丞相也孙台、太保枢密知院阿鲁台等"(《明太宗实录》永乐元年二月乙未),可知当时拥立鬼力赤为大汗的主要是马儿哈咱、也孙台、阿鲁台三人。1406年鬼力赤心腹也孙台被杀,马儿哈咱

后来，阿台合罕召集内部会盟。脱欢正牧羊，遇见了会盟返回的人，就问："会盟上谈些什么？"那人说："因为你不在，所以没讨论什么！"那人走后，脱欢向天叩拜说："这话不是你说的，是苍天的旨意！"后来，阿鲁台太师对妻子说："当着脱欢的面，不要梳头，不要挠痒！"脱欢在屋外听到后，向天叩拜说："这不是你的话，是苍天的旨意！"脱欢又说："蒙古的孩儿嚎啕哭泣，收集马群时大喊大叫，狗儿嚎吠，盖是不祥之兆吧！"便朝天叩拜。后来，脱欢的母亲对阿台合罕说："虽然你扶持我封为哈屯，可又为什么把我的儿子脱欢交给他人使换呢？要么把他杀掉，要么就放他走！"合罕同意哈屯的意见，就派二名使臣送脱欢返回故土。

[后来]四瓦剌人举行会盟，向脱欢探询："蒙古的近况如何？"脱欢说：

"贤能的大臣被排挤在外，
平庸之辈在理朝政。
将战马骑用在家务上，
乘骑驽马来作战。
让叛降之人掌管国政。
以皮囊里的酒作乐享。
阿鲁台太师年纪已上。
[蒙古人]像没有种驼的驼群，
像没有种牛的牛群！
如果不信我的话，
就让兀格赤哈什哈去证实！"

瓦剌人送很多东西给阿台合罕的两个使臣，又拿很多物品送给阿台合罕，让脱欢[为使者]饯行。[合罕]使臣回来禀告："[瓦剌]没有疑心。"随后，四万瓦剌来进攻蒙古，是役脱欢俘虏了阿台合罕。阿台合罕说："我封你母亲为哈屯，也没有杀害你本人！"脱欢说："难道我母亲没有丈夫吗？难道我本人没有父亲吗？"便杀死了阿台合罕。阿台合罕在位十四年，于马儿

逃亡瓦剌，阿鲁台与鬼力赤则迁到北元大汗昔日根据地海剌儿河（《明太宗实录》永乐四年十月乙卯）。回到蒙古高原东部后，阿鲁台、鬼力赤继续与瓦剌争战。据《明实录》，1407年，阿鲁台废去鬼力赤，迎立元裔本雅失里为汗。1409年，阿鲁台、本雅失里率众征瓦剌，结果被瓦剌马哈木打败。1409年，阿鲁台打败北征的丘福所率明军，取得不小的胜利。次年，明成祖北征，大敌当前的关键时刻，本雅失里与阿鲁台离心，向西投奔瓦剌，结果死于其妹夫马哈木之手。本雅失里被杀后，阿鲁台又拥立鬼力赤子阿台为汗，由此拉拢住了部分鬼力赤部众，如也先土干、朵儿只伯等人。而瓦剌马哈木抓住东蒙古被明军打败的机会，1411年拥立答里巴为大汗，开始主动进攻阿鲁台。1413年，马哈木兵至饮马河（今克鲁伦河）、哈剌莽来，袭击阿鲁台。阿鲁台不敌，向明朝求援。当时瓦剌已攻到阿鲁台根据地。1414年，明成祖亲征瓦剌，在忽兰忽失温大败瓦剌。瓦剌势力受挫，阿鲁台得利。永乐十二年（1415），瓦剌进攻蒙古。十月，瓦剌军队由斡难河南下，兵至阿忽马吉（今内蒙古西乌珠穆沁旗一带），阿鲁台率三万卫兵，迎击瓦剌军队，蒙古大胜，瓦剌马哈木、答里巴被杀（《明太宗实录》永乐十三年十月癸巳、十二月戊辰、十四年三月壬寅、六月丁卯）。阿台汗与阿鲁台太师杀死巴图剌（即马哈木），俘其子脱欢，马哈木之妻被阿台汗所娶。经这次战败，瓦剌中衰，失去了在与蒙古争霸斗争中的优势地位。阿鲁台为首的东蒙古强盛、瓦剌处于劣势的局面由于1422年、1423年明军北征而发生变化。1422年明军北征，阿鲁台虽未与明军正面交锋，但听命于阿鲁台的朵颜等三卫却遭明军重创。1423年，明军再次出边，阿鲁台不敢南向。1434年初，瓦剌脱欢所立脱脱不花合罕率兵南下，袭击阿鲁台。阿鲁台与失捏干率一万三千人徙居母纳山、察罕脑剌（《明宣宗实录》宣德九年十月乙卯）。失捏干是阿鲁台部下部落首领，永乐年间一直活动在明朝大同边外。七月，脱欢大败阿鲁台、失捏干，两人被杀。

年被瓦剌人俘虏害死[1]。

其后，也在马儿年，太松合罕[2]即大位。

取得蒙古政权后，脱欢太师想当合罕，到圣主八白帐里，酒醉后说道："你若是福荫圣皇帝，我便是福荫圣皇后的后裔！"大声叫喊着敲打了圣主的圣坛。脱欢太师正要从那里出去，[突然]口鼻流血。大家见到，圣主撒袋内的鵰翎箭矢染上了血，在颤动着。脱欢说：

"福荫圣皇帝显示他的雄威了，

福荫圣皇后之裔脱欢我死了。

芒刺已除尽，

只需把满官嗔的猛贵[3]杀死！"说完就死了。

其后，太松合罕的弟弟阿黑巴儿只吉囊[4]率右翼三万户蒙古投靠四瓦剌。阿黑巴儿只吉囊与瓦剌人合兵前来攻打自己的兄长太松合罕。到了晚上，[瓦剌方面的]士兵每人点燃了十堆篝火。太松合罕亲自来查看，心想"我们怎能战胜？"于是带着少数随从逃向客鲁涟河。过去，[太松合罕娶]火鲁剌（＝郭尔罗斯）人彻卜登的女儿阿勒台哈屯[5]，听说[哈屯]与哈勒察海私通，于是杀死了哈勒察海，使哈屯的鼻子和嘴破相后送回了彻卜登家。合罕[逃亡途中]到了那位哈屯家。彻卜登说：

"嫌水草不好而遗弃的牧场，

还回来驻牧吗？

嫌姿色不佳而抛弃的妻子，

还回头来娶吗？"就杀害了太松合罕和他的两个儿子。留下了自己的外甥莫兰[6]。太松合

---

[1] 善巴记载的阿台合罕事迹，与《蒙古源流》有很大不同。根据萨囊彻辰的记载，举行会盟的是四瓦剌人，听到吉利的话语后向天叩拜的是阿鲁台。而有关脱欢弑阿台合罕的过程，也与《蒙古源流》大不相同。善巴有关阿台合罕事迹的记载，与佚名《黄金史》基本一致，只是最后对阿台合罕在位年数记载有分歧（佚名记载为十年）。

[2] 名脱脱不花。明代汉籍作脱脱不花王、不花王或普化合罕。脱脱不花是成吉思汗后裔台吉，据《蒙古源流》记载，额勒别克汗弟哈尔固楚克有遗腹子阿赛台吉，阿赛台吉有三子，长子脱脱不花、次子阿噶巴尔津、幼子满都鲁（乌兰：《〈蒙古源流〉研究》，第 265 页、267 页、第 272 页）。瓦剌首领脱欢崛起后，欲登合罕位，但因蒙古人传统的黄金家族观念而不得登位。《明史》记载，脱欢"内杀其贤义、安乐两王，尽有其众，欲自称合罕。众不可，乃共立脱脱不花，以先所并阿鲁台众归之。"（《明史》，卷 328，瓦剌，中华书局标点本。）脱脱不花于 1433 年被拥戴为合罕。1434 年（明宣德九年），脱脱不花与脱欢大败东蒙古太师阿鲁台。据记载，是年二月，"瓦剌脱脱不花王子率众至哈还兀良之地，袭杀阿鲁台妻子部属，及掠其孳畜。阿鲁台与失捏干，止余人马万三千，徙居母纳山、察罕恼剌等处。七月，脱欢复率众，袭杀阿鲁台、失捏干，其部属溃散。阿鲁台所立阿台王子止余百人，遁往阿察秃之地。"（《明仁宗实录》，宣德九年冬十月乙卯）母纳山就是黄河、包头方面的母纳山；察罕恼剌是乌拉特境内的察汉泉。1438 年（明正统三年），攻杀阿鲁台所拥立的阿台合罕，领有阿鲁台部众，驻牧于蒙古东部地区。脱欢死，其子也先继承太师淮王欲控制蒙古各部。脱脱不花与也先"君臣鼎足而立，外亲内忌。"（刘定之：《否泰录》，纪录汇编本）随着也先对中亚、明朝的接二连三的胜利，野心膨胀，终以太子拥立问题为导火线，合罕与也先太师开始仇杀。脱脱不花正室为也先姊，也先欲立其外甥为太子，脱脱不花不从。明人记载，"也先姐为其（脱脱不花）正室，有子不立为太子，而欲以别妻之子立之。也先言之不从。乃起兵来攻也先。"（《明英宗实录》，景泰三年二月壬午）君臣反目后，也先下人哈剌忽知院与喀喇沁部头目等不满于也先专权而投奔了太松合罕，脱脱不花势力强盛，在 1451 年底起兵攻也先，也先败走。到了次年年初，也先反攻，在脱脱不花弟阿黑巴儿只吉囊的协助下打败了脱脱不花（《明英宗实录》，景泰三年二月壬午）。脱脱不花不久被他前岳父所杀。

[3] 《大黄史》和《蒙古源流》作孟古柏，罗藏丹津《黄金史》称蒙哥。

[4] 阿黑巴儿只吉囊，太松合罕之弟。背叛太松合罕后，被瓦剌诱杀。

[5] 太松合罕前妻"阿勒台哈屯"的名字在《大黄史》和《蒙古源流》中作"阿勒塔哈勒真"。

[6] 莫兰台吉，脱脱不花合罕之阿勒台哈屯（沙不丹之女）所生子。被别勒古台后裔毛里孩王立为合罕。

罕在位十五年。

其后，马可古儿吉思[1]即大位，无子嗣，于鸡儿年驾崩。

谦只兀人答哈台太保、火鲁剌的莫勒台二人，把太松合罕的儿子、彻卜登的外甥莫兰从彻卜登家里送到也可兀鲁思[2]边境上，交给了人。那个人又把莫兰交给不克别勒古台的后裔毛里孩王[3]。众人提议毛里孩王即合罕之位。毛里孩王说："我受不起[如此大福]，我的合罕也不是没有子嗣。"于是推举七岁的莫兰登上合罕之位。其后，阿儿秃斯的合答、不花二人[4]对莫兰合罕进谗言："毛里孩王怀疑你与撒蛮地哈屯有染，准备害你。我们抢先出兵吧！" [莫兰合罕]出兵攻打。有人向毛里孩王通报，[王]不信，直至看到兵马影儿，才[信以为真]召集自己的兵马，向苍天洒马奶酒献祭禀告："上苍长生天明鉴！我对福荫圣主的后裔做了好事。但您的子孙[却]对我怀有恶意！"说着朝天叩拜。双方展开激战，大败莫兰合罕，于狗年加害。莫兰合罕无子嗣。

当太松合罕与阿黑巴儿只吉囊二人被瓦剌与彻卜登夺去政权时，他们同父异母的叫满都鲁的弟弟，在伊苏特山梁[5]驻牧[而幸免于难]。其后，羊儿年，那位满都鲁合罕[6]在哈撒哈喇答的夏营地即了大位。

---

[1] 该合罕（1455－1465）的名字是叙利亚文，与聂思脱里派基督教有关。脱脱不花死后，留有二子，一即小哈屯撒木儿太后所生幼子马可古儿吉思。他被权臣孛来拥立。据《大黄史》，他七岁即位，故被称作"ögegtü qaɣan"即"坐在驮箱里的合罕"。明人听到该称呼后，称他为"小王子"，此后以"小王子"通称蒙古历代合罕。

[2] 成吉思汗异母弟别勒古台后裔统治下的兀鲁思被称作"也可兀鲁思"（"大兀鲁思"）或"也可土门"（"大万户"）。后来的阿巴噶、阿巴哈纳尔二部是从也可兀鲁思演变、分化而来的（见宝音德力根：《十五世纪前后蒙古政局、部落研究》，第120－121页）。

[3] 又作卯里孩、木里王、摩里海等，蒙古语写作 Mooliqai，或 Maɣuliqai。孛儿只斤氏，成吉思汗异母弟别勒古台后裔。《大黄史》称他为别勒古台后裔毛里孩巴图鲁王（Mooliqai baɣatur ong），而明人又呼作"黄苓王毛里孩"（《明宪宗实录》，成化三年三月己丑）。别勒古台后裔王号为"广宁王"，黄苓王即广宁王之音变。蒙汉文史料一致证明，毛里孩为别勒古台后裔。关于毛里孩另立新合罕之事，蒙古文史料多有记述。毛里孩王死于科尔沁万户贵族之手。据《明实录》载，1467年春，"齐王孛鲁乃、黄苓王毛里孩"等一起遣使明廷（《明宪宗实录》，成化三年三月己丑）。这位齐王孛鲁乃就是合撒儿后裔王。可见，毛里孩曾经与齐王家族有密切联系。据佚名《黄金史》记载，兀捏孛罗（孛鲁乃弟）听说毛里孩杀死合罕的消息后说道："也速该把阿秃儿乃吾父，我母诃额仑额克诞育了帖木真、合撒儿、哈赤温、斡赤斤，我等系一母同胞，另由苏齐克勒皇后怀中降生了别兀帖儿、别勒古台一人。以圣主为首，率领我们的祖先合撒儿害死了别克帖儿。以此嫌隙，这才杀了摩伦合罕。吾汗虽无子嗣，但作为合撒儿后裔的我，终须干预。"（朱风、贾敬颜译注《蒙古黄金史纲》，第185页）为了报莫兰合罕之仇，兀捏孛罗兴兵征讨毛里孩。毛里孩发觉后逃走。兀捏孛罗追上毛里孩子弟七人，尽数杀死。毛里孩王骑着他甘草黄马，穿着脱毛旱獭皮衣，在空归河与札卜罕河之间（在今蒙古国西境）用锦棘儿搭帐篷，吃生湿之物度日，终因饥饿死亡。有学者认为，这里把孛罗乃的事迹误记到了他的弟弟兀捏孛罗王身上，实际上是指1468年（成化四年）底或1469年初毛里孩被其昔日的盟友孛罗乃杀害一事。

[4] 罗藏丹津记载，向莫兰合罕进谗言的两个人是鄂尔多斯的蒙哥和合丹不花二人。

[5] 应在成吉思汗之弟合赤温后人的领地上，即呼伦贝尔地区。因为合赤温后人的兀鲁思是由翁牛特、伊苏特和哈剌车里克三部构成的，伊苏特山梁要么以部得名，要么伊苏特部以山得名，总之，伊苏特山梁与伊苏特部有关。

[6] 太松合罕脱脱不花幼弟。满都鲁合罕的名字，两《黄金史》作 Manduɣuli，《大黄史》作 Manduɣul，《蒙古源流》作 Manduɣulun，明代汉籍记为满都鲁。满都鲁即位后，见侄孙伯颜猛克很高兴，立刻降旨说："愿他成为孛儿只斤皇家的种嗣！"封伯颜猛为"孛罗忽吉囊"，命其以吉囊（即汉语的"晋王"）身份统领鄂尔多斯万户。但后来在孛罗忽吉囊与满都鲁汗发生了不可调和的矛盾。1476年，满都鲁合罕、应邵不万户首领太师乩加思兰杀害孛罗忽吉囊。1479年，满都鲁在杀死专权跋扈的太师乩加思兰后病故。

满都鲁合罕有两位哈屯，大哈屯满都海[1]是土默特部汪古地方绰罗思拜帖木儿丞相的女儿。小哈屯是瓦剌人癿加思兰太师[2]的女儿也可巴儿图中根。

其后，以也先[3]为首的瓦剌人内部商议："这个阿黑巴儿只吉囊他连自己的亲骨肉都不顾的人，能为我们着想吗？"[决意陷害他，便对他说]："我们要推举你为合罕。"[瓦剌人]设大宴，在帐房里掘大坑，请[吉囊等人]由一个门入座，从另一个门[抬]出去，杀害了以吉囊为首的三十三名饰羽毛的、四十四名插羽翎的和六十一名擎旗的，其尸体填满了深坑。阿黑巴儿只吉囊的儿子哈儿忽出黑台吉有所发觉后，派自己的伙伴纳哈出去看看吉囊为首的大小官人在谈论什么。纳哈出去看完回来说："我没见着吉囊等大小官人，只见顺着毡墙下流淌着血水！"哈儿忽出黑台吉说："说了要躺，就躺吧！"于是和纳哈出二人逃进山里扎寨。瓦剌人围了过来，身披双层铠甲的人沿一条路上来。纳哈出一箭射穿了那人的双层铠甲，他连同跟在后面的人一起摔死了。接着身穿三层铠甲、手握长枪的人走了过来。纳哈出说："我不行，你来射！"哈儿忽出黑台吉用一只套羚羊角箭镞的箭射去，那箭穿透了那人的三层甲后发出了声响。那个人带着跟随他后面的人撤退了。到了夜里，纳哈出迈过围着熟睡的人群，偷来了两匹马，骑上马毫无目的地走着，来到了托克马克的一富人家住下。有人劝说富人："这个人目光炯然，身态怪异，把他杀了吧！"富人没有杀害他。纳哈出说："我们形影孤单，怎能成就事业？我到瓦剌人那里，把你哈屯接来！"又嘱咐[台吉]："我回来之前，不要让人发觉自己的本来身份。不要把手放在他人的肩膀上。不要杀绝很多的野兽。"后来，那富人将女儿嫁给哈儿忽出黑台吉为妻。有一天外出打猎，[台吉]射死了二十只黄羊中的十八只。富人的弟弟托词围猎时出差而加害了哈儿忽出黑台吉。

脱欢太师的儿子也先管辖众蒙古人与四瓦剌人。哈儿忽出黑台吉的被瓦剌人抢去的妣吉生了一个孩子。也先太师派人去说：

"如果是女孩，

要梳她的发！

如果是男孩，

要梳他的心！"

---

[1] 满都鲁合罕死后，33岁的满都海夫人嫁给了7岁的把秃猛可，辅佐他成为蒙古"中兴之主"。详见关于答言合罕的注释。

[2] 癿加思兰（？－1479）是15世纪蒙古汗廷的异姓权臣。文献对癿加思兰的出身有不同记载。佚名《黄金史》说他是瓦剌人（Oyirad）；罗桑丹津《黄金史》说是畏兀特（Uyiyud）人。萨冈彻辰《蒙古源流》一说瓦剌人，又说畏兀特人；《明实录》指他为麦克零，而郑晓《皇明北虏考》则称他为哈密北山的乜克力，麦克零大概就是乜克力。蒙古史学界早就认定明代汉籍中的癿加思兰即诸蒙古文史书所称之Begersen Tayisi。据伯希和研究，癿加思兰可能是突厥语名称Bäg-Arslan伯克·阿儿思兰（此处转引自乌兰《〈蒙古源流〉研究》，第341页），此名足以表明他信仰伊斯兰教。癿加思兰原住巴尔思渴就是巴里坤。他在明天顺年间（1457－1463）离开西域逐渐东迁，并开始寇明边。明成化间，癿加思兰始入黄河河套，与当时活跃在那里的满都鲁、孛罗忽、猛可、斡罗出（阿罗出）等会合，成为明榆林边外的强敌。癿加思兰很快与孛罗忽结为盟友，在1471年时把斡罗出赶出河套，控制了河套地区。此后，癿加思兰与孛罗忽联手，大举进攻明边。癿加思兰势力强盛后，欲以太师之职左右蒙古政治，以女可哈巴儿图中根妻满都鲁。后又欲杀满都鲁合罕，另立毛里孩之子斡赤来为汗。1479年（成化十五年）满都鲁合罕在其手下亦思马因和脱罗干的帮助下，杀死了癿加思兰。

[3] 也先，绰罗斯氏，祖父为马哈木，父亲是脱欢太师。1439年，脱欢死，其子也先继任为太师，控制脱脱不花汗，成为蒙古实际上最高的统治者。也先在其父脱欢统一瓦剌、兼并蒙古各部的基础上继续发展，以武力威胁、政治联姻等手段向外扩张，在西部征服哈密、沙州三卫，东破兀良哈三卫，势力直抵达女真。然后南下，于1449年（明正统十四年）大举侵明，在土木之役中俘获明英宗。1452年杀死脱脱不花合罕，即蒙古合罕之位，1454年死于内讧。

妣吉知道后，把那孩子的小雀儿向后拽着，就像女孩子一样把尿。来人回去报告给也先太师说："是个女孩儿！"等那人走后，妣吉把家里使唤的察罕儿的豁勒伯惕之斡堆婆娘的女儿换来放入摇车里。那个人又返回来，解开摇车看完，回去报告给也先："确实是个女孩子。"其后，瓦剌的斡吉台把阿秃儿常抱怨[自己的主子]："我做了十三次战役的先锋，可他[从来]没赏赐过我！"纳哈出得知后说："哈儿忽出黑台吉的妣吉生了一个男孩儿，如果你想寻求重用，就把那男孩儿送往蒙古。你将成为六万户蒙古人的显贵！"按照纳哈出的话，瓦剌人斡吉台把阿秃儿、弘吉剌人额薛来太保、哈剌嗔人孛来太师、撒儿塔兀勒人伯哥歹阿哈剌忽四人，带着这孩子投奔到蒙古。到了蒙古的边境上，[他们]到了兀良哈的忽秃黑少师那里。[等那孩子长大后]，忽秃黑少师将名叫失乞儿的女儿嫁给了他，称他为"伯颜猛可孛罗忽吉囊"。[这样]满都鲁合罕与孛罗忽吉囊[1]二人共同统辖着六万户蒙古。

[后来]有一个名叫晃豁来的人，向满都鲁合罕进谗言："听说您弟弟孛罗忽吉囊，想要夺走您的也可哈巴儿图中根夫人！"晃豁来又到孛罗忽吉囊那里说："你的合罕哥哥恨你与他自己平起平坐，对你怀有恶意。不久他会派人来试探你！"满都鲁合罕为了核实晃豁来的话，叫吉囊去他那里。吉囊认为晃豁来的话为真，害怕[合罕加害]而没有前往。合罕[于是]把晃豁来的话当真，出兵征讨了吉囊。

孛罗忽吉囊得知后，逃到叫德速勒台（Desüretei，德勒速台 Deresütei 的倒误）的地方居住时，失乞儿太后在那里生下了把秃猛可[2]。[父母]将把秃猛可寄养在巴勒哈嗔人巴克什（下文作巴海，巴克什应该是巴海的笔误——译者）家里。后来，畏兀惕的萨穆勒太师[3]来袭击，抢走了失乞儿太后，并收纳了她。孛罗忽吉囊和拐子孛罗二人在卜尔报[4]境内一起逃亡。在逃

---

[1] 孛罗忽吉囊，名伯颜猛克，脱脱不花合罕孙。脱脱不花合罕长弟阿黑巴儿只吉囊，幼弟满都鲁。也先诱杀阿黑巴儿只吉囊时，吉囊的儿子哈儿固楚克台吉出逃托克马克，途中被人杀害。哈儿固楚克台吉的妻子薛扯太妃子是也先的女儿，在其丈夫死后三个月生下遗腹子伯颜猛克，后来被送至兀良哈斡罗出（阿罗出）少师处，斡罗出少师将女儿失吉儿嫁给伯颜猛克，并把伯颜猛克夫妻送至其叔祖父满都鲁处。此时，满都鲁为蒙古合罕。满都鲁合罕封伯颜猛克为"孛罗忽吉囊"（乌兰《〈蒙古源流〉研究》，第 277—281 页），命其以吉囊身份统领鄂尔多斯万户。1476 年，满都鲁合罕联合应邵不万户首领太师乩加思兰杀害了孛罗忽吉囊。

[2] 把秃猛可（1473—1516），伯颜猛可孛罗忽吉囊之子。即位后尊称答言合罕，又译写为歹颜哈（《北虏世系》、《四夷考》、《武备志·四夷》）、答言罕（《登坛·北虏各支宗派》）等。据乌兰研究，汉文史料中的"歹颜、达延、达延"等均为汉语"大元"的蒙古化发音（详乌兰《Dayan 与"大元"——关于达延汗的汗号》，载《内蒙古大学学报》1990 年第 1 期）。答言合罕生于 1473 年，卒于 1516 年。1479—1516 年间在位。答言合罕的母亲是兀良哈斡罗出（又作阿罗出）少师的女儿失吉儿太后。据两《黄金史》，答言合罕的出生地叫德速勒台（Deresütei），该《阿萨喇克其史》作德速勒台（Desüretei），必定是德勒速台（Deresutei）的倒误。答言合罕四岁的时候，权臣乩加思兰族弟亦思马因太师强娶其母亲失吉儿太后，因此把秃猛可生后被巴海与帖木儿哈大黑家抚养。七岁时，满都鲁合罕之遗孀满都海夫人嫁给他，称"答言合罕"（大元合罕）。答言合罕统一中央六万户蒙古，将诸子分封到各部，取消各部异姓贵族世袭统治权，历史上被称作"中兴之主"。

[3] 萨穆勒太师，即《蒙古源流》等书所记载的亦思马因太师。亦思马因太师的名字，蒙古文作 Isman tayiši，Ismal 或 Smal。这是一个伊斯兰教名字，原形为 Ismail，即阿拉伯语 Ismāīl。明代汉籍中称亦思马因太师。他是哈密北山野乜力人。亦思马因之父是毛那孩平章，后来曾为蒙古太师。亦思马因 1476 年参与了满都鲁、乩加思兰等人驱逐伯颜猛可孛罗忽吉囊的行动，孛罗忽吉囊死后他还娶了他的妻子、答言合罕的生母失乞儿太后。因此，亦思马因是答言合罕的继父。1479 年他与满官嗔—土蛮（土默特）的首领脱罗干一起杀死了乩加思兰，成为应绍不首领并继任太师。明人记载，"满鲁都（"满鲁"之倒误）死，太师马亦思因（"亦思马因"之倒误）立把秃猛可为可汗，亦曰小王子。"可见，答言合罕的即位得到了这位权臣的支持。但是，答言合罕不愿意长期受制于亦思马因，很快向亦思马因开了战。1483 年（成化十九年），"亦思马因为迤北小王子（答言合罕）败走"《明宪宗实录》，成化十九年五月壬寅，西逃至"甘肃以北亦集乃等处"。据蒙古文史书记载，1486 年，答言合罕派山阳万朵颜卫首领脱火赤为首的多名战将率兵出征亦思马因，并杀死亦思马因，将其妻亦即答言合罕生母失乞儿太后与亦思马因所生两个儿子卜儿孩、巴不歹带回答言合罕处。

[4] 卜尔报，Burbuγ，察哈尔万户的一个鄂托克名。

亡途中，于虎年，被应绍卜五鄂托克的客哩耶、察罕、猛可、哈喇等人杀害。

满都鲁合罕于鸡儿年驾崩，无子嗣。

巴海抚养把秃猛可很不精心。帖木儿哈达黑[向巴海]乞求："请把这孩子送给好人收养吧，要么就交给我吧！"[巴海]没有答应，于是帖木儿哈达黑[将把秃猛可]夺回去照料。那孩子染上了痘疾。帖木儿哈达黑的妻子用九峰白骆驼的乳汁，磨穿三只银碗治好痘疾。后来，帖木儿哈达黑将把秃猛可交给塞因满都海哈屯。

哈布图合撒儿的后裔好儿趁的把阿秃儿小失的之弟兀捏孛罗王[1]，在瓦剌夺取蒙古政权时，他因驻牧在斡难河流域而躲过劫难。[后来]他报别勒古台后裔毛里孩王杀害莫兰合罕之仇，说："原先，成吉思合罕与合撒儿是同胞兄弟，别克帖儿和别勒古台是同胞兄弟。为报成吉思合罕和合撒儿二人杀害别克帖儿之仇，这[别勒古台裔]毛里孩王杀死了莫兰合罕！"于是兀捏孛罗王出兵讨伐毛里孩。"我的合罕虽没有子嗣，合撒儿后裔我尚在！"说着，从兀鲁灰客列额[2]地方出发追击毛里孩王，割掉[毛里孩王]兄弟七人的头颅，所以[那个地方]被称作多伦哈鼎脱鲁盖（"七汗之首"）。这是合撒儿后代又一次相助[成吉思合罕后裔]。

塞因满都海哈屯佩戴弓箭，把散乱的头发拢上来，将把秃猛可放在座箱里，以客失旦的阿赉多布[3]为向导，在帖思孛儿都[4]地方发起进攻，大败四万瓦剌人，进攻他们的驻地和牲畜，消灭了他们[5]。

后来，好儿趁的兀捏孛罗王对塞因满都海哈屯说："我为你点燃灶火，指点游牧地。"哈屯说：

"我圣主的遗产，

你合撒儿的子孙能继承吗？

合撒儿子孙的遗产，

圣主的子孙能继承吗？

[圣主]有[别人]推不开的门扉，

有[他人]跨不过的门槛。

你以为合罕的子孙年幼，

你以为普天之下无主，

你以为哈屯我寡居，

你以为合撒儿叔父的后裔强大，

[竟敢说这样的话？！]"

---

[1] 兀捏孛罗王为合撒儿十二世孙，把阿秃儿小失的之子，孛罗乃之弟。也先杀死小失的后，孛罗乃落在了瓦剌人之手，后逃回好儿趁。在这段时间里，兀捏孛罗乘其兄不在，曾继承了齐王之位。孛罗乃返回后，他让位于其兄。孛罗乃死后，兀捏孛罗又一度成为好儿趁万户首领，并觊觎蒙古合罕之位。

[2] 该地应在今锡林郭勒盟东乌旗乌拉根郭勒河流域。多伦哈鼎脱鲁盖（Dolon qad-un toluyai），可能指今东乌旗政府所在地北山多伦脱鲁盖。朱风、贾敬颜将该地名读作 Doluyad-un toluyai 并译写为"多罗噶顿拖罗该"，误。

[3] 满都海哈屯的向导名，在两《黄金史》中作 Alayidung，善巴作 Alayidub，可能是笔误。

[4] 战场帖思孛儿都地方，指的是今蒙古国境内流入乌布苏淖尔湖的塔斯河与博尔河会流处（乌兰《〈蒙古源流〉研究》，第350页）。

[5] 答言合罕即位之初，满都海哈屯携幼年的答言合罕出征瓦剌。《大黄史》、《蒙古源流》等书形象地记载，"聪明过人的满都海彻辰哈屯把垂散的头发梳上来，做成发髻，把国主答言合罕放在座箱里，领着他出征，去讨伐四万瓦剌。"（《大黄史》A本，第99页；乌兰《〈蒙古源流〉研究》，第285页）合罕军队在流入乌布萨湖（今蒙古国乌布苏淖尔湖）的特斯河与博尔河之间的地方打败瓦剌，获得大量战利品。

塞因满都海哈屯给把秃猛可穿上三层靴子，带他到八白帐，令名叫芒金伊喇古的人向圣主洒用花色瓶盛的酒致祭。满都海哈屯这样祷告：

"我从青马毛色无法辨认的地方作儿媳礼。
[欺侮]合罕您的子嗣年幼，
合撒儿叔父的后人想娶我，
[所以]我来到了合罕大殿跟前。

我从花马毛色无法辨认的地方作儿媳礼。
[欺侮]您的子孙幼小，
远方的叔父想收纳，
[所以]我舍命来到金殿跟前。

如果我把您宏大的门户看轻了，
如果我把您高大的门槛看低了，
如果我嫁给了兀捏孛罗，
您套马杆的杆子长呵，
您套马杆的套子宽呵，
愿您把我套住；
如果[他]欺侮您年幼的子嗣[把我]强行迎娶，
您将兀捏孛罗套住。
如果我祈奏的这番话真诚，
请赐予我七个儿子一个女儿！"

兀捏孛罗听到哈屯的祷告后，害了怕，收回了原来说过的话。

在把秃猛可七岁时，塞因满都海哈屯[令他]受继自己。猪儿年，把秃猛可答言合罕即了大位。

答言合罕的满都海哈屯生有：铁力摆户和兀鲁思摆户系孪生，巴儿速孛罗和阿儿速孛罗系孪生，阿赤赖孛罗和安出孛罗系孪生，纳力不剌和坚阿巴孩系孪生。另一哈屯瓦剌的客哩耶秃子之女古失哈屯生有：克鲁岱、青两个孩子。兀鲁兀的斡罗出少师的女儿吉迷思斤哈屯生有：革儿孛罗、格呼森扎两个儿子。这就是答言合罕的十一个儿子。[1]

---

[1] 答言合罕十一子：答言合罕诸子的名字和齿序以及他们的母亲，各书记载不一。佚名《黄金史》载："（答言合罕与满都海哈屯生了七个儿子：）铁力孛罗与兀鲁思孛罗二人系孪生，阿儿速孛罗与巴儿速孛罗二人孪生。……阿赤赖孛罗与安出孛罗一对双生子。后来又生了纳力不剌。七子皆以'孛罗'命名。兀良哈的忽秃黑少师的孙女撒木儿太后另生了格呼森扎和革儿孛罗二人。另一个[哈屯] 古失哈屯生了克列迪、青台吉二人。"（朱风、贾敬颜汉译：《汉译蒙古黄金史纲》所附蒙古文文本，内蒙古人民出版社，1985年，第191-192页）罗藏丹津《黄金史》与此同（第160页）。《蒙古源流》载："后来，满都海扯臣哈屯生下了铁力孛罗、兀鲁思孛罗一对儿子，之后又孪生了脱啰勒图公主和巴儿速孛罗，再后又生下阿儿速孛罗一个。"后来，生下了纳勒出孛罗田和阿赤赖孛罗两个孪生子。"以后，又生了纳儿孛罗。""又有札剌亦儿人忽秃黑少师的女儿速米儿哈屯生了格咧孛罗、格列山只两个儿子；瓦剌一巴图特的把哈儿衮鄂托克的阿剌丞相的儿子忙吉来阿哈剌忽的女儿古失哈屯生了五八山只称台吉、克列兔台吉两人。"（乌兰《〈蒙古源流〉研究》，第285、353页）《大黄史》载："铁力孛罗和兀鲁思孛罗系双生，巴儿速孛罗和阿儿速孛罗系双生，阿赤赖孛罗和安出孛罗系双生，纳力不剌和坚阿巴孩系双生。另一哈屯瓦剌的客哩耶秃子之女古失哈屯生有：克鲁岱、青两个孩子。兀鲁兀的斡罗出少师的女儿吉迷思斤哈屯生有：革儿孛罗、格呼森扎两个儿子。答言合罕的十

答言合罕出兵征讨满官嗔，在兔儿根河[1]交战，降服了他们。后来，出征降服了畏兀惕的萨穆勒太师，并接来自己的母亲失吉儿太后。后来，出征乩加思兰太师，为报孛罗忽吉囊之仇，将乩加思兰太师杀死在吉勒只儿秃忽木。据说，杀死[乩加思兰太师]的地方后来长出了食盐。后来，右翼万户发生了内乱，[答言合罕]派去兀鲁思摆户治理。畏兀惕的亦卜剌太师和阿儿秃斯的勒古失阿哈剌忽杀害了[兀鲁思摆户]。[2][当时]巴儿速孛罗正住在右翼万户满官嗔的火筛拓不能[之妻]多古郎公主姐姐的家里。当[右翼人]要杀害[巴儿速孛罗]时，他姐姐使他逃脱。

一个儿子，独生女儿。"（《大黄史》A本，第101-102页）除了长子和次子的名字以外，《阿萨喇克其史》的其他记载与《大黄史》完全相同。根据17世纪初蒙古文《俺答汗传》，答言合罕长子名铁力摆户，次子兀鲁思摆户，所以，善巴记载的答言合罕长子和次子名字是有根据的。

　　据宝音德力根考证，答言合罕子女生母与齿序应如下：答言合罕共有十一子一女，皇后满都海生有七男一女，另外两个妃子兀鲁氏和巴儿虎氏各生二男。十一子中，皇后满都海所生长子铁力摆户，又名图鲁孛罗和巴儿虎氏妃子所生第八子克列兔早卒，没有留下后代。由于答言合罕长子铁力摆户夭折，同胞双生次子兀鲁思摆户实际成为答言合罕长子。兀鲁思摆户小名阿尔伦，汉籍有时简称五路士，蒙古文史书又称他为兀鲁思孛罗，有时只尊称阿巴海。兀鲁思摆户大约出生在1488年，1507—1508年被蒙古右翼异姓贵族亦不剌等人杀害。答言合罕三子巴儿速孛罗，小名阿着，1517—1519年间，乘不地年幼曾一度夺取蒙古合罕之位，因此有赛那浪罕（Sayin alaγ qaγan）的汗号。答言合罕第四子名阿儿速孛罗，与三子巴儿速孛罗同胞双生。《九边考》、《北虏考》等汉籍中其名作"满官嗔"，而《北虏世代》、《夷俗记·北虏世系》则作"我角黄台吉"、"我折黄台吉"。答言合罕第五子名阿赤赖孛罗，其名在《俺答汗传》作乌达孛罗（Udabolud）。答言合罕第六子名安出孛罗，《俺答汗传》将安出孛罗之名误记为"Nelbuyura"。史料来源与《俺答汗传》相同的明末汉籍《北虏世代》、《夷俗记·北虏世系》的记载与之相同，为了区别，只好用不同汉字，分别译作"纳力不剌"和"那力不剌"。这样，答言合罕就有了名字完全相同的两个儿子了。答言合罕第七子名那力不剌，他是皇后满都海所生幼子，是真正意义上的幼子，地位与身份远高于妃子所生幼子即第十一子格哷森扎。答言合罕第十五八山只称台吉，"五八山只"是其名，"称台吉"为其号。《北虏世代》和《夷俗记·北虏世系》误将五八山只称台吉的名号割裂，分别列为第十子五八山只、第八子称台吉。由此，自然就漏记了答言合罕第九子革儿孛罗。答言合罕第九子名革儿孛罗，《俺答汗传》作革根猛可（Gegen möngke）。答言合罕第十一子名格哷森扎与革儿孛罗同母（宝音德力根：《答言合罕子孙分封考》，载QMD2）。

[1] 今呼和浩特市大黑河。
[2] 这段历史的真相是这样的：满都海哈屯和答言合罕鉴于百年来异姓权臣专权、黄金家族萎靡不振的情况，决心结束混乱割据的局面。答言合罕首先攻杀太师亦思马因。据蒙古文史书记载，1486年，答言合罕派山阳万朵颜卫首领脱火赤为首的多名战将率兵出征亦思马因，并杀死亦思马因，将其妻亦即答言合罕生母失乞儿太后和她与亦思马因所生两个儿子卜儿孩、巴不歹被脱火赤带回答言合罕处。答言合罕消灭太师亦思马因后，取消了作为北元政权最高行政、司法、军事长官的太师官衔。明人说，"虏中太师官最尊。诸酋以王幼，恐太师专权，不复设太师。"1487年，答言合罕携皇后满都海出征瓦剌亦不剌、亦剌思及其控制下的原亦思马因部众。但遭瓦剌突袭而败北，退兵途中满都海坠马，答言合罕双生子因此而早产。但是，答言合罕并没有因暂时的挫折而气馁，当时答言合罕率七万之众，长期"潜住贺兰山后"，对亦不剌、亦剌思部众进行了不懈的征讨。1495年答言合罕大兵压境，亦不剌、亦剌思等被迫投降。打败亦思马因、取消太师一职后，答言合罕派自己的儿子兀鲁思孛罗到右翼阿儿秃斯部担任吉囊，同时派三子巴儿速孛罗到满官嗔—土默特部。这是答言合罕分封诸子的最初尝试。阿儿秃斯部本是答言合罕之父孛罗忽吉囊及其祖先的部众。孛罗忽被满都鲁、乩加思兰等人杀死，其部众被吞并，从此阿儿秃斯部统治权就落入异姓贵族之手并成了乩加思兰、亦思马因等统治下的应绍不万户的附庸。答言合罕时代该部首领为勒古失阿哈剌忽，与亦不剌、火筛同为右翼三万户首领。据蒙古文编年史书《黄金史》记载，应绍不万户新首领亦不剌部下曾偷窃兀良哈万户把颜脱脱的马群，未曾治罪。后来亦不剌部下又将前来争夺马群的把颜脱脱杀死，犯下大罪。因为涉及左右翼两大万户的诉讼，答言合罕派自己的长子兀鲁思孛罗等前去断案。恰巧，兀鲁思孛罗的一个近侍欠亦不剌族人一匹马，因索要马匹，二人发生争执。兀鲁思孛罗偏袒自己的近侍，杀死了亦不剌的族人。亦不剌、勒古失（又作满都来阿哈剌忽）、火筛等不满，杀死了答言合罕子兀鲁思孛罗及其随从。此时，答言合罕第三子巴儿速孛罗在满官嗔—土默特部首领火筛家入赘为婿，因惧怕其岳丈加害，将幼小的次子俺答弃于火筛家，带着自己的长子衮必里克及其侍从逃回答言合罕处。

答言合罕出兵征讨右翼万户。右翼万户听说后便在答兰帖哩温[1]地方迎战。阿喇黑出惕人察罕札噶林、乌珠穆沁人额勒登格巴克什二人算卦，说："亦卜剌属火命！"于是燃起火来，把银碗里的水倾入火中。汪古人秃勒哥歹占卜师说："如果孛儿斤家族的身体矮粗的红脸庞的人，手握虎缰打头阵，我们将赢。"按照他的话，哈布图合撒儿的后裔兀儿图忽海那颜带领他的儿子卜儿海、兀良哈人巴雅海把阿秃儿、好儿趁人彻格彻把阿秃儿、五鄂托克罕哈人巴噶孙，这五个人要打头阵。右翼三万户摆成弓形推阵来迎战。合罕摆成六十一头牤牛角顶阵扑向他们。上述五个人率先冲阵，打败了[右翼]。[2]

[答言合罕]于是重赏了那五人，将满都海哈屯所生的独生女儿嫁给了[其中的]巴噶孙。命巴儿速孛罗掌管右翼三万户。答言合罕四十四岁时驾崩。

---

[1] 今鄂尔多斯市鄂托克旗东北达楞图如湖。
[2] 答言合罕得报新派吉囊在右翼被害，于1508年（明正德三年）率部征讨右翼，结果在土儿根河被火筛打败，火筛率部追击答言合罕至哈海额列速（今西乌珠穆沁旗境的噶海额列苏），大掠察儿克什旦、克木齐兀（谦州）二鄂托克而还。1509年，答言合罕重整旗鼓，在达兰特哩衮与右翼三万户之军决战，取得了重大胜利。1510年，火筛带着答言合罕孙俺答来降，亦不剌、满都来（勒古失）以及亦思马因子儿孩（答言合罕同母异父弟）等人则逃往青海。后来，满都来在青海境内被杀，亦不剌在哈密被害。特哩衮之战的胜利，保证了答言合罕统治的确立，也为日后答言合罕后裔黄金家族直接统治东蒙古各部打下了坚实的基础。

卷　四

  答言合罕的长子是铁力摆户[1]，他的儿子是不地阿剌黑[2]、乌巴山只台吉[3]、也密力台吉[4]。铁力摆户没等到即位就去世了。因不地阿剌黑年幼，巴儿速孛罗即了大位[5]。后来，不地阿剌黑长大成人，率领左翼三万户，来叩拜圣主八白帐，对巴儿速孛罗说："你乘我年幼，非法称合罕，现在我即了合罕位，你给我叩头吧！"巴儿速孛罗同意，并叩了头。巴儿速孛罗做了吉囊，成为右翼三万户的那颜，不地阿剌黑即了大位。

  其后，哈布图合撒儿的后裔把阿秃儿小失的之子孛罗乃[6]，为先前的太松合罕报仇，征讨了彻卜登的儿子摩罗其[7]。[摩罗其]兄弟三人筑起栅栏[抵抗]，逃身。

---

 [1] 铁力摆户：答言合罕长子，又称铁力孛罗，清代译作图鲁博罗特。先于其父去世，没有子嗣（《俺答汗传》、佚名《黄金史》）。《大黄史》、《蒙古源流》和罗藏丹津《黄金史》均载，铁力孛罗是不地等人的父亲。较早的汉文史书如郑晓《皇明北虏考》记载答言合罕子有三：长阿尔伦（Arlun）、次阿著(Aju)、次满官嗔(Mangyoljin)，并说阿尔伦被亦不剌杀死，遗二子，长卜赤（即不地）、次乜明（"乜"即"也"字之误）。考之蒙古文史书，郑晓所言答言合罕长子、次子和三子分别是蒙古文史书中的次子兀鲁思摆户、三子巴尔速孛罗和四子阿儿速孛罗。宝音德力根据此认为，佚名《俺答汗传》、《黄金史》等早期蒙古文史书记载可信，铁力孛罗无子嗣（《15世纪中叶前的北元可汗世系及政局》，载《蒙古史研究》第六辑）。

 [2] 不地阿剌黑：答言合罕次子兀鲁思孛罗长子。又称不着（《登坛必究》）、卜赤（《皇明北虏考》、《四夷考》、《万历武功录》等）、孛只（《万历武功录》）、保只（《明实录》）、钵帝阿拉克（《蒙古世系谱》）等等，清译博迪。答言合罕去世前，指定不地为蒙古汗位的继承人。按照蒙古合罕斡耳朵住察哈尔万户、蒙古合罕直接统领察哈尔万户的传统，不地及其弟弟也密力被分封到察哈尔万户。关于不地生年，《蒙古源流》记为甲子年（1504年）。他大致在1520年左右即位，1547年卒（乌兰《蒙古源流研究》，第390页）。

 [3] 乌巴山只台吉：据《大黄史》与抄自《大黄史》的该《阿萨喇克其史》记载，他是铁力摆户次子，实际上是兀鲁思孛罗次子。该人不见于17世纪其他蒙古文史书和明代汉文史籍。

 [4] 也密力台吉：兀鲁思孛罗幼子。又作乜明（《万历武功录》、《皇明北虏考》）、我力命（《登坛必究》）。他被答言合罕封到察哈尔万户。16世纪中叶，察哈尔万户一部分在蒙古合罕打来孙率领下南下大兴安岭住牧，征服了成吉思汗幼弟斡赤斤后裔所属山阳万户即明人所谓的泰宁等三卫。同时，打来孙对旧部和新征服的部众进行第二次分封。这样，不地、也密力后裔统治下的察哈尔万户形成了合罕斡耳朵直属部众和左右翼八鄂托克。

 [5] 巴儿速孛罗为答言合罕第三子。小名阿着（Aju），1517—1519年间乘不地年幼曾一度夺取蒙古大汗之位，因此有赛那浪罕（Sayin alay qayan）的汗号。1519年不地兴师问罪，巴儿速孛罗让位于不地并于同年死去。在镇压蒙古右翼异姓贵族叛乱后不久，答言合罕便派巴儿速孛罗到阿儿秃厮万户担任吉囊。《俺答汗传》、《蒙古源流》等出自右翼蒙古人之手的史书都记载，巴儿速孛罗最初就有统治整个三万户之权。学者们认为这种记载不可轻信，这是巴儿速孛罗的子孙为了掩盖其父利用窃取的合罕权力，剥夺答言合罕四子和七子部众的历史而编造出来的谎言。

 [6] 孛罗乃是合撒儿十二世孙，其父为小失的，被瓦剌也先所害。孛罗乃在东蒙古贵族的保护下回到好儿趁（科尔沁）万户，成为该万户的首领。孛罗乃在《明实录》中以"齐王孛鲁乃"和"孛罗乃西王"之名出现（《明宪宗实录》，成化三年三月乙丑；《明英宗实录》，天顺七年六月丁亥）。据佚名《黄金史》记载，孛罗乃在瓦剌时，其弟兀捏孛罗成为好儿趁首领。当孛罗乃返回后，兀捏孛罗对其兄说："兄长你不在时，我非礼占据了（王位）。现在合法的你即位吧！"（朱风、贾敬颜译注《蒙古黄金史纲》，第199页）于是孛罗乃继承了齐王之位。

 [7] 脱脱不花合罕之岳父彻卜登之子。

第二部 译注　119

后来，门都王[1]去征讨，杀死了他们三人。合撒儿的后世子孙为[成吉思]合罕的后世子孙又做了一件好事。

其后，不地阿剌黑合罕在主都郎温都儿地方于羊儿年春末月初十日驾崩。不地阿剌黑合罕的儿子[2]有：库登合罕、可可出大台吉、都喇哈勒台吉、卓里克图台吉、不和台吉。

库登合罕[3]于猪儿年即大位。这位合罕执政时期，国家安定，亲族和睦，六大兀鲁思安详。[库登合罕]于蛇儿年三十八岁时驾崩。

库登合罕的儿子土蛮札萨克图合罕[4]即大位，多次征伐了汉地。[他执政时]大国幸福安详。猪儿年驾崩。

土蛮札萨克图合罕的儿子不彦答言扯臣合罕[5]即大位。[他]夺回太松合罕失掉的玉玺，使平安大国更加繁荣，使普天之下更加安详。

答言扯臣合罕的儿子莽古速台吉[6]没即罕位前就去世了。

莽古速台吉的儿子林丹[7]库图克图福荫成吉思大明薛禅战无不胜者吉祥察卡喇瓦尔地大

---

[1] 门都王，好儿趁贵族。

[2] 不地阿剌黑合罕诸子：不地汗诸子，《大黄史》记为三人，即库登打来孙台吉、可可出大台吉、汪兀都喇尔，《蒙古源流》同。罗藏丹津《黄金史》只记载了库登合罕一人，并错将可可出大台吉、都喇尔诺颜、卓里克图台吉和不忽（不和）台吉四人记载为库登合罕诸子。明代汉文史籍《北虏世系》列有五人之名：打来素台吉、可可出大台吉、汪兀都喇台吉、公兔台吉、那宾兔台吉。考于诸史，不地合罕有五子。那宾兔（善巴书中的卓里克图台吉？）和公兔两台吉（善巴书中的不和台吉？）可能是庶出之子，故有些蒙古文史书不载他们的名字。善巴在蒙古贵族世系方面的记载总是比他书全面，他可能掌握着一部我们所不知道的蒙古世系谱。

[3] 不地汗的长子。又作达赉逊库登台吉、枯登台吉、库登汗、打来孙、打来素台吉等。据乌兰研究，打来孙合罕生于庚辰年（1520 年），卒于丁巳年（1557）。16 世纪中叶，打来孙合罕率领察哈尔万户，与好儿趁万户与喀尔喀万户的左翼一道南下大兴安岭住牧，征服了成吉思汗幼弟斡赤斤后裔所属山阳万户。

[4] 土蛮札萨克图合罕：库登合罕的儿子。明代汉籍作"土蛮"（《明实录》、《北虏世系》、《万历武功录》、《四夷考》等）、"土蛮罕"、"土买罕"（《万历武功录》）、"土蛮憨"（《辽夷略》）等。据《蒙古源流》载，其即位年为戊午（1558 年）。《明实录》中土蛮之名首次出现的时间也是 1558 年（《明实录》嘉靖三十七年十月壬申条）。他的卒年，据《蒙古源流》为壬辰年（1592）。两《黄金史》不载。土蛮之名在《明实录》中最后出现的时间是 1588 年（万历十六年闰六月壬午）。土蛮合罕时期，察哈尔万户实力强盛，控制山阳万户和女真等部，向女真人收取贡赋，从五个万户（时兀良哈万户已不存在）中各选一位能力较强的首领任执事，以便协调各万户，加强统治。明人说他"控制之士六万，最精壮"（《万历武功录》，卷 10）。他经常率兵侵掠蓟辽明边，1567 年九月入明境，"京师震动"（《明实录》隆庆元年九月壬申，十二月乙巳）。

[5] 不彦答言扯臣合罕：土蛮合罕之子。在明代汉籍中，记其名为"不彦七庆台吉"（《北虏世系》）、"卜言台周"（《万历武功录》）、"七庆哈"（《武备志》）、"扯臣憨"（《辽夷略》）等。据《蒙古源流》，他于癸巳年（1593）即位，卒于癸卯年（1603）。

[6] 莽古速台吉：不彦扯臣合罕的儿子。据《金轮千福》，不彦扯臣合罕有子二人，长莽古速莫尔根台吉、次毛祁他特鄂特珲台吉。《辽夷略》也记扯臣憨有二子：莽骨速台吉、毛起炭。毛起炭即毛祁他特（Muu Kitad）。《北虏世系》记扯臣合罕有"子十"，但未记其名，恐误。

[7] 林丹合罕：林丹合罕（1592－1634）之名，有的蒙古文史书作 Lindan（《大黄史》、罗藏丹津《黄金史》、《金轮千福》），有的作 Ligdan（佚名《黄金史》、《恒河之流》、《水晶数珠》）。汉籍中作"虎墩兔"（《明史》、《辽事实录》）、"民旦"（《武备志》）、"虎酋"、"虎憨"、"虎酋插汉儿王子"（《明实录》）、"林丹汗"（《清实录》）等。林丹合罕生于 1592 年，1604—1634 年在位。林丹合罕即位后，立志改变答言合罕以后大权旁落的局面，但各万户首领不顺从，实际受林丹合罕控制的仅仅是察哈尔万户。17 世纪初，察哈尔万户有"八大部二十四哨"，人口众多，实力雄厚，主要分布在西拉木伦河以北地区，在西拉木伦河以南和大兴安岭以北，也有一些分支。1616 年，建洲女真首领努尔哈赤建立了爱新国。1619 年和 1624 年，爱新国分别与蒙古东部的内喀尔喀五部和嫩科尔沁（即好儿趁）部建立了反明朝、反察哈尔的政治、军事同盟。1627 年，林丹合罕西征。在 1627－1628 年间，征服了右翼诸万户。1632 年和 1634 年，满洲军队大举进攻林丹合罕。1634 年进入青海，不久病死在青海大草滩（今甘肃省天祝藏族自治县境内）。

太宗天之天宇宙天帝转金轮教法合罕。他的儿子额尔克孔果尔[1]与阿巴鼐亲王[2]二人。阿巴鼐亲王娶女真人巴儿速车臣汗之女固伦公主[3]，生有布尔尼王与罗卜藏两个儿子[4]。

答言合罕次子兀鲁思摆户没有子嗣[5]。他在年幼时，被畏兀惕人亦卜剌太师杀害。

答言合罕的三子巴儿速孛罗吉囊[6]的儿子们有[7]：库木里麦力艮哈剌吉囊、赛因格艮汗、剌不台吉、伯思哈勒昆都力汗、伯颜答喇那林台吉、卜只剌我托汉台吉。

巴儿速孛罗的长子库木里麦力艮哈剌吉囊[8]，他的儿子们为那言大儿吉囊、伯桑豁儿狼台吉、斡亦答儿麻那莫按台吉、那木塔儿尼黄台吉、不阳忽里都喇哈勒台吉、巴札喇威正台吉、八的麻扯臣台吉、阿木答喇打儿汉台吉、翁剌罕银锭台吉。

库木里吉囊的长子那言大儿吉囊，他的儿子们有：不彦把都儿黄台吉、那木图台吉、隐布台吉、济巴石台吉、莽骨思朝库儿。不彦把都儿黄台吉的儿子们是：卜失兔吉囊、完者秃宾图、班第著力兔。那木图台吉的儿子们是班第都隆、满珠失哩台吉。莽骨思朝库儿的儿子们是：不纳班黄台吉、不答失哩、奔巴罗、奔巴、不彦台、阿巴鼐。

库木里吉囊的次子伯桑豁儿狼台吉。他的儿子们有：埃答必思答言台吉、奥巴著力兔、

---

[1] 林丹合罕长子。其名在蒙古文史书中或作额尔克孔果尔（《黄史》），或作额尔克洪果尔（罗藏丹津《黄金史》）。汉籍中有"黄鹅儿"（《明史纪事本末》）、"额尔克孔果尔额哲"（《清实录》）等写法。额哲是名字，额尔克孔果尔为号。1632年随父亲西征。1634年林丹合罕死，额哲与其母苏泰太后率残部东返，驻于托里图之地（今内蒙古鄂尔多斯市乌审旗陶力苏木一带）。1635年四月被爱新国军队俘获。后尚皇太极次女固伦公主玛喀塔，封和硕亲王，率察哈尔部众住牧以今内蒙古库伦旗为中心的地方。1641年卒，无嗣。

[2] 林丹合罕次子。其名《清实录》作阿布奈，《王公表传》作阿巴鼐。1645年继娶兄嫂（皇太极次女固伦公主玛喀塔），生有布尔尼、罗卜藏二子。1669年，因不敬清帝而遭弹劾，被囚于盛京。1675年，布尔尼叛清，不久战败被杀。阿巴鼐也被处以绞刑（《清圣祖实录》，康熙八年二月辛卯条，康熙十四年五月壬酉、癸亥条）。

[3] 巴儿速车臣汗：指清太宗皇太极。太宗建立大清之前称sure han（汉译天聪汗），蒙古人呼作"sečen qaγan车臣汗"，意思与满语的sure han同。固伦公主，指皇太极和孝端皇后所生的玛喀塔公主，称"固伦温庄长公主"。1636年嫁给林丹合罕长子额尔克孔果尔额哲。额哲死后，1645年又嫁给额哲的弟弟阿巴鼐，生有布尔尼、罗卜藏二子。玛喀塔公主卒于1663年。

[4] 布尔尼王，林丹合罕孙，阿巴鼐与玛喀塔所生。1675年，布尔尼起兵叛清，希望恢复蒙古汗国统治。清朝派图海等率军征讨，布尔尼不久兵败身亡。罗卜藏，布尔尼之弟。随兄布尔尼起兵，兵败后逃至今开鲁县境内，被其岳父科尔沁额驸沙津所杀。

[5] 兀鲁思摆户：应为答言合罕次子，不地、也密力二人之父。包括该《阿萨喇克其史》在内的一些蒙古文史书认为他没有子嗣，是因为和其兄铁力摆户混淆的结果。该书中的"答言合罕次子兀鲁思摆户没有子嗣。他在年幼时，被畏兀惕人亦卜剌太师杀害"这个记载，直接引自《大黄史》。

[6] 巴儿速孛罗吉囊：答言合罕第三子。蒙古文史书又称"赛那剌"（sayin alaγ）或"阿著"。汉文史籍作"赛那剌"（《北虏世系》、《四夷考》、《名山藏》）"赛那浪"（《两朝平攘录》、《登坛必究》）、"赛那浪罕"（《筹边纂议》）、阿着（《皇明北虏考》）等。答言合罕在派次子兀鲁思孛罗到右翼鄂尔多斯部担任吉囊时，也派巴儿速孛罗到满官嗔—土默特部。这是答言合罕分封诸子的最初尝试。在右翼叛乱，兀鲁思孛罗被害后，巴儿速孛罗从满官嗔—土默特部逃回，将自己的次子俺答留在了满官嗔—土默特部。他乘不地阿剌黑年幼，一度以吉囊身份夺取了蒙古合罕之位，1519年死（《俺答汗传》中记其卒年为"兔儿年"即1519年）。

[7] 巴儿速孛罗诸子，《大黄史》载6人：库木里麦力艮哈剌吉囊、俺答格艮汗、剌不台吉、伯思哈勒昆都力汗、伯颜答喇那林台吉、卜只剌我托汉台吉；《蒙古源流》记7人：衮必里克麦力艮吉囊、俺答汗、剌不台吉、伯思哈勒昆都力汗、伯颜答喇那林台吉、卜只剌我托汉台吉、塔喇海台吉。罗藏丹津《黄金史》也载7人：麦力艮剌哈剌吉囊、昆都力汗、俺答汗、剌不那颜、那林台吉、卜只剌、蒿济哥儿台吉。

[8] 库木里麦力艮哈剌吉囊：又作衮必里克麦力艮吉囊（《蒙古源流》）、麦力艮吉囊（《北虏世系》）等。巴儿速孛罗长子。他的父亲窃取蒙古大汗之位后，决定由麦力艮继承自己的位子，他成了右翼三万户的吉囊，称衮必里克麦力艮吉囊。库木里（野韭菜）是他的绰号。麦力艮吉囊生于1506年（《蒙古源流》），卒于1542年（蒙古文《俺答汗传》、《万历武功录》）。麦力艮吉囊于1533首次出现在明代汉籍中（《明实录》嘉靖十二年二月癸卯），当时已"拥十余万众"，势力日盛，不时侵略明边。他还和弟弟俺答一起，联合不地合罕，曾多次率兵攻打兀良哈万户，直到最终灭掉该万户。1532年、1534年两征青海亦卜剌、卜儿孩，收服其众。

塔噶济宰桑台吉。埃答必思答言台吉的儿子们是：阿赤图答言台吉、额呈吉台吉、马第台吉。奥巴著力兔的儿子们是：阿难答合收赤、亦木辛爱、晁兔台吉、朵儿只台吉、图巴台吉。

库木里吉囊的三子斡亦答儿麻那莫按台吉，他的儿子们是：铁盖合收赤黄台吉、海努海把都儿、纳乞牙昆迭连歹成、朝儿库青把都儿、哭线威正著力兔、朵儿只台吉、公谷儿薛缠。铁盖合收赤黄台吉的儿子们是：沙刺、乞塔特。海努海把都儿的儿子们是：乞塔特都喇哈勒、古哲额赤台吉、土麦台吉、马柴台吉、库先台吉。纳乞牙昆迭连歹成的儿子们是：斡亦马孙台吉、扯臣台吉。朝儿库青把都儿的儿子们是：哈丹、青。哭线威正的儿子们是：朵儿只台吉、萨冈台吉。朵儿只台吉的儿子们是：兀努衮黄台吉、亦失衮歹成、山巴答喇台吉。

库木里吉囊的四子那木塔儿尼，他的儿子们是：忽图黑台朝克察孙济鲁肯黄台吉[1]、不颜答喇合落赤台吉、赛因答喇青把都儿、那木大麦力艮台吉。忽图黑台朝克察孙济鲁肯黄台吉的儿子们是：完者允都赤打儿汉把都儿、石答答扯臣朝库儿、苦跌跌宾兔歹成、不言大扯臣著力兔、奔不歹晁兔台吉、奔巴失哩扯臣把都儿、答纳失哩哈坛把都儿。不颜答喇合落赤台吉的儿子是莽骨思合落赤。赛因答喇青把都儿没有子嗣。那木大麦力艮台吉的儿子是土雷青合落赤。

库木里吉囊的第五子不阳忽里都喇哈勒，他的儿子们是：别勒该歹崩台吉、不儿赛歹成。别勒该歹崩台吉的儿子纳臣台吉。不儿赛歹成的儿子们是：撒台扯臣歹成、撒只把都儿黄台吉、瓦刺麦力艮台吉、阿歹银锭台吉、薛吟哈坛把都儿、巴图特台吉、察忽麦力艮著力兔。

库木里吉囊的第六子巴札喇威正台吉，他的儿子们是：朵儿计歹成、庄秃赉威正、恩克合收赤。庄秃赉威正的儿子们是：喇失威正黄台吉、答来宰桑、失喇卜晁兔、翁归朝库儿、喇失颜台吉、阿巴台吉。恩克合收赤的儿子是萨只台吉、失答台吉。

库木里吉囊的第七个儿子八的麻扯臣台吉没有子嗣。

---

[1] 忽图黑台朝克察孙济鲁肯黄台吉（1540—1586），明代汉籍作"切尽黄台吉"。1562 年，忽图黑台黄台吉率鄂尔多斯部兵马出征瓦刺，行至额尔齐斯河征服锡木毕斯、土尔扈特二部后撤兵。1573 年，忽图黑台黄台吉率兵远征哈萨克，1574 年，远征托克马克（当即古碎叶城所在地的 Tokmak,在吉尔吉斯斯坦境内），击败哈萨克的阿克萨尔汗。凯旋途中出征瓦刺，在扎拉满罕山阴收服喀木苏、都哩图为首的巴图特部，他的儿子完者允都赤紧追三月，在图巴罕山（今唐努兀梁海地区的都播山）之阴收服以绰罗斯的必齐呼锡格沁为首的四鄂托克而回。1577 年，同俺答汗西掠瓦刺，由于明朝的出卖，俺答汗与忽图黑台黄台吉战败而归。忽图黑台黄台吉不仅是重要的军事领袖，也是 16 世纪著名的文人和弘扬佛法者。16 世纪中叶，最早与西藏佛教格鲁派接触的人物就是这位忽图黑台黄台吉。据《蒙古源流》记载，忽图黑台黄台吉于二十七岁（1566）时向西藏东北部远征，在失里木只（锡里木济，silimji）三河汇流之处扎营，迫使当地宗教首领，收聚起三河地区的叶蕃部落，给予安置后，遂将卜拉尔根喇嘛、阿斯朵黑赛干班第、阿斯朵黑瓦只刺十麦桑哈斯巴等三人带回蒙古。后来将名叫兀罕出沁丹的女人配给阿斯朵黑瓦只刺土麦桑哈斯巴，并给予"国王欢津"（掌礼仪之官），"封他为众臣之首。"研究家们认为，从此以后，在这些西藏僧人的引导和指导下，忽图黑台黄台吉精通了藏文佛经，成了西藏佛教的热心信奉者。1576 年，他前去拜见了其叔父俺答汗，并建议说："'有益于今世和来世的，[唯]有佛法经教。听说如今西方雪域有识者大自在大慈悲观世音菩萨以真形现世。如果迎请他前来，依照从前圣明的忽必烈薛禅皇帝、贤明的八思巴喇嘛二人的旧制，建立政、教[二道]，岂不是美事吗？'俺答汗极为赞许，随即与右翼三万户协议，就在那丙子年（1576）派出俺答汗[方面]的阿都萨打儿汉、昂客打儿汉二人，以及彻辰洪台吉 [方面] 的晃豁歹达延经师等人，[前去]邀请圣识一切锁南坚错圣人。"在 1578 年仰华寺法会上，他做了著名的劝蒙古人皈依佛法的演讲。库图克台彻辰洪台吉在北元时期蒙古政治和宗教文化方面的最重要的贡献之一就是编纂了《十善福法门白史》一书[1]。库图克台彻辰洪台吉根据元代八思巴国师所著《彰所知论》所述印度、西藏、蒙古三个神权国家的修史模式，在蒙古第一次写出按此模式的著作，先写印度众恭王摩诃三摩谛合罕，然后再写吐蕃有福的观世音菩萨之化身松赞干布和蒙古瓦其尔巴尼（金刚手菩萨）之化身成吉思汗铁木真。他在蒙古史籍中第一次提出三个神权国家，为日后"印度、西藏、蒙古同源说"的产生打下了基础。库图克台彻辰洪台吉在书中重点叙述了蒙古"政教并行"的理论和实践，它是古代蒙古意识形态发生根本变化的标志，反映了 16 世纪末以后蒙古政治理论的基础和思想体系。

库木里吉囊的第八个儿子阿木答喇打儿汉台吉，他的儿子们是：土麦打儿汉台吉、明爱额耶赤台吉、比八失台吉。土麦打儿汉台吉的儿子是奔拜台吉。

库木里麦力艮哈剌吉囊的第九个儿子翁剌罕银锭台吉的儿子们为吉赤吉银锭、备巴哩台吉、虎秃台吉。吉赤吉银锭的儿子是宰桑台吉。

巴儿速孛罗的次子赛因格艮汗[1]。他的儿子是辛爱都龙汗、不彦把都儿台吉、铁背台吉、宾兔银锭台吉、答剌特哥力各台吉、不他失礼黄台吉、衮楚克台吉、嘉木措台吉。

赛因格艮汗于铁羊年忽然萌发了佛心，当佐格[阿]兴喇嘛[2]来到蒙古时，汗向他询问[佛

---

[1] 赛因格艮汗：巴儿速孛罗次子。一般作俺答汗，又译为"阿勒坦汗"、"格根汗"等。明代汉籍作"俺答"（《明实录》）、"俺探"（《译语》）、"安滩"（《卢龙塞略》、《皇明世法录》）、"俺滩阿卜亥"（《北虏纪略》）等。俺答汗生于1507年（蒙古文《俺答汗传》），其母博同哈屯。其汗号是蒙古合罕不地阿剌黑于1538年所封。当年，漠南蒙古左右二翼联合大举征讨兀良哈万户。由于俺答在此次战斗中英勇善战，极大地削弱了敌人的力量，又能同兄长和睦相处，协同作战，被合罕授予"索多汗"（《俺答汗传》），开创了蒙古历史上除蒙古合罕以外的万户首领拥有汗号之先例。1543年，不地合罕为报答勇敢真诚的俺答汗，又赐封俺答为"土谢图彻辰汗"（《俺答汗传》）。自1524年开始，蒙古各万户多次征讨并瓦解了兀良哈万户。1558年－1568年，俺答汗几次远征瓦剌，直趋阿尔泰山。同时，俺答汗会同其兄吉囊出征青海，对避居青海的右翼畏兀特诸部和其他部族给予沉重的打击。1532年，俺答同吉囊首次出征青海，大败亦不剌和卜儿孩，使亦不剌走死哈密。1534年，吉囊和俺答再次远征青海，击败畏兀特部众。吉囊逝世后，于1543年俺答汗率右翼征青海，降服了卜儿海，征服撒里畏兀儿诸部。为了扩大战果，于1558年，俺答汗又一次率右翼西征，再次征服畏兀特残部和撒里畏兀儿诸部，掳获大量财物。并留儿子丙兔据青海，留从孙宾兔守松山（今甘肃天祝藏族自治县东松山）。俺答汗积极努力开通与明朝的通贡互市关系。1571年三月，明廷封俺答为"顺义王"，史称"隆庆和议"。隆庆和议之后，明朝与蒙古右翼保持六十余年的和平相处局面。俺答汗利用投靠他的白莲教徒和出口汉人，在土默特部所居的丰州滩地区发展农业。丰州滩出现了大量的所谓的"板升"，即汉人居民点。从1572年开始，俺答汗在土默特大兴土木，在大青山脚下、黄河之滨，建造城郭，到1575年竣工，称"库库可屯"（即今呼和浩特）。明朝赐名"归化城"。16世纪后半期，随着俺答汗的侵入青海和藏族地区，藏传佛教经青海传入蒙古。1578年，俺答汗和格鲁派首领索南嘉错在仰华寺会面，召开法会，举行了隆重的入教仪式，蒙古受戒者多达千人，仅土默特就有108人出家为僧。在法会上，索南嘉错被俺答汗尊之为"圣识一切瓦齐尔达喇达赖喇嘛"（后称第三世达赖喇嘛）。索南嘉错也给俺答汗上了"转千金法轮咱克喇瓦尔第彻辰汗"的称号。俺答汗接受藏传佛教后，兴修大寺庙，1580年竣工，称"伊克昭"（大昭寺），明廷命名为"弘慈寺"，蒙古民间又称"格根汗庙"。同时，俺答汗扩建归化城，到1581年建成了方圆20里的宏大的城市。1582年春，俺答汗去世，享年75岁。俺答汗逝世后，他的子孙邀请蒙古各部汗王以及第三世达赖喇嘛为俺答汗会葬。索南嘉错应邀前往，于1585年到达归化城，按照佛教的礼仪，为俺答汗举行葬礼。

[2] 阿兴喇嘛（？－1636），本名西尔巴，出生在青海安多地方的萨木鲁家族。少年时出家，前往哲蚌寺等著名寺院学习，成为一名博学的喇嘛。他与三世达赖喇嘛的母亲是同族近支，被尊为"阿兴曼殊室利"，简称"阿兴喇嘛"（舅父上师）。阿兴喇嘛学成之后，到五台山，后到蒙古土默特部，结识俺答汗。阿兴喇嘛的主要功绩，是劝说俺答汗皈依佛教。在阿兴喇嘛和彻辰洪台吉的建议和劝说下，俺答汗决定接受藏传佛教，延请格鲁派首领索南嘉措。1574年，赴藏邀请索南嘉措。因为阿兴喇嘛劝俺答汗敬奉三宝，皈依佛门，功劳显著，在1578年仰华寺法会上俺答汗赐他以"额齐格喇嘛"之称号。"额齐格喇嘛"，意为"父亲上师"。俺答汗之孙素囊黄台吉曾刻一方用藏文音写蒙古语的金印献给阿兴喇嘛，印文为"素囊黄台吉献给额齐格绰尔济的贵重金印"。此印今藏在北京故宫博物院。俺答汗、三世达赖喇嘛相继去世后，阿兴喇嘛在17世纪初离开土默特地区，东游至巴林、喀喇沁等地，继续传教。1629年，应爱新国天聪汗之邀，入居盛京。后回蒙古地方，居于盛京西之巴克山，始称"巴克山曼殊室利呼图克图"。后居今内蒙古库伦旗境内，其地始有"曼殊室利库仑"之称。在中国第一历史档案馆藏17世纪20－30年代蒙古文文书中，有一份蒙古文文书出自"额齐格喇嘛"之手。该文书是一份向天聪汗问安的书信，内容极其简略，简单通报了额齐格喇嘛一行安全到达目的地，并说明因为缺少马匹未能派遣使者和与明朝没有进行贸易情况，最后建议派遣名为察罕喇嘛的人出使曼殊室利。寄信人自称"额齐格喇嘛"，书信背面用旧满文书写"喀喇沁之额齐格喇嘛"。[2]这封信应是阿兴喇嘛在喀喇沁传教时写给皇太极的。这说明阿兴喇嘛经常活动在爱新国和蒙古各部之间，并与明朝进行贸易。

法]，[那位喇嘛]详细解说了识一切索南嘉措[1]的身、语、意。汗[听后]产生了无可动摇的信仰，就像夏天的湖水般洋溢在他心中。于是派使者带金册和大量布施，前去延请[索南嘉措喇嘛]来辽阔的北方[地区]宏扬佛法。使者到达禀报后，[索南嘉措喇嘛]光临[蒙古地方]。喇嘛和布施主约定在青海会面，详细传授[关于会面的]一切事宜后，派大祭祀喇嘛都勒巴却结谆愵桑卜[向蒙古地方]出发。[索南嘉措喇嘛]于蒙古历十一月二十六日从哲蚌寺出发，向这边走来。再往这里进发时，在形状像白海螺般的山岩旁边的伏藏中取了一个大白海螺。再往这边走，冰山神主率领二百名骑士来叩拜。他们在两个锁好的箱子上面放两把钥匙，上面又放了一条白绸，[把这些]献给喇嘛，并倾听观世音菩萨灌顶之法。住在上甘曲的百姓布施了三千两黄金等物，近一千人出家为僧。这时喇嘛就座的石头靠背上，自然显现了四臂观世音菩萨之法身。从那里继续向这边行走时，护法神伯札领来蒙古地方的马首、驼首、猫首等天神和魔鬼前来，使[他们]发誓皈依佛法。从那里继续往这边走来时，阿儿秃斯的切尽黄台吉、土默特的答云那颜二人为首，领三千余骑来献金、银、绸缎等物，并顶礼。切尽黄台吉还亲眼目睹了四臂观世音菩萨的显形。在长生天的气力里作斗却转轮王的格垠俺答汗，为了显示以白色光芒照明自己境内的黑暗之兆，身穿白绸衣，领一万名扈从，与自己哈屯为首的全体属民来迎驾。施主（＝俺答汗）作为向喇嘛磕头的喜宴之礼，献上了用一百零五两白银制造的坛城，和西藏的桶一样大小的金碗里盛满的珍宝，二十四白色、黄色、红色和绿色的绸缎，用珍宝装饰马鞍、缰绳的十匹白马备马为首的一百匹马、用威力震慑盛宴的十匹上好的绸缎、一千两银和绸缎布匹等物。于是，在那聚集十万之众的地方，喇嘛和施主二人像太阳和月亮一般相遇时，切尽黄台吉通过固实傍什通译，上奏这番话："因为从前从天降生的本质，力量强大，征服了蒙古、西藏和汉人。薛禅合罕成为八思巴喇嘛的施主，广传佛法。后来，自妥懽帖睦

---

[1] 索南嘉措（又译作锁南坚错，1543－1588），藏人，第三世达赖喇嘛，藏历第九绕迥水兔年（1543）正月十五日生于拉萨附近的推拢地方，父名南结札巴，母名北宗布赤。索南嘉措一生对蒙古的最大影响，是他把藏传佛教格鲁派教义传播到内蒙古地区，使蒙古人全部皈依格鲁派。这是他与蒙古右翼汗王俺答汗共同完成的。1559年，俺答汗进入青海，在那里接触到了格鲁派。1576年，俺答汗派人到拉萨，邀请索南嘉措来青海会见。为了迎请索南嘉措，蒙古方面由丙兔主持建造了察卜齐雅勒庙（即仰华寺）。《蒙古源流》记载，俺答汗曾三次派出使团迎请索南嘉措。1576年第二次派出使团邀请后，1577年索南嘉措从拉萨动身，于1578年夏天来到仰华寺。俺答汗率蒙古贵戚亲自迎接。"俺答可汗身穿白衣，骑上白马，与那颜中根哈屯为首，率领一万人再次前去迎接圣识一切，将他接到恰卜恰勒寺住下。举行欢庆盛宴当中，俺答可汗献上了具有皈依之缘的见面礼，其中包括：以五百两白银所制造的宝银坛城、以十两黄金制作的镶嵌着七珍八宝的三十两重的盛满宝石的金碗、前所未见的上好绸缎各十四、五色绸缎一百匹、备有镶嵌宝石之金鞍的白马十匹等等，共币帛五千件，牲畜五千头，总计万件。"法会上，索南嘉措赐俺答汗以"转千金轮斫迦罗伐剌席扯臣可汗"之号，封博什克图济农为"斫迦罗伐剌底扯臣济农哈失罕"之号，其余贵族依次封号。俺答汗尊封索南嘉措以"瓦只剌答剌达赖喇嘛"。这便是"达赖喇嘛"称号之由来。此后其前世根顿珠和根顿嘉措被追认为一世和二世达赖喇嘛，索南嘉措被称为第三世达赖喇嘛。1579年，俺答汗率众返回蒙古。索南嘉措派东科尔呼图克图云丹嘉措作为代表，跟随俺答汗在蒙古讲经说法。他自己离开青海前往西康理塘地方讲经。1580年为理塘大寺举行了开光仪式。然后又到芒康、昌都地方弘法。1582年初俺答汗病故，其子僧格都楞汗即位，遵遗命遣使至昌都邀三世达赖。据《三世达赖喇嘛传》、《俺答汗传》和《蒙古源流》等蒙藏文史料记载，三世达赖喇嘛应蒙古土默特部辛爱都龙汗之请，于木鸡年（乙酉，1585）从藏地启程，火狗年（丙戌，1586）来到库库克屯（今呼和浩特），在土默特、喀喇沁等万户境内广做佛事，并将俺答汗的遗骨火化。在此期间，漠北喀尔喀万户首领阿巴泰于火狗年（丙戌，1586）夏六月十五日前来拜谒达赖喇嘛。这期间，蒙古大汗图蛮合罕也遣纳木岱洪台吉（脑毛大）邀请达赖喇嘛三世到察哈尔传教，又遣克什克腾图迈台吉带领千骑邀达赖喇嘛去察哈尔。1588年，顺义王扯力克向明廷写信，请求赐给索南嘉措以"朵儿只唱"的封号。"朵儿只唱"是藏语，意即"金刚持"，与俺答汗赐给三年来出的梵文名号意思相同。明神宗接受扯力克的要求，派人到蒙古，邀请三世达赖喇嘛去北京讲经说法。索南嘉措接受了邀请，向北京出发，但在途中于三月二十六日在札噶苏台地方圆寂。时年四十六岁。

尔合罕以来，佛法中断，做了很多罪孽，就像黑暗血海一样。这时，托日月般的喇嘛与汗二人会面的福，使血海化作乳海，其恩德无量！"并向全体蒙古人下令，从即日起大家遵奉十善福。

喇嘛、施主二人互相详细交换旨意时，俺答汗短时间失去知觉，恍恍惚惚地说道："从前八思巴喇嘛修筑兴衮寺时，我曾为薛禅合罕，你曾为八思巴喇嘛。你曾为寺庙开光。从那以后直到今天，我迷失路途，不知走向何处了！"如此追忆先世之事。达赖喇嘛护身的神灵有五种征兆，用那五色绸缎系的吉祥符，加盖法印，在宝碗中盛满各种果实，赐给汗。

俺答汗向索南嘉措奉献了"达赖喇嘛瓦只喇达剌"的尊号。[索南嘉措喇嘛]向格艮俺答汗赐予了"法王大梵天"的尊号。赛因格艮汗将从必里秃合罕以来中断十九代合罕的佛法更加发扬光大。

在这位汗时期，成为最初弘扬佛法的[合罕]还有喀尔喀的瓦齐赍赛音汗[1]、察哈尔的土蛮札萨克图合罕。

赛因格艮汗的儿子是辛爱都龙汗，辛爱都龙汗的儿子是松木儿台吉。在成吉思合罕黄金家族里，达赖喇嘛云丹嘉措[2]是这样转世的：父亲是松木儿台吉，母亲是哈布图合撒儿的后裔斡难威正那颜的女儿拜罕烛剌。当[云丹嘉措]进入她母胎时，母亲看见有一高雅丽质的孩子骑着白马而来，到她家毡帐的天窗上。他入她母胎后，待在母亲的胸膛中，母亲清楚听见从她肚子里发出的六字真言的声音。从毡帐中发出彩虹，天降花雨，出现了种种吉祥的征兆。怀胎十月，于阴土牛年[3]正月初一日，在太阳升起的时候，从至上的母亲拜罕烛剌生下了俊郎身段的[儿子]。据说，牛儿年水月[4]，在蒙古地方，正月初一那天，从地区统治者的尖端，升

---

[1] 阿巴泰（1554—1588?），格呼森札三子诺诺和，号伟征诺颜，为喀尔喀左翼之长，阿巴泰即其长子。他在 1580 年称汗，号"赛音汗"，喀尔喀始有汗。阿巴泰 1586 年在呼和浩特谒见三世达赖喇嘛索南嘉措，被授予"佛法大瓦齐赍汗"号，此后称作"瓦齐赍赛音汗"。阿巴泰汗立喀尔喀右翼的赉瑚尔为汗，并在库博克儿取得了对卫拉特人的决定性胜利，这些充分显示了他在 16 世纪后半叶喀尔喀历史上的领袖地位，他实际上是当时喀尔喀万户的汗。其孙衮布多尔济始称"土谢图汗"，阿巴泰成为土谢图汗部始祖（详见乌云毕力格：《喀尔喀三汗的登场》，《历史研究》2008 年第 3 期）。

[2] 云丹嘉措（1589—1617），四世达赖喇嘛。1589 年生于蒙古土默特部俺答汗家族，其父为俺答汗长子辛爱都龙汗之子松木儿彻臣楚古库尔台吉，其母为合撒儿后裔台吉女儿毕格楚克璧吉（又作拜罕烛剌）。迄今为止，云丹嘉措是唯一的蒙古人出身的达赖喇嘛。1602 年，西藏三大寺派出正式代表团前往蒙古，承认云丹嘉措为达赖喇嘛灵童，迎请入藏。1603 年，在藏北热振寺举行了坐床典礼，然后接到哲蚌寺学经，拜当时甘丹寺主持根敦坚赞为师，受了沙弥戒。1607 年，云丹嘉措赴札什伦布寺，向札什伦布寺法台罗桑却吉坚赞（后来的四世班禅额尔德尼）求法。班禅与达赖的师徒关系从此开始。1614 年，四世达赖喇嘛请班禅前往哲蚌寺，拜他为师，受了比丘戒。这是班禅和达赖两个活佛系统之间互为授戒的第一次，其后互相授戒的情况也多次发生，成为达赖、班禅之间关系的一项重要内容。1614 年，云丹嘉措继任哲蚌寺第十三任法台，又应色拉寺僧众之请，兼任了色拉寺第十五任法台。据一些资料记载，1616 年，明朝万历皇帝派专人进藏，赠赐四世达赖喇嘛为"普持金刚佛"的封号和印信。明朝使臣索南罗追和汉族代表们在哲蚌寺向四世达赖喇嘛宣谕万历皇帝的封赐诏书，献了僧官制服及许多礼物，并转达了万历皇帝迎请他去北京的旨意。四世达赖也接受了邀请。索南罗追曾在汉地建立了一座寺院，四世达赖站在哲蚌寺的殿顶上遥祝其寺庙兴旺，祈祷佛事永昌，并向空中撒了青稞。1617 年春，云丹嘉措在哲蚌寺突然圆寂。四世达赖喇嘛的去世，一般都认为是后藏政权首脑藏巴汗——敦迥旺布所害。敦迥旺布的父亲彭措南杰于 1612 年统一后藏，敦迥旺布于 1618 年建立了噶玛政权。此前，有传言说，彭措南杰曾身犯重病是因为四世达赖喇嘛诅咒所致。云丹嘉措圆寂后，藏巴汗下令禁止寻找达赖喇嘛的转世灵童。彭措南杰于 1620 年去世，五世达赖喇嘛因此才得以转世。

[3] 1589 年。

[4] 蒙古历和藏历中没有"水月"的说法。堪培认为，这是在翻译中出现的误会。在印度正月叫 mchu，译者把它与藏文的 chu（水）相混了（堪培，第 112 页）。

起了圣教的太阳[1]，从根本上扫除了可恶的邪道的黑暗。

当时，用彩虹的光芒搭毡帐，天降大花雨。异常的龙声漫漫轰动，散发着未曾闻到的芳香，弥漫着各种未曾听到的悦耳的声响，大地颤动，现出了奇异的征兆。[灵童]在转世的那个月里，能叫出父亲的名字，并说了很多话。有一天，[灵童]叫母亲从寺庙里请来《甘珠尔经》的"嘛"字卷。[等母亲]请来后说道："这就是我的传记。"众人打开一看，是圣书《白莲经》里面的顿悦厦巴[2]的传记。[于是]大家都说[该灵童]是观世音菩萨之化身。[3]三个月大时，在他父亲寺庙中的众佛像里，指着索南嘉措的像说："这就是我！"并修好了其先世（＝索南嘉措）赐给松木儿台吉的佛珠松动的开关。众人无不赞叹。铁兔年，土默特的汗前来拜见，[灵童]用茶杯赐予了茶水，大家喝得都非常解渴，于是更加赞叹。蒙古的六大兀鲁思供奉的财宝，像合罕国库收取的税赋一样，其布施来的物品丰富得快要超过财神了。于是，宗喀巴的教法像太阳般照耀蒙古地方。此后，北方人之主、黄教施主等大小官人和甘丹、色拉、哲蚌三大寺为首许多寺庙派使者来延请[云丹嘉措]，于是[云丹嘉措]前往拉萨。

巴儿速孛罗吉囊的第三子剌不台吉[4]，他的儿子把都儿台吉，他的儿子是打儿麻台吉。

巴儿速孛罗吉囊的第四子伯思哈勒昆都力汗[5]，他的儿子是摆三忽儿威正台吉、斋三忽儿青把都儿、赖三忽儿台吉、满五素台吉、满五大台吉。

巴儿速孛罗吉囊的第五子伯颜答喇那林台吉[6]，他的儿子是狼台吉、豁阿台吉、都腊儿台吉、打儿大台吉。

巴儿速孛罗吉囊的第六子卜只剌我托汉台吉[7]，他的儿子是恩克跌儿歹成那颜、也辛跌儿都腊儿台吉、那木跌儿合落赤台吉。

恩克跌儿歹成那颜的儿子是恩克七庆那颜、埃生威正那颜、鄂尔斋图阿拜。恩克七庆那颜的儿子是土麦台吉、八答麻台吉、阿伯秀台吉、朵儿只额耶图宰桑、噶儿麻银锭、喇麻札布朝库儿、卜颜图青把都儿、却亦儿扎威正、萨兰毕喇什额儿德尼宰桑、扎木错朝库儿、衮布台吉、札米昂台吉、林沁札布台吉。埃生威正那颜的儿子是不儿孩七庆朝库儿、朵儿只诺木齐宰桑、噶儿麻威正著力兔。鄂尔斋图阿拜没有子嗣。不儿孩七庆朝库儿的儿子是林沁台吉。诺木齐宰桑的儿子是那木扎勒托音、失喇敖金歹成。威正著力兔的儿子是彻不腾额儿克

---

[1] 原文中的 čayan jüg，直译为"白色的方向"，后面 qara jüg 直译为"黑色的方向"，分别指佛教和非佛教，故译为"圣教"和"邪道"。原文中的"lingquu-a-yin sadun"直译为"莲花之亲属"，这是太阳的异名，此指达赖喇嘛。

[2] 蒙古文原文为 tusatu čalm a，是藏文 don yod zags pa 的蒙古语意译。他的故事在《甘珠尔》经的《白莲经》（藏文 dam chos bad khar）中有记载（见堪培，第 113 页）。

[3] 这段内容显然来自于五世达赖喇嘛所撰《四世达赖喇嘛传》，参见石滨由美子、福田洋一：《西藏佛教宗义研究（第四卷）——土官〈一切宗义〉蒙古章》，东洋文库，1986 年。还可参见陈庆英、马莲龙译《四世达赖喇嘛传》，第 262－265 页，中国藏学出版社，2006 年。

[4] 剌不台吉：又作剌不诺颜（罗藏丹津《黄金史》）、剌不思台吉（《大黄史》，labus 为 labuy 的形近之讹）。汉籍中称"兀慎打儿汗剌不台吉"（《北虏世系》）。巴儿速孛罗第三子。他是土默特万户兀慎鄂托克领主。

[5] 伯思哈勒昆都力汗：又作巴雅思勒勒汗或昆都楞汗。汉文史籍作"昆都力哈"（《明实录》、《北虏世系》、《万历武功录》）、"髡突里哈"、"坤肚儿哈"、"坤的里罕"（《武功录》）、"老把都"（《明实录》、《名山藏》、《万历武功录》）、"老把都尔台吉"（《北虏世系》）、"把都台吉"（《明实录》）等等。巴儿速孛罗第四子。他是应绍卜万户喀喇沁鄂托克之主，后成为喀喇沁万户领主。

[6] 伯颜答喇那林台吉：又称那林诺颜或那林台吉。《北虏世系》称那林台吉。察哈尔万户察罕塔塔儿鄂托克领主。

[7] 卜只剌我托汉台吉：《北虏世系》作"我托汉卜只剌台吉"。答言合罕第七子那里不剌先被封为应绍卜、阿速二鄂托克之主。巴儿速孛罗即位后，改变了右翼万户的格局，改封其幼子卜只剌为应绍卜、阿速之主。

歹成、扎木错毕力秃托音、彻林台吉。彻不腾额儿克歹成的儿子是固实托音。

答言合罕的第四子阿儿速字罗麦力艮黄台吉[1]的儿子是不只克儿台吉、五侬台吉。

不只克儿台吉的儿子是把都儿台黄台吉、麦力艮台吉、去青海的库登火落赤那颜。五侬台吉的儿子是不禄慎台吉、克出辛爱台吉。

答言合罕的第五子安出字罗[2]的儿子是虎剌哈赤台吉。虎剌哈赤台吉的儿子是威正、速巴海、兀班、答补歹、炒花爪儿兔。

答言合罕的第六子阿赤赖字罗[3]的儿子是打来、打来孙。打来的儿子是赛那拉、威敬黄把都儿。赛音那拉的儿子是麦力艮失喇儿歹。麦力艮失喇儿歹的儿子是丹巴林沁黄台吉。[丹巴林沁黄台吉]的儿子是索得那木台吉。[索得那木台吉]的儿子是麻那呼台吉。麻那呼台吉的儿子是阿尤失。威敬黄把都儿的儿子是阿灰七庆台吉。阿灰七庆台吉的儿子是苏迷儿黄台吉。苏迷儿黄台吉的儿子是班弟七庆台吉。班弟七庆台吉的儿子是理儿不台吉。理儿不台吉的儿子是我得塞儿台吉。

答言合罕的第七子那力不剌台吉[4]。那力不剌台吉的儿子是阿著台吉、失喇台吉、不克台吉、莫兰台吉。

阿著台吉的儿子是乩加思兰台吉。失喇台吉的儿子是失剌呼库德台吉。不克台吉的儿子是着力兔台吉、把都儿台吉、宾兔台吉、银锭台吉、卜颜图台吉。

答言合罕的第八子克鲁岱[5]没有子嗣。

答言合罕的第九子青台吉[6]。青台吉的儿子是通石台吉、长力台吉。

答言合罕的第十子是革儿字罗台吉[7]。他的儿子是狼台吉。

---

[1] 阿儿速字罗，与三子巴儿速字罗同胞双生。《九边考》、《北虏考》等汉籍中其名作"满官嗔"，而《北虏世代》、《夷俗记·北虏世系》则作"我角黄台吉"、"我折黄台吉"。

[2] 安出字罗，应为答言合罕第六子。《俺答汗传》将安出字罗之名误记为"Nelbuura"。明末汉籍《北虏世代》、《夷俗记·北虏世系》记载为"纳力不剌"。

[3] 阿赤赖字罗，应为答言合罕第五子。其名在《俺答汗传》中作乌达字罗（Udabolud）。

[4] 皇后满都海所生幼子，是答言合罕的嫡幼子。

[5] 应为答言合罕第十子。

[6] 应为答言合罕第八子，其本名五八山只，号"称台吉"。

[7] 应为答言合罕第九子，又作革根猛可。

卷　五

顶礼上师！[1]

在六万户之主把秃猛可答言合罕的平常的诸子后，还有吉迷思斤哈屯所生的格呼森札[2]，生于母黑鸡年。[3]

他成为[喀尔喀]七和硕[4]之主的缘由如下：早先，喀尔喀部赤那思氏[5]名叫乌都孛罗的人到答言合罕处，请求说：'如今，由札剌亦儿的西格其讷尔统辖喀尔喀部。请派一个儿子去做[喀尔喀的]主人。'[答言合罕]非常赞同，将吉迷思斤哈屯所生长子革儿孛罗送去。一年后，乌都孛罗将革儿孛罗送回[6]，解释说：'[革儿孛罗]性情暴躁且任性，所以担心您安抚的百姓将会受罚！'[乌都孛罗]返回时，带走了正在玩耍的格呼森札，并把他作为养子。[格呼森札长大后]乌都孛罗[将其]作养子，为其做主聘了乌济业特部孟固差达鲁噶的女儿杭图海、莫都的女儿孟贵二人。[后来]迎娶杭图海时，[杭图海]只有一峰白驼，穿一件黄羊皮马甲。那时，乌都孛罗的儿子托克塔呼，用木条和毡子搭起帐房，简单的成了家。[7]

当格呼森札扎雅图札剌亦儿珲台吉十八岁、杭图海太后二十三岁时庚寅年生了阿什海达

---

[1] 《阿萨喇克其史》不分章节，但是从这段内容前面的祈祷语看，善巴将这个段落当作一个独立的单元。同时，它还暗示着，该段落是参考《大黄史》相关内容设计的，所以它保留了这个痕迹。

[2] 格呼森札（1513—1548），答言合罕庶出幼子，被封为喀尔喀右翼之主。因为构成喀尔喀右翼的最大鄂托克为札剌亦儿人，故格呼森札有"札剌亦儿珲台吉"之称。格呼森札还是一个幼童时就被分封到喀尔喀。1543年，格呼森札前往土默特部俺答汗的牧地"拜见"其侄儿俺答汗，领养了俺答汗的一位女儿，后来将她嫁给了阿巴哈纳尔部首领诺密特默克图汗，称阿玉什阿巴海。

[3] 壬酉，1513年。

[4] 16世纪初以后，"喀尔喀"作为一个游牧集团的名称多次出现在蒙汉文史籍中。蒙古文作 qalq-a，明人写作"罕哈"。答言合罕将其第六子安出孛罗与第十一子格呼森札分别分封到喀尔喀万户的左翼和右翼。喀尔喀万户早在答言合罕或者更早的时代就游牧在今哈拉哈河流域。"喀尔喀"一名由"哈拉哈"一词而来，部以河得名。16世纪中叶，喀尔喀左翼随蒙古大汗扎米孙南下大兴安岭住牧，所部号称"山阳喀尔喀"，即清朝所谓"内喀尔喀五部"，实际上脱离喀尔喀万户而自为一部。入清后，该五部或设为扎萨克旗，或编入八旗蒙古，均不再冠以"喀尔喀"名号。右翼封主格呼森札从哈拉哈河流域向西面发展，与兀良哈万户接壤，并与之发生了矛盾。16世纪20、30年代，蒙古大汗博迪率领各部征讨并瓜分兀良哈万户，格呼森札分得了原兀良哈万户的牧地和部分属民。其结果，喀尔喀万户的势力一直延伸到杭爱山，尽有漠北草原。16世纪末17世纪初，喀尔喀万户分布于东自呼伦贝尔的额尔古纳河，西至杭爱山，北自贝加尔湖，南抵南蒙古北部的广亥地区，即今天蒙古国的大部分领土。格呼森札将喀尔喀部众分封给其七个儿子，由是逐渐形成了七个大的游牧集团，被称作"喀尔喀七和硕"。和硕为兵民合一的蒙古社会组织。

[5] 赤那思，《史集》称之为捏古思。它是察剌孩收嫂为妻所生之二子的后裔。克鲁伦河上游有赤那思山，当即此部牧地。

[6] 乌都孛罗不可能有任意废立主子的权力。该传说可能反映着答言合罕分封诸子的一些内幕，即他最初可能分封革儿孛罗到喀尔喀右翼，后因某种原因（革儿孛罗无子嗣，也许他早亡）改封了格呼森札。

[7] 该记载源自《大黄史》。传说喀尔喀的乌都孛罗不满于札剌亦儿氏西格其讷尔统辖喀尔喀部，来请求达延汗派一子做喀尔喀之主（《大黄史》A本，第222—227页）。该传说反映了达延汗废黜原喀尔喀万户之主札剌亦儿氏贵族，把季子分封到喀尔喀的事实。格呼森札到喀尔喀以后可能得到赤那孙氏的支持。这个赤那孙无疑是蒙元时期的赤那思部后人。

尔汉珲台吉。诺颜泰哈坦巴图尔生于辛卯年。诺诺和伟征诺颜生于甲午年。阿敏都喇勒诺颜生于丙申年。达唻生于庚子年。德勒登昆都楞生于壬寅年。还是那个壬寅年，小太后生了阿勒泰阿拜。甲辰年生了萨木。乙巳年生了明噶伦阿拜。丙午年生了土蒙肯阿拜。[1]

给了阿什海以兀讷格特、札剌亦儿二[部][2]。给了诺颜泰以卜速忒、额尔济根[二部]。[3]给了诺诺和以克噜特、郭尔罗斯[二部][4]。给了阿敏以和啰、库里叶、绰琥尔[三部]。[5]给了达唻以

---

[1] 据此，阿什海达尔汉珲台吉生于1530年，诺颜泰哈坦巴图尔生于1531年，诺诺和伟征诺颜生于1534年，阿敏都喇勒诺颜生于1536年，达唻生于1540庚子年，德勒登昆都楞与阿勒泰阿拜生于1542年，萨木生于1544年，明噶伦阿拜生于1545年，土蒙肯阿拜生于1546年。

[2] 阿什海分得两个鄂托克，《阿萨喇克其史》称其为"兀讷格特（Üneged）、札剌亦儿"，而《大黄史》则称之为"乌审（Üüsin）、札剌亦儿"（《大黄史》A本，第229页）。至于兀讷格特与乌审两种说法，孰是孰非，一时难以断定。札剌亦儿则是古蒙古部落，成吉思汗祖先海都时期就是孛儿只斤氏族的世仆。元代，札剌亦儿是蒙古左翼五投下之一，是后来喀尔喀万户中人口众多的一部。按蒙古人的传统，长子的"斡木其"（ömči，家产）是最丰厚的。因此，阿什海分得了札剌亦儿鄂托克，并娶该部贵族之女。给札剌亦儿配备的那个"兀讷格特"或"乌审"的人口就不一定那么多了。关于"兀讷格特"，有人说它和札剌亦儿成为三斡亨忽讷惕、五和托辉特、八和硕之祖先（A·Ochir, J·Gerelbadrakh: *Khalkhiin zasagt khan aimgiin tuukh*（[蒙古国]奥其尔、格尔勒巴达喇呼：《喀尔喀扎萨克图汗部历史》），2003, Ulaanbaatar，第383页）。"乌审"又写作"许慎"，是阿阑豁阿之前就存在的古蒙古部之一。成吉思汗"四杰"之一的博儿忽为许慎部人（（姑茹玛《入清以前（1691）的喀尔喀车臣汗部研究》，内蒙古大学博士学位论文，2008年）。

[3] 诺颜泰分得了卜速忒（Besüd）、额尔济根（Eljigen）二部。卜速忒（亦写作别速惕）是尼鲁温蒙古人的一支，出自成吉思汗祖先海都之子察喇孩。成吉思汗"四杰"之一的者勒就是卜速忒人。13世纪隶属于泰赤兀惕部，驻牧克鲁伦、鄂嫩、土拉三河流域。北元时期成为喀尔喀万户的一鄂托克。1524年，兀良哈人袭杀卜速忒部的名叫乌林泰的人，不地汗等征讨兀良哈。其驻牧地逐渐向杭盖山西麓迁移，多数隶属扎萨克图汗部。一部分还留在原牧地，今蒙古国东方省的布拉干、呼伦贝尔苏木就居有别速忒人。额尔济根，蒙元时期的燕只斤，是从弘吉剌惕部分离出来的古蒙古人之一。世代驻牧于库蛋湖附近。16世纪以后，诺颜泰子图伯特哈坦巴图尔之子崆奎车臣济农（Qongγui sečen jinong）和巴特玛岱青哈坦巴图尔（Badm-a qatan baγatur）领有两个额尔济根鄂托克。直到18－20世纪初，扎萨克图汗部存在称作"两个额尔济根"的两个和硕。诺颜泰家族与喀尔喀左翼间的联姻密切，诺颜泰本人娶了属于诺诺和"斡木其"的克噜特部人，并将一女嫁给了仍属诺诺和"斡木其"的郭尔罗斯部人（姑茹玛：《入清以前（1691）的喀尔喀车臣汗部研究》，内蒙古大学博士学位论文，2008年）。

[4] 诺诺和分得了克噜特、郭尔罗斯（Gorlus）二部。克噜特，有学者认为来源于乞儿吉思部落。克噜特人何时迁居喀尔喀无从考证，但是此部在16世纪中叶已是喀尔喀万户之主要鄂托克之一了。从诺诺和斡儿朵在土拉河、额尔德尼召来看，大部分克噜特人游牧在喀尔喀中部地区。郭尔罗斯是迭列斤蒙古人之一。诃额伦母亲三千户"份子"中有郭尔罗斯部人。元代以后，部分郭尔罗斯人西迁，部分则入漠南蒙古。但大部分人于16－17世纪游牧于从杭盖山至克鲁伦河地区，即鄂尔浑、土拉河流域，成为诺诺和及其子孙的世代封地（姑茹玛：《入清以前（1691）的喀尔喀车臣汗部研究》，内蒙古大学博士学位论文，2008年）。

[5] 和啰、库哩叶、绰琥尔三部名均不见于蒙元时期各书记载。在尼鲁温和迭列勒津蒙古部中找不到这些氏族名。它们可能是较晚形成的鄂托克。"和啰"，《阿萨喇克其史》的整理者、蒙古国语言学家沙格德尔苏隆的拉丁文转写作γoroqu，但是没有注明理由。这个词还可以读作qoroyo、qoroqo、γoroqo或γoroyo等。不能确定读音，也无法探讨其词义。蒙古国历史学家共果尔把它读作xopoo，还说在土谢图汗、车臣汗部官方档案中曾经出现过称xopoo的鄂托克。目前我们还没有见到这些记载。基于共果尔的研究，我们暂且读作qoroyo。如共果尔的说法成立，这个鄂托克的人后来散居在土谢图汗、车臣汗二部。"库哩叶"，蒙古语意为"圈子"，派生出来的意思还有"围墙、院子、园落、营、营垒、寺院"等。共果尔把该鄂托克名与漠南蒙古的"库哩叶喀尔喀 küriy-e qalq-a"联系起来，当然不合适。所谓"库哩叶喀尔喀 küriy-e qalq-a"是在晚近内蒙古出现的名称，指在库伦旗的喀尔喀人，这些人的前辈就是清昭乌达盟喀尔喀左翼旗的居民。《阿勒坦汗传》倒有一处很有意思的记载："猴年，兀良罕的图类诺廷、格勒巴拉特丞相，进兵袭杀伯速特之乌林泰，围攻库里叶兀鲁斯，俺答汗闻讯后领图古凯诺延、博迪乌尔鲁克之兵，前往攻打并追击兀良罕。"这是俺答汗、吉囊等人于猴年（1524）征讨兀良哈万户的史事。据此，这个"库里叶兀鲁思"属于兀良哈万户。我们知道，达延汗子孙攻灭兀良哈万户后，喀尔喀分得了他们的大部分兀鲁思和领土。所以，有理由相信，这个兀良哈的"库里叶兀鲁思"后来变成了喀尔喀的鄂托克。而且，这个库里叶正是阿敏都喇勒分得的库里叶。"库哩叶"作为一个鄂托克至少在1524年前就已经形成。"绰琥尔"，蒙古语意为"斑点"。据共果尔研究，土谢图汗、车臣汗部的官方档案中出现过"大、小绰琥尔"鄂托克的记载。可见，在清代喀尔喀蒙古中仍有大量的绰琥尔人。1664年（清康熙三年），扎萨克图汗部衮布伊勒登（Gümbü yledeng，阿什海次子图

库克亦特、合答斤[二部]¹。给了德勒登以唐古特、撒儿塔兀勒[二部]²。给了萨木就一个兀良哈[部]。³

格哷森札札剌亦儿珲台吉三十六岁时,在客鲁涟河畔的博隆地方逝世。

格哷森札札剌亦儿珲台吉长子阿什海珲台吉。他的儿子是巴颜达喇珲台吉、图扪达喇岱青霍图古尔、乌特黑伊勒都齐三人⁴。

扪达喇,其子硕垒乌巴什,其三子即此衮布伊勒登)投附清朝,被安置在土默特旗北、奈曼旗东,他们的俗称为"绰琥尔喀尔喀"(Čoqor qalq-a)。这些人必定与绰琥尔鄂托克有联系。那么,绰琥尔的大部分在车臣汗部,而在右翼也有部分绰琥尔。据称,17 世纪后半叶,由于左、右翼的争战和噶尔丹的战火,部分绰琥尔人逃避到了布里亚特。今天,绰琥尔人分布在蒙古国的全境。在东方、东戈壁、中央、后杭爱、扎布汗、乌布苏诺尔等六个省的哈拉哈河、巴颜乌兰、巴颜查干、孙布尔、温都尔乌兰、塔哩雅图、桑都麻尔噶查、松济纳、图布台、达布苏图、萨乞勒、布库木连等苏木都有绰琥尔人。东方、东戈壁二省为原车臣汗部牧地,中央、后杭爱二省为原土谢图汗部领地,而扎布汗、乌布苏诺尔二省则是原扎萨克图部领地。但是,我们只知道他们的地域分布而不知道人口分布情况。假如,今天的楚琥尔人的绝大多数人口还在东部地区的话,问题就简单了,反之则复杂得多了(姑茹玛:《入清以前(1691)的喀尔喀车臣汗部研究》,内蒙古大学博士学位论文,2008 年)。

¹ 关于库克亦特,我们几乎一无所知。在 12—13 世纪蒙古人各部中,见不到它的名字。合答斤是尼鲁温蒙古之主体部落之一。传说蒙古女祖先阿阑豁阿寡居,感光生三子:不忽合答吉、不合秃撒勒只和孛端察儿。合答斤即不忽合答吉之后裔。原游牧在安加拉河与叶尼塞河之间,后迁阔连海子(今呼伦湖)一带。1204 年被成吉思汗所征服。他们世代居住在呼伦贝尔地区,是喀尔喀万户的早期成员之一。1646 年(清顺治三年),合答斤部作为喀尔喀联军的主要成员,出现在清朝档案中。当时,为了抗击尾追苏尼特部腾吉思而入侵喀尔喀的清军,车臣汗派子孙,率领阿巴哈纳尔、巴尔虎、合答斤、兀良哈四部三万军迎战。今天,合答斤人主要分布在蒙古国东方、苏赫巴托、后杭盖、库苏古尔四省七个个苏木。其中的东方省和苏赫巴托省就是原车臣汗部领地。据说,17 世纪末,有不少合答斤人迁居到了布里亚特(姑茹玛:《入清以前(1691)的喀尔喀车臣汗部研究》,内蒙古大学博士学位论文,2008 年)。

² 唐古特,本为西夏国统治民族,据认为是古代羌人的后裔。1227 年蒙古征服西夏,部分唐古特人进入蒙古并蒙古化,成为蒙古唐兀惕部。15—16 世纪,出现"唐古特喀尔喀",成为喀尔喀一个鄂托克。今天,在蒙古国境内,唐古特人分布在苏赫巴托、后杭爱、扎布汗、库苏古尔、东方等省。撒儿塔兀勒,是自中亚地区迁来的突厥语族部人。12—13 世纪,与蒙古人互通贸易,随着成吉思汗及其子孙的征服,撒儿塔兀勒人迁居蒙古,后成为喀尔喀万户成员之一。今大,撒尔塔儿勒人分布在蒙古国扎布汗、巴彦洪戈尔、东方、布尔根、肯特等省(姑茹玛:《入清以前(1691)的喀尔喀车臣汗部研究》,内蒙古大学博士学位论文,2008 年)。

³ 兀良哈是肯特山和鄂嫩河一带游牧的古老部落。9 世纪,这里就是兀良哈人的住地。后来被从额尔古纳河迁来的蒙古部占据,成为蒙古部兴起的地方。这里的原住居民兀良哈人则被蒙古部征服,成为成吉思汗的斡脱古孛斡勒(Ötögü boyol)。成吉思汗去世后,斡脱古孛斡勒出身的兀良哈人千户玉典赤率其千户住在不儿汗山,世代为成吉思汗守陵。15—16 世纪兀良哈万户的核心就是这些为成吉思汗守陵的兀良哈千户的后人。16 世纪中叶不地汗、古囊、俺答等多次征讨并瓜分兀良哈万户,遗留的兀良哈百姓及其大部分故地统归格哷森札。格哷森札诸子析产时,按照蒙古人幼子守灶的传统,萨木分得了兀良哈,该部人数不会太少(姑茹玛:《入清以前(1691)的喀尔喀车臣汗部研究》,内蒙古大学博士学位论文,2008 年)。

⁴ 《王公表传》载,"其(格哷森札——引者)长子阿什海达尔汉诺颜,生子二:长巴延达喇,为西路扎萨克图汗祖,次图扪达喇岱青。"《蒙古游牧记》载:"长子阿什海达尔汉诺颜。生子二:长巴延达喇为西路扎萨克土谢图汗祖;次图扪达喇岱青。"二书均漏记了第三子。据《大黄史》(A 本,第 228 页),阿什海长子巴延达喇,生于丁未(1547)年,次子图扪达喇生于庚戌(1550)年,三子乌特黑伊勒都齐生于甲寅(1554)年。据喀尔喀车臣汗部翁牛特额尔克木公的奏文,格哷森札前往土默特部拜见俺答汗,回来时领养了俺答汗的一位叫赛音卓拉的九岁女儿,后来嫁给了阿巴纳哈尔始祖诺密特默克图汗,称阿玉什阿巴海。阿玉什阿巴海的三个女婿之一就是乌特黑伊勒都齐巴图尔(《清朝内阁蒙古堂档》,卷 6,第 50 页)。

巴颜达喇珲台吉的儿子是赤诺沙喇、赉瑚尔汗[1]二人。赤诺沙喇没有子嗣。

赉瑚尔汗的儿子是素班第扎萨克图汗[2]、乌班第达尔玛什哩二人。

扎萨克图汗的儿子是索那木阿海楚琥尔、思其布额尔德尼、诺尔布弱什呼勒图汗[3]、衮布扎克冰图阿海[4]、衮布扎什达尔汉珲台吉、伊沙尔约素图阿海、达沙尔车臣阿海七个儿子。

阿海楚琥尔的儿子那马思其布台吉无子嗣。

思其布额尔德尼的儿子卓特巴台吉无子嗣。

弱什呼勒图汗的儿子是旺舒克墨尔根汗[5]、成衮扎萨克图车臣汗[6]、哈喇阿玉什、察罕阿玉什、根敦岱青、噶朗拉、噶勒丹呼图克图。

达尔汉珲台吉的儿子是罗卜藏达尔汉珲台吉。约素图阿海的儿子是约素图阿海。

乌班第达尔玛什哩的儿子是善巴尔额尔德尼、诺木齐泰朋珲台吉、卓特巴达尔玛什哩珲台吉。

善巴尔额尔德尼没有子嗣。诺木齐泰朋珲台吉的儿子是卓哩克图乌巴什、固噜思其布额尔德尼珲台吉、桑噶尔思其布。卓特巴达尔玛什哩珲台吉的儿子是额尔德尼岱青、额尔克岱青。

阿什海达尔汉珲台吉的次子是（图扣达喇）岱青霍图古尔。他的儿子是硕垒赛音乌巴什珲台吉[7]、明孩哈喇忽喇、乌班岱达尔汉巴图尔三人。

乌巴什珲台吉的儿子是青达玛尼陀音、固什台吉、卓哩克图台吉、巴特马额尔德尼珲台吉[8]、多尔济岱珲台吉、岱诺颜、衮布伊勒登、藏台吉。

阿什海达尔汉珲台吉的第三个儿子乌特黑伊勒都齐没有儿子。

青达玛尼陀音的儿子是固木齐诺木齐、都思噶尔巴图尔、苏勒登台吉、哈干台吉。固木

---

[1] 据《大黄史》，赉瑚尔生于壬戌（1562）年。《王公表传》载，"初赉瑚尔为喀尔喀右翼长，所部以汗称。"《蒙古游牧记》也载，"赉瑚尔为右翼长，所部尊之曰汗。"赉瑚尔是由阿巴泰汗立为汗的。土谢图汗察珲多尔济致康熙皇帝的奏疏中称，"又，[阿巴泰汗]以赉瑚尔为札剌亦儿台吉（指格呼森札——引者）长子之后嗣，立他为汗。[后]因卫拉特杀死了赉瑚尔汗，[阿巴泰汗]远征卫拉特，在库博克儿之役大败敌人，征服卫拉特，为[赉瑚尔汗]报了仇。[他]对世俗政统的无比大德如此。"（《清内阁蒙古堂档》，内蒙古人民出版社影印本，2005年，卷6，第18页）赉瑚尔汗的事迹和卒年，于史籍俱不详。学界曾认为，赉瑚尔汗在1606年曾与喀尔喀人订立盟约，因此认为他至少活到那个年代。但是，根据前引蒙古文档案资料，阿巴泰立赉瑚尔为汗之后，卫拉特人杀死了他，因此发生了1587年的库博克儿之役。据此，赉瑚尔被推为汗和被杀，均发生在1580年至1587年之间（参考宝音德力根：《从阿巴岱汗和俺答汗的关系看喀尔喀早期历史的几个问题》，第88页）。

[2] 《王公表传》与《蒙古游牧记》称素巴弟，误。1596年，喀尔喀七和硕贵族在塔喇尼河畔会盟，推举素班第为扎萨克图汗。17世纪30年代，素班第在清朝征服浪潮面前，以喀尔喀万户之主自居，与后金—清朝对抗，并迅速与卫拉特蒙古媾和，1639—1640年初之间建立了著名的蒙古—卫拉特联盟，1640年举行了喀尔喀—卫拉特贵族会盟。素班第卒于1650年。

[3] 1650年素班第卒，诺尔布继而成为扎萨克图汗。1659年卒。

[4] 此人在诺尔布死后自称扎萨克图汗，号浩塔拉汗，1662年被琳沁赛音珲台吉袭杀（宝音德力根：《17世纪中后期喀尔喀内讧》，《明清档案与蒙古史研究》，第一辑）。

[5] 1664年继任扎萨克图汗，号莫尔根汗。

[6] 1666年旺舒克死，其弟成衮不立旺舒克子，在准噶尔部首领僧格的支持下，自称扎萨克图汗。成衮继位后，向察珲多尔济索要额尔济根和斡勒忽努特二鄂托克在左翼的人口，遭到土谢图汗的拒绝。于是，察珲多尔济和成衮的矛盾趋于激化，察珲多尔济一直拒绝承认成衮为合法的扎萨克图汗。期间，达赖喇嘛先后两次派人调节，并承认成衮的扎萨克图汗之位。察珲多尔济不得已在1677年时才承认了成衮的合法性。1686年卒。

[7] 硕垒乌巴什，和托辉特部之主。1623年被瓦剌人所杀。

[8] 即清代汉籍所记俄木布额尔德尼。

齐诺木齐的儿子是伊达木。都思噶尔巴图尔的儿子是楚琥尔台吉、额尔克台吉、都尔哈勒台吉、固什台吉。

固什台吉的儿子是车臣固什、巴图尔台吉、都格尔岱青和硕齐、贝玛额尔克巴图尔。车臣固什的儿子是萨阑阿海。岱青和硕齐的儿子是霍尔固勒台吉。

卓哩克图台吉的儿子是素德那木楚琥尔、萨阑伊勒登、山珠巴台吉、乌巴什巴图尔、额尔克台吉、塔尔巴车臣卓哩克图。素德那木楚琥尔的儿子是茨塔尔墨尔根阿海。萨阑伊勒登的儿子是巴噶素台吉。山珠巴台吉的儿子是多尔济台吉。乌巴什巴图尔的儿子是多尔济札布。额尔克台吉的儿子是贵达都尔哈勒和硕齐。

巴特马额尔德尼珲台吉的儿子是琳沁赛音珲台吉[1]、扎拉康齐呼图克图格根。赛音珲台吉的儿子是达什哈坦巴图尔、蒿济格尔、班第达、安第、巴罕达什、塔喀奇。

多尔济岱珲台吉的儿子是桑昆巴图尔台吉、额尔德尼岱珲台吉、巴勒丹杜固尔格齐、根敦额尔克岱青。桑昆巴图尔的儿子是呼毕尔罕。额尔德尼岱珲台吉的儿子是玛喀尼图台吉。巴勒丹杜固尔格齐的儿子是阿勒达尔台吉。

岱诺颜的儿子是沙喇布墨尔根岱青、阿玉什巴图尔、罗卜藏岱诺颜。沙喇布墨尔根岱青的儿子是都尔哈勒台吉。

衮布伊勒登的儿子是额尔德尼等三人。

藏台吉没有子嗣。

明孩哈喇忽喇的儿子是昂噶海扎萨克图哈喇忽喇、恩克墨尔根诺颜、拉巴赛车臣台吉、贡布额尔德尼台吉、巴特玛伟征诺颜、温布车臣楚琥尔、沙喇布伊勒都齐哈喇忽喇。

扎萨克图哈喇忽喇的儿子是温布楚琥尔、达什岱青、拉玛泰冰图、云丹额尔德尼、乌努呼绰鲁木、贡济斯克巴图尔、冰图都尔哈勒、楚斯齐布额尔克巴图尔、诺尔布伊勒登。温布楚琥尔的儿子是琳沁伊勒登、巴尔其墨尔根诺颜、巴尔巴噶泰固英、罗卜藏额尔德尼。达什岱青的儿子是绰辉墨尔根台吉、巴噶阑额尔德尼岱青、茂、罗卜藏、察干额尔克岱青。拉玛泰冰图的儿子是阿玉什巴图尔、扎木彦诺木齐、阿哩雅彻木布墨尔根台吉、纳玛什哩。云丹额尔德尼的儿子是伟征台吉、敖其尔岱巴图尔。乌努呼绰鲁木的儿子是固噜齐布车臣台吉、班第台吉。楚斯齐布额尔克巴图尔的儿子是哲布尊。诺尔布伊勒登的儿子是伊勒达海萨喇布。

恩克墨尔根诺颜的儿子是琳沁伊勒登、旺楚克玛奇克乌巴什、丹巴台吉。琳沁伊勒登的儿子是唐奇斯齐布额尔克台吉。玛奇克乌巴什的儿子是呼图克图、土布斯齐布车臣台吉。

拉巴赛车臣台吉的儿子是剌玛斯齐布冰图阿海。冰图阿海的儿子是上毕斯齐布冰图阿海、索克孙颜尔克阿海。

贡布额尔德尼的儿子是敖其尔冰图、宾扎雅额尔克台吉、扎木素巴图尔。敖其尔冰图的儿子是墨尔根台吉。宾扎雅额尔克台吉的儿子是博罗巴罕阿海。

巴特玛伟征诺颜的儿子是诺尔布额尔德尼楚琥尔、衮布扎克岱青阿海、琳沁伊勒登阿海、陀音。岱青阿海的儿子是巴罕乌巴什。伊勒登阿海的儿子是垂喇克、讷黑。

温布车臣楚琥尔的儿子是温德忽额尔克楚琥尔。

---

[1] 指罗卜藏。1662 年，罗卜藏以浩塔拉继位未经七和硕诺颜允许为由，袭杀了新立扎萨克图汗浩塔拉，掠夺了扎萨克图汗麾下的斡勒忽努特鄂托克。1664 年，土谢图汗察珲多尔济等左翼贵族们与从扎萨克图汗部逃出的阿海岱青、达尔玛什哩等用兵罗卜藏，并立诺尔布长子旺舒克为扎萨克图汗。土谢图汗等以惩治右翼不法诺颜为名，掳掠了大量百姓，在左翼的右翼难民越来越多。1666 年，准噶尔的僧格出兵罗卜藏，抓获其本人及其家族。

沙喇布伊勒都齐哈喇忽喇的儿子是呼图克图、色布腾岱青阿海。

乌班岱达尔汉巴图尔的儿子是德格济台吉、绰克图台吉、衮楚克额尔克岱青、策琳伊勒都齐、陀音达尔汉诺颜、沙塔达都尔哈勒、噶尔玛墨尔根。

德格济台吉的儿子是博罗特布克台吉。

绰克图台吉没有子嗣。

衮楚克额尔克岱青的儿子是诺颜绰尔济。

策琳伊勒都齐的儿子是伊斯齐布、翁谆伊诺颜、满珠什哩呼图克图克根、罗卜藏、僧格。

沙塔达都尔哈勒的儿子是衮布墨尔根台吉、扎木素。

噶尔玛墨尔根没有子嗣。

札剌亦儿珲台吉的次子诺颜泰哈坦巴图尔的儿子是土伯特哈坦巴图尔。土伯特哈坦巴图尔的儿子是崆奎车臣济农[1]、赛音巴特玛哈坦巴图尔[2]二人。

车臣济农的儿子是策琳楚琥尔、策哩斯奇布赛因阿海岱青、固噜诺木齐、巴噶阑阿海、查噶斯奇布车臣诺颜、衮楚克墨尔根台吉、额尔克卓哩克图、诺尔布额尔德尼珲台吉。

策琳楚琥尔的儿子是温布、多哩济格尔、多尔济卓哩克图济农。温布、多哩济格尔二人没有子嗣。卓哩克图济农的儿子是札布额尔德尼岱青、陀因。

阿海岱青的儿子策旺多尔济出家后，[取法名]叫腾额哩陀音。腾额哩陀音的儿子是贡格岱青、洪郭尔岱青阿海、班第阿海台吉、罗卜藏伊勒登台吉、温布、吴尔济斯齐布青、玛哈喀噜纳。

固噜诺木齐的儿子是噶尔玛伊勒登、博托果绰台吉、德久阿海、爱古斯伊勒登都尔哈勒、宰达尔伊勒登阿海。噶尔玛伊勒登的儿子是秀尚额尔克阿海。博托果绰的儿子是阿必达额尔德尼台吉、阿玉什哈玛尔。德久阿海的儿子是根敦墨尔根岱青。宰达尔伊勒登阿海的儿子是绰克哩。

巴噶阑阿海的儿子是萨玛第济农、伊克沙布隆、乌巴什台吉、陶尔雅勒双胞胎、纳木扎勒、萨布丹、巴噶沙布隆。

查噶斯奇布车臣诺颜的儿子是喇玛札布车臣珲台吉。

衮楚克墨尔根台吉的儿子是旺舒克贡格墨尔根台吉、罗卜藏斯丹津、落巴达、巴罕阿海。

额尔克卓哩克图的儿子是衮札布额尔克台吉、额彦额尔克台吉。

诺尔布额尔德尼珲台吉的儿子是策温台吉、额真阿伯、陀音。

巴特玛哈坦巴图尔，他的儿子是额尔克布什楚琥尔、奔塔尔哈坦巴图尔、策温车臣绰克图、昆都楞陀音、根惇额尔克岱青、达什伊勒登、喇特那伊勒都齐、策凌衮布哈坦巴图尔、诺木达赉、迈达哩呼图克图格根、多尔济斯齐布、杜尔格齐。

额尔克布什楚琥尔的儿子是斯丹津扎安珲台吉。

奔塔尔哈坦巴图尔的儿子是噶尔丹哈坦巴图尔、达尔玛达拉额尔克岱青、尼玛陀音。噶尔丹哈坦巴图尔的儿子是罗卜藏策琳。

根惇额尔克岱青的儿子是青台吉、额尔德尼巴图尔。

达什伊勒登没有子嗣。

---

[1] 崆奎，号车臣济农，别速惕鄂托克之主。
[2] 号哈坦巴图尔，额尔济根鄂托克之主。

第二部　译注　133

策琳衮布哈坦巴图尔的儿子是桑济衮臣哈坦巴图尔、诺尔布格盖额尔德尼台吉。

札剌亦儿珲台吉的三子诺诺和伟征诺颜在色楞格河畔驻牧时，于木虎年[1]，其妻额成肯卓哩克图合屯生一子。孩子出生时，食指上带有黑色血迹，起名叫阿巴泰。在后来，[他]从十四到二十七岁，经常从事征战，收服外敌于自己的权势之下，扶持诸兄弟与自己无二致，最初被尊奉为土谢图汗而闻名于世。铁蛇年，汗二十八岁时，在杜尔格齐巴图尔家从芒官噶一土默特地方来了一批商人。听说他们中间有被称为"邦什"的人，于是派使臣前去请来。那位邦什谈话中讲到："我们格艮汗那里有三宝和东科尔满珠什哩活佛。"[2]于是土谢图汗大发禅心，派那邦什和奇勒古特的阿喇克达尔汉二人到格艮汗那里迎请喇嘛。格艮汗在七十五岁那年，患有重疾，当那位使臣返回时，已经躺在床上七天没有说话了。听说使臣来了，[汗]下令携郭芒囊索前往[喀尔喀]，便在那里逝世。阿喇克达尔汉迎请喇嘛返回。[阿巴泰]受戒信法，非常尊崇那位喇嘛。因对佛法[在喀尔喀的]最初的传播做了好的中介，封阿喇克达尔汉为"达尔汉"之上的"大达尔汉"，并赐给了朱色敕书和印玺。水羊年[3]，萨木喇囊索前来。木鸡年夏[4]，在尚呼图山阴的故城动土筑基，当年建起寺庙。这座寺庙从建造到现在的第十一绕迥的火蛇年已经九十三年了[5]。[阿巴泰汗于]火狗年起程，于夏末月十五日[6]叩谒了达赖喇嘛索南嘉措，献上了千匹马为首的众多金银财物。[达赖喇嘛]授他以众多灌顶，并令[阿巴泰汗]从满屋的佛像中选取[自己所需的佛像]。[阿巴泰汗]选取了一尊旧佛像，是伯木古鲁巴[7]。达赖喇嘛说："当满屋佛像连同房屋一起遭火灾的时候，[该佛像]不曾被烧毁，是大有神力的。"又赐给[阿巴泰]拇指大小的[一块]释迦牟尼佛的舍利子、一尊绿宝石做成的斫迦罗苦婆罗佛像等许多具有神力的供养和虎皮帐房等教法施舍，说："[你]是瓦齐尔巴尼的化身"，并赐予了"佛法大瓦齐赍汗"号。于是，自那里北上，大营地在哈喇兀隆地方时回来了。[阿巴泰汗]首先将喀尔喀万户导向释迦牟尼教法。

阿巴泰赛音汗的诸弟有：阿布琥墨尔根诺颜、乞塔特伊勒登和硕齐、土蒙肯昆都楞楚琥尔[8]、巴喀赖和硕齐诺颜、博第颂敖特根诺颜六人。

阿巴泰赛音汗的儿子是萨布固泰鄂尔齐图珲台吉、额列克墨尔根汗。

鄂尔齐图珲台吉的儿子是鄂尔果岱诺木齐、固木宰绰鲁木、穆禅乌巴什珲台吉。

---

[1] 1554年。

[2] 三世达赖喇嘛返回西藏后，派该活佛到呼和浩特，作为自己在蒙古的代表。čadas-mari，梵语，意为活佛。

[3] 癸未年，1583年。

[4] 乙酉，1585年。

[5] 寺指额尔德尼召。该召建于乙酉年（1585），93年以后的丁巳年就是公元1677年。

[6] 关于阿巴泰拜见达赖喇嘛的时间，文献中有1585年之后、1586年和1587年三说。本《阿萨喇克其史》是1677年阿巴泰家族的后人善巴撰写的史书，他把阿巴泰拜见达赖喇嘛的时间记载到具体的年月日，可见他掌握着精确的书面或口传资料。阿巴泰拜见达赖喇嘛对其家族及其后裔是莫大的荣誉和重大事件，他们的记忆应该是可靠的，因此阿巴泰汗见三世达赖喇嘛的时间应从《阿萨喇克其史》，即1586年夏天（详见拙作《喀尔喀三汗的登场》，《历史研究》2008年第3期）。

[7] 伯木古鲁巴，全称作伯木古鲁巴·朵儿只杰波（phag mo gru pa rdo rje rgyal po，译言伯木古鲁巴·朵儿只王），是藏传佛教帕竹噶举派的创始人（生活在1110－1170年间），为塔波噶举派的嫡系。

[8] 图蒙肯于1617年朝觐拉萨佛教圣地。当时，四世达赖喇嘛刚去世一年，藏巴汗禁止达赖喇嘛转世，格鲁派处于危机之时。图蒙肯和土默特人联军进藏，保护格鲁派，建立云丹嘉措的银舍利塔，返回时迎请四世达赖喇嘛的法帽到喀尔喀供养。四世班禅喇嘛授予他"昆都伦楚琥尔"的名号。图蒙肯去世后，经四世班禅确认，图蒙肯的"转世"成为喀尔喀一世札雅班第达罗藏呼·丕凌列。

鄂尔果岱诺木齐的儿子是达什珲台吉。达什珲台吉的儿子是额尔克台吉、额尔德尼巴图尔、垂札布冰图阿海、车旺札布。

固木宰绰鲁木的儿子是阿尼绰克图台吉、沙克都尔额尔德尼。

乌巴什珲台吉的儿子是锡布推哈坦巴图鲁、额尔德尼诺木齐、额尔克台吉、墨尔根阿海、那木扎勒陀音、冰图阿海、喇札布绰克图台吉。

墨尔根汗的儿子是衮布土谢图汗、那玛斯奇布岱青诺颜、拉布塔尔火落赤达尔汉珲台吉出家[取法名]叫青达玛尼达尔汉陀音、多尔济杜尔格齐诺颜四人。

土谢图汗的儿子是信仰和力量具备的瓦齐赉土谢图汗[1]、巴图尔珲台吉、识一切第二胜者善智法幢善吉祥的转世[2]、多尔济冰图岱青四人。

信仰和力量具备的瓦齐赉土谢图汗的儿子是噶勒丹、多尔济额尔德尼阿海、纳木扎勒额尔德尼班第达、车凌巴勒、索诺木巴勒。

巴图尔珲台吉的儿子是喇布丹额尔克阿海、多尔济、陀音。

那玛斯奇布岱青诺颜的儿子是占巴拉岱青诺颜、额尔德尼阿海。

青达玛尼达尔汉陀音的儿子是喇特那额尔德尼巴图尔、诺木齐珲台吉、冰图岱青、达尔汉珲台吉。额尔德尼巴图尔的儿子是著里额尔克台吉。诺木齐珲台吉的儿子是察克巴额尔克阿海、车登额尔克台吉、齐巴。冰图岱青的儿子是海萨伊勒登绰克图、策旺墨尔根台吉、绰克达喇、擦玛杨、车德琳沁。达尔汉珲台吉的儿子是喇旺陀音。

杜尔格齐诺颜的儿子是青珲台吉。青珲台吉的儿子是旺楚克。

诺诺和伟征诺颜的次子是阿布琥墨尔根诺颜。他的儿子昂噶海墨尔根诺颜、喇瑚里达赉诺颜。

墨尔根诺颜的儿子是巴特玛什墨尔根楚琥尔、索诺岱青珲台吉、多格尔札布冰图台吉、扎木素绰克图台吉、扎木彦阿海、阿尔察墨尔根岱青。

墨尔根楚琥尔的儿子是额尔克阿海。

岱青珲台吉的儿子是伊斯奇布额尔德尼、墨尔根珲台吉、伊沙尔诺木齐阿海、达沙尔额尔德尼岱青、纳木淳都尔噶勒阿海、罗卜藏台吉、诺颜呼图克图、达什额尔克台吉。

伊斯奇布额尔德尼的儿子是齐巴克额尔德尼。

墨尔根珲台吉的儿子是莲花必勒克图、齐巴克额尔德尼音扎那。

都格尔札布冰图台吉的儿子是察克巴冰图阿海。

扎木彦阿海的儿子是达哩伊勒登绰克图。达哩伊勒登绰克图的儿子是博达札布额尔克台吉。

阿尔察墨尔根岱青的儿子是奇木楚克阿海、第木楚克。

扎木素绰克图台吉的儿子是巴勒丹绰克图阿海。

喇瑚里达赉诺颜的儿子本塔尔楚琥尔、奔巴斯奇布绰克图台吉、班奔额尔德尼、扎木素绰克图台吉、色尔济达赖岱青、固噜墨尔根台吉、琳沁台吉。

本塔尔楚琥尔的儿子是罗卜藏岱青、垂木喇、诺内王、萨玛第公绰克图台吉。

奔巴斯奇布绰克图台吉的儿子是噶尔玛诺木齐、巴特玛。

班奔额尔德尼的儿子是车琳扎勒额尔德尼台吉。

---

[1] 指察珲多尔济。
[2] 指一世哲布尊丹巴呼图克图，名扎纳巴扎尔，一般称温都尔格根。

扎木素绰克图台吉的儿子色布腾、旺楚克、陶库图。

达赖岱青的儿子是博尼绰克图台吉、诺尔布额尔克阿海、诺哩冰图阿海、达木琳卓哩克图阿海、阿塔尔墨尔根阿海、多尔济札布、根敦。

固噜墨尔根台吉的儿子是诺尔布额尔克台吉、乌巴什台吉、诺木齐阿海、阿必达。

诺尔布额尔克阿海的儿子是巴罕班第、礼塔尔。

诺哩冰图的儿子是博布。

诺尔布额尔克台吉的儿子是陀音、乌金、敖达、额木根。

乌巴什台吉的儿子是阿玉什。

诺木齐阿海的儿子是德勒登。

车琳扎勒额尔德尼台吉的儿子是贡克、绰克图阿海、乌巴什、沙克都尔札布。

诺诺和伟征诺颜的第三个儿子乞塔特伊勒登和硕齐的儿子是德木泰珲台吉、秀筛贝玛二人，同阿巴噶的败战中亡故，没有子嗣。

诺诺和伟征诺颜的第四个儿子图蒙肯昆都楞楚琥尔的儿子是卓特巴车臣诺颜、根都斯扎布额尔德尼伟征诺颜出家后以诺们额真著称、车凌都尔噶勒诺颜、罗雅克额尔克楚琥尔、济雅克绰克图伟征诺颜、察斯扎布昆都楞诺颜、扎木本台吉、班珠尔额尔克宰桑出家后称丹津陀音、巴图尔额尔德尼诺木齐成为乌巴什后称毕玛里吉哩谛、萨尔扎达云珲台吉、桑噶尔斋伊勒登和硕齐、巴噶尔扎扣肯、衮布昆都伦岱青杜尔格齐，共十三个儿子。

卓特巴车臣诺颜的儿子是塔尔巴绰鲁木和硕齐、善巴哈坦巴图尔出家后称达尔玛格鲁布陀音、车满楚琥尔出家后称楚琥尔喇嘛、班奔墨尔根楚琥尔、绰斯奇布岱青巴图尔、成布木台吉、坦布木诺颜乌巴什、索诺木车臣岱青和硕齐、巴特玛罗卜藏岱青。

绰鲁木和硕齐的儿子是额尔德尼和硕齐、垂扎木素、纳堪珠纳乌巴什、诺木齐台吉、博达伊勒登绰克图、多尔济墨尔根阿海。

额尔德尼和硕齐的儿子是达尔济额尔德尼、绰克图台吉、充达喇台吉阿海。

垂扎木素的儿子是车琳扎勒额尔克台吉、冰图岱青、墨尔根阿海、墨尔根台吉、毕力克图阿海、绰克图台吉、都尔哈勒阿海、额尔德尼台吉、额尔克台吉、乌尔必台吉。

纳堪珠那乌巴什的儿子是博第达尔玛。

诺木齐台吉的儿子是毕力克图阿海、堪布、阿喇斯巴、额尔克阿海、贝玛斯丹津、萨赖虎勒。

伊勒登绰克图的儿子是唐古特。

多尔济墨尔根阿海的儿子是敖日。

达尔玛格鲁布的儿子是绰克图台吉、巴尔图冰图台吉、阿玉什墨尔根台吉、敖布额尔德尼台吉、阿南达墨尔根阿海、敖拉噶勒齐。

绰克图台吉的儿子是素达雅素达哩、玛尼巴、根敦、策旺多尔济。

巴尔图冰图台吉的儿子是其巴、车琳、第噜巴阿噜巴。

阿玉什墨尔根阿海的儿子是毕喀达、素勒丹、根布巴。

楚琥尔喇嘛的儿子是本塔尔岱青楚琥尔、衮布诺扪达赉。

岱青楚琥尔的儿子是图巴额尔克阿海、善巴札布冰图阿海、陀音乌索。

诺扪达赉的儿子是额尔克台吉、扎木禅呼毕尔罕。

墨尔根楚琥尔的儿子是那玛斯吉墨尔根楚琥尔、伊勒登阿海、喇特那额尔德尼。

那玛斯吉楚琥尔的儿子是额尔克阿海。

岱青巴图尔的儿子是额尔德尼台吉、额尔克岱青、冰图台吉、青台吉、伊勒登阿海、罗卜藏、阿巴哩海、朋素克陀音、班第乌巴什、伊达木。

额尔德尼台吉的儿子是岱青阿海。

额尔克岱青的儿子是札布。

垂噜布冰图台吉的儿子是善巴、伊克乌金、巴噶乌金、博楚拉克。

青台吉的儿子是陀音、唐古特、占巴拉、罗卜藏、朋楚克、春伯、车琳。

成布木台吉的儿子齐勒都台吉没有子嗣。

诺颜乌巴什的儿子是噶尔丹墨尔根台吉、绰克图台吉、伊勒登绰克图、额尔克台吉、绰克图台吉、墨尔根岱青、额尔德尼诺木齐、常呼额尔德尼、陀音青台吉、额尔德尼阿海。

噶尔丹墨尔根台吉的儿子是巴喀伯、阿都尔陀音、兀良哈、拉札布、伊沙尔阿布达。

绰克图台吉的儿子是塔库斯、喇布丹陀音、扎木禅、绰希雅、罗卜藏、塔尔济阿。

伊勒登绰克图的儿子是道陶尔毕力克图、拜巴噶斯、布喀喇公。

额尔克台吉的儿子是车琳扎勒、固噜、丹津、奔禅、韬赉。

绰克图台吉的儿子是固库、敖拉噶勒齐。

墨尔根岱青的儿子是阿尔齐布、沙克扎、善巴。

额尔德尼诺木齐的儿子是扎克台吉、图巴、乌金。

常呼额尔德尼的儿子是巴噶拜。

青台吉的儿子是达木琳。

扎克阿海的儿子是诺尔布、多尔济札布、喇布坦。

车臣岱青和硕齐的儿子是伊勒登珲台吉、沙布隆、乌巴达额尔德尼阿海、托达额尔克阿海。

罗卜藏岱青的儿子是第噜巴、阿噜巴、玛尔巴、堪布巴、帕克巴、布哩贡巴、莎哩布达哩、摩伦陀音。

著名的诺扪罕的儿子是伊勒登都尔格齐、绰克图伊勒都齐、岱青和硕齐、察木查尔额尔德尼诺木齐、墨尔根岱青、青绰克图出家后称罗卜藏陀音、额尔德尼岱青、固噜斯奇布额尔克阿海。

伊勒登都尔格齐的儿子是图巴札布额尔德尼伊勒登诺颜、噶布珠腾格哩陀音、我自己是善巴额尔克岱青[1]、善巴达尔绰克图阿海。

额尔德尼伊勒登诺颜的儿子是都格尔阿海岱青、诺木齐阿海、希尔第、额尔德尼台吉。

额尔克岱青的儿子是达什栋噜布、车凌达什、纳木扎勒、素特那木札布。

绰克图阿海的儿子是固噜札布、琳沁多尔济。

绰克图伊勒都齐的儿子是察罕冰图台吉、博都呼墨尔根岱青、绰克察巴图尔台吉、丹巴额尔克台吉、韬海固噜、纯贝纳木扎勒。

察罕冰图台吉的儿子是车琳多尔济。

博都呼墨尔根台吉的儿子是塔尔巴、伊锡客。

丹巴额尔克台吉的儿子是噶尔丹。岱青和硕齐的儿子是成衮卓哩克图台吉、德德克赫墨尔根阿海、本塔尔奔扎勒墨尔根台吉、锡固尔察、钟达尔、达什栋噜布、车凌多尔济。

卓哩克图台吉的儿子是乌金台吉、垂札布台吉。

---

[1] 该《阿萨喇克其史》的作者。

墨尔根阿海的儿子是乌金额尔德尼台吉、达尔吉达什旺楚克、达什。

察木查尔额尔德尼诺木齐的儿子是伊素罕额尔克阿海。

墨尔根岱青没有儿子。

罗卜藏陀音的儿子是素达尼冰图阿海、沙喇绰克图台吉、拉伦额尔德尼台吉、拉札布伊勒登阿海。

冰图阿海的儿子是萨尔万察、萨第宾察、丹察、毕克达、毕那噶、毕噶达。

额尔德尼岱青没有子嗣。

固噜斯奇布额尔克阿海的儿子是噶尔丹伟征阿海、斡齐尔墨尔根阿海、旺济勒、图巴札布、垂札布、博第达尔玛、旺丁。

车凌都尔噶勒诺颜的儿子是班谆诺木齐、衮布墨尔根阿海。

班谆诺木齐的儿子是阿玉什都尔哈勒诺颜。

阿玉什都尔哈勒诺颜的儿子是丹巴札布岱青阿海、洪郭尔额尔德尼阿海、达木琳额尔克岱青、达什、根惇、达什栋噜布、根惇札布、达什喇扎克巴。墨尔根阿海的儿子是达尔济雅王、达木垂陀音、乌金、沙喇布。

达尔济雅王的儿子是固噜斯希、图巴、斡罗斯、达什。

乌金的儿子是扎木彦、扎木布。

额尔克楚琥尔的儿子是班第达呼图克图格根、斡尔呼达克额尔德尼岱青。

额尔德尼岱青的儿子是萨第达。

绰克图伟征诺颜的儿子是阿玉什伟征诺颜、尼玛琳沁墨尔根阿海、达尔玛琳沁。

伟征诺颜的儿子是帕克巴札布、巴拉、朋楚克、贡格。

扎木本台吉的儿子是布尼达喇额尔克阿海、博弥额尔德尼台吉、诺颜呼图克图。

昆都楞乌巴什的儿子是扎木彦岱青和硕齐、图巴额尔克岱青、琳沁额尔德尼岱青、固噜墨尔根岱青、青台吉、库克布哩额尔克绰克图、萨木坦伊勒登、沙喇布冰图阿海、布达札布额尔克阿海。

岱青和硕齐的儿子是伊达木札布墨尔根阿海、固噜绰克图阿海、伊勒巴海额尔克台吉、乌金、诺木齐阿海、巴罕乌巴什、萨尔札布。

图巴额尔克岱青的儿子是纳木扎勒乌巴什、占巴喇诺木齐阿海、锡第车臣阿海、尼玛琳沁。

额尔德尼岱青的儿子是什第墨尔根台吉、占巴喇多尔哈勒阿海、绰克图阿海、哈坦乌巴什垂札布。

固噜墨尔根岱青的儿子是达什额尔克阿海、哈坦。

青台吉的儿子是岱青阿海、伊勒登阿海。

额尔克绰克图的儿子是墨尔根阿海。

萨木坦伊勒登的儿子是额尔德尼额尔克台吉。

丹津陀音的儿子是衮济斯喀额尔克台吉、素布尼冰图阿海、陀音墨尔根岱青、阿喇那绰克图台吉、拉哈札布额尔德尼阿海、禅丹绰克图阿海、达木琳札布、固噜札布青台吉、布达札布额尔克阿海、纳木扎勒、根惇札布。

额尔克台吉的儿子是札布、尼玛、瓦其尔、毕喇噶泰、喇布坦。

素布尼冰图阿海的儿子是威噜布、瓦其尔、达什札布、达什、伊勒噶泰。

墨尔根岱青的儿子是罗卜藏、斡尔呼达克、阿喇布齐。

阿喇那绰克图台吉的儿子是垂札布、充布勒、陀音。

额尔德尼阿海的儿子是达尔济、占布拉。

绰克图阿海的儿子是珠尔墨特。

青台吉的儿子是垂札布。

毕玛里吉哩谛的儿子是弼齐格兑额尔克阿海。

额尔克阿海的儿子是丹津额尔德尼、陀音、音扎那。

达云车臣台吉的儿子是色特尔额尔德尼岱青和硕齐、那弥克诺木齐阿海出家以后称罗卜藏陀音、察噶毕塔尔达赉车臣诺颜、沙姆扎特墨尔根阿海、巴扎尔乌巴什、素特那木朋素克额尔德尼巴图尔、扎木彦额尔克岱青、绰斯奇布冰图阿海、策布登诺木齐阿海、绰斯希多尔济阿海岱青、琳沁多尔济、齐旺、丹津、拉旺。

色特尔岱青和硕齐的儿子是帕克巴达尔额尔克阿海、敖宝墨尔根阿海。

罗卜藏陀音的儿子是唐古特、札布绰克图台吉。

车臣诺颜的儿子是斯丹济布额尔德尼阿海、阿玛喇、布尼。

巴扎尔乌巴什的儿子是达什喇。

额尔德尼巴图尔的儿子是萨尔努丕勒都喇哈勒阿海、唐古特。

扎木彦额尔克岱青的儿子是绰克图阿海。

伊勒登和硕齐的儿子是都噶尔伊勒登和硕齐、多尔济额尔克伊勒登、伊拉固克三呼图克图。

都噶尔伊勒登和硕齐的儿子是札布青台吉、阿弼达额尔德尼台吉、尼玛琳沁额尔德尼伊勒都齐、扎拉桑台吉。

多尔济额尔克伊勒登的儿子是图巴额尔克绰克图、博珠、努尔津、呼尔嘎、陀音。

巴喀尔扎扣肯的儿子是纳玛斯奇布岱青和硕齐、车登伊勒登绰克图、根惇阿海岱青乌巴什、垂札布冰图岱青。

岱青和硕齐的儿子是罗卜藏呼图克图、朝拜、阿必达、班第。

伊勒登绰克图的儿子是班第绰克图阿海。

阿海岱青的儿子是班第、鲁奇旺楚克。

昆都楞都尔格齐的儿子是旺堆额尔德尼阿海、琳沁墨尔根阿海、都噶尔札布额尔克阿海。

诺诺和伟征诺颜的第五个儿子巴喀赉和硕齐的儿子是土蒙肯绰克图珲台吉[1]。

绰克图珲台吉的儿子是瓦齐尔汗部的阿尔斯兰珲台吉、喇特纳额尔德尼、莲花车臣岱青、噶尔玛派的扎安珲台吉、阿萨喇勒额尔克岱青。

阿尔斯兰珲台吉没有子嗣。

---

[1] 绰克图台吉是诺诺和卫征之子巴喀来和硕齐的独生子，生于1581年，死于1637年。在鄂尔浑、土拉河流域拥有大兀鲁思，是17世纪前期喀尔喀左翼的重要首领之一。他经常参加喀尔喀的制定法典等重大政治活动，1614年成为左翼三个洪台吉之一。绰克图台吉有学问，善于创作诗歌。绰克图台吉信奉藏传佛教噶玛噶举派，和他的母亲一起出资建造了六座佛寺，并请人翻译了不少佛典。17世纪30年代，因为察哈尔的战乱，有很多南蒙古难民逃到喀尔喀。为了争夺他们，绰克图台吉在喀尔喀掀起了内战。据当时蒙古法律，绰克图台吉面临被科以流放和被没收兀鲁思的刑罚。因此，绰克图台吉利用同西藏噶举派首领沙玛尔兰占巴的关系，逃出喀尔喀，奔西藏。在途中，打败了青海的土默特蒙古人，征服了青海，统治青海地面，被奉为"绰克图汗"。此后，和后藏的藏巴汗、安多的白利土司结成联盟，从事迫害格鲁派和打击格鲁派靠山的活动，派儿子阿尔斯兰入藏，前后消灭了入藏保护达赖喇嘛的喀尔喀贵族阿海岱青、入藏支持格鲁派的永邵卜四王子，最后杀死了与格鲁派结盟的亲生儿子阿尔斯兰。1637年，顾实汗为首的卫拉特—喀尔喀联军为了支援格鲁派而来到青海，一举消灭了绰克图。

车臣岱青的儿子是玛噶特岱青台吉、额尔克绰克图、额尔克台吉。

扎安珲台吉的儿子是硕瑚拉克森墨尔根阿海、奇尔第额尔克阿海、素噶巴拉额尔克卓哩克图、素泰伊勒登珲台吉。

阿萨喇勒额尔克岱青的儿子是希克萨巴第、陀音二人。

素泰伊勒登珲台吉的儿子是哈勒津额尔德尼阿海、洪果尔额尔克阿海、陀音。

札刺亦儿珲台吉的第四个儿子阿敏都喇勒诺颜的儿子是多尔察海哈喇扎噶勒杜固尔格其、谟啰贝玛二人。

哈喇扎噶勒没有子嗣。

谟啰贝玛的儿子是锡（硕）垒达赉车臣汗[1]。车臣汗的儿子是嘛察哩伊勒登土谢图、拉布哩额尔克台吉、察布哩额尔德尼乌巴什、巴布车臣汗、奔巴达尔汉珲台吉、绰斯喜布乌巴什珲台吉、阿南达额尔克珲台吉、唐古特额尔德尼珲台吉、什喇达什哈坦巴图尔、达赉珲台吉、布达札布额尔克台吉。

伊勒登土谢图的儿子是喇特那墨尔根珲台吉、沙济额尔克宰桑、达哩伊勒登珲台吉。

墨尔根珲台吉的儿子是伊勒登绰克图、额尔克阿海、墨尔根阿海、贡噶多尔济陀音。

沙济额尔克宰桑的儿子策旺额尔克宰桑、达木林额尔克岱青。

达哩的儿子春布勒额尔克阿海、策林。

拉布哩额尔克台吉的儿子宰桑洪台吉出家后称青达玛尼宰桑陀音。陀音的儿子是额尔克珲台吉、达木琳札布、音占墨尔根阿海。

察布哩额尔德尼乌巴什的儿子是罗赖乌巴针、哈喇达什额尔德尼岱青。

额尔德尼岱青的儿子是额尔克阿海。

巴布车臣汗的儿子是穆彰墨尔根楚琥尔、岱青珲台吉、车臣汗、泰朋珲台吉、额尔德尼岱青、额尔德尼伟征、绰克图阿海。

穆彰墨尔根楚琥尔的儿子是韬赉墨尔根楚琥尔、额尔克台吉。

岱青珲台吉的儿子是沙济墨尔根珲台吉、博罗乌那噶额尔克岱青、布格素墨尔根台吉、罗卜藏额尔德尼阿海。

车臣汗的儿子是喇布坦伊勒登台吉、纳木扎勒额尔克岱青、额尔克阿海。

泰朋珲台吉的儿子是泰朋珲台吉。

奔巴达尔汉珲台吉的儿子是琳沁达尔汉珲台吉、额尔克阿海、陀音、洪郭尔。

绰斯喜布乌巴什珲台吉的儿子是岱青珲台吉、额尔德尼阿海、巴特玛达什、罗卜藏月巴、多尔济达什。

阿南达额尔克珲台吉的儿子是图锐诺颜、洪郭尔泰珲台吉、衮楚克额尔德尼岱青、噶尔丹。

唐古特额尔德尼珲台吉的儿子是巴勒昆额尔德尼岱青、额尔克巴图尔、青台吉。

什喇达什巴图尔的儿子是哈坦巴图尔、额尔克陀音。

---

[1] 硕垒（1577—1650）是格呼森札四子阿敏都喇勒的孙子。硕垒（Šoloi），有文献写作锡垒（Siloi），在不同时期的蒙、汉文献中记载为"珲台吉"、"达赉济农"、"达赉车臣汗"、"格根汗"、"格根车臣汗"、"车臣汗"、"塞臣汗"、"马哈撒嘛谛车臣汗"、"硕垒汗"等。在17世纪俄国文献中，车臣汗以"达赉珲台吉"、"达赉车臣诺颜"、"格根汗"、"格根车臣汗"、"库根汗"、"车臣汗"等不同名号出现。17世纪30年代初，硕垒在蒙古政局发生重大变化之际，在自己的属部与部分察哈尔、阿巴噶部民的拥戴下被推举为汗，成为第一代车臣汗。

达赉珲台吉的儿子是达赉珲台吉、罗卜藏额尔德尼、彻布腾、博达扎布阿海。
达赉珲台吉的儿子是车布腾。
博达札布额尔德尼珲台吉的儿子是陀音。

札剌亦儿珲台吉的第五个儿子达唊台吉没有子嗣。

札剌亦儿珲台吉的第六个儿子德勒登昆都楞的儿子是敖巴布克诺颜、钟都图岱巴图尔。
布克诺颜的儿子是噶噜图诺颜。噶噜图诺颜的儿子是巴勒布冰图、巴图尔诺颜、喀喀木额尔德尼、楚琥尔额勒伯黑额尔黑、额尔克布什、敖都、通。
巴勒布冰图的儿子是伊勒登伟征、贝勒索诺木呼图克图。
伊勒登的儿子是罗卜藏。
巴图尔诺颜的儿子是伟征、宰桑、噶尔布、衮楚克、衮布衮珠根。
喀喀木额尔德尼的儿子是沙达塔、巴达哩、巴特玛斯奇、乌巴什。
沙达塔的儿子是根惇。
巴达哩的儿子是札布、罗卜藏。
楚琥尔的儿子是墨尔根阿海、罗卜藏、董噶尔。
墨尔根阿海的儿子是固噜格。
罗卜藏的儿子是札布、瑚尔呼勒。
钟图岱巴图尔的儿子昂噶都车臣台吉、达雅海墨尔根诺颜、巴图尔台吉、岱青珲台吉、温布楚琥尔、乌什延伊勒登出家以后称丹巴陀音诺扪额真、青巴图尔、额尔克台吉。
首先昂噶都车臣台吉的儿子是博达什哩、固什、车臣诺颜、斯丹津、伟征、洪郭尔乌巴什、贝玛、冰图、都喇哈勒、卓特巴。
博达什哩的儿子是萨哩木素。萨哩木素的儿子是班第、巴扎尔。
固什的儿子是崇达尔岱亲。崇达尔的儿子是罗卜藏。罗卜藏的儿子是占布。
车臣诺颜的儿子是玛济克、萨阑、斡齐尔图。
玛济克的儿子是图巴、扎木彦、丹巴。
萨阑的儿子是沙克扎、班扎。
斯丹津的儿子是喀都斯奇、察罕、阿玉什。
喀都斯奇的儿子是纳玛噶阿第萨、金扎。
察罕的儿子是纳布其、札布。
阿玉什的儿子是谆扎。
伟征的儿子是翁谆。翁谆的儿子是奇塔特、札布。
洪郭尔乌巴什的儿子是沙喇布。沙喇布的儿子是齐纳尔、巴扎尔、成噶岱、第珠阑。
贝玛的儿子是绰斯奇布、扎木素、温布、阿塞、布塞、乌巴什、博格素、策策克喇札布。
冰图的儿子是萨喇斯奇、锡谛、温布、桑噶斯奇、罗卜藏、根惇。
萨喇斯奇的儿子是巴玛。
都喇哈勒的儿子是善巴。善巴的儿子是车布腾、色布腾。
达雅海诺颜的儿子是车臣台吉、固什、巴图尔台吉、青台吉、绰克图台吉、绰鲁木台吉、墨尔根阿海。
车臣台吉的儿子是陀音囊索喇嘛。

固什的儿子是琳沁、桑噶尔、成衮、阿玉什。

巴图尔台吉的儿子是斡其尔。斡其尔的儿子是沙布隆。

岱青珲台吉的儿子是锡噶木岱青和硕齐、绰鲁木台吉、青台吉。

锡噶木的儿子是额尔克巴图尔。额尔克巴图尔的儿子是塔尔巴。

绰鲁木台吉的儿子是罕都、哈斯巴。罕都的儿子是达什、玉木。

青台吉的儿子是罗卜藏、纳玛达尔、沙济、钟达尔。

温布楚琥尔的儿子是墨尔根台吉、岱青楚琥尔、青台吉、诺木齐、额尔克台吉、萨噜台吉。

墨尔根台吉的儿子是沙哩。沙哩的儿子是阿敏达瓦。

岱青楚琥尔的儿子是沙克扎、班第、达尔济、毕奇、呼达噶、丹津。

沙克扎的[儿子是]绰尔扎、绰拉察海、塔斯奇布。

青台吉的儿子是达尔嘛津、固噜、贡噶、拉嘛札布。

额尔克台吉的儿子是阿玉什。

萨噜台吉的儿子是衮达。

丹巴陀音的儿子是萨阑车臣珲台吉、噶尔丹墨尔根岱青、呼图克图诺颜格隆。

车臣珲台吉的儿子是玉木台吉。

墨尔根岱青的儿子是罗卜藏台吉。

青巴图尔的儿子是宰桑阿海、索诺木青巴图尔。

索诺木青巴图尔的儿子是沙布隆。

额尔克台吉的儿子是墨尔根台吉、伊勒登额尔德尼台吉。

墨尔根台吉的儿子是达尔玛固噜。

伊勒登台吉的儿子是罗卜藏垂恩丕勒。

札剌亦儿珲台吉的第七个儿子鄂特欢萨木贝玛的儿子是洪果尔珠尔哈勒汗、钟素达尔汉巴图尔、博固贝和硕齐、青达罕赛音默济克啍力克图、特木德黑绰克图、忽阑伟征诺颜、海阑楚琥尔。

首先珠尔哈勒汗的儿子是博勒拜堪诺木齐、布尔海达尔汉巴图尔、珠勒克洪诺颜。

博勒拜堪诺木齐的儿子是多尔济达赉乌巴什、班第绰鲁木、索诺木布克台吉、卓特巴青、玛济哈台吉、萨尔扎墨尔根台吉、素勒丹台吉、诺尔布台吉、固噜台吉。

达赉乌巴什的儿子是谟噜台吉、俄罗斯绰克图台吉、图巴台吉、罗卜藏台吉。

班第绰鲁木的儿子是满达哩绰、固木斯奇、墨尔根台吉台吉、达什台吉、萨阑台吉。

索诺木布克台吉的儿子是萨阑台吉、乌墨黑台吉、巴喀赖台吉、班第台吉。

卓特巴青的儿子是策旺青岱青。

默济克台吉的儿子是萨阑台吉、召玛南额尔德尼台吉、巴噶素台吉、巴噶素岱台吉、固噜格台吉。

萨尔扎墨尔根台吉的儿子是乌噜格乃车臣台吉、额勒木素台吉、赛木台吉、巴颜台吉。

素勒丹台吉的儿子是阿喇达尔台吉、扣垂台吉、图凯台吉、乌噜内台吉、素布岱台吉、布里台吉。

诺尔布台吉的儿子是阿玉台吉、衮楚克台吉。

固噜台吉的[儿子是]垂台吉。

布尔海达尔汉巴图尔的儿子是噶勒图巴图尔、图勒都尔岱青、那玛斯奇布额尔德尼。

珠勒克洪诺颜的儿子是博呼特墨尔根台吉、拉玛斯奇布达尔汉岱青、博尼泰巴图尔台吉、索诺木额尔德尼、阿第斯绰克图台吉、琳沁台吉、巴噶素台吉。

噶勒图巴图尔的儿子是本塔尔墨尔根和硕齐、达木凌台吉、萨阑台吉。

图勒都尔岱青的儿子是喇布坦额尔克岱青、巴索泰台吉。

喇玛斯奇布额尔德尼的儿子是达什额尔克台吉、锡哩台吉、玉木台吉。

博呼特墨尔根台吉的儿子是塔毕泰墨尔根台吉。

拉玛斯奇布达尔汉岱青的儿子是博达什哩墨尔根伊勒登。

博尼泰巴图尔的儿子是斡克珠特墨尔根巴图尔、乌金台吉、衮楚克台吉、陀音。

索诺木额尔德尼的儿子是萨阑阿海。

阿第斯绰克图的儿子是色特尔台吉、固拉扎台吉。

博固拜和硕齐的儿子是噶尔图车臣、奇隆呼尔温布、奇哩森哲台吉、策旺敖特浑台吉。

噶尔图车臣的儿子是萨阑哈坦巴图尔、沙达塔额尔克、贡布岱青、固玛伊勒登、善巴台吉、谟达尔台吉。

奇隆呼尔温布的儿子是格萨尔卓哩克图、贡布岱青、萨阑达什、博图克森呼图克图。

奇哩森哲台吉的儿子是额尔客图伊勒登。

策旺敖特浑台吉的儿子是垂尔扎木素。

沙达塔额尔克的儿子是贡楚克台吉、巴罕乌巴什、巴罕喇嘛。

萨阑哈坦巴图尔的儿子是丹津达尔汉巴图尔、伊琳赉乌巴什。

贡布岱青的儿子是色尔济额尔克岱青、成衮额尔克台吉、达什台吉。

固玛伊勒登的儿子是琳沁台吉、衮济赉台吉、那噶木台吉。

善巴台吉的儿子是罗卜藏台吉、巴噶乌巴什。

谟达尔台吉的儿子是呼尔泰台吉。

格萨尔卓哩克图的儿子是纳木扎勒呼图克图。

墨尔根台吉与贡布台吉没有子嗣。

萨阑达什的儿子是温占台吉。

额尔克图伊勒登的儿子是阿南达台吉、温钟陀音、通珠克台吉、博特布台吉。

垂尔扎木素的儿子是巴罕乌巴什。

青达罕赛音默济克的儿子是谟卓哩克图珲台吉、谟宰额尔克诺颜、唐古特墨尔根岱青、达锡尔额尔德尼、多尔济喇布坦珲台吉、巴特玛台吉。

谟卓哩克图珲台吉的儿子是班第岱青珲台吉、巴勒丹车臣珲台吉。

谟宰额尔克诺颜的儿子是奇哩第额尔克珲台吉、索诺木岱青诺颜、萨阑都尔哈勒阿海、乌金台吉。

唐古特墨尔根岱青的儿子是丹津岱青卓哩克图、本塔尔岱青巴图尔、阿宰墨尔根和硕齐、阿巴拉伊勒登。

达锡尔额尔德尼的儿子是绰斯吉台吉、阿玉什台吉、图喇玛海台吉。

多尔济喇布坦珲台吉的儿子是安谆墨尔根台吉、萨阑台吉、讷黑台吉、奇哩泰台吉。

额尔克珲台吉的儿子是罗卜藏。

丹津岱青卓哩克图的儿子是贡格、宾扎喇什。

岱青巴图尔的儿子是墨丹、沙喇都。

阿宰墨尔根台吉的儿子是乌巴什。

阿巴垃伊勒登的儿子是沙克都尔那木扎勒。

特木德黑绰克图的儿子是图垒巴图尔诺颜、多尔济冰图诺颜、班第台吉。

多尔济冰图诺颜的儿子是班第萨纳岱青和硕齐、萨阑达什额尔克岱青、色特尔冰图岱青、固噜墨尔根台吉台吉。

图垒巴图尔诺颜的儿子是萨喇敏呼拉齐台吉、萨阑额尔克绰克图。

班第台吉的儿子达什台吉。

萨喇敏呼拉齐台吉的儿子萨木坦。

萨阑额尔克绰克图的儿子是扎勒布台吉。

跋

收服了五色之国[1], 英武男子成吉思合罕；
引万众皈依佛法，使之安定幸福，四十万[2][蒙古]之忽必烈薛禅合罕；
失可惜之政教于汉人，不聪慧而名为惠宗的乌哈笃合罕；
将政教二道广布于喀尔喀国，阿巴泰赛音汗。
于遇缘难求佛教之诸施主之名列，
自长生天至四十五世之时[3]，
粉红色蛇年[4]昴宿月祥和日，
为使后世明白[历史]，
名为阿萨喇克其[5]者，编纂成史书。
依天命与善缘的宏力，
迎请哲布尊丹巴胡图克图[6]之明尊，
出自札剌亦儿台吉[7]与哈通海太后[8]二人的
七和硕之众聚集在一起，
引请万千活佛与僧伽
为有情之众生祈福，
以创建的种种娱乐
愿长世享乐！慎为之。
愿生灵怙主狮圣[9]之聪慧
恒久流布于十方之地！
愿无比恩德喇嘛上师
永世光临于顶天里。

---

[1] 据《大黄史》载，五色国指青色的蒙古国、白色的朝鲜国、黄色的撒儿塔兀勒国、红色的汉人国、黑色的唐古特国。

[2] 据蒙古文献的说法，蒙古本部有四十万，瓦剌有四万，故常常以"四十万"代表蒙古本部，"四万"代表瓦剌。

[3] 按照《阿萨喇克其史》的记载，自孛端察儿至林丹汗的蒙古"合罕"共46代，如将排在第35位的瓦剌合罕去掉，正好是45代（见堪培，第131页）。

[4] 指丁未年，公元1677年。

[5] 即善巴。

[6] getülgegči qutuγtu, 指哲布尊丹巴胡图克图。

[7] 指格呼森札。

[8] 格呼森札正妻，乌济业特氏。

[9] 据堪佛说，"圣狮"可能指宗喀巴（Hans-Rainer Kämpfe, *Das Asarayči neretü-yin teüke des Byamba Erke Daičing Alias Šamba Jasay (Eine mongolische Chronik des 17. Jahrhunderts), Asiatishe Forshungen,* Band 81, Otto Harrasowitz, Wiesbaden 1983（H.-R.堪佛：《善巴额尔克岱青扎萨克所著〈阿萨喇克其史〉——一部17世纪蒙古文编年史》，《亚洲研究》丛书第81卷，威斯巴登，1983年，第132页）

愿诸位护法神
将以恒心慈悲坚守此教!
承蒙增持之杭爱山的吉祥
愿兀鲁思和部众聚满世间!
依靠无量导师圣宗喀巴,
信仰无异于吉祥圆满化身之金刚度姆的怙主喇嘛,
无离坐定在彰显本尊之威仪里,
祝愿顺利到达二次第之终极,黄金家族之全体!

第三部
罗马字音写

罗马字音写说明

1. 本书蒙古文罗马字音写遵循了美国蒙古学专家鲍培（N. Poppe）的音写系统，但在音写蒙古文辅音系统中用 –j 代替了鲍培的 –ǰ。
2. 按照原书藏式贝叶装手抄本的格式，逐叶逐面音写。其中，每段突出的阿拉伯数字表示叶数，英文字母 r 及随后的阿拉伯数字表示该叶正面及所载文本行数，英文字母 v 及随后的阿拉伯数字则表示该叶反面及所载文本行数。
3. 括号{}中的+Tib.字样表示原书上的藏文。括号（ ）里的带有加号+的文字表示原书上的行间所加内容。
4. 音写符号中的减号表示该词在文本中分开写。

《阿萨喇克其史》原文罗马字音写

01. r.　　　　činggis-eče
　　　　　　　uqaγantu toγon
　　　　　　　temür kürtel-e
　　　　　　　mongγol-un teüke[1]
　　　　　　　(asaraγči neretü-yin
　　　　　　　teüke.1677 on-du
　　　　　　　tüsiyetü qan ayimaγ-
　　　　　　　un šamba jasaγ jokiyabai)[2]
01. v.01.　　　namuva gürü: adalidqasi-ügei
　　02.　　　γurban erdeni-yin adistid-i-
　　03.　　　yar asaran tedkügči idam
　　04.　　　burqad-un sidis-iyer: auγ-a
　　05.　　　yeketü nom-un sakiγulsud-un
　　06.　　　küčün-iyer: arbid-un delgere-
　　07.　　　tügei: altan uruγ-ud eldeb
　　08.　　　buyan-iyar: boγda činggis-ün
　　09.　　　ürei-i tngri-yin köbegün
　　10.　　　kemegčin olan atala: bodulan sai-
　　11.　　　tur ögülegčin čöken-ü tula
　　12.　　　busud-un asaγqui-dur ergigčin-i
　　13.　　　medetele: borjigin omuγ-tan-i
　　14.　　　ündüsülen ögülesügei edüge
　　15.　　　kürtele: dalai blam-a-tan jokiyaγ-
　　16.　　　san: sčuwags ldan +{Tib: sjogs ldan} dibtir-tur:
　　17.　　　dam üliger tataγsan-anu rlang {+Tib: rlang}-un
　　18.　　　bseru {+ Tib:bse ru} boti-ača yerü törüg-
　　19.　　　sen kümün öberün uγ ija-
　　20.　　　γur-i ese medebesü oi dotra-
　　21.　　　ki bečin-dür adali: kümün
　　22.　　　öberün obuγ-iyan ese mede-

---

[1] 非原书固有标题，可能是蒙古国家图书馆工作人员所加题记。
[2] 非原书固有标题，是蒙古国家图书馆工作人员所加题记。

23.   besü jasadaγ gyu luu-dur
24.   adili: ečige ebüges eyimü teyimü
25.   kemeküi bičig-ün egüri ese mede-
26.   besü mön keüken-i jabqaju
02. r. 01. gegegsen-dür adali kemegsen kiged:
02.   törügsen kümün-dür aldarsiqu
03.   üge kereg: (+üyiledügsen nom-dur) bütügegsen
04.   kijaγar kereg: yeke kümün-dür öndür
05.   belge kereg kemegsen buyu .:. eyimü
06.   jarliγ-ača ulamjilaju: edüge
07.   ülü medegčin-i medetügei kemejü
08.   egün-eče jalγaju kitügei qoyitus
09.   üjejü: edüi tedüi tobčilan
10.   bičibe teüke bolγaju: enedkeg-ün
11.   eng terigün maq-a sambadi qaγan-ača
12.   inaγsi: ariγun idegetü qaγan-ača
13.   degegsi nigen bumdi: qoyar tümen:
14.   nigen mingγan tabun jaγun arban
15.   dörben qad-un üy-e boluγsan
16.   qoyina: ariγun idegetü qaγan-u
17.   köbegün šakyamuni burqan nirvan-u
18.   düri üjegülügsen-ü qoyina
19.   mingγan ilegüü jil bolqui-dur:
20.   enedkeg-ün jaγun čerig-tü kemekü
21.   qaγan-u odqon köbegün-inü
22.   üsün kimusun-inu köke γar
23.   köl-inü qabtaγai nidün-iyen
24.   ögede aniqu buyu: ečige eke-anu
25.   tngri čidkür-ün qubilγan buyu
26.   kemen üldejü orkibai:
02.v.01.   tegüni töbed-ün bonbu ekilen arban
02.   erdem-tü kümün olju: qamiγ-a-ača
03.   irebei kemegsen-dür γar-iyan degegsi
04.   jiγabai: tngri-eče iregsen buyu:
05.   manu töbed ulus-tur qaγan-ügei
06.   bölüge kemen küjügün-degen unuγulju
07.   irebei: töbed-ün eng terigün
08.   (+küjügün) sandalitu qaγan tere buyu: tegün-eče
09   ündüsülejü töbed-ün dalai
10.   suban altan sandalitu qaγan-u

11. köbegün boruču, sibaγuči, börte
12. činu-a γurbaγula aγsan-ača: aq-a
13. degüs maγulalduju börte činu-a
14. jad-un γajar-a irejü: ere-ügei
15. γou-a maral neretü ökin-i abču:
16. mongγol omuγ-tan bolba gekü:
17. köke debter- tür eng terigün
18. tngri-yin köbegün börte činu-a
19. tegünü köbegün batačaγ: tegünü kö-
20. begün tamčaγ: tegünü köbegün
21. qoričar mergen: tere-anu edüge
22. mangγusun aman darun saγumui kemen
23. daγurisuγči badm-a sambau-a mön
24. bölüge kemen ögülemüi: qoričar
25. mergen-ü köbegün uγujam buγurul:
26. tegünü köbegün yeke nidün: tegünü
27. köbegün samsoči: tegünü köbegün
28. qaju: ene-anu köke debter-ün

03.r.01. yosun:: busu teükes-tür samsooči-yin
02. köbegün sali γaljaγu: tegünü köbegün
03. borjigidai mergen: tegünü köbegün
04. torγaljin bayan: torγaljin bayan-u
05. barγujin γou-ača törügsen dobu
06. mergen: dou soqur qoyar: dobu
07. mergen-ü tümedün qorildai mergen-ü
08. ökin alan γou-ača törügsen
09. buqu qataki: buquči salji qoyar:
10. buqu qataki-yin üre qadikin
11. omuγtan bolba: buquči salji-yin
12. ürc saljıγud omuγtan bolba:
13. börte činu-a-yin üre ene deger-e
14. salba: mongγol-un noyad-un uγ
15. börde činu-a gegčin singjilejü ese
16. medegsen metü:: dobu mergen-i ükügsen
17. qoyina alan γou ere-ügei yabuju
18. bodungčuri törügsen-dür: buqu
19. qataki buquči salji qoyar: dergede
20. oyira mani ere kümün-ügei bölüge .:.
21. ene köbegün-i ken-eče törübei gekü-yi
22. eke-inü medejü: tan-u serikü jöb

23. buyu: qara söni sira čöügen kümün
24. bolju toɣuna-bar oruju ireküi-dür
25. gerte minü gere orun bölüge:
26. örlüge ɣarqui-dur sira noqai
27. bolju ɣarun bölüge: belgesi-anu
28. uqabasu tngri-yin köbegün bolbau
03. v.01. kemegsen ajiɣu:: köke debter, dalai
02. blam-a-yin nomlaɣsan jalaɣusun qurim
03. kemekü teüke qoyar-tur naran saran-u
04. gerel-eče törügsen bodungčur-
05. mungqaɣ kemegsen buyu .: bodungčur-un
06. üre borjigin omuɣ-tan bolba:
07. bodungčur-un köbegün qabiči baɣatur:
08. tegünü köbegün bikir baɣatur: tegünü
09. köbegün menen tüden: tegünü köbegün
10. qači kölüg: tegünü köbegün bai bars
11. singqur doɣsin: tegünü köbegün tom-
12. baqai sečen: tegünü köbegün qabulqan:
13. tegünü köbegün bardam baɣatur: tegün-
14. nü köbegün yisügei baɣatur: aq-a
15. degüs-iyer görügelen yabutala: nigen
16. keseg negüdel-ün möri üjejü: mös-
17. kijü yabutala mergid-ün ere čiledü
18. olqunud-ača ögelen neretü
19. ökin-i abču qariqu aɣsan ajiɣu:
20. yisügei baɣatur aq-a degüs-iyer
21. kürküi-luɣ-a: čiledü qurdun quba
22. yuɣan ɣuyadan dutaɣabai: kögejü
23. yabutala qosiɣu toɣuriɣad: .
24. qariju tergen-dür-iyen irebesü,
25. ögelen ögülerün, duyar-un ɣurban
26. kümün-ü čirai, črai-ača öbere
27. buyu amin-dur činu qoor kürgekü
28. boluɣujai: amin činu yabubasu em-e
04. r.01. oldamja: em-e kümün-ü tulada
02. ejen beyeben ögüdeg biyu: ünür-i
03. minü ünüsčü yabu kemen, čamčaban
04. tayilju ögküi-luɣ-a čiledü aɣurlaju
05. abtala: aqanar degüüner kürčü ire-
06. küi-dür čiledü dutaɣabai: ɣurban

07. γoul getültele kögejü ese güyičeged,
08. ögelen-i abču ireküi-dür, yisügei
09. baγatur delbigen-eče bariju: aq-a-
10. inü nekün tayisi oduju: degüü-inü
11. daridai očiken gelijü yabubai: öge-
12. len yeke daγubar uyilaju yabuqui-
13. dur daridai očiken üge öči-
14. rün: tabiriqu činu dabaγan olan
15. dababa: uyilaqu činu usun olan
16. getülbe: qayibasu mör-ügei:
17. qarabasu baraγ-a-ügei: qayilabasu
18. ülü sonusun: qariju ülü ire-
19. yü: sem bolai-i gebe: ögelen
20. daγun-ügei yabubai: yisügei
21. baγatur-un ögelen-i abuγsan-anu
22. eyimü gekü:: yisügei baγatur tatarun
23. tümüjin-i oljalaju ireküi-dür
24. ögelen-eče nigen köbegün siγayin
25. činegen qara nöjin adquju törü-
26. be: tümüjin-i oljalaju ireküi-dür
27. törübe: kemen tümüjin nereyidbe:
28. tegünü manaγar-ača usun-u qoyiγ-
29. tur nigen čilaγun-u degere nigen
04. v.01. sibaγun γurban edür jöb ergijü
02. daγun γarbai: yisügei baγatur ene
03. keüken törüged seče ene sibaγun
04. nigen belgetü ajiγu kemejü, yisügei
05. baγatur tere čilaγun-i qaγalju
06. üjebesü dotra-inü qasbuu
07. tamaγ a aγsan ajiγu: basa tere
08. sibaγun irejü erüken degere saγuju
09. činggis činggis kemen daγun γarbai:
10. činggis nereyidügsen učir teyimü
11. buyu:: urtu nasutu tngri-yin
12. küčün-iyer egüdün iregsen činggis
13. neretü köbegün: usun morin jilün
14. jun-u terigün sarayin arban
15. jirγuγan-a: onun-u deligün bolduγ-
16. tur törügsen bulai:: ögelen eke-eče
17. törügsen qabutu qasar modun

18. bečitei: qačiɣu ɣal noqai-tai.
19. očiɣu sirui quluɣuna-tai:
20. nögüge manggil-un-ača törügsen beg-
21. ter belgetei qoyar bölüge: yesü-
22. gei baɣatur činggis isün nasutu
23. bököi-dür: ögelen-ü törküm
24. olqunuɣud-ača ökin ɣuyura
25. činggis-i abču odbai: qongkirad-un
26. dei sečen jolɣaɣad ögülerün:
27. yisügei quda qamiɣ-a odumu:
28. kemebe: yisügei ene köbegün-dür-iyen
29. olqunuɣud-ača ökin ɣuyura

05. r.01. odumu bi kemebe: dei sečen ögü-
02. lerün: ene qoyar söni čaɣan sing-
03. qur naran saran qoyar-i adqun
04. niṣčü ireged ɣar degere minü
05. saɣun gejü jegüdelegsen bölüge:
06. yambar jegüde bui kemen kümün-eče
07. asaɣun bölüge bi tere jegüde-minü
08. kiyud yasutu borjigin omuɣ-tu
09. tan-u sülde ajiɣu: minü gerte
10. oduy-a börte neretei arban nasun-
11. tai ökin bui: erte-eče bide
12. qongkirad irgen: qari ulus-iyar
13. ülü temečen: qačar ɣou-a ökin-i-
14. yen qan uruɣ-ta-dur: qasaɣ
15. tergen-dür saɣulɣaju: qara buyuran-
16. iyar köljü: qatud-un saɣurin-dur
17. saɣulɣan bölüge: öngge sayitu
18. ökin-iyen: öndür tergen-dür
19. saɣulɣaju: öle buyuran-dur köllejü:
20. ulus-un ejen qatun (+bolɣan) bölüge bide:
21. ökin-i minü očiju üje kemen
22. gertegen baɣulɣabai: ökin-i-anu
23. üjebesü nidün degen ɣal-tai:
24. niɣur-tur-iyan geretei ökin
25. ajiɣu: üjejü oyin-dur-iyan
26. oruɣulbai: süni qonuɣad, marɣ-a-
27. ta-anu ɣuyubasu: dei sečen
28. ögülerün: olan-ta ɣuyilɣaju

05. v.01.　　ögbesü degejilegdekü busu: čöken-te
　　02.　　γuyilγaju ögbesü dorumjilaγdaqu
　　03.　　busu: ökin kümün-ü jayaγan,
　　04.　　törügsen nutuγ-tur ötelkü
　　05.　　yosun ügei ajiγu: ökin-iyen
　　06.　　ögsü köbegün-iyen talbiju od
　　07.　　kemebe: yisügei baγatur köbegün-iyen
　　08.　　talbiju odbai: γaγčaγar qariju
　　09.　　ireküi-dür tatar irgen-e tus bolju:
　　10.　　qurimlaju saγuqui üjeged ayul-
　　11.　　tu ulus bölüge: bultariju γarču
　　12.　　ülü bolqu gejü baγubasu: ide-
　　13.　　gen-dür qoor-a qoliju öggügsen
　　14.　　ajiγu: jaγura ebedčü kürüged:
　　15.　　yisügei baγatur ögülerün: ayultu
　　16.　　tatar ulus-i daγariju bölüge:
　　17.　　amttu idegen idegsen bölüge:
　　18.　　amin minu oyiratuba: oyira-der
　　19.　　gede ken bui kemebesü: čaraqa ebügen-
　　20.　　ü köbegün menggelig bui gebe menggelig-i
　　21.　　abču irejü: yisügei baγatur
　　22.　　ögülerün: činggis-i qongkirad-un
　　23.　　dei sečen-dür kürgen bolγan talbiju
　　24.　　iretele tatar irgen-e öslegdebe:
　　25.　　dotura minu maγu buyu: činggis-i
　　26.　　üter abču ire kemeged nögčibei
　　27.　　menggelig odču dei sečen-dür ögü-
　　28.　　lerün: yisügei baγatur činggis-i
　　29.　　mörügüdjü amu činggis-i abura ireb
06. i 01.　　kemebe: dei sečen odču öter ire-
　　02.　　tügei gejü ilegebe: menggilig činggis-i
　　03.　　abču irebei: tegünü qoyina tayiči-
　　04.　　γud činggis eke köbegün-i nutuγ-
　　05.　　tur orkiju negübei: čarqa ebügen
　　06.　　tayičiγud -tur odču tarγudai
　　07.　　kirültüg-i idqan ögüleküi-dür
　　08.　　čarq-a ebügen-i jida-bar jidalaju:
　　09.　　čarq-a ebügen yaratu bolju: gertegen
　　10.　　kebteküi-dür činggis odču üje-
　　11.　　besü čarq-a ebügen činggis-tür ögü-

12. lerün: sayin ečige-yin činu quriyaɣ-
13. san bida ulus-i tayičiɣud aq-a
14. degüüs-činü abču negübe: idqan gejü
15. eyin kigdebe bi gebe: činggis uyilaju
16. qariba: ögülen odču jarim ulus-i-
17. yan abču irebe: tere ulus-anu
18. orkiju tayičiɣud-un qoyina-ača
19. odba: ögelen eke temüsün uquju
20. köbegüd-iyen tejiyejü yabubai: nigen
21. edür činggis qasar qoyar ögülen
22. eke-dür ögülerün: begter belgetei
23. qoyar: uridu edür nigen jiɣasun
24. bariɣsan-i-mani buliyaju abuba: ene
25. edür qasar-un ɣoduliduɣsan boljumar-
26. i buliyaju abuba: begter belgetei
27. qoyar-i ügei bolɣay-a gebe:eke
28. anu eyin öčirün: següder-eče busu
29. nökür-ügei segül-eče busu čočaɣ-a-
06.v.01. ügei bisiü: erten-ü alan ɣou-a ekeyin
02. köbegüd metü üge büü kele gejü
03. yekete qariyabai: činggis qasar qoyar
04. egüde tasu orkiju ɣaruɣad:
05. begter belgetei qoyar naiman sirɣ-a
06. morin-iyan qadaɣalan saɣutala:
07. činggis emüne-eče qasar qoyina-ača
08. ireküi-dür begter ögülerün: namai
09. alabači ala: belgetei degüü-yi minü
10. buu alaɣtun: tan-dur temdegtey-e
11. küčün-iyen öggümü gebe: begter-i
12. alaɣad činggis qasar qoyar
13. ekeben dergede irebei: eke-inü
14. ögülerün: qadan-dur dobtulqu
15. qasuɣ salbar metü: qarbisun-iyan
16. qajaqu noqai-metü: boruɣun-dur
17. dobtulqu činu-a metü: botuɣan-i-
18. yan borbi qajaqu buɣura metü:
19. bariju ülü bolqu baras metü:
20. köbegüd minü yaɣun ele bolbai:
21. gejü qariyan saɣutala: gened-te
22. tayičiɣud dobtulju činggis-i

	23.	γaγčaγar-i ab-ču oduγad: ginji
	24.	baγubar külijü keregüljü qadaγalan
	25.	yabuqui-dur: torqun sira-yin
	26.	čilaγun čimbai qoyar köbegün-anu
	27.	qayirlan bölüge: nigen edür tayiči-
	28.	γud jun-u sarayin arban tabun-
	29.	dur yeke qurim kijü: činggis-i
07. r.01.		nigen kilbar kümün-iyer qadaγalaγulbai:
	02.	činggis tere kümün-i ginji-ber-i-
	03.	yen čokiγad dutaγabai: tere
	04.	kümün barkiran ečibe: qamuγ tai-
	05.	čiγud bügüdeger eribe: činggis
	06.	onun mören-dür oruju amaban
	07.	čuquyilγaju kebteküi-yi torqun
	08.	sira üjeged: eyimü arγatu-yin
	09.	tula nidün-degen γal-tu niγur-
	10.	taγan geretü buyu či: eke-degen
	11.	od bi ülü jiγaqu kemeged
	12.	odbai: tayičiγud-i tarqaγsan
	13.	qoyina: činggis aburaγči torqun
	14.	sira-yin gerte odbasu: torqun
	15.	sira ögülerün: bi čimai eke degen
	16.	od ese geleü: yaγun-du irebei
	17.	či kemen jemeleküi-dür čilaγun
	18.	čimbai qoyar köbegün-anu: bol-
	19.	jumur butan-dur qorγudaju
	20.	γarudaγ-ügei buyu borjigin-u
	21.	üre man-dur qorγudaba. ükü-
	22.	beči üküy-e gejü süke-ber ginji-
	23.	gi-inü ebdejü alnba. ungγasu-
	24.	tu tergen-dür činggis-i niγubai
	25.	tayičiγud ginjitü kümün qamiγ-a
	26.	odumu, ger ger-iyen negji-e kemen
	27.	marγadur-anu torqun sirayin
	28.	geri negjiged: ungγasutu tergen-i
	29.	negjiküi-dür torqun sira aγur-
07. v.01.		laju eyimü qalaγun-dur amidu kümün-
	02.	i kikü bayu: bi tanu busu ed
	03.	qulγsan-ügei kemeküi-dür
	04.	tarqaju odbai: torqun sira

05. činggis-tür ünesün-i-minü keyis-
06. ken aldaba či, či eke-tegen qari
07. gejü ermeg sirɣuɣčin-i unuɣulju,
08. tel qurɣ-a künesü ögčü ilegebei:
09. uridu sibegelegsen-ečegen mör-iyer-
10. anu möskiju onun-u beder
11. qosiɣu-na eke-degen jolɣabai: :
12. tegün-ečegen burqan-qaldun-u öber-e
13. sengkür ɣoruqun nutuɣlaju saɣutala:
14. nigen edür naiman sirɣ-a morin-i deger-
15. me buliyaju odbai: tere edür-ün
16. üdesi belgetei darki qongɣur-
17. tur tarbaɣan ačiju yabaɣan kötül-
18. jü ireged bi nekesü gebe qasar
19. či ülü čidaqu bi nekesü gebe:
20. činggis ta qoyar ülü čidaqu
21. gejü darki qongɣur-i unuju mör-
22. iyer-anu möskin ɣurban qonuju
23. yabutala: nigen köbegün olan
24. adaɣun-dur yabun ajiɣu:
25. činggis naiman sirɣ-a aɣta-yi sura-
26. basu egüber abču odba: nökür či
27. munduniju yabuqu kümün ajiɣu:
28. ere kümün-ü jobaqu nigen bui-i-a
29. bi čimadur nöküčisü gejü: ečige

08. r.01. minü bayan naqu kemekü bi ɣaɣča
02. köbegün-inü buɣurči neretü bui
03. gejü činggis-tür oruɣ singqula-yi
04. unuɣulju öber-iyen qurdun
05. qubi-yuɣan unuju: ečige-degen
06. kelel-ügei-ber odulčabai: mör-iyer-
07. anu möskiju basa ɣurban qonu-
08. ju nigen yeke küriyen-dür kürbe-
09. sü: küriyen-ü jaq-a-dur olan
10. kümün naiman sirɣ-a mori-yi küri-
11. yelen untaɣsan-i üjeged činggis
12. buɣurči-da ögülerün nökür či
13. ende bai: bi oruju üldejü
14. ɣarsu gebe: buɣurči ögülerün:
15. buyan-tu edür qanilaɣad. bulqan-du

16. činu bultiriju qočurbasu bi
17. čimadur tusa kigsen-ü γabiy-a-
18. ügei bui gejü: qoyaγula oruγad
19. kögejü γarbai: qoyina-ača-anu
20. kögejü ireküi-dür buγurči ögü-
21. lerün nökür numun sumun-iyan
22. ača bi qarbuldusu gebe: činggis
23. či minü tula silürdegüjei gejü
24. uγtuju qarbulduba: tede anu
25. bayiju qočurbai: naqu bayan-u
26. ger-ün oyira kürčü ireküi-
27. dür činggis ögülerün nökür bi
28. čimača öbere ede morid-i
29. yakin abqu bölüge: adaliqan qubi-
08. v.01. yaju abuy-a gebe: buγurči ögü-
02. lerün: sayin nökür mundaniju ire-
03. be kemen tusalasu kemelüge yakin abqu:
04. ečige-yin minü naqu bayan-u
05. jögegsen, γaγča köbegün nadur
06. mundasi (+ügei) bai: abqula tusa boluγ-
07. san minu yakin bolqu kemejü ese
08. abuba: naqu bayan-u gerte kürčü
09. irebesü: naqu bayan γasiγun-a
10. daruγdaju kebten ajiγu: köbegün-i-
11. yen üjen yaγun bolba gejü asaγ-
12. ba: buγurči öglerün sayin nökür
13. mundaniju yabuqui-dur oduluγ-a
14. edüge irebe bi gebe: naqu bayan
15. inegejü: ta qoyar köbegün eguneče
16. qoyina ene yabudal-iyan buu orkiγ-
17. tun kemejü: tel quraγan künesü
18. ögčü qariγulbai: činggis tendeče
19. γurban qonuju sengkür γoruquna
20. gertegen kürbei:: činggis qasar
21. belgetei qoyar-i dei sečen-dür
22. ilegebei: urida dei sečen-ü
23. ökin-i guyuγsan bölüge: ta
24. qoyar ečijü γuyuγtun gejü
25. ilegebei: kerülen uruγu odču:
26. dei sečen-ü ger-tür kürbei: dei

27. sečen ögülerün: činggis-i aq-a degüüs
28. ten-i tayičiɣud-ügei bolɣaba
29. kemen sonusluɣ-a, edüge nadur
09. r.01. naran urɣubai, gejü (+börte üüjin-i ögebei)
02. jota kürgeje sengker ɣoruqan-u
03. kürelgüde abču iregsen buyu::
04. joda eke-yi qariɣsan-u qoyina:
05. belgetei-yi buɣurči-dur nökečey-e
06. gejü ilegebe, belgetei-yi kürümegče
07. buɣurči ečige eke-degen kelel-ügei
08. bögütür qongɣur-iyan unuju
09. belgetei-1üge irebei: tendeče
10. kerülen mören-ü boru ergi-dür
11. nutuɣlan baɣuɣad kereyid-ün
12. ong qan-dur činggis qasar belge-
13. tei ɣurbaɣula oduɣad: erte
14. ečige-1üge-manu anda kemeldegsen
15. ajiɣu: ečige metü bui-i-a: gejü
16. gergei-yügen baɣulɣaqui-dur emüs-
17. gegsen bulɣan daqu-yi čimada ab-
18. ču irebe kemejü emüsgebesü: ong
19. qan masi bayasču ögülerün bulɣan
20. daqu-yin-činu qariɣu butaraɣsan
21. ulus-i činu bütügejü ögsü:
22. qara daqu-yin-činu qariɣu qaɣ-a-
23. čaɣsan ulus-i činu qamtudqaju
24. ögsü gebe: uriyangqan-u jarči-
25. ɣudai ebügen jelme neretü köbegün-i
26. -yen abču ireged urida onun-u
27. deligün boldaɣ-tur činggis-i törü-
28. küi-dür ölügei kijü ene jelme-yi
29. ɣurban nasutai ačaraju öggügsen-dür:
09. v.01. öčügüken kemegdejü abču oduluɣ-a
02. bi edüge jelme-yi emegel-iyen toquɣul
03. kemen ačaraju ögbei :: tende nigen
04. örlüge ögülen-ü gerte yabuqu
05. qoɣuɣčin emegen erte bosuɣad
06. yeke čimege ɣarunam bus gebe: činggis
07. qasar belgetei qačiɣu očiɣu buɣurči
08. jelme ögülen eke yisügüle morilaba:

09.   börte-üüjin-e mori dutba: mori-
10.   tan-anu burqan qalduna degere γarba ,:.
11.   börde üüjin belgete-yin eke manggil-un
12.   qoγuγčin emegen γurba-yi čerig
13.   abuba: tere dayisun mergid aγsan
14.   ajiγu: erte yisügei baγatur ögelen
15.   eke-yi yeke čiledü-eče abuγsan-u
16.   ösil ösin kisal kisun iregsen ajiγu:
17.   burqan-qalduna-yi γurban üy-e
18.   jergelejü činggis-i ese erüsbe: tedüi
19.   mergid-ün qariγsan qoyina: činggis
20.   eyin öčirün: burqan qalduna-yin
21.   küčün-iyer: boru morin-iyan unu-
22.   ju buγu-yin urum-iyar olulča-
23.   ju: burγasun ger gerlejü: bögesün-ü
24.   tedüi amin-i minu γarγabai, burqan
25.   qalduna-dur öčisügei gejü büsen-i-
26.   yen küjügün-dür ölgüjü malγaban
27.   γar-taγan següldürjü γar-iyan
28.   ebüdüg-iyen daruju yisün-te
29.   mörgüjü sačuli öggüged qasar
10. r.01.   belgetei qoyar-i kereyid-ün ong
02.   qan-dur ilegebei: γurban merkid
03.   genen kebtetele irejü em-e köbegün-i
04.   mani abču odba: ečige manu γurban
05.   merkid-i ülidkejü: em-e köbegün-i
06.   mani abču öggümü: gejü ilegebe: ong
07.   qan-u urida ögülegsen-iyer morda-
08.   ju uduyid merkid-i daγuliy-a:
09.   jamuqa-dur kele bolĵaγan-i jamuqa
10.   medetügei gebe: činggis qasar belgetei
11.   qoyar-i jamuqa anda-dur ilegebei:
12.   jamuqa ögülerün: bi qoyar tümen
13.   mordasu, ong qan qoyar tümen
14.   mordatuγai: botuqan boγurjida
15.   alalduy-a gejü ilegebe, jamuqa-yin
16.   ene ügesi činggis ong qan-dur
17.   kele kürgebei: ong qan činggis qoyar
18.   mordaju bolĵuγan-dur kürün geküle:
19.   jamuqa urid kürčü γurban qonuγ-

20. san ajiɤu: tendeče kilɤu mören-i
21. sal-iyar ɤaruyad: merkid-i ülid-
22. tele dobtulun yabuqui-dur söni
23. činggis börte börte kemen daɤudan
24. yabuqui-dur: börte üüjin činggis-ün
25. daɤu taniɤad: dürbejü yabuqu
26. ulus-ača dutaɤan irejü činggisün
27. jiluɤan-ača baribai:: börte üüjin-
28. i merkid-eče abuɤsan yosun eyimü
29. buyu: urida ögelen eke-yi yisügei

10. v.01. baɤatur-un yeke čiledü-eče buliya-
02. ju abuɤsan-i öslen irejü činggis-
03. i dobtulaɤad börte-üüjin-i
04. čiledü-yin degüü čilger böke-dür
05. öggüsen ajiɤu: belgetei eke-yügen
06. aburan odču: belgetei jegün egüdeber
07. oruqui-dur: eke-inü baraɤun
08. egüdeber ɤaruɤad: maɤu kümün-dür
09. odču nabtarqai nekei degel-ečegen
10. ičiged busu kümün-dür köbegün-
11. minu qad bolju amu. čarai-yi
12. inu yakin üjem kemeged siɤui-dur
13. güyijü orubai: belgetei eke-yi-minü
14. jiɤaju ača gejü merkid-ün kümün-i
15. čokilaju orkiju yabubai: tedüi
16. ese oldaluɤ-a: merkid-i ünesün-i-
17. inü keyisken ülidkebei: merkid-ün
18. nutuɤ-ača bulɤan malaɤai-tu buqun
19. ɤutultu budumal ilgen jarqaɤ-tu
20. tabun nasutu küčü neretü nidün-
21. dür-iyen ɤal-tu nigen keüken-i
22. ögelen ekede ačaraju ögbei :: jamuqa
23. činggis qoyar nigen on qamtu
24. yabuba: nigen negüri jamaqa ögülerün
25. anda aɤula siqam baɤuy-a adaɤu-
26. čin mani amaratuɤai: ɤoul siqam
27. baɤuy-a qoničin mani qoɤula-yi
28. idetügei gebe: činggis jamuqa-yin
29. ene üge-yi meden yadaju bayiju

11. r.01. qočuruɤad: ögelen eke-de jamuqa

	02.	anda eyimü üge kelebe: bi meden (+yadaju)
	03.	eke-eče asaγuy-a gejü irebe gebe:
	04.	ögülen eke-yi kelekü-yin urida. börte-üüjin
	05.	ögülerün: jamuqa anda manača
	06.	uyiduγsan ajiγu: edüge uyidqu
	07.	čaγ-inu bolba: ene üge man-dur
	08.	jigsikü metü üge buyu: bide ende
	09.	büü baγuy-a söni dölin qaγačay-a
	10.	gebe: tere üge-yi jöb gejü söni
	11.	dölin tayičiγud-i daγarin negüküi-
	12.	dür: tayičiγud jamuqa jüg
	13.	dölin negübei: tayičiγud-un nutuγ-
	14.	ača kökečü neretü köbegün-i olju
	15.	ögülen ekede ögbe: ür geyigsen-
	16.	dür üjebesü jalayir-un qajiγ-un
	17.	toγuriγud qarγai qaraldai dörben
	18.	toγuriγud: basa tabun darqad
	19.	irejü činggis-tür neyilebe: bayaγud
	20.	irebe: barlas-ača γou sečen ekilen
	21.	irebe: sečen beki qoyar mingγan kümün
	22.	irebe: jamuqa tayičiγud qoyar-ača
	23.	olan ulus γaγča söni irebe:
	24.	ulam jüg jüg-eče iregseger
	25.	činggis olan čerig-tü bolba :: basa
	26.	qorči baγarin-iyar irebe ireged
	27.	qorči činggis-tür eyin ögülerün:
	28.	bodungčur-un bariju abuγsan eme-eče
	29.	türügsen jamuqa-luγa kegeli nige-tü
11. v.	01.	kebtesi γaγčatu bile-e bı: jamuqa-ača
	02.	qaγačaqu ügeı boluge bı: jaγarın
	03.	irejü nidün-dür minü üjegülbei:
	04.	qoγuγči üniy-e-e irejü jamuqa-yin
	05.	ger tergen-i mörgüleged nigen eber-i-
	06.	yen quγurju eber-i-minü ača
	07.	gejü jamuqa-yin jüg sirui saču-
	08.	mu: nigen muγuljar qara üker
	09.	činggisün qoyina-ača mögüren mögüren
	10.	tergegür-iyer güyijü ayisui: tngri
	11.	γajar-un küčün nigedčü činggis-i
	12.	qaγan bolqui nadur jiγamu: činggis

13.　　　či ulus-un ejen bolbasu namai ker
14.　　　jirγaγulqu či gebe: činggis ögü-
15.　　　lerün: ünen teyimü bolbasu:
16.　　　tümen-i noyan bolγasu gebe: eyimü
17.　　　yeke türüi jiγaγsan kümün-i
18.　　　tömen-ü noyan bolbasu yaγun
19.　　　jirγal: tümen-i medeged γučin
20.　　　em-e-yi abubasu jirγal bui-i-a
21.　　　gebe: jürken-eče sečen beki nigen
22.　　　küriy-e: nekün tayisi-yin köbegün
23.　　　qučir beki nigen küriyen: qotula
24.　　　qan-u kübegün altan očigin nigen
25.　　　küriyen: jamuqa-ača qaγačan ire-
26.　　　ged činggis-tür ögülerün: či-
27.　　　mai qaγan bolγay-a: čimai qaγan bolba-
28.　　　su olan dayisun-dur oduju
29.　　　orusu: oruγa görügesün abalaba-
12. r.01.　su qabčiju ögsu: qadqulduγ-
02.　　　qui čaγ-tur qalq-a bolsu:
03.　　　qada-yin görügesün-i abalabasu
04.　　　kebtesi-inü neyitele siqaju ög-
05.　　　sü: qaritan dayisun-dur aqul-
06.　　　ju kürčü qačar γou-a ökin-i
07.　　　ačaraju teberigülsü: qatr-ügei
08.　　　jiruγ-a morin-i abči ireji
09.　　　unuγulsu:: engke törü-eče
10.　　　činü kelberijü ey-e buruγudbasu
11.　　　ene bey-e-yi-minü oγtuči: qamuγ
12.　　　kelegsen üges-tegen ese kürbesü:
13.　　　qara terigün-i-minü oγtul kemen
14.　　　aman aldabai :: olan bügüde-
15.　　　ger teden-ü üge-yi jöbsiyejü
16.　　　onun mören-ü ekin-dür yisün
17.　　　köl-tü čaγan tuγ kijü: usun
18.　　　bars jil-dür qorin nigen nasun-
19.　　　dur-inu oγtrγui γajar-a küčü
20.　　　nemegdejü: činggis-i qaγan bolγabai ::
21.　　　qočir beki: altan očigin qoyar:
22.　　　kereyid-ün ong qan-dur činggis-
23.　　　i qaγan bolγabai bide gejü: daqai

	24.	sükei qoyar-i elči ilegebei:
	25.	ong qan ögülerün: činggis köbe-
	26.	gün-i minü qayan bolɣaɣsan tan-u
	27.	job: ügeben büü ebderegtün:
	28.	eyeben büü saluɣtun gebe: tegünü
	29.	qoyina takiy-a jil-dür qadigin.
12. v.	01.	saljiɣud: tatar-un qajiɣun beki
	02.	terigülen dörben ayimaɣ tatar:
	03.	ikiris: qongkirid, ɣorlusun
	04.	čindan čaɣan terigülen: naiman-u
	05.	buyiruɣ qan, merkid-ün toɣtaɣan
	06.	beki-yin köbegün, qudu, tayičiɣud-
	07.	un tarqudai, kirüldüg, oyirad-un
	08.	qutuɣ-a beki edüi bügüdeger aman
	09.	abulčaju: örgüne mören. ken mören
	10.	qoyar-un bilčir aɣuu nuɣuda
	11.	jamuqai qaɣan bolɣaju: činggis qaɣan
	12.	ong qan qoyar-tur morday-a kemel-
	13.	dübei:: tere üges-i-anu ɣorlusun
	14.	qorildai činggis qaɣan-dur kele
	15.	kürgen irebei: činggis qaɣan (+dur)
	16.	ong qan qoyar morduju: urida
	17.	manglai yabuɣulbai: činggis qaɣan-yi
	18.	altan očigin: qučir beki: daridai
	19.	ɣurban ong qan-u senggüm jaq-a kambu
	20.	belge beki eden-i manglai yabuɣulbai:
	21.	jamuqa-un manglai tayičiɣud-un
	22.	naɣaču baɣatur buyiruɣ qan: qudu:
	23.	oyirad-un qudaɣan beki qoyar
	24.	manglai čcrıg-üd jolɣaju marɣata
	25.	bayilduy-a gejü qonuba. tere söni
	26.	buyiruɣ qan. qudu qoyar jadalaju
	27.	aɣsan ajiɣu: jada anu urbaju
	28.	öber-ün degere oruju: kümün
	29.	morin nura-dur ɣuladču ükübei:
13. r.	01.	tngri ese taɣalaba kemen, buyiruɣ
	02.	qan alta-yin ebür jorin yabuba:
	03.	merkid-ün qudu selenggeyi jorin
	04.	yabuba: oyirad-un qudaɣan beki
	05.	oi jorin yabuba: tayičiɣud-un

	06.	naγaču baγatur: jamuqa qoyar
	07.	öber öber-ün ger-iyen jorin
	08.	yabubai :: ong qan jamuq-a-yi nekejü
	09.	oruγul-ju abuba: činggis qaγan
	10.	tayičiγud-un naγaču baγatur-i
	11.	nekebei: naγaču baγatur uγtuju
	12.	bayilduγad söni bolju egerejü
	13.	qonubai :: činggis qaγan sirqadču:
	14.	čisun-i-inü böglegsen-i jelme simi-
	15.	jü abču bayitala činggis qaγan
	16.	sergüjü ögülerün čisun γarču
	17.	yekede umdaγasumu bi gebe: jelem-e
	18.	qubčisun-iyan tayilju ničügün
	19.	egeregsen dayin-u dotura oruju
	20.	tergen-ü doturača bürkesütei
	21.	taraγ qulγaju ireju: usun-dur
	22.	jiγuriju ögbei: dotur-a minu
	23.	geyibe kemeged bosču saγutala:
	24.	ür čayiju ajiγu: egeregsen
	25.	dayin-anu söni dutaγaju amu:
	26.	nekejü abču yabutala torqun
	27.	sira jirγuγadai qoyar irebe:
	28.	činggis qaγan torqun sira-yi či
	29.	yaγun-dur qojim irebei: bide
13.v.01.		ečige köbegüd-ün küčün-iyer edüi
	02.	bolbai-i-a gebe: torqun sira dotu-
	03.	ra minu itegel bai tula yakin
	04.	yaγaraqu: yaγaraqula tayičiγud-un
	05.	noyad qočuraγsan eme köbegün-i
	06.	minü ügei bolγaqui sanaju yabu-
	07.	γad edüge irebe bi gebe: tere
	08.	edür-ün qarbulduqui-dur minu
	09.	jebelekü ama čaγan qula-yin küjügün
	10.	quγu qarbuγči ken bölüge geküi-
	11.	dür: jirγuγadai ögülerün bi dai-
	12.	sun büküi-dür qarbuγsan bölüge:
	13.	nami alabasu alγayin tedüi γajar
	14.	siralamja: aburaju qayiralabasu:
	15.	čegel usun nidürü: čaγan čilaγun
	16.	čoru dobtolju ögsü: kür kemegsen

17. γajar-a kürčü: köke gürü kemkere dob-
18. tulju, qal kemegsen-dür qataγujin
19. yabuju: qara gürü qamqaran dobtulju:
20. küčün-iyen ögsü gebe: činggis qaγan
21. dayisun yabuγsan-dur qarbuγsan
22. činu yaγun gem kemen: jebelekü morin-i
23. minu alaγsan-u tula jebe nereyidjü
24. jebeley-e čimai: dergede minü yabu
25. gebei:: činggis qaγan tayičiγud-un
26. ünesün-i keyisken: ülidtele ki-
27. dubai:: noqai jil-dur činggis qaγan
28. dörben ayimaγ tatar-tur morda-
29. ju dala nörmügen-e bayilduju
14.r.01. tatari oljaluγad činggis qaγan
02. tatar-un yeke jerü-yin ökin
03. yisüi yisüken egeči degüü qoyar-
04. i abubai: činggis qaγan aq-a degüüs
05. niγuju kelelčebe: ene tatar uri-
06. da ečige ebüges-i baraγsan bölüge:
07. čöm kiduy-a gejü kelelčebe: belgetei
08. urid γarqui-dur tatarun yeke
09. čerü belgetei-eče yaγu kelelčebe
10. gejü asaγba: belgetei tani kiduy-a
11. gejü kelelčebe gebe: yeke čerü tatar-
12. tur jarlaju, qutuγan qančulaju
13. irejü kiduqui-dur olan kümün-i
14. alabai: činggis qaγan egünče qoyina
15. yeke ey-e kelelčeküi-dür belgetei-yi
16. büü oruγul gejü jarlabai: γaqai
17. jil-dür činggis qaγan ong qaγan
18. qoyar qamtu aju, eb ey-e-ben nigen
19. boluy-a namayi čaγan-dur čačaju
20. qara-dur qaqabasu: γaγča senggüm-ün
21. aq-a bolju či mede: bide qoyar
22. qoor-tu moγai sidkübese sidkü-
23. gen-dür büü oruy-a: sidün aman-
24. bar olulčay-a: araγatu moγai-dur
25. qadquγdabasu qadquγan-dur-anu
26. büü oruy-a: amabar kelelčejü bisi-
27. rey-e kemeldüjü amaraγlan yabubai::

28.	činggis qaɣan amaraɣ degere amaraɣ
29.	boluy-a gejü jöči-de senggüm-ün
14.v.01.	degüü čaɣur bekiy eribe: senggüm
02.	öber-iyen yekerken manu uruɣ
03.	tan-dur odču jegün eteged
04.	ülü saɣuqu gejü ese ögbei:
05.	činggis qaɣan senggüm namayi doura
06.	barijiqui gejü sanabai: senggüm-ün
07.	tere üge-yi jamuqa sanaju
08.	yabuɣad: jamuqa altan qučir
09.	tan üge nigedčü: senggüm-dür
10.	jamuqa ögülerün: činggis qaɣan
11.	aman-i ečige köbegün gejü yabuju:
12.	bey-e-anu naiman-u dayan qan-dur
13.	elčitü bui: olan üges keleju
14.	činggis qaɣan-dur morduy-a: bide
15.	urtu-yin üjegür, gün-ü iru-.
16.	ɣar-tur kürülčesü kemejüküi:
17.	senggüm ečige-dür-iyen ong qan-
18.	dur morduy-a gejü ilegebe: ong
19.	qan ögülerün: činggis köbegün-dür
20.	minü teyimü üge büü kelegtün:
21.	tngri- dür ülü taɣalaɣdaqu bide:
22.	jamuqa yabudaɣ keletü bölüge
23.	gebe: basa senggün aɣurlaju öber-
24.	iyen odču amidu kümün-i keletele
25.	ülü bolqu čimayi čaɣan-dur
26.	čačabasu: ene ulus-i ken ejelekü
27.	gejü aɣurlan egüde tasu orkin
28.	ɣarqui-dur: ečige-inü köbegün-i-
29.	yen duran qaraju ta medegtün gebe:
15. r.01.	senggüm ögülerün: biden-ü čaɣur bekii
02.	ɣuyuju bölüge: öggüy-e qurim
03.	ide gejü edür boljaju činggis
04.	qaɣan-dur elči ilegebei ireküi-dür
05.	bariy-a kemeldübei:: činggis qaɣan
06.	arban kümün-i odqu-yin jaɣura
07.	menggelig ögülerün: čaɣur bekii
08.	urida man-i dorumjilaju ese ög-
09.	gügsen bölüge serejü od gebe:

10.	činggis qaɣan qabur bolba adaɣun-i-
11.	yan tejiyesü gejü buqudai siradai
12.	qoyar-i ilegjü öber-iyen ese
13.	očibai: tere qoyar-i kürümegče
14.	serebe gejü marɣata mordaju bariy-a
15.	kemeldübe: badai sisilig qoyar čing-
16.	gis qaɣan-dur söni kürčü kele
17.	kürgebei: činggis qaɣan söni dölin
18.	negübei: marɣata-anu ong qan
19.	jamuqa qoyar güyičejü irejü
20.	bayilduju: ese darulčaɣad ger ger
21.	tegen qaribai:: namur-anu činggis
22.	qaɣan, ong qaɣan-i dayilabai bey-e
23.	anu dutaɣaju yabutala naiman-i
24.	qaraɣul ese taniju alabai: köbe-
25.	gün-anu senggüm baraɣun eteged
26.	töbed-tür kürčü bürilbei:
27.	jeleme-yin degüü sübe-gedei baɣ-a-
28	tur-i: namur-anu telgetü merkid-
29.	tur ilegeju oruɣulju irebe:
15.v.01.	jebe qubilai qoyar-i naiman-u tayang
02.	qaɣan-dur ilegejü oruɣulju
03.	irebe: jörčidi qongkirid irgen-i
04.	oruɣulju irebe: jörčidi
05.	basa kereyid-i-yin jaqa kambu-yi
06.	oruɣulju irebe: quluɣuna jil-
07.	dür činggis qaɣan morilaju naiman
08.	merkid-ün jirɣuɣan-i-inü oru-
09.	ɣulju abuba: nigen ayimaɣ merkid
10.	sibegelegsen-dür boruqul čimbai
11.	qoyar oruju abču irebe:
12.	solungɣus-un buq-a čaɣan qaɣan-u
13.	ökin qulan qatun-i činggis
14.	qaɣan tende abuba:: üker jildür
15.	qubilai qarlaɣud-un arsalan qan-i
16.	oruɣulju irebe: jamuqa naiman-u
17.	tayan qaɣan-ača tabun nökür-tei
18.	bosču: telgetü degere uɣulja
19.	alaju siraju iden saɣutala
20.	nöküd-anu külijü irebe: jöči

21. köbegün-iyen buqa qoyar-i baraɣun-u
22. čerig ögčü oyin irgen-e morila-
23. ɣulba: oyirad-un qudaɣa beki
24. tümen oyirad-un urida oruju
25. ögbe: jöči tegün-ečegen činaɣ-
26. si odču: oyirad buriyad
27. baraqun ubsun qabsaɣ toɣmuɣ
28. kirgis eden-i oruɣulju irebei::
29. činggis qaɣan jöči-dür jarliɣ

16. r.01. bolurun: köbegüd-ün minü aqa či
02. ger-eče say-a ɣaruɣad: mör sai-
03. tu boluɣad: ere aɣta qoyar-i
04. ese jobaɣabai či kemen jarliɣ bolba
05. oyirad-un qudaɣa beki tümen oi-
06. rad otuju irebe: gejü köbe-
07. gün-dür-inü (+inalči-da čečeken-i ögbe) inalči-yin aqa törl-
08. čide jöči-yin ökin qului-qan-i
09. ögbe:: bars jil-ün jun-u (+ekin) sara-yin
10. arban jirɣuɣan-a: onun mören-ü
11. terigün-e: yisün kül-tü čaɣan tuɣ-i
12. jalayir-un delgetü bayan-u köbegün
13. gou-a muquli-da güi ong čingsang
14. tayisi čola ögčü tuɣ bariɣulju
15. tümen-i medeged yisün gem-dür
16. eregüü-dür büü orutuɣai gebe:
17. dörben yeke ordu bayiɣulba: yeke
18. ordu-yin ejen qongkirad-un dei
19. sečen-ü ökin börte neretü qatun:
20. tegünü des ordu-yin ejen solungɣa-
21. sun buqa čačan qaɣan-u ökin
22. qulan qatun: tegünü des ordu-yin
23. ejen: tatar-un yeke čerü-yin
24. ökin yisüi qatun: tegünü des
25. ordu-yin ejen mön tatarun
26. čerü-yin ökin yisüken qatun
27. dörben buyu:: nökür buyurči-da
28. eyin jarliɣ bolurun: burqan
29. qaldun-dur tüsiju: burɣasun

16.v.01. modun-ača busu nökür-ügei-dür
02. irejü: budang-dur ese tögörijü:

03.　bulq-a-dur ese qaɣačaɣsan nökör
04.　buɣurči či yayun abqu sanaɣaban
05.　kele gebe: buɣurči ögülerün: bayaɣud
06.　aqa degüü-ben čuɣlaɣulju yabsu
07.　gebe: aqa degüüben čuɣlaɣulun
08.　tümen-i medeged yisün gem kibesü
09.　eregüü-dür büü orutuɣai gebe::
10.　basa jelem-e-dür jarliɣ bolurun:
11.　törüküi-lüge törüldügsen üküküi-
12.　lüge üjelčegsen: bulɣan ölügei
13.　kigsen buyan-tu jelem-e-yin tusa
14.　olan bui-i-a: tümen-i medeged
15.　yisün gem-dür eregüü-dür büü
16.　orutuɣai gebe:: basa torqun sira
17.　čilaɣun čimbai tan-u küčüber edüi
18.　bolbai-i-a: gem tan-u tayičiɣud-ača
19.　udaɣan irebeje: yaɣun abqu bui
20.　gebe: torqun sira ögülerün nutuɣ
21.　tarqaɣaju selengge nutuɣlaju yabusu:
22.　busu qayira-yi ejen medetügei gebe:
23.　ejen jarliɣ bolurun: torqun sira
24.　čilaɣun čimbai, badai sisilig ta
25.　olan dayisun-dur oljalaɣsan-iyan
26.　ab: qoruɣ-a görügesün abalabasu
27.　alaɣsan-iyan ab: torqun sira
28.　yisün gem-dür eregüü-dür büü
29.　orutuɣai gebe: jörčidei-dür

17. r.01.　jaqa kambu-yin ökin ibaqan bekiy
02.　jaɣun inje-yi ögčü: mingɣan
03.　urɣud i medeju yabu jorčidei
04.　dayisun büri-dür dalda boluɣsan:
05.　qaɣačaɣsan ulus-i minu qamtudqaɣsan:
06.　jörčidei-yin tusa olan buyu: yisün
07.　gem-dür eregüü-dür büü orutuɣai
08.　gebe: usun, qunan, kökečüs, degei ede
09.　dörben üjegsen sonusuɣsan-iyan
10.　ülü niɣun aqu bölüge: mongɣolun
11.　törü ünen mör biki bolqu-yin
12.　yosun ajiɣu: kemen čaɣan degel emüske-
13.　jü: čaɣan morin unuɣulju on

14. sara-dur üyiledeküi gebe:: boruqul-
15. dur jarliɣ bolurun: urida kerei-
16. dün bayiri-dur ögüdei-yi sirqad-
17. ču qočuraɣsan-i abču irebe:
18. edüge tolui-yi qarɣis sira-yin
19. alaqui-yi abuba: eke-yin mine
20. nada nökür boltuɣai gejü tejiyegsen
21. ači qariɣulba: yisün gem-dür eregüü-
22. dür büü oruɣultuɣai gebe:: jebe
23. jelm-e qubilai sübegedei ene dörben-i-
24. en kür gegsen ɣajar-a kürčü kemkeljü
25. qal kemegsen ɣajar-a qada qaɣalɣaju
26. ene dörben-iyen ilegejü: buyurči
27. boruqul tolui čilaɣun baɣatur ene
28. dörben kölüg-iyen dergede-ben
29. abču amuju yabusu: ta jeb sübe-

17. v.01. gedei qoyar öberün oluɣsan-iyar-i-
02. yan mingɣala gebe: mingɣan saɣadaɣčin-i
03. ilɣaju jelem-e-yin köbegün yisütege
04. medejü yabutuɣai: buyurči-yin degüü
05. ögelei čerbi nigen mingɣan torɣuud-i
06. medetügei: nigen mingɣan torɣud-i
07. muquli-yin degüü buqa medetügei:
08. nigen mingɣan torɣud-i alčidai
09. medetügei: nigen mingɣan torɣud-i
10. tödei čerbi medetügei: nigen mingɣan
11. torɣud-i toɣlaqu čerbi medetügei:
12. nigen mingɣan torɣud-i jörčideyin
13. törül-eče čiqai medetügei: saɣa-
14. daɣčin qonuɣčin tümen ilɣaju:
15. mingɣan mingɣnn-i medegčin talbiju altan
16. amin-i minu qadaɣaltuɣai gebe:
17. qonuɣčin saɣadaɣčin: ɣadaɣadu ming-
18. ɣad-un noyad-ača yambu anu yeke
19. bui gebe: ɣadaɣadu jaɣud-un noyad-a-
20. ča saɣadaɣčin qonuɣčin-i köteči
21. adali yambu-tu bui gebe: minu
22. qonuɣčin saɣadaɣčin qoyar namyi-yi
23. abalan sibaɣulan yabuqu-du yabutu-
24. ɣai: namayi ülü očiqu čerig-tür

25. büü očituɤai gebe:: siki qutuɤ-
26. luɤ-a qorčin-i yisütüge: kebtegüli
27. ögelei čerbi: ede medejü quyaɤ numu
28. ögüsi ačiqu morin-i tügegejü
29. ögtügei: minu ene kesigten aldaju
18. r.01. yabubasu jasaɤ yeke boluɤad minu
02. amin-i sakiju yabuquyin tula:
03. eden-iyer büü ataɤarqaɤtun kemen
04. jarliy bolbai:: ger mal-un jüyil-i
05. tüdei čerbi medejü: qoruɤan-dur
06. baɤuju qoɤ qamuju qomoɤol tü1e-
07. jü yabutuɤai:: yeke qurim-dur
08. buɤurči muquli (+qoyar) morilaju
09. yabun baraɤun jegün eteged-ün ulus
10. irgen-dür dutaɤal-ügei kürgejü
11. ögtügei kemen jarliy bolba:: boruqul
12. noyan-i tümed-tür mordaɤulba:
13. boruqul čerig-i otuju oduɤsaɤar
14. alaɤdabai: boruqul-i alaɤsan-i čing-
15. gis qaɤan sonusču masi qayilaju
16. öber-iyen mordan geküi buɤurči
17. muquli qoyar qoriju bayitala:
18. dörbed-ün törbei doɤsin bi
19. čerig abču mordasu gejü: modu-
20. yi kirügedejü: jam ɤarɤaju tümed-ün
21. erüken uruɤu oruju tauliju
22. abubai: qorči noyan tümed-eče
23. ɤučin eme songɤuju abubai: boru-
24. qul-un üre-dür jaɤun tümed-i
25. ögebei:: ögelen ekc-dc očiɤu-yin
26. qubi nigen bolɤaju tariɤ-a tariju
27. ögtügei gejü tümen jörčid-i
28. ögbe: köbegüd-ün minü aqa jöči
29. kemejü jöči-dür yisün mingɤan
18. v.01. kümün ögbe: čaɤadai-du naiman
02. minɤan kümün:ögüdei-dür doluɤan
03. mingɤan kümün: tolui-dur jirɤuɤan
04. mingɤan kümün ögbe: qasar-tur
05. dörben mingɤan kümün: qačiɤun-u
06. köbegün alčidai-dur ɤurban mingɤan

	07.	kümün: belgetei-dür mingɤan tabun
	08.	jaɤun kümün ögbe:: qorča keb-
	09.	tegüli tümen ilɤaɤad degüüner
	10.	köbegüd ökid-tür ulus-i
	11.	öggügsen-ü qoyina: ɤadaɤur-un
	12.	mongɤol-i mingɤalaɤsan-anu: yirin
	13.	yisün mingɤan bolbai:: yerü bügüde-
	14.	dür surɤal jarliɤ bolurun: qan
	15.	kümün-dür qayiratai kemen büü ketü-
	16.	reltei: qaruču kümün (+öberün) jang aɤaliban
	17.	sereltei: qas yeke törü-yi minü
	18.	edür söni kečiyen sanaltai: qani
	19.	nöküd-iyer-iyen amaraɤlan qanilal-
	20.	tai: qataɤu jer jemseg-iyen beki-
	21.	len yabultai:: qari ataɤatun-dur
	22.	jidkelen ireltei: qalaɤun jaɤura-
	23.	ban eb ey-e-yi kičiyeltei: qamuɤ-
	24.	tur jögelen-iyer jokin kögerüküi
	25.	gegdeltei: erdem bilig-i surču
	26.	egüride-yin nökür bolɤaltai: erkilen
	27.	sayirqaqui duran-i tebčijü olan-
	28.	luɤ-a jokiltai: erkemčilen ayilɤaqui
	29.	büü sedültei beyen-dü ten-i qoor-
	30.	tai
19. r.01.		emiyen ayuju sitültei: tan-iyar
	02.	ülü dutaqu-yi medeltei :: ači
	03.	kürgegsen sayid-iyar kiriben medejü
	04.	ataɤarqaltai: aliba ide erdem-iyen
	05.	tengsejü qayira buliyaldultai: aɤuu
	06.	sedkil-i barin ünen-iyer jidkü-
	07.	jü medeltei: asida teyin-kü yabu-
	08.	ju nadur yeme keleltei kemen
	09.	jarliɤ boibai:: tendeče qonin
	10.	jil-dür činggis qaɤan kitad-un
	11.	altan qaɤan-dur čerig mordaba:
	12.	jebe qubilai sübegedei manglai
	13.	yabuju: čabčiyal körüged qarin
	14.	dutaɤaqui-dur kitad-un čerig
	15.	kögejü ireküi-dür urban tataju
	16.	čabčiɤsaɤar qaɤalɤ-a-yi-inü abu-

17. ba: činggis qaɣan qoyina-ačani ɣoul
18. čerig-iyer orubai: teden-i ki-
19. daju barɣad: jebe tongju balɣasun-i
20. oruɣulbai: kitad-un altan qaɣan-i
21. oruɣulju güngjü neretü ökin-i-i-
22. nü abču čerig-ün kümün kib
23. torɣun-iyar ačiyaban tataju ire-
24. bei:: qasar jörčidei qoyar jegün
25. ɣar-un čerig abču mordaju
26. jörčid-i oruɣulju irebe:
27. činggis qaɣan (+tangɣud) ulus-tur mordabai:
28. tangɣud baraɣun ɣar-činu bolju
29. alba ögsü gejü elči ilegejü,
19.v.01. olan yaɣuma bariɣulbai: tendeče
02. činggis qaɣan sartaɣul irgen-e alba
03. ača gejü ilegebesü elči-yi-inü
04. alabai: činggis qaɣan altan amin-i-
05. yan tasuratala, sartaɣul irgen-eče
06. büü iresügei gejü aman aldaju
07. mordabai:: tangɣud-i baraɣun ɣar
08. bolju morda gejü elči ilegebe: tang-
09. ɣud-un sidurɣu qaɣan-i kelekü-yin
10. urida ese kambu ögülerün: küčün
11. ügegüü bögetele küčütü kemen: qaɣan
12. busu bögetele qaɣan kememü: čerig
13. ülü ilegemü bide kemebe: ese
14. kambu-dur ker eyimü üge kelegden
15. bölüge: tngri ečige-dür jalbariju:
16. tekerigsen qoyina boluɣ-a kemeged:
17. sartaɣul irgen-dür morilaju
18. qatud-ača qulan qatun-i abču
19. mordaba: jebe-yi urida manglai
20. yabuɣulba: jebe-yin gejige-yi sübe-
21. gedei darun sübegedei-yin gejige-
22. dür toɣučar ilegebei: uridu
23. qoyar dayilal-ügei niɣuju ɣaruɣ-
24. san-i toɣučar segül-dür yabuɣad
25. jaqayin qota-yi dobtulju ser-
26. gebei: sultan qan qamilig qoyar
27. činggis qaɣan-dur mordaju ire-

	28	bei: činggis qaɣan-u urida siki
	29.	qutuɣ manglai yabuju bayilduɣ-
20.r.01		či bolun siki qutuɣ dutaɣaju
	02.	kögejü iretele: jebe sübegedei
	03	toɣučar ɣurbaɣula qoyinača-i-
	04.	nu oruju: činggis qaɣan emün-e-
	05.	če-inü uɣtuju sartaɣul
	06.	irgen-i sin mören-e kidubai:
	07.	toɣučar-i čiqaɣan-a-yi ɣarqui-
	08.	dur segül-dü yabuɣad urida
	09.	dobtulba gejü alaqui-anu bai-
	10.	ju: jasaɣ-iyar eregüleged: čerig
	11.	medeküi-yi-inü bayilɣabai: jöči
	12.	čaɣadai ögüdei ɣurban-i örün-
	13.	čen baqatud-tur baraɣun ɣarun
	14.	čerig ögčü: ögüdei medejü
	15.	yabutuɣai gejü ilegebei: tede
	16.	dayin-iyan oljalaju qubiyaju
	17.	abqui-dur činggis qaɣan-dur
	18.	qubi ese ɣarɣaba gejü: činggis
	19.	qaɣan aɣurlaju ese jolɣaɣulbai:
	20.	buyurči muquli qoyar baɣ-a ulus
	21.	sedkil-inü alɣasaɣujai buruɣu-
	22.	ban medenem gejü guyuju jolɣaɣul-
	23.	bai: basa torbai doɣsin sübe-
	24.	gedei qoyar-i čerig ese kürüg-
	25.	sed-tür ilegejü abču irebei:
	26.	činggis qaɣan dörben jil ayalaju
	27.	ireged: noqai jil-e činggis qaɣan
	28.	tangɣud irgen-dür ayalabai:
	29.	qatud-ača yisui qatun-i abču
20.v.01.		mordaba: jaɣur-a ayibaɣ-a-yin
	02.	olan čikitei namlaju yabutal-a
	03.	unaju bey-e qalaɣun bolun
	04.	činggis söni noyir ese abuba:
	05.	yisüi qatun marɣata köbegüd
	06.	noyad-tur qaɣan-u bey-e qalaɣun
	07.	bolju noyir ese abuba: yabuqui
	08.	kelelčegtün gebe: köbegüd noyad
	09.	kelelčejü qurabai: činggis qaɣan

10.	tangɣud mani ayuju qariba gekü
11.	gejü elči ilegey-e gejü ilegebei:
12.	elči-dür sidurɣu qaɣan ögü1erün
13.	sartaɣul-dur morda geküi-dür bi
14.	kösigün üge kelegsen ügei: ese
15.	kambu kelegsen gebe: ese kambu ögü-
16.	lerün : bi kelegsen, ta mongɣol
17.	bardam bayinam: alsi nutuɣ-tu
18.	temegen ačiyatu termen ger-tü
19.	bui bi: nadur iredkün. alasida
20.	qadqulduy-a gejü ilegebe: činggis
21.	qaɣan čilegeben edegegsen ügei
22.	bögetele: tere ügen-dür ülü
23.	tesün mordaju yabuqui-dur
24.	mona qosiɣun-i üjeged
25.	jarliɣ bolurun: engke törü-
26.	dür nutuɣlaltai: ebderegsen törü
27.	sibegeleltei: ötegü buɣu qorɣu-
28.	laltai kemen baqarqan jarliɣ bol-
29.	bai : ese kambu-dur kürčü bayil-
21.r.01.	duju ese kambu-yi ünesün-i
02.	keyisken daulibai: eden bögüde
03.	čerig minü ta öber-ün oljalaɣ-
04.	san-iyan abtuɣai gebe buɣurči
05.	muquli qoyar-tur jarliɣ bolu-
06.	run : ta qoyar-tur urida ol-
07.	ja-ača nigeči öggügsen ügei
08.	bölüge: ene tangɣud-ača olan-i
09.	üjetele duran meden ab
10.	kitad irgen-eče juyin irgen-i
11.	ta qoyar qubiyaju ab kemen
12.	soyurqal jarliɣ bolba: činggis
13.	qaɣan časutu-dur ebüljijü
14.	tangtud-un sidurtu qaɣan-i
15.	tolun čerbi-ber alaɣulbai:
16.	sidurɣu qaɣan alaqui-dur
17.	činggis qaɣan-dur namayi alaqula
18.	beyen-dür činü maɣu ese
19.	alaqula qoyitu üre-dür činü
20.	maɣu gejü kelebe: qoyitu üre-

21.	dür minüle sayin boltuγai:
22.	γaγča nada γai ügei gejü
23.	alaγulbai:: činggis qaγan jarliγ
24.	bolurun: uridu unaju bertüg-
25.	sen bey-e mine übderejü yeke-
26.	de ebedümü: sur dörüge sun-
27.	tala: temür dörüge dölürütele
28.	jigeyju: yeke ulusi joban jö-
29.	gejü jongkilan quriyaqui čaγ-tur
21.v.01.	eyimü jobalang-i ese üjelüge:
02.	ermeg čaγaγčin-iyan unuju, isi-
03.	gen daquban bögtürjü eng olan
04.	ulus-i quriyaqui-dur eyimü
05.	jobalang ese üjelüge: gejü jarliγ
06.	boluγad edün bügede sayid-
07.	minu ükükü buyu ta gebe::
08.	sönid-ün gilügedei baγatur
09.	üge öčirün: qas boluγsan
10.	törü činu boγunidumja:
11.	qayiratu börtügeljin qatun
12.	činu belbesüremje: qasar belge-
13.	tei qoyar degüü činü γutu-
14.	ju qočurumja: qamurun jögeg-
15.	sen ulus činu tarqamja: :
16.	öndür boluγsan törü činü
17.	boγunidumja: öčüken-ečegen
18.	učaraγsan börtügeljin qatun
19.	činu ükümje: ögüdei tolui
20.	qoyar činu önüčiremje öri-
21.	gsün jögegsen ulus činu öbe-
22.	re kümünei bolun tarqamja:: qangγai
23.	qan-i qajiγulan negümje: qatud
24.	keüked činü qayilan küyilen ire-
25.	kü i-dür nigen sayin surγal üge
26.	kelekü ajiyamu bi: örügesün
27.	qočuruγsan börtügeljin sečen
28.	qatun: önüčin qočuruγsan
29.	ögüdei tolui qoyar-dur činu:
22.r.01.	ködüge γajar-a usun kötel γajar-a
02.	jam jiγaqu ögkü ajiyamu bi kemen

03. öčibesü: ene üge (+činü) jöb büü
04. ükü surɣaju yabu gebe: činggis
05. qaɣan jarliɣ bolurun: qas čilaɣun-
06. dur arasun ügei: qadan temür-
07. tür dorusun ügei: qayiran
08. törügsen beyen-dür möngke ügei:
09. qaril bučal ügei qataɣujin yabuɣ-
10. tun ta :: ünen (+ügen) -tegen kürügsen
11. kümün-ü sedkil beki: öčüken
12. duran bariju olan-luɣa joki:
13. üneker nekün nögčikü bey-e bisiu:
14. qoyitu sayin-iyan erigtün: qubi-
15. lai keüken-i üge öber-e bui
16. tegünü ügeber yabuɣtun kemen
17. jarliɣ boluɣad: ɣal ɣaqai jilün
18. qabur-un adaɣ sarayin arban qoyar-
19. tur jiran jirɣuɣan nasun-dur-i-
20. yan mineg-ün türmekei balɣasun-dur
21. nögčibei:: altan kegür-i-inü qasaɣ
22. tergen-dür ögede bolɣaju qari-
23. ju ireküi-dür: gilügedei baɣatur
24. maɣtarun: qaliqu qarčaɣayin jigür
25. bolun odbai či ejen minü:
26. qangginaqu tergen-ü tegeri bolbau
27. ejen minü: taɣuliqu qarčaɣayin
28. jigür bolun odbai ejen minü:
29. toɣuriqu tergen-ü tegeri bolbau
22.v.01. ejen minü: jirgikü sibaɣun-u jigür
02. bolun odbai ejen minü: jirkira-
03. qu tergen-ü tegeri bolbau ejen
04. minü: gejü maɣtaɣad iretele
05. monayin kökeber-tür kürüged
06. qasaɣ tergen-ü bulu sigidbei:
07. döčin tabun kölüg-iyer ködelgen
08. yadaju kür yeke ulus jobaqui-
09. dur sönid-ün gilügedei baɣatur
10. mörgün sögüd-ün öčibei: köke
11. möngke tngri-yin jayaɣabar törüg-
12. sen: kölüg boɣda ejen minü: kür
13. yeke ulus-iyan orkiju kürbei či

14. degedü törül-degen töbsin-e
15. bayiɣuluysan törü činü:
16. törügülügsen qatud köbegüd
17. činü:: torügsen qan ɣajar
18. usun činu tende bölüge:
19. ariɣun-a bayiɣuluysan törü
20. činü : albalan bayiɣuluysan ulus
21. činu: amaraɣ qatud köbegüd činü:
22. altan ordu qarsi činu tende
23. bölüge: uran-a bayiɣuluysan törü
24. činü: učiralduysan qatud köbe-
25. güd činü: uridu jögegsen ulus
26. činu: uruɣ eligen činü tende
27. bölüge:: uryumal ulus irgen činü:
28. ugiyaɣsan usun časun činu:
29. olan mongɣol ulus činu: onun-u

23.r.02. deligün boldaɣ törügsen ɣajar
02. činu tende bölüge:: keger ajir-
03. ɣan-u kökül-iyer kigsen tuɣ
04. sülde činü: kenggerge büriy-e
05. uriy-a činu kelkü bügüde ulus
06. činu: kerülen-ü ködege arula
07. qan saɣuɣsan ɣajar činu tende
08. bölüge:: bütükü -yin urida uči-
09. raɣsan börtegeljin qatun činu
10. burqatu qan ɣajar usun činu:
11. buyurči muquli qoyar amaraɣ
12. nökür činü: bürin yeke törü
13. yosun činu tende bölüge: qubil-
14. ɣan (+-iyar) učiraɣsan olan qatud
15. činu: quɣur čoɣur kög daɣun
16. činu: qotala bügüde ulus činu:
17. qutuɣ-tu ɣajar usun činu
18. tende bölüge: qaraɣuna qan-i
19. dulaɣan gejü: qaritan tangɣud
20. ulus-i olan gejü: qatun gür-
21. beljin-i ɣou-a gejü: qaɣučin mong-
22. ɣol ulus-iyan tebčibüü či
23. ejen minü:: qayiratu amin činu
24. ɣarbasu: qas erdeni metü kegür-

	25.	i činü abči qariani: qatun
	26.	börtegeljin-dür činü üjegülüy-e-
	27.	ni: qamuɣ ulus-tur činu
	28.	kürgey-e-ni kemen öčibesü: qan
	29.	ejen eneren soyurqabai: qasaɣ
23.v.01.		tergen qanggirisun ködelbei: qamuɣ
	02.	ulus bayasqulang-tu bolbai: qan
	03.	yeke ɣajar tende kürgebei: qamuɣ-
	04.	un möngke kör tendeče egüskejü:
	05.	qan jayisang-ud-un tulɣ-a bolju:
	06.	qamuɣ-un sitügen boluɣad: qamuɣ-un
	07.	möngke qadaɣasun naiman čaɣan ger bolbai::
	08.	ejen boɣda endeče ečiküi-dür mona
	09.	qan-i baqarqan jarliɣ boluɣsan-u
	10.	siltaɣ-a-bar edüge tuɣar qasaɣ ter-
	11.	gen-ü bulu anu sigidbei gekü: :
	12.	eng yeke ulus-tur qudal tung-
	13.	qaɣ üge ögčü: emüsügsen čamča:
	14.	örgüge ger: öriyesün oyimusun-i
	15.	tende ongɣulaba gekü: ünen degedü
	16.	kegür-i-inü: jarimud burqan qal-
	17.	dun-dur ongɣulaba gekü: jarimud
	18.	altai qan-i arudu: kentei qan-u
	19.	öbür-tü yeke öteg neretü
	20.	ɣajar ongɣulaba gekü buyu: činggis
	21.	qaɣan-u blam-a anu güngge siningbu
	22.	rju qota-yin qoyitu jög
	23.	dalai daɣurisqu neretü süme bari-
	24.	ba : jarim teükes-tür nere-yin lam-a
	25.	gekü. činggis qaɣan-u jarliɣ-iyar
	26.	ögüdei-yi üker jil-dür döčin
	27.	ɣurban nasun-dur anu: kerülen-ü
	28.	ködege arala-a qaɣan bolɣabai:
	29.	lam-a anu gungge odbai: basa
24.r.01.		nere-yin blam-a gekü: jarim teükes-
	02.	tür: ögüdei qaɣan köl-iyen
	03.	čilegerkejü: saskiy-a bandida-dur
	04.	elči ilegerün: čimai ese irebesü
	05.	olan čerig ilegejü tangɣud
	06.	ulus-i jobaɣaɣad yeke kilinče

07.	kikü buyu: tegüni medeküle ire gejü
08.	ilegebei: tere elči kürčü ügeben
09.	kelegsen-ü qoyina: nigen yeke blame-a-a-
10.	ča: očisu gejü elči ilegebei:
11.	tere lam-a anu nigen bögesün:
12.	nigen keseg sirui nigen saril qau
13.	dotara kijü öggüged busu
14.	yaγuma ese ögülebei: eiči-ečegen
15.	qutuγtu lam-a minu yaγu
16.	jarliγ bolba kemebesü elči-anu
17.	qariγu üge ügei: nigen böge-
18.	sün, nigen sirui: nigen saril qau
19.	ögbe gebe: saskiy-a bandida abču
20.	üjeged sirui öggügsen-anu či
21.	ükükü gegsen bayinam: bögesün
22.	öggügsen-anu namayi ideküi-degen
23.	oduy-a genem gejü bayinam: saril
24.	öggügsen-anu qoyina mongγol
25.	nom-dur oruqu gegsen bayinam:
26.	ükübči üküsü: idemekei bolbači
27.	bolusu: mongγol nom-dur oru-
28.	tuγai gejü irebei: ögüdei
29.	qaγan eribe-yin köke usun-a uγ-
30.	tuju jolγabai: ögüdei qaγan
24.v.01.	köl-iyen üjegülbesü saskiy-a bandida
02.	jarliγ bolbai: egünü uridu tö-
03.	röl-dür enedkeg-ün qatan-u köbe-
04.	gün bolju törügsen-dür-iyen süme
05.	bariqui-dur γajar köndüjü:
06.	modun oγtuluγsan-iyar γajarun
07.	ejed irejü todqurlabai: süme
08.	bariγsan-u küčün-iyer činggis
09.	qaγan-u köbegün bolun törübei
10.	či kemen jarliγ bolju: dörben
11.	γar-tu mahagala-yin doram-a orkiju
12.	čilege ügei edegebei: ögüdei
13.	qaγan ba mongγol kitad ulus
14.	bügüdeger bisirejü : nom-dur oro-
15.	bai:: olan qubilγan-i üjegülbei:
16.	rju-yin qotun-dur gamala-sila

17.　　　neretü suburγ-a bosqaba: saskiy-a
18.　　　bandida-yi ögede bolju ire-
19.　　　küi-dür: jbagsba blam-a nayiman
20.　　　nasutai daγaju irebe: basa garma
21.　　　baγsi irebe: ögüdei qaγan
22.　　　qonin jil-tei tabin tabun nasun-a
23.　　　üker jil-e nögčibei:: tegünü
24.　　　qoyina ögüdei qaγan-u yeke köbe-
25.　　　gün güyüg-i qaγan bolγabai:
26.　　　nigen jil saγuju nögčibei:: jarim
27.　　　teükes-tür saskiy-a bandida gü-
28.　　　yüg qaγan-u lam-a gekü:: tegünü
29.　　　qoyina güyüg qaγan-u degüü köden
25.r.01.　qaγan-i yeke orona saγulγabai:
02.　　　morin jil-dür nögčibei:: tegünü
03.　　　qoyina ögüdei qaγan-u köbegüd-i
04.　　　beleg ese jokiba gejü: tolui ejen-ü
05.　　　yeke köbegün möngke gegen qaγan-i
06.　　　γaqai jil-e ködege arala-a yeke oro
07.　　　saγulγabai:: lam-a anu sodnam rjamčan:
08.　　　yisün jil bolju čing wang jou
09.　　　neretü qota-dur üre ügei nög-
10.　　　čibei: möngke qaγan taulai jil-tü
11.　　　buyu:: tegünü qoyina tolui ejen-ü
12.　　　kereyid-ün ong qaγan-u degüü
13.　　　jaqa-kambuyin ökin tani beki-eče
14.　　　törügsen qubilai sečen qaγan
15.　　　šangdu qota-da qaγan oron
16.　　　saγubai: modun γaqai jil-tei
17.　　　buyu: yisün nasun-daγan jbagsba
18.　　　lam-a-yi: arban yisün nasun-dur
19.　　　sirgen-e γarγaju: küreng zandan ner-e-
20.　　　tü qota-yin baγan-a-yi čaban čila-
21.　　　γun -iyar kijü γurban öngge
22.　　　ulus-i nom-dur orobulbai:
23.　　　qubilai sečen qaγan jbagsba blam-a-
24.　　　dur altan kiged subud-un kerše
25.　　　debel: erdeni-ber gegeregsen orkimji
26.　　　erdeni malq-a: altan sikür altan
27.　　　siregen terigüten čaγala-ügei ed

28. tavar morin temegen-i ergübei: jbags-
29. ba tendeče kam-un oron-dur
25.v.01. ögede bolju: obidini aldarsiγsan
02. aldarun gegen-eče tebčil doluγan
03. nöküd selte-yin šaγsabad-i üne-
04. ker abču: qarin ögede bolju
05. irebei:: qaγan-bar včir-tu köl-
06. gen-ü nom-(+un) rasiyan-u qurim-i
07. γurban-ta edleküi angqan-u üy-e-
08. dür töbed-ün γurban tümen-i
09. orčin-i ergübei: qoyaduγar-un
10. üy-e-dür töbed-ün arban
11. orčin-i ergübei: γutaγar-un
12. üy-e- dür kitad-un jorčin
13. mön kiged ačata sadaru qaγan
14. saril-un qubi-yin sayibar
15. oduγsan-u arbijiqui šaril-nuγud-
16. i ergübei: jbagsba blam-a-dur
17. bandida jbagsba disri kemekü čola
18. ergübei: dayiduda ebüljijü šangduda
19. jusaju sigemüni-yin sajin-i naran
20. metü geyigülbei: nigen üy-e-de garm-a
21. baγsi-anu usun-a simgükui oγtar-
22. γui-dur nisküi: čilaγun-i adqu-
23. qui terigüten olan ridi qubilγan-
24. i üjegülügsen-dür sečen qaγan-
25. bar biden-ü blam-a disri qutuγ-
26. tu ene-anu naγjubi burqan-bar
27. kümün-ü düri bariγsan nigen
28. qubilγan mön bögesü-ber: ridi
29. qubilγan kiged onul-anu ene
26.r.01. qaltar yögjeri ajiγu kemen
02. jarliγ boluγsan-i: sečen qaγan-u
03. qatun irejü jbagsba blam-a-dur
04. učir siltaγan-i öčijü garm-a
05. baγsi-yi takil-un oron erkin
06. bolγabasu saskiy-a-yin ijaγur ün-
07. düsün-e gemtü bolqu-yin tulada
08. ridi qubilγan-i üjegülün soyur-
09. qa kemegsen-dür: qaγan tüsimed-ün

10. dumda jbagsba blam-a ildün-iyer
11. terigün kiged: γar köl-i tabun
12. öbere oγtalju tabun ijaγur-tu
13. burqan bolγan adistidlaju üjegü-
14. lügsen terigüten olan qubilγan-i
15. nidün-ü qurim bolγan üjegülbei:
16. qoyar yosun-i tegsi jokiyaju:
17. činggis qaγan-u yeke töru-yi
18. batudqan bariju čikten-e aldar-
19. sibai, sečen qaγan kemen: nayan
20. nigen nasun-daγan dayidu qota-
21. da nögčibei:: sečen qaγan-u yeke
22. köbegün-anu altan tayiji qan
23. oron saγuqu-yin urida
24. nögöčijü: yeke köbegün-anu
25. öljei qaγan γučin nasun-dur-i-
26. yan yeke oron saγuba: blam-a anu
27. darm-a-bala, öljei-tü qaγan
28. üker jil-tü buyu: döčin
29. dörben nasun-dur-iyan dayidu

26.v.01. qotada nögčibei: tegünü qoyina
02. degüü-anu kölüg qaγan qorin
03. doluγan nasun-dur-iyan šangduda
04. yeke oron saγuba: blam-a anu
05. čoski odser: ene qaγan šajin-dur
06. yeke tusa kibe gekü γučin nigen
07. nasun-dur-iyan dayidu qotada
08. nögčibei: kölüg qaγan moγai
09. jil-tei buyu: tegünü qoyina
10. buyan-tu qaγan qorin doluγan
11. nasun-dur-iyan yeke oron
12. saγuba : blam-a anu doniud-ba:
13. γučin doluγan nasun-dur-iyan dai-
14. du qota-dur nögčibei : buyan-tu
15. qaγan takiy-a jil-tei buyu:: tegünü
16. qoyina gegen qaγan arban naiman nasun-
17. dur-iyan yeke oron saγuba:
18. blam-a anu sodnam rjamčan: gegen
19. qaγan quluγuna jil-tei buyu: mön
20. dayidu qota-dur nögčibei: :

21. tegünü qoyina yisün temür qaγan
22. γučin nasun-dur-iyan yeke oron
23. saγuba: blam-a anu dga-bai sodnam:
24. yisün temür qaγan moγai jil-tü
25. buyu: γučin tabun nasun-daγan
26. šangduda nögčibei
(+jarim teükes-
tür ari
baγa qaγan
gekü)
27. tegünü qoyina jayaγatu qaγan
28. γučin nigen nasun-dur-iyan luu
29. jil-e yeke oron saγuba: döči
27.v.01. qonuγad nögčibei: blam-a anu rinčen
02. dvang: qoyitu moγai jil-dür küselen
03. qutuγtu qaγan baraγun eteged od-
04. ču aldar tegüsčü irejü: γučin
05. nasun-dur anu uγtuγulun ilege-
06. jü čečegtü naγura dörben sarayin
07. γurban sinede yeke oro saγuju
08. dörben sara boluγad nögčibei:
09. blam-a anu namkii rčamčan buyu:: mön
10. tere sarayin arban-a jayaγatu qaγan
11. yeke oro saγuba: blam-a anu jisis
12. rinčen: bečin jil-e γučin tabun nasun-
13. dur-iyan dayidu qota-dur nögčibei:
14. tegünü qoyina erdini čoγtu qaγan
15. doluγan nasun-dur-iyan arban
16. sarayin tabun sinede yeke oron-a
17. saγuba: blam-a anu sangjis-bal mön
18. tere sarayin qorin tabun-a dayidu
19. qota-dur nögčibei:: tegünü qoyina
20. toγon-temür uqaγatu qaγan u-
21. sun takiy-a jil-e yeke oron-a saγu-
22. ba: blam-a anu buyan-u-luu neretü
23. buyu: ere γal bečin jil-dür činggis
24. qaγan-u bayiγuluγsan yeke törü-yi
25. aldabai:: činggis qaγan-ača inaγsi:
26. toγon-temür qaγan körtele saskiy-a-yin
27. blam-a nar-i takibai:: toγon-temür-ün

28.	törü aldaɣasan-anu: kitad-un
29.	jüi ebügen-ü (+em-e nigen) köbegün törüküi-
30.	dür
27.v.01.	ger-eče solungɣ-a tatabai: tere belge-yi
02.	laq-a ibaqu medejü: qaɣan-dur
03.	tusatai čigi bayija: qoor-tai
04.	čigi bayija: ene keüken-i bičiken-e-
05.	čeni ügei bolɣaltai gejü üčibe:
06.	qaɣan tere ügen-dür ese oruba:
07.	laq-a ibaqu basa ögülerün: egüni
08.	ese alaba: qoyina öberün teri-
09.	gün-dür büü gemčilegtün gebe:
10.	tere keüken-dür jüge nere ögbe:
11.	tere jüge-yi ösügsen qoyina
12.	jegün muji-yin ulus-i medegülbe:
13.	jüge alba quriyaqu gejü nanjin
14.	neretü kitun-dur odču ɣurban
15.	jil boltala ese iregsen-dür:
16.	qaɣan jüge-yi irebesü qaɣalɣ-a büü
17.	tayilju ög gebe: tegünü qoyina
18.	qaɣan jegüdelebe: olan čerig ire-
19.	jü qota-yi egerejü bayim: bi
20.	čölüge olun yadaju yabutala
21.	nigen nüke üjegdem: tere nükeber
22.	ɣarun jegülebe gejü: kitad-un
23.	gegen senjin-dür tayilɣaba: senjin
24.	ögülerün: qaɣan qan oron-iyan
25.	aldaqu iru-a buyu gejü tayilba:
26.	tegünü qoyina mongɣol-un toɣtaɣ-a
27.	čing-sang sayin-iyar tayilba:
28.	tere jegüden-ü belges-iyer erijü
29.	üjebesü nüke bai ajiɣu: jüge
28.r.01.	tümen qasaɣ-un doluɣan mingɣan-
02.	dur ed baraɣ-a ɣurban mingɣan
03.	qasaɣ-tur quyaɣ-tai čerig-üd
04.	ačiju irebe: qaɣan negjijü oru-
05.	ɣul gebe: urid tabun mingɣan qa-
06.	saɣ-yi negjiged qoyitusi ese
07.	negjijü oruɣulba: orun buu tal-
08.	bin čerig ɣarumaɣča: qaɣan medejü

	09.	qatud köbegüd-iyen abun uridu
	10.	üjegsen nükeber-iyen γučin tümen
	11.	mongγol-iyan orkiju: arban tümen
	12.	mongγol-iyan abču γarba: γarqui
	13.	süben-dür qabutu qasar-un ür-e
	14.	tomulaqu baγatur irejü nereben
	15.	quγaraqu-bar yasuban quγara gele
	16.	gejü: kitad-un nekegsen čerig-tür
	17.	uγtun alalduju ükübe: moltuγčin-u
	18.	sübe-ber γarču bars qota bariju
	19.	saγuba: kitad kirsa qota bariju
	20.	saγuba: uqaγatu qaγan-u köbegün
	21.	biligtü jadalaju yeke siγurγan
	22.	bolju kitad ere aγta qoyar ükü-
	23.	be: jarimqan čerig anu kerem
	24.	kürtele čabčibai:: tere üy-e-dü
	25.	kitad kiradu γarba: kirsa-yin
	26.	segül jalaγ-a bolba gekü:: uqaγatu
	27.	qaγan ögülerün: eldeb jüyil
	28.	(+erdenis-) iyer siluγuqan sayiqan bütüg-
	29.	sen dayidu minu: erten-ü qad-un
28.v.01.		saγuγsan juslang šara talayin
	02.	seregüken sayiqan šang-du kii-
	03.	büng minü uqaju kelegsen laq-a
	04.	ibaqu-yin ügen-dür ese oruγ-
	05.	san teneg minü: ugilaju qočur-
	06.	bai bi nutuγ-tur qočuraγsan
	07.	biraγun metü:: qaγan tngri-yin
	08.	köbegün činggis qaγan-u jügegsen
	09.	ulus-i orkiju: γayiqamsiγ-tu
	10.	sečen qaγan-i bariγsan dayidu-gi
	11.	kitad-tur abtaju: qamuγ-un
	12.	sitügen naiman talatu čaγan su-
	13.	burγ-a-ni aldaju: qan ejen-ü
	14.	qasbu tamaγ-a-yi qančulaju γarbai
	15.	bi: qamurun jögegsen ulus-i-ni
	16.	orkiju:: jaγun tümen-eče
	17.	ayuγul ügei qadqulduju ire-
	18.	be buq-a temür čingsang: jaqalan
	19.	γarba bi maγu neretü uqaγatu

20. qaɣan: jayaɣabar aldabai bi sečen
21. qaɣan-u bayiɣuluɣsan törü sajin-i:
22. jayilaju irejü toɣtatuɣai
23. činggis qaɣan-u altan uruɣ-tur
24. yeke törü-yi:: eldeblen kelejü
25. ugilaba uqaɣatu qaɣan: erke
26. ügei abtaba kitad ulus-tur
27. bi: törü aldaɣsan-u qoyina
28. dörben jil bolju: ing čang bu
29. neretü qota-dur nögčibei:
29.r.01. uqaɣatu qaɣan qubilai sečen
02. qaɣan: qan oron saɣuɣsan-ača
03, jaɣun tabun jil jirɣuɣan sara
04 bolqui-dur törü aldaba gekü::
05. törü abtaqui-dur uqaɣatu
06. qaɣan-u qongkirad qatun ɣurban
07. saratai köl köndü aɣsan ajiɣu:
08. čerig ireküi-dür butung dotura
09. oruju qočurbai: tere butung-yi
10. kitad edüge ɣan gekü: tere qatun-i
11. kitad-un jou qongqu qaɣan
12. abču qan oron saɣuba: tere
13. qatun namayi doluɣan sara bolju
14. törübesü dayisun-u köbegün
15. geju alamu: tngri minu arban
16. ɣurban sara bolju törüküi
17. örüsiy-e gejü jalbariju yabu-
18. tala arban ɣurban sara bolju
19. törübei: qongqu qaɣan-u kitad
20. qatun-ača nıgen köbegün törübcı:
21. qongqu qaɣan-u jegüden-dür
22. qoyar luu kereldüküi üjebesü:
23. baraɣun luu-yi jegün luu
24. deyilküi üjen jegüdelbe: jegüden
25. ni-iyen yambar bui gejü iru-
26. čin-dur üjegülbe: tere iru-
27. čin-dur qoyar luu busu qoyar
28. keüken-činü bui: baraɣun (+luu) gegči
29. kitad qatun-u keüken: jegün
29.v.01. luu gegči mongɣol qatun-u keüken

02.　　buyu: (+činu) qan oron-dur mongγol
03.　　qatun-u keüken saγuqu jayaγa-
04.　　tu buyu: gebe: qoyar keüken
05.　　mön minü üre bolbači eke anu
06.　　dayisun-u qatun bölüge: mongγol
07.　　qatun-u keüken minu qaγan oron-
08.　　dur saγubasu maγu bayinam gejü:
09.　　qota-ača γarγaju: keremün γadan-a
10.　　köke qota bariju mongγol qatun-
11.　　i keüken-i tende saγulγaba:: qung-
12.　　qu qaγan yeke qan oron saγu-
13.　　ju γučin nigen jil bolju ükü-
14.　　be: kitad qaγan-u köbegün qan
15.　　oron saγuba: dörben jil bol-
16.　　qui-dur qongkirad qatun-u
17.　　köbegün čöken öbere nöküd-tei
18.　　ölge-yin jirγuγan mingγan ulus
19.　　usun-u γurban jörčid qara
20.　　kerem-ün kitad-i abču čerig
21.　　mordaju: kürüged kitad-un
22.　　qaγan-u köbegün-i bariju küjügün-
23.　　dür-anu tamaγ-a daruju üldejü
24.　　orkibai::　　　:　　　　　::
25.　　mön uqaγatu qaγan-u köbegün
26.　　yunglu qaγan yeke oro saγuba:
27.　　yosutu qaγan-u manu üre
28.　　saγuba gejü yunglu dayiming
29.　　nere ergübe: küčün ögbe gejü
30.r.01.　ölgeyin jirγuγan mingγan öjiyed
02.　　ulus-tu γurban jaγun dayidu
03.　　soyurqaba gekü: jörčid ulus-tu
04.　　jirγuγan jaγun dayidu soyurqaba
05.　　gekü: yunglu qaγan qorin qoyar
06.　　jil bolju nögčibe:: tere siregen-dür
07.　　yunglu qaγan-u üre arban dörben
08.　　qaγan saγuba:: nere-yi-inü bičiküi
09.　　qoyar yeke oro saγuγsan-i qamtu
10.　　bičiküle medekün-i kečegüü tula ese
11.　　bičibei:: uqaγatu qaγan-i nögčig
12.　　jil-dür köbegün-anu bilig-tü

13. qaɣan ingčan vüü-dür yeke qan
14. oron saɣuju yisün jil boluɣad
15. nögčibei:: tegünü qoyina morin jil-e
16. usqal qaɣan yeke oro saɣuju:
17. arban nigen jil boluɣad luu jil-e
18. nögčibei:: tegünü qoyina mön tere
19. jil-dür joriɣtu qaɣan yeke oro
20. saɣuju: dörben jil boluɣad nög-
21. čibei:: tegünü qoyina engke qaɣan
22. yeke oro saɣuju dörben jil
23. boluɣad nögčibei:: tegünü qoyina
24. elbeg qaɣan yeke oro saɣuba: elbeg
25. qaɣan alaɣsan taulayin čisun časun-
26. dur tusuɣsan-i üjejü: oyirad-un
27. qouqai tayu-dur eyimü časun metü
28. čaɣan: čisun metü ulaɣan qačar-tu
29. eme bai bolbau-la gebe: qouqai tayu
30.v.01. ene metü činü köbegün dügüreng temür
02. qung tayiji-yin öljeyitü ɣou-a
03. biiji beri činü ene metü üjeskü-
04. leng-tü gebe: elbeg qaɣan qouqai tayu-
05. dur ögülerün: üjegüi üjegülügči
06. küsegsen-i qangɣaɣči tayu minu nada
07. üjegül gebe: qouqai tayu odču
08. biiji-dü öčibe: qaɣan činu öng-
09. ge gerel-i üjey-e genem gebe: beri-
10. anu aɣurlaju tngri ɣajar neyiledeg
11. bileü: degedü ejed beri-yuɣan
12. üjedeg bıleü qaɣan qara noqai
13. bolbau: qan köbegün-anu ükübeü
14. geji kelebe: qaɣan köbegün-iyen alaju
15. beri-yuɣan abuba: tegünü qoyina
16. qouqai tayu daraɣ ɣuyura irejü
17. qaɣan-i ügei gejü kegere saɣuquqi-
18. gi biiji qurim-iyan tende tabi-
19. ju beyeben ire gejü abču ire-
20. ged qouqai tayu-dur ayaɣ-a
21. bariju üge kelebe maɣu bey-e-yi
22. minu sayin bolɣabači, baɣ-a bey-e-yi
23. minü yeke bolɣabači: biiji nereyi-

24. minü tayiqu bolɣabači gejü: nigen
25. amasar-tai, qoyar kebeli-tei kükür-
26. tü nigen-dür-anu araja: nigen-
27. dür anu usun kijü öber-iyen
28. usun uuju tayu-dur araja
29. ögčü: soɣtaɣaju unaɣaba: tayu-
30. gi oron degere kebtegüljü
31.r.01. uridu ös-iyen öslen niɣur-i-
02. yan maɣajiju: üsü-ben tasurattju
03. qaɣan-dur elči ilegebe: qaɣan
04. sonusuɣad yaɣaraju iretele tayu
05. sergüjü dutaɣabai: qaɣan kögejü alal-
06. duju : qaɣan-i sigejei-i tayu tasu
07. qarbuba: qaɣan tayu-yi alaju jonu
08. arasun sönid-ün jasin tayibu
09. neretü kümün-iyer surlan abču
10. irejü biiji-dür ögbe: biiji
11. qaɣan-u čisun. tayu-yin tosun
12. qoyar-i neyilegüljü doluɣaju ögü1er-
13. ün: eme kümün bi ösiyeben abuba:
14. namaigi alabči ala gejü kelebe:
15. biiji-yin qaɣuraɣsan-i qaɣan mede-
16. jü bögetele öngge gerel-dür-anu
17. tebčijü ese alaba: tayu-yi buru-
18. ɣu-bar alaɣsan-iyan tula: köbe-
19. gün-dür-anu batula čingsang
20. ögeji qasq-a qoyar-dur dörben
21. tümen oyirad-i medegü1be: jirɣu-
22. ɣan jil bolqui-dur elbeg qaɣan-i
23. oyirad-un batula čingsang ögeji
24. qasq-a qoyar qoroɣuba:: batula
25. čingsang ögeji qasq-a qoyar
26. dörben tümen oyirad-i abun
27. qari dayisun bolun saluɣsan tere
28. buyu: tegünü qoyina güng-temür
29. qaɣan taulai jil-e yeke oro saɣu-
31.v.01. ju morin jil-e nögčibei:: tegenü
02. qoyina öljei temür qaɣan yeke
03. oro saɣuju: bars jil nögčibei::
04. tegünü qoyina taulai jil-e delbe

	05.	qaγan yeke oro saγuju qonin jil-e
	06.	nögčibei :: tegünü qoyina qonin jil-e
	07.	oyirudai qaγan yeke oro saγuju:
	08.	arban nigen jil boluγad moγai jil-e
	09.	nögčibei:: tegünü qoyina adai qaγan
	10.	yeke oro saγuju: uridu ösi-
	11.	yeber oyirad-tu čerig mordaba:
	12.	boru noqayin jon-dur bayildu-
	13.	qui-dur adai qaγan-a-yi qabu-
	14.	tu qasar-un üre sigüsidei
	15.	baγatur iregüldür γarba: batula
	16.	čingsang-nai qariyat qorildai
	17.	mergen γarba: qoyar čerig-ün dum-
	18.	da qorildai mergen γurban dabqur
	19.	duγulγ-a emüsčü köke qaljan mori
	20.	unuju irebe: sigüsidei baγatur
	21.	γurban dabqur quyaγ emüsčü
	22.	eligen degen kürje qabčiγulju
	23.	qongγur mori unuju irebei:
	24.	qorildai mergen jige kümün bi
	25.	aqalasu gejü: qarbuba emegel-ün
	26.	uridu bügürge γurban dabqur
	27.	quyaγ kürje-yi nebte qoyitu
	28.	bügürgen degere saγutal-a qarbuba::
	29.	sigüsidei qongγur morin-u minu
	30.	qosiγu: qotuγur ildün-ü minü
32.r.01.		ire medetügei gejü irejü. γurban
	02.	dabqur duγulγ-a seger küjügün-
	03.	dür kürtele čabčiba: oyirad-i
	04.	dobtulju: batula čingsang i alaju:
	05.	emei-inü adai qaγan abuba: batula
	06.	čingsang-i-yin köbegün toγon-i aruγ-
	07.	tai tayisi qoni-ban qadaγalaγulba:
	08.	tegünü qoyina adai qaγan öber jaγu-
	09.	raban čiγulaγalju toγon-i qoni qariγul-
	10.	ju yabutala čiγulγan-ača irekü kümün
	11.	tus bolju: toγon yaγu kelelčebe geküi-
	12.	dür tere kümün čimai ügei gejü ese
	13.	kelelčebe gebe: toγon teden-i očiγsan
	14.	qoyina tanu üge busu tngri-yin

15. jarliɣ bui-i-a gejü tngri-dür mörgübe:
16. tegünü qoyina aruɣtai tayisi eme-
17. degen toɣon-i bai-dur üsüben
18. büü samala beyeben büü maɣaji geküi
19. toɣon ɣadan-a bayiju sonusču
20. tanu ama busu tngri-yin jarliɣ
21. bui-i-a gejü tngri-dür mörgübe::
22. toɣon basa mongɣolun keüked
23. egerjü uyilam: adaɣuban qaskirču
24. quriyam: noqai anu ulin qučam
25. maɣu iru-a bayija gejü tngri-
26. dür toɣon basa mörgübe: tegünü
27. qoyina toɣon-u eke adai qaɣan-
28. dur ögülerün namaigi asaraju
29. qatun boltabači köbegün minü toɣun-
30. ni
32.v.01. kümün-dür yakin jaruɣulunam:
02. ügei biyu alaji orki ügei
03. biyu kögejü orki gebe: qatun-u
04. üge-yi jöbsiyejü toɣon-i
05. qoyar elčiber (+ɣajar-) tuni kürgebei:
06. dörben oyirad čiɣulju toɣon-ača
07. mongɣol-un ang jang yambar bai-
08. nam gebe: toɣon ögülerün:
09. törü medekü sayid ɣadan-a saɣu-
10. nam: öčüken kümün-iyer törü
11. medegülünem: quyaɣ-un morin-iyan
12. ayil jaɣura ununam:: ürege morin-i-
13. yar jebelenem: bosquyul kümün-iyer
14. törü medegülünem: borbitu araki-bar
15. jirɣal kinem: aruɣtai tayisi ötel-
16. ji: buɣura ügei temege: buqa ügei
17. üker metü bayinam: namayi ülü
18. itegekü bögesü ögeji qasɣ-a-yi
19. ača odču medejü iresü gebe:
20. oyirad adai qaɣan-i qoyar elči-
21. dü yeke yaɣuma ögčü qaɣan-dur
22. olan ed ögčü toɣon-iyar
23. kürgegülbei: elči-anu sejig ügei
24. gejü irebei: dörben tömen oi-

25.	rad qoyina-ača-inu irejü
26.	mongɣol-i dobtulqui-dur: adai
27.	qaɣan-i toɣon mön degere bari-
28.	ba: qaɣan toɣon-dur eke-yi-či-
29.	nü qatun bolɣaba bi: bey-e-yi
30.	činü ese alba bi gebe: toɣon
32.r.01.	toɣon eke minü ere ügei bileü
02.	bey-e minü ečige ügei bileü gejü
03.	adai qaɣan-i qoroɣubai: adai
04.	qaɣan arban dörben jil-dür
05.	qan oron saɣuba bariju morin
06.	jil-dür qoroɣuɣsan buyu:: tegünü
07.	qoyina mön morin jil-dür tayisung
08.	qaɣan yeke oro saɣuba:: mongɣol-un
09.	törü-yi abuɣsan-u qoyina toɣon
10.	tayisi: qan bolsu gejü ejen-ü naiman
11.	čaɣan gerte odču: araki uɣuuju
12.	soɣtaɣad: či sutu boɣda bolqu-
13.	la: bi sutai qatun-u üre
14.	gejü ejen-ü tabčang-i-daɣarilaju
15.	qaskirču deledbei: tendeče ergijü
16.	ɣarun getele: toɣon tayisi-yin
17.	ama qamar-ača čisun asqaran ejen-ü
18.	saɣadaɣ-un nidün-dür dürügsen
19.	tas ödü-tü sumun-u ödün
20.	čisutu bolun ködeljü bayiqui
21.	bögüdeger üjebei: toɣon ögülerün:
22.	ere boɣda ere-ben medegülbe: eme
23.	sutai-yin köbegün toɣon bi ükü-
24.	be: urɣusu minü ariljam: mongɣol-un
25.	ɣaɣča mönggüi-yi ala gejü keleged
26.	ükübe:: tegünü qoyina tayisung
27.	qaɣan-u degüü aɣbarji jinong: bara-
28.	ɣun ɣurban tümen mongɣol-i
29.	abun dörben oyirad-tur oru-
33.v.01.	bai oruɣad oyirad-i abun aq-a
02.	daɣan tayisung qaɣan-dur čerig
03.	mordaju ireged: söni toluɣai-yin
04.	arban ɣal tüligsen-dür tayisung
05.	qaɣan öber-iyen odču üjeged:

06.		yakin bayilduju čidaqu gejü čögüken
07.		nöküd-tei kerülen uruγu odču
08.		γorlusun čebten-ü ökin altai
09.		qatun-i urida (+qalčaγai-) luγ-a qubitai gejü
10.		qalčaγai-yi alaju qatun-u qabar
11.		ama köndejü čebten-dür qariγulju
12.		öggügsen tere qatun-daγan kürčü
13.		baγuba: čebten ebesün ügei gejü
14.		negügsen nutuγ-taγan baγudaγ biyu:
15.		öngge ügei gejü gegegsen emeyigen
16.		abudaγ biyu gejü: tayisung qaγan-i
17.		qoyar köbegün-tai-(n)i qoroγaba:
18.		mön čebten-ü jige γaγča molun-i
19.		ese alaba gekü: tayisung qaγan
20.		arban tabun jil qan oron saγuγ-
21.		san bui: tegünü qoyina maq-a kürgis
22.		qaγan yeke oron saγuju üre ügei
23.		takiy-a jil-dür nögčibei:: tayisung
24.		qaγan-u köbegün čebten-ü jige molun-
25.		gi kemčigüd-ün taγdar tayibu: γor-
26.		lusun moladai qoyar ačiraju:
27.		yeke ulusun jaq-a-dur kürgejü
28.		kümün-dür ögbe: tere kümün
29.		böke belgetei-yin üre maγuliqai
34.r.01.		ong-dur kürgejü ögbe: bügüdeger
02.		maγuliqai ong-i qaγan boltuγai geküi-
03.		dür: maγuliqai ong nada singgejü ögkü
04.		ügei qan ejen-i minü üre ügei bisi
05.		gejü: molun-gi doluγan nasun-dur-inu
06.		qaγan bolγaba: tegünü qoyina ordusun
07.		qada buqa qoyar: molun qaγan-dur
08.		qadquγan üge kelebe: maγuliqai ong
09.		čimai-yi samadi qatun-daγan talijü
10.		maγu sedkinem: bide urid čerig
11.		morday-a gejü mordaba: maγuliqai
12.		ong-dur kele kürgebe ese itegijü:
13.		čerig-ün baraγ-a qaraju: maγuliqai
14.		ong čerig-iyen quriyaju: tngri-
15.		dür sačuli sačuju degere köke
16.		möngke tngri či mede: sutu boγda

17.	ejen činü üre-dür bi sayin kile:
18.	üre-činü nadur maɣu sedkebe gejü
19.	mörgübe: bayilduju molun qaɣan-i daru-
20.	ju noqai jil-dür qoroɣabai: molun
21.	qaɣan üre ügei buyu:: tayisung
22.	qaɣan aɣbarji jinong qoyar-i oi-
23.	rad čebten qoyar-tu törü
24.	abtaɣsan-du: öber-e eke-tü
25.	manduɣuli neretü degüü-anu:
26.	yisüd-ün jon-dur nutuɣlaju
27.	ɣaruɣsan ajiɣu: tegünü qoyina
28.	tere manduɣuli qaɣan qasqarada-yin
29.	jon-dur qonin jil-e yeke oru
34.v.01.	saɣuba: manduɣuli qaɣan qoyar
02.	qatun-tai yeke inü manduqai
03.	qatun tümed-ün enggüd otuɣ-un
04.	čorusbai temür čingsang-i-yin
05.	ökin buyu: baɣ-a qatun-anu
06.	oyirad-un bikerse tayisi-yin
07.	ökin yeke qabartu junggin buyu::
08.	tegünü qoyina oyirad-un esen ekilen
09.	kelelčebe: aɣbarji jinong öber-ün
10.	törül törügsen-iyen ese gegsen
11.	kümün: mani gemü gejü: aɣbarji
12.	jinong-dur čimayi qaɣan bolɣoy-a
13.	gejü: qurim beledjü gerün dotura
14.	yeke nüke uqaju: nigen egüde-ber
15.	oruɣulju: nigen egüdeber ɣarɣaju
16.	aɣbarji jinong ekilen ɣučin
17.	ɣurban orbelgeten, döčin dörben
18.	otaɣatan: jiran nigen kigiriten-i
19.	muqur nüken dügürtele qoroɣaba:
20.	aɣbarji jinong-un köbegün qarɣa-
21.	čuɣ tayiji serejü qojim odču:
22.	nökür naɣaču-dur jinong ekilen
23.	yeke baɣ-a noyad yaɣu kelelčejü
24.	saɣunam gejü ilegebe: naɣaču od-
25	ču üjeged jinong ekilen noyad-i
26.	ese üjebe: qayaɣ-a-bar čisun
27.	uruščuɣ bayinam gebe: qarɣačuɣ

	28.	tayiji ögülerün: kebtey-e gele
	29.	kebtey-e gejü naɣaču qoyaɣula
35.r.01.		qadan dur sibegelebei: oyirad
	02.	büselejü bayiju: nigen jam-iyar
	03.	qoyar dabqur quyaɣ emüscü
	04.	irebei: naɣaču qoyar dabqur
	05.	quyaɣ nebte qarbuɣsan-dur tere
	06.	kümün qoyitu kümün-iyen abun
	07.	ɣoladču ükübe: basa ɣurban
	08.	dabqur quyaɣ emüscü jida
	09.	barin irebe: naɣaču bi čidaqu
	10.	ügei či qarbu gebe: qarɣačuɣ
	11.	tayiji uɣunun jiruɣ-a-bar
	12.	ɣurban dabqur quyaɣ nebte
	13.	ɣarun jiruɣ-a daɣun ɣarbai:
	14.	tere kümün qoyitu-ban abun
	15.	qoladbai: naɣaču söni küriyele-
	16.	jü untaɣsan ulusi alquju
	17.	oruju qoyar morin qulɣaju
	18.	ireged: mordaju demei yabuju
	19.	toɣmoɣ-un bayan kümün-dür
	20.	oruba: jarimud-anu nidün-degen
	21.	ɣaltai öbere düritei kümün
	22.	bayinam ala gebe: bayan ese alaba::
	23.	naɣaču ɣaɣčaɣar yabuju yaɣun
	24.	bolqu oyirad-tu očiju
	25.	qatun-i činu abču iresü gejü
	26.	öčibe: namayi iretele noyan-iyen
	27.	büü medegül kümün-ü mörün-
	28.	degere ɣar-iyan büü kijü bai:
	29.	olan görügesün-i čöm büü
35.v.01.		ala gejü jakiju öčibei: qoyina
	02.	tere bayan ökin-iyen ögbei:
	03.	abalaqui-dur qorin jegeren-i
	04.	arban naiman-i alaba: aba-degere
	05.	tasiyaraba gejü bayan-u degüü qarɣ-a-
	06.	čuɣ tayiji-yi qoroɣaba:: toɣon
	07.	tayisi-yin köbegün esen tayisi
	08.	mongɣol-un olan-i-ni dörben
	09.	oyirad-i meden yabuba: qarɣačuɣ

10. tayiji-yin oyirad-tu abdaɣ
11. bigiiji üjegdebe: tendeče esen
12. tayisi ögülerün: ökin bolusa
13. üsün-i samala: nuɣun bolusa ɣoul-
14. i samala gejü: kümün ilegebei:
15. bigiiji (+medeged) keüken-i jaɣagi-inu qoi-
16. si tataju ökin metü sigelgebei:
17. tere kümün üjeged ökin bai-
18. nam gejü esen tayisi-du kelebe:
19. kümün-i qariɣsan qoyina bigiiji
20. keüken-iyen gerte yabuqu čaqarun
21. qolbud odui emegen-ü keüken-i
22. enderegüljü ölögüidbei: tere
23. kümün irejü ölögei tayilju
24. üjeged esen tayisi-du ökin
25. bayinam gejü kelebei: tegünü qoi-
26. na oyirad-un ögidei baɣatur
27. arban ɣurban bayiri-dur qosi-
28. ɣu oduba bi: tenggetele namayi
29. ese qayiralaba gjü yabuqui
36.r.01. naɣaču medeged qarɣačuɣ tayiji-yin
02. bigiiji-eče köbegün törügsen
03. bai: či köndü boluy-a geküle či
04, abču mongɣol-dur kürge:
05. jirɣuɣan tümen-ü jiluɣa bolqu
06. bai či gebe: tegünü ügeber oi-
07. rad-un ögedei baɣatur: qongki-
08. rad-un esilei tayibu: qaračin-u
09. bolai tayisi sartaɣul-un begdei
10. aqaluqu dörbegüle keüken-i ab-
11. ču mongɣol-dur bosba: mong-
12. ɣol-un jaq-a-du irejü uri-
13. yangqan-u qutuɣ sigüüsi-yin
14 dergede yabuba: qutuɣ sigüüsi
15. siker neretü ökin-iyen ögčü
16. bayan möngke bolqu jinong kemen
17. nereyidčü yabuba: jirɣuɣan
18. tümen-i manduɣuli qaɣan bolqu
19. jinong qoyar tobčilan yabuba:
20. manduɣuli qaɣan-dur qongquli

21. neretü kümün qadquju qudal-i-
22. yar bolqu jinong degüü činü
23. yeke qabar-tu jünggin-i činü
24. abuy-a genem gejü qaɣan-dur
25. qadquba: basa bolqu jinong-
26. dur qongquli odču qaɣan aq-a
27. činu čimayi beyen-iyer-iyen
28. teng bolunam gejü maɣu sedkinem
29. gejü kelebe: čimadur tursiqu elči
36.v.01. mödü irekü bui gebe: manduɣuli
02. qaɣan qongquli-yin üge olulčaqu-yin
03. tulada bolqu jinong-i ire gebei:
04. uridu qongquli-yin ügeber
05. ayuju ese očibai: qaɣan qongquli-
06. yin üge ünen bayinam gejü čerig
07. mordabai: bolqu jinong medeged
08. buruɣudju odču desüretei ner-e-
09. tü ɣajar-tur saɣuqui-dur
10. sikir tayiqu-ača batumöngke-yi
11. tende törölüge:: batumöngke-yi
12. balaɣčin-u baɣsi neretü kümün-dür
13. ögbe: tegün-ü qoyin-a uyiɣud-un
14. samul tayisi dobtulju: sikir tayi-
15. qui-yi abuɣad: mön samul tayi-
16. si asarabai: bolqu jinong burbuɣ-un
17. qajaɣar bolud-tai qoyauɣl-a dutaɣa-
18. ju yabutala yöngsiyebü-yin
19. tabun otuɣ-un keriy-e čaɣan möng-
20. ke qara er-e bars jil-dü bolqu
21. jinong-i qoruɣabai:: manduɣuli
22. qaɣan tnakiy-a jil-dür öre ügei
23. nögčibei :: batumöngke-yi baqai
24. maɣuqai tejiyeküi-dür temür-qadaɣ
25. irejü ene keüken-i sayin kümün-dür
26. ög ese bügesü nada ača gejü
27. ɣuyuju ese ögbe temür-
28. qadaɣ buliyaju abuba: tere keüken
29. betegi ebedčitü boluɣsan ajiɣu
37.r.01. temür-qadaɣ-un em-e yisün čaɣan
02. temegen-ü sün-iyer ɣurban mönggün

03.   ayaγ-a čoγurtal-a ilejü edegebe:
04.   teügn-ü qoyin-a batumöngke-yi temür-
05.   qadaγ sayin manduqai qatun-dur
06.   kürgejü ögbei :: qabutu qasar-un
07.   ür-e qorčin-u baγatur sügüsite-
08.   yin degüü önebolud ong mongγol-un
09.   törü oyirad-tu abtuqu-du
10.   onun-du nutuγlaju γaruγsan aji-
11.   γu: molun qaγan-i belgetei-yin
12.   ür-e maγuliqai ong qoruγuγsan-i
13.   öslejü urida činggis qaγan qasar
14.   qoyar nigen eketü bölüge: begter
15.   belgetei qoyar nigen eketü bölüge:
16.   begter-i činggis qaγan qasar qoyar
17.   alaγsan-i öslejü ene maγuliqai
18.   ong molun qaγan-i qoruγabai-j-a:
19.   gejü: önebolud maγuliqai-dur
20.   čerig mordaju qaγan-u minu
21.   ür-e ügei čigi bolba qasar-un
22.   ür-e bi ügei bisi gejü olquyin
23.   keriy-e-eče nekejü maγuliqai ong-i
24.   aq-a degüü doluγula-yin toluγai
25.   oγtalju orkiγsan-u tula dolo
26.   qad-un toluγai neretü bolbai ::
27.   qasar-un ür-e-yin basa nigen tusa
28.   kürgegsen tere gekü :: : ::
29.   sayin manduqai qatun saγadaγ aγsaju
37.v.01.   sadaraγsan üsün-iyen quriyaju
02.   batumöngke-yi önggelejü kesigten-ü
03.   alayiduh-iyar γajarčilayulju tes-
04.   bürdü degere bayilduju: dörben
05.   tümen oyirad-i daruju ger mal-i
06.   dobtulun ünesün-i-inu keyis-
07.   kebei:: tegün-ü qoyin-a qorčin-u
08.   ünebolud sayin-manduqai qatun-
09.   dur : γal-i činu čakiju: nutuγ-i
10.   činu jiγaju ögsü gebe: qatun
11.   ögülerün: qaγan-u minu öb-i
12.   qasar-un ür-e idekü bile-üü
13.   qasar-un ür-e-yin öb-i qaγan-

14. nu ür-e idekü bile-üü ergüjü
15. ülü bolqu egüdetei : alqaju
16. ülü γarqu bosuγ-a-tai bile:
17. qaγan-u ür-e-yi bičiqan gejü
18. qamuγ ulus-iyan ejen-ügei gejü
19. qatun biy-e-yi minü belbesün gejü:
20. qasar abaγ-a-yin ür-e-yi
21. küčün bolqu-du: sayin manduqai
22. qatun batumöngke-dür γurban
23. dabqur γutul emüskejü: naiman
24. čaγan ger-tü odču: alaγ longqu-
25. tu araki-yi sutu boγda-dur
26. manggin iraγu neretü kümün-iyer
27. sačuli sačuγulju: manduqai qa-
28. tun üge öčibe:: qara morin-
29. u jisün ülü taniγdaqu γajara

38.r.01. berilem bile bi : qaγan ejen-ü ür-e-
02. yi činü baγ-a gejü: qasar abaγ-a-yin
03. ür-e-yi abuy-a gekü-dü qan yeke
04. ordun-u činu dergede irebei
05. bi :: alaγ morin-u jisün ülü
06. taniγdaqu γajar-a berilem bile:
07. ači ür-e-yi činü öčügüken
08. gejü: alus-un abaγai-yi abuy-a
09. gekü-dü ayuqu amin-iyan orkiju
10. altan ordun-u činu dergede
11. irebei bi :: örgün yeke egüde-yi činü
12. könggen gejü: öndür yeke bosu-
13. γa-yi činu boγuni gejü: öne-
14. bolud-tur ečiküle urγ-a činu
15. urtu quubi činu aγuu buyu
16. namayi uruγlaju ab: ür-e-yi-činü
17. öčügüken gejü basuju abqula : öne-
18. bolud-i uruγlaju ab :: minü ene (+üges)
19. ünen bögesü: doluγan köbegün
20. nigen ökin-i örüsiy-e gejü öčig
21. öčibe: ünebolud qatun-u
22. üge-yi sonusču ayuju uridu
23. öge-ben bayibai :: batumöngke-yi
24. doluγan nasun-dur-anu: sayin

25.   manduqai qatun bey-e-ben jalɣaɣul-
26.   ju : ɣaqai jil-dür batumöngke
27.   dayan qaɣan yeke oron saɣuɣsan
28.   bolai ::dayan qaɣan-u manduqai
29.   qatun-yi törü-bayiqu: ulus-
38.v.01. bayiqu: qoyar iker-e barsbolud,
02.   arsabolud qoyar iker-e : očir-
03.   bolud, alču-bolud qoyar iker-e :
04.   nal-buɣur-a ken abaqai qoyar iker-e :
05.   nögüge oyirad-un keriy-e qojigir-
06.   un ökin küsei qatun-yi kerüdi
07.   čing qoyar buyu: uruɣud-un
08.   oruči-sigüüsi-yin ökin jimis-
09.   ken qatun-u gerebolud gersenje
10.   qoyar: dayan qaɣan-u arban nigen
11.   köbegün-inu tere ::dayan qaɣan
12.   mongɣoljin-du mordaju türgen ɣoul-
13.   dur bayilduju oruɣulju abuba:
14.   tegün-ü qoyin-a uyiɣud-un samul
15.   tayisi-dur rnordaju: oruɣulju
16.   eke-yügen sikir tayiqu-yi ačara-
17.   ba: tegün-ü qoyin-a bigirse tayisi-
18.   dur mordaju bolqu jinong-un
19.   ösiy-e-ber bigerse tayisi-yi
20.   giljir-ün töküm-dür alaba: alaɣsan
21.   ɣajar-ača dabusu urɣuba gekü ::
22.   tegün-ü qoyin-a baraɣun tümen
23.   keregül boluɣsan-dur ulus-bai-
24.   qu-yi jasa gejü ilegegsen-i
25.   uyiɣud-un ibirci tayisi:
26.   ordus-un legüsi aɣalaqu qoyar
27.   qoruɣabai : barsbolud baraɣun
28.   ɣurban-i mongɣoljin-u qosoi
29.   tabunong-un doɣulung günji egeči-
39.r.01. degen aɣsan ajiɣu: alan gekü-yi egeči-
02.   inu bosqaju ɣarɣabai: dayan qaɣan
03.   baraɣun tümen-dür mordaba:
04.   baraɣun tümen: sonusču uɣtun
05.   mordaju dalan terigün-dür bayil-
06.   duqui-dur alaɣčiɣud-un

07. čaγan jaγarin: üjümečin-ü el-
08. düngge baγsi qoyar iru-a üje-
09. jü ögülerün: ibere-yin amin
10. γal bui γal-dur tülejü mönggün
11. ayaγ-a-tu usu γal-dur kibe:
12. ongγud-un tölügedei medegči
13. kelebe: borjigin omuγ-tai dörbel-
14. jin ulaγan kümün, bars jiluγ-a
15. kijü iregül γarbasu bide daru-
16. su gebe: tere üge-ber qabutu
17. qasar-un ür-e urtuγuqai noyan
18. burqai köbegün-tei-gen: uriyangqan-u
19. bayaqai baγatur : qorčin-u če-
20. geče baγatur : tabun otuγ qalq-a-
21. yin baγasun: ene tabun kümün
22. qosiγu oduqu bolba: baraγun
23. γurban tümen numun tülkigür
24. bayiri kijü irebei: qaγan jiran
25. nigen buqa sejigür bayiri kijü
26. irebe: uridu tabun kümün odu-
27. ju oruju darubai , tere tabun
28. kümün-i tus tus yeke šang
29. ögbei: baγasun-du manduqai

39.v.01. qatun-ača törügsen γaγča ökin-i-
02. yen ögbe: barsbolud-i baraγun
03. γurban-dur saγulγaba: dayan qaγan
04. döčin dörben nasun-dur-iyan
05. nögčibei :: dayan qaγan-u yeke kö-
06. begün-anu törü-bayiqu: tegün-ü
07. köbegün bodi-alaγ: ubsanja tayiji
08. emlig tayiji :: törü-bayiqu qan
09. oron saγuqu-yin urida nög-
10. čibei : bodi-alaγ-i baγ-a gejü barsa-
11. bolud yeke oro saγuba: tegün-ü
12. qoyin-a bodi-alaγ ösüged jegün
13. γurban tümen-i abču čaγan
14. ger-tü mörgüged, barsbolud-tur
15. či minu baγ-a-du yosun ügei
16. qaγan saγubai: edüge bi qaγan
17. bolba či nada mörgü gebe: barsa-

18. bolud jöbsiyejü mörgübei:
19. barsbolud jinong bolju baraɣun
20. ɣurban tümen-ü noyan bolju:
21. bodi-alaɣ qaɣan yeke qan oron
22. saɣuba :: tegün-ü qoyin-a qabutu
23. qasar-un ür-e baɣatur sügü-
24. sidi-yin köbegün bolunai: erten-ü
25. tayisung qaɣan-u üsil ösijü
26. čebten-ü köbegün molučai-yi dob-
27. tulju aq-a degüü ɣurbaɣula bey-e-
28. ben sibegelejü ɣarba: qoyin-a mendü
29. ong mordaju ɣurbaɣula-yi alaba:
40.r.01. qasar-un ür-e qaɣan-u ür-e-dü
02. basa nigen tusa kürgebe gekü: :
03. tegün-ü qoyin-a bodi-alaɣ qaɣan jodu-
04. lung öndür-tür qonin jil-ün
05. qabur-un adaɣ sar-a-yin arban-a nög-
06. čibei :: bodi-alaɣ qaɣan-u köbegün
07. küdeng qaɣan kökečütei tayiji:
08. durqal tayiji: joriɣtu tayiji:
09. böke tayiji: küdeng qaɣan ɣaqai jil-
10. dür yeke oron saɣuba: tere qaɣan-u
11. ür-e-dür törü töbsidčü:
12. törügsen nigedčü jirɣuɣan yeke
13. ulus amuba: ɣučin naiman nasun-daɣan
14. moɣai jil-e nögčibei :: küdeng qaɣan-u
15. köbegün tümen jasaɣtu qaɣan yeke
16. oro saɣuju, kitad ulus-i edüi
17. tedüi dayilaba yeke törü engke
18. jirɣaba :: ɣaqai jil-dür nögčibei :.
19. tümen jasaɣtu qaɣan-u köbegün
20. buyan dayung sečen qaɣan: yeke oron
21. saɣuba: tayisung qaɣan-u aldaɣsan
22. tamaɣ-a abču: engke törü-yi ulam
23. bayiɣulju: eng yeke ulus-i amu-
24. ɣulbai :: dayung sečen qaɣan köbe-
25. gün mangɣus tayiji qan oron saɣu-
26. qu-yin urida nögčibei :: mangɣus
27. tayiji-yin köbegün linden qutuɣ-
28. tu sutu činggis dayiming sečen:

29.	jüg-üd-i teyin böged ilaɣuɣči
40.v.01.	bala čakarvadi: dai tayisung
02.	tngri-yin tngri delekei dekin-ü
03.	qurmusta altan kürdün-i orči-
04.	ɣuluɣči nomun qaɣan kemekü:
05.	tegün-ü köbegün erke-qongɣur: abanai
06.	čing vang qoyar: abanai čing vang-un
07.	köbegün jörčid-ün bars sečen qaɣan-u
08.	ökin gürün-e günji-eče törügsen
09.	borni vang lubsang qoyar :: : ::
10.	dayan qaɣan-u qoyaduɣar köbegün
11.	ulus-bayiqu ür-e ügei: baɣ-a
12.	tuna-yi uyiɣud-un iberei tayisi
13.	qoruɣubai :: : ::
14.	dayan qaɣan-u ɣutaɣar köbegün
15.	barsbolud jinong-un köbegün
16.	kümeli mergen qara jinong: sayin
17.	gegen qaɣan: labuɣ tayiji: bayisaqal
18.	köndüleng qaɣan bayandur-a narin
19.	tayiji: budadar-a odqan tayiji ::
20.	barsabold jinong-un nigedüger
21.	köbegün kümeli mergen qara jinong:
22.	tegün-ü köbegün noyandar-a jinong:
23.	bayisangqorlang tayiji: oyidarm-a
24.	nomuqan tayiji: numdari qung tayiji
25.	buyangquli doraɣal tayiji: bajar-a üi-
26.	jeng tayiji: badm-a sečen tayiji:
27.	amudar-a darqan tayiji: ongluqan
28.	yeldeng tayiji :: kümeli jinong-un
29.	nigedüger köbegün noyandar-a jinong:
41.a.01.	tegün-ü köbegün buyan baɣatur qung
02.	tayiji: nomtu tayiji: ombu tayiji:
03.	jibasi tayiji: mangɣus čögükür ::
04.	buyan baɣatur qung tayiji-yin köbe-
05.	gün bosiɣtu jinong: öljei bintü:
06.	bandi joriɣtu:: nomtu tayiji-yin
07.	köbegün bandi dügüreng: manjusiri: tai-
08.	ji : mangɣus čögükür-un köbegün
09.	boyban qung tayiji : bodasiri: bumba-
10.	dai : bumba: buyandai: abanai :: kümeli

11. jinong-un qoyaduγtar köbegün bayisang-
12. qorlang tayiji: tegün-ü köbegün ayidi-
13. bis dayan tayiji: uuba joriγtu:
14. tanači jayisang tayiji:: ayidibis
15. dayan tayiji-yin köbegün ačitu dayan
16. tayiji: ečengki tayiji: madai tayiji::
17. uuba joriγtu-yin köbegün ananda qosi-
18. γuči: imu sengge: čoγtu tayiji:
19. dorji tayiji: toba tayiji :: kümeli
20. jinong-un γutaγar köbegün oyidarm-a
21. nomuqan tayiji: tegün-ü köbegün deki
22. qosiγuči qung tayiji: qayinuqai
23. baγatur : nakiy-a köndüleng dayičing: čörü-
24. kü čing baγatγr : küsel üyijeng joriγtu :
25. dorji tayiji: köngkür sečen ::
26. deki qosiγuči qung tayiji-yin köbegün
27. šara: kitad:: qayinuqai baγatur-un
28. köbegün kitad duraqal : küčegeči tayiji:
29. tümei tayiji: mačai tayiji: küsedei
30. tayiji: nakiy-a köndüleng-ün köbegün
41.v.01. oyimusun tayiji: sečen tayiji: :
02. čörükü čing baγatur-un köbegün qadan:
03. čing: küsel üyijeng-ün köbegün dorji
04. tayiji: saγang tayiji::dorji tai-
05. ji-yin köbegün ünügün qung tayiji:
06. isigün dayičing: šambadar-a tayiji::
07. kümeli jinong-un dötüger köbegün
08. numdarai qung tayiji: tegün-ü köbe-
09. gün qutuγtai čoγčasun jirüken
10. sečen qung tayiji: buyandar-a
11. qolači tayiji: sayin-dara čing
12. baγatur : numudai mergen tayiji:
13. qutuγtai čoγčasun jirüken sečen
14. qung tayiji-yin köbegün öljei
15. ildüči darqan baγatur : šadadai
16. sečen čögükür küdedei bintü dai-.
17. čing : buyantai sečen joriγtu :
18. bumbadai čoγtu tayiji: bumbasiri
19. sečen baγatur: danasiri qatan baγ-a-
20. tur : buyandara qoloči tayiji-yin

21. köbegün mangɣus qoloči :: sayin-dara
22. čing baɣatur köbegün ügei :: numudai
23. mergen tayiji-yin köbegün türüi
24. čing qoloči :: kümeli jinong-un tab-
25. daɣar köbegün buyangquli duraqal : tegün-ü
26. köbegün belgei-tayibung tayiji: borsai
27. dayičing :: belgei tayibung-un köbegün
28. ajin tayiji :: borsai dayičing-un
29. köbegün šadai sečen dayičing : saji baɣ-a-
30. tur qung tayiji: oyirud mergen
42.r.01. tayiji: adai yeldeng tayiji: saran
02. qatan baɣatur : baɣatud tayiji:
03. čaqu mergen joriɣtu :: kümeli
04. jinong-un jirɣuduɣar köbegün
05. bajar-a üyijeng tayiji: tegün-ü köbe-
06. gün dorji dayičing: jüntülei
07. üyijeng: engke qosiɣuči :: yündülei
08. üyijeng-ün köbegün brasi üyijeng
09. qung tayiji: dalai jayisang šarab
10. čoɣtu : ongɣoi čögükür: rasiyan
11. tayiji: abadai tayiji :: engke qosiɣu-
12. či-yin köbegün šaji tayiji: sideti
13. tayiji: kümeli jinong-un doluduɣar
14. köbegün badm-a sečen tayiji köbegün
15. ügei :: kümeli jinong-un naimaduɣar
16. köbegün amudara darqan tayiji:
17. tegün-ü köbegün tümei darqan tayiji:
18. mingqai inji tayiji: babasai tai-
19. ji :: tümei darqan tayiji-yin
20. köbegün bumbai tayiji :: kümeli
21. mergen qara jinong-un yisüdüger
22. köbegün ongluqan yeldeng tayiji-
23. yin köbegün kejigi yeldeng bui-
24. bari tayiji: qutuɣ tayiji ::
25. kijigi yeldeng-ün köbegün jayisang
26. tayiji :: barsbolud jinong-un
27. qoyaduɣar köbegün sayin gegen
28. qaɣan: tegün-ü köbegün sengge dügü-
29. reng qaɣan: buyanbaɣatur tayiji:
42.v.01. töbed tayiji: bintü yeldeng tayiji:

02. dalad kölüge tayiji: budasiri qung
03. tayiji: günjüg tayiji: jamsu tayi--
04. ji :: sayin gegen qaɣan temür qonin
05. jil-dür genedte nom-un sedkil
06. törüged: jova dge sing {+Tib.: 'čo dge' sing} blam-a
07. kemegči iregsen-dür-inu asaɣbasu:
08. qamuɣ-i medegči bsovad nams rgya
09. mčova {+Tib.: bsod nams rgya mtsho}-yin bey-e jarliɣ sedkil teri-
10. güten-i narin-a ayiladqaɣsan-dur:
11. qaril-ügei süsüg-inü jun-daki
12. naɣur debereged: umar-a jüg-teki
13. yeke ɣajar-tur ögede bolqu kereg kemen
14. ayiladqar-a altan bičig yeke
15. barilɣ-a ergün jalara ilegebei: elči
16. kürčü ayiladqaɣsan-dur jalaraju
17. ögede bolbai: blam-a öglige-yin
18. ejen-inü köke naɣur-tur jolɣaqu-yi
19. bolǰaɣad alin-i bögesü narin-a
20. jarliɣ bolju: nigen-te takil-un
21. blam-a gdul-ba čovas rje bčivan
22. grus bzang bova {+ +Tib.: gdul ba chos rje bjon grus bzang po}
   -yi yabuɣulba: mong-
23. ɣol-un arban nigen sar-a-yin qorin
24. jirɣuɣan-dur gbras sbung {+Tib.: 'bras sbung}-ača inaɣ-
25. si ögede bolbai: ulam inaɣsi
26. yabuɣsan-dur čaɣan büriyen-ü düri-
27. tü qada-yin qabirɣ-a-yin sang-ača
28. dung büriyen-i abubai: tegün-eče
29. inaɣsi ögede bolqui-dur: mösün

43, 01 ayula-yin ejen qoyar jaɣun mori-
02. tan irejü mörgüged: čoɣujitu
03. qoyar abdar-a-yin degere tülkigür
04. talbiju, tegün-ü degere nigen čaɣan
05. kib talbiju ergüged: qongsim-bodi-
06. sadu-yin abisig sonusba: mčova {+ +Tib.: mtsho}-yin
07. ekin-ü ulus ɣurban mingɣan lang al-
08. tan terigüten yeke barilɣ-a ergüjü:
09. mingɣan siqam kümün toyin bolqui-
10. dur saɣuɣsan čilaɣun tüsilge-dür
11. dörben ɣar-tu qong-sim bodisadu-

12. yin bey-e öbesü-ben bütübei : tende̩-
13. eče inaysi ögede bolqui-dur
14. mongyolun tngri čidkür-inu mori
15. temege mis toluyai-tan-i nom-un
16. sakiyulsun bviterče köteljü ireged
17. tangyariy-tur oruyulbai: tegün-eče
18. inaysi ögede bolqui-dur ordu-
19. s-un sečen qung tayiji tümed-ün
20. dayan noyan qoyar ekilen yurban
21. mingyan moritan altan mönggü tory-a
22. terigyten barilyas-i ergüjü mörgübei:
23. sečen qung tayiji dörben yartu
24. qongsim-bodisadu-yi üjebei:
25. urtu nasutu tngri-yin küčün-i-
26. yer temečeküi čay-taki kürdün-iyer
27. ergügülügči gegen qayan öber-iyen
28. kijayar-taki qarangqui-yi čayan
29. gerel-iyer čayilyaqu-yin beleg-dür

43. v.01. čayan toryan degel emüsčü tümen toy-a-
02. tan dayayula kiged: ober-ün qatun
03. terigülen olan orčin-luy-a bügüde-
04. ger irejü blam-a-dur öglige-yin
05. ejen-inü terigüten mörgükü-yi bayasqu-
06. lang-tu qurim-un beleg-tü jayun
07. tabun lang mönggün-iyer bütügegsen-i
08. mandal: möngke yajar-un nigen: sayul-
09. y-a-bar dügürgekü-yin tedüi altan
10. ayay-a-yi erdenis-iyer dügürgejü
11. qoriyad qoriyad büküli čayan
12. sir-a ulayan noyuyan öngge toray-a :
13. arban čayan mori-yi erdenis-ün
14. emegel qajayar-iyar jasaysan-iyar
15. ekilejü jayun mori: yeke qural-i
16. sür-iyer daruqu arban büküli
17. sayin toryan : mingyan lang mönggün:
18. kib bös terigüten-i ergübei: tede
19. bumdi toyatan quraysan ulus-un
20. dumda: blam-a öglige-yin ejen
21. qoyar naran saran-luy-a adali
22. qamtu učiraysan-dur: güüsi bay-

23. si-bar kelemürčilejü sečen qung
24. tayiji degegsi üge ayiladqaba:
25. erte tngri-eče saluγsan činar keme-
26. besü : küčün yeke boluγad mong-
27. γol töbed kitad γurbaγula-yi
28. erke-dür-iyen oruγulju, sečen
29. qaγan gjbagsba blam-a-yin üglige-yin
44.r.01. ejen boluγad sasin-i delgeregüljü amu:
02. toγun-temür qaγan-ača inaγsi
03. sajin tasuraju onča kilinčes-i üi-
04. ledčü qarangγui čisun-u dalai metü
05. bolju bögetel-e: naran saran qoyar
06. metü blam-a öglige-yin ejen qoyar
07. učiraγsan-u ači-bar čisun-u naγur-
08. i sün bolγaγsan ene kemebesü yeke
09. ači-tai bolba: qamuγ bügüde-yi arban
10. buyan-u yosuγar yabuqu kereg kemen: ene
11. edür-eče ekilen mongγol-dur čaγajalaju
12. jarlabai :: blam-a öglige-yin ejen qoya-
13. γula inaγsi činaγsi narin-a jarliγ
14. bolqui üy-e-dür: qaγan-anu tür
15. jaγura medege-ügei bolju tende-eče
16. telüreged: erte gjbagsba singgün-ü
17. süme bariqui čaγ-tur bi sečen
18. qaγan boluγad či blam-a gjbagsba
19. boluγsan-dur či süm-e-yi amilaba:
20. tegün-eče qoyisi bi edüge boltala
21. qamiγasi tögürijü yabuγsan bui kemen
22. erten-ü oron-i medejü ayiladqaγsan-
23. dur :: tegün-ü qariγu jarliγ bolju
24. bey-e-yin sakiγulsun-dur tabun
25. ijaγurtan-u belge-ber tabun öng-
26. ge-tü kib-iyer včir janggiy-a-bar
27. janggidču tamaγalaju erdenis-ün
28. ayaγ-a-yi eldeb üris-iyer dügür-
29. gejü qaγan-dur soyurqabai :: : ::
44.v.01. bsovad nams rgya mchova {+Tib.: bsod nams rgya mtsho}-du
02. dalai blam-a včir-dhar-a kemen čola
03. ergübei: gegen qaγan-dur nom-un
04. qaγan yeke esrün tngri kemen čola

05. soyurqabai :: biligtü qaɣan-ača
06. inaɣsi arban yisun qaɣan-u üy-e-
07. dür tasuraɣsan sasin-i neng ülemji
08. delgeregülbei sayin gegen qaɣan kemen ::
09. ene qaɣan-u üy-e sasin-u
10. ekin bolulčaɣsan qalq-a-yin včir
11. sayin qaɣan: čaqar-un tümen jasaɣ-
12. tu qaɣan buyu :: sayin gegen qaɣan-u
13. köbegün sengge dügüreng qaɣan: dügü-
14. reng qaɣan-u köbegün sümir tayiji:
15. činggis qaɣan-u altan ijayur-a:
16. dalai blam-a yondan rgyamčova {+Tib.: yon tan rgya mtsho}-yin
17. qubiluɣsan yosun-anu eyimü bui::
18. ečige-inü sümir tayiji eke-inü
19. qabutu qasar-un ür-e onun
20. üyijeng noyan-u ökin bayiqan jula-
21. yin umai-dur oruɣsan anu:
22. erkin üjesküleng-tü nigen keüken
23. čaɣan morin köllejü ireged erüken-ü
24. deger-e bayiqu-yi eke-inü üjejüküi
25. eke-yin kebeli-dür oruɣad bey-e-yin
26. čegejin-e aɣsan böged: endegürel ügei
27. jirɣuɣan üsüg-ün daɣun dotura-
28. ača iledte sonusta:: ger-eče solung-
29. ɣ-a tataɣad: eldeb čečeg-ün qur-a
30. terigüten olan buyantu belges
45.r.01. boljuqui :: arban sar-a boluɣad em-e
02. sirui üker jil-ün angqan-u sar-a-yin
03. nigen sinede naran ɣarqui-luɣ-a sača-
04. ɣu ülemji degedü eke bayiqan
05. jula-yin umai-yin egülen-eče ɣaruɣ-
06. san sayiqan üjüsküleng bey-e-tü:
07. üker jil-ün usun sar-a-dur mong-
08. ɣol oron-a sin-e-yin nigen-e erketü
09. ɣajar bariɣči-yin üjügür-eče:
10. sineken čaɣan jüg-ün tere lingqu-a-yin
11. sadun ɣarun üjeged: sibsigtü qar-a
12. jüg-ün qarangqui-yi uɣ-ača aril-
13. ɣabai: kemegsen bolai :: tere üy-e-dür
14. solungɣ-a-yin gerel-iyer ger bayiɣulun:

15. čečeg-ün quras yekede oruju: čaɣ
16. busu-yin luu-yin daɣun alɣur daɣu-
17. risqaba: urida qabar-tur ese
18. ünüstegsen amtatu ünüd angkil-
19. qui kiged čikin-dür ese sonus-
20. taɣsan eldeb čenggel öber-iyen
21. daɣurisqaba: yeke delekei kodelkü
22. terigüten ɣayiqamsiɣ-tu olan iru-a
23. boluɣsan büged: mön qubiluɣsan
24. sar-a-daɣan ečige-yi nereleju daɣudaqu
25. kiged: busu basa (+olan) jarliɣ boluɣad:
26. nigen edür eke-degen süm-e-eče bka-a
27. ngyur {+Tib.:bk'a 'gyur}-un ma üsüg-tü boti jala-
28. ju ir-e kemen jarliɣ boluɣsan-iyar
29. abču iregsen-dür: ene-inü minu
30. taɣuji bolai kemen jarliɣ boluɣsan-

45.v. 01. dur: negejü üjebesü: boɣda nom
02. čaɣan lingqu-a-yin dotur-a-ki tusatu
03. čalm-a-yin-tuɣuji büküi-dür:
04. qongsim bodisadu-yin qubilɣan mön
05. ajiɣu kemeldübei: ɣurban sar-a-tai-
06. dur ečige-yin süm-e-dür olan
07. burqan dotura-ača bsova nams
08. rgyamcova {+Tib.: bsod namas rgya mtsho}-yin bey-e-yi jiɣaju
09. ene bi bui kemen jarliɣ bolun: basa
10. uridu gegen-ü sümir tayiji-dur
11. soyurqaɣsan eriken-ü qaɣalta-yin jabsar
12. soliɣsan-i jasaɣsan-dur
13. bügüdeger ɣayiqaldubai :: temür taulai
14. jil-dür tümed-ün qaɣan jolɣar-a
15. iregsen dür: joɣuɣ-un siɣajan-du
16. čai-yi soyurqaɣsan-i bügüdeger
17. umda-ban qanuɣsan-dur neng ɣayiqal-
18. dubai : mongɣol-un jirɣuɣan yeke
19. qosuɣu ulus-un ergüče terigü-
20. ten-i yeke qaɣan-u sang-un alba
21. quriyaqu metü-ber : čoɣ olburi-
22. yin ed aɣurasun-iyar bisman
23. tngri-yin ner-e-yi buliyaqu metü
24. boluɣsan bui: mongɣol ulus-tu

25. zongkaba-yin sasin-i naran metü
26. geyigülbei .: tende-eče umar-a jüg-ün
27. kümün-ü ejen šar-a malaγtan-u
28. γajar tedkügči noyan terigüten
29. yeke baγ-a noyad ba dke ldan{+Tib.: dga ldan}
46.r.01. sira brasbung {+Tib.: sera 'bras sbun} γurban ekilen olan
02. keyid-ün elčis irejü jalaγsan-dur
03. möngke γajar-a ögede bolbai: :
04. barsbolud jinong-un γutaγar
05. köbegün labuγ tayiji: tegün-ü köbegün
06. baγatur tayiji: baγatur tayiji-yin
07. köbegün darm-a tayiji :: barsbolud
08. jinong-un dötüger köbegün bayisqal
09. köndüleng qaγan, tegün-ü köbegün bayisang-
10. qur üyijeng tayiji: jayisangqur
11. čing baγatur: layisangqur tayiji:
12. mangγus tayiji: mangγutai tayiji ::
13. barsbolud jinong-un tabuduaγar
14. köbegün bayandar-a narin tayiji: tegün-ü
15. köbegün lang tayiji: (+γou-a tayiji duraqal tayiji) derde tayiji ::
16. barsbolud jinong-un jirγuduγar
17. köbegün budidar-a-odqan tayiji:
18. tegün-ü köbegün engkedar-a dayičing
19. noyan: esendar-a duraqal tayiji:
20. numdar-a qoluči tayiji :: engkedar-a
21. dayičing noyan-u köbegün engke sečen
22. noyan: esen üyijeng noyan: öljeyitü
23. abai :: engke sečen noyan-u köbegün
24. tümei tayiji: badm-a tayiji:
25. abai-tu tayiji: dorji eyetü
26. jayisang: garm-a yeldeng: lamajab čöükür:
27. buyantu čing baγatur : čoyirja
28. üyijeng tayiji: saran-barasi erdini
29. jayisang: jamsu čöükür: gümbü tayiji:
46.v.01. jamyan tayiji: rinčinjab tayiji : :
02. esen üyijeng noyan-u köbegün burqai
03. sečen čögükür: dorji nomči jai-
04. sang: garm-a üyijeng joriγu ::
05. öljeyitü abai ür-e ügei ::
06. burqai sečen čögükür-ün köbegün

07. rinčin tayiji: nomči jayisang-un
08. köbegün ram rgyal (= namjil) toyin: sir-a ökin
09. dayičing:: üyijeng joriɣtu-yin
10. köbegün čebten erke dayičing: jamsu
11. biligtü toyin: čerin tayiji::
12. čebten erke dayičing-un köbegün
13. güüsi toyin :: dayan qaɣan-u
14. dötüger köbegün: arsbolud mergen
15. qung tayiji-yin kobegün bujiger
16. tayiji: onung tayiji :: bujiger
17. tayiji-yin köbegün baɣaturdai
18. qung tayiji: mergen tayiji:
19. köke naɣur-tur očaɣči küdün
20. qoluči noyan :: onung tayiji-yin
21. köbegün boruɣčin tayiji: kečegüü
22. sengge tayiji:: : ::
23. dayan qaɣan-u tabuduɣar köbegün
24. alču-bolud-un köbegün quraɣči
25. tayiji: quraɣči tayiji-yin köbe-
26. gün üyijeng: subuqai obun: tabu-
27. dai : siuq-a joritɣu:: : ::
28. dayan qaɣan-u jirɣudutar köbegün
29. včir-bolud-un köbegün darai :

47.r.01. darayisun:: dara-yin köbegün sayin
02. alaɣ: üyijeng qung baɣatur::
03. sayin-alaɣ-un köbegün mergen siral-
04. dai :: tegün-ü köbegün dambarinčin
05. qung tayiji :: tegün-ü köbegün sodnam
06. tayiji :: tegün-ü köbegün manaqu taı-
07. ji :: manaqu tayiji-yin kobegün
08. ayusi :: üyijeng qung baɣatur-un
09. köbegün aqui sečen tayiji :: aqui
10. sečen tayiji-yin köbegün sümir
11. qung tayiji :: sümir qung tayi-
12. ji-yin köbegün bandi sečen tayiji ::
13. bandi sečen tayiji-yin köbegün
14. rilbü tayiji :: rilbü tayiji-yin
15. köbegün odser tayiji :: : ::
16. dayan qaɣan-u doluduɣar köbegün
17. narbuɣur-a tayiji: narbuɣur-a -yin

18. köbegün aju tayiji: sir-a tayiji
19. böke tayiji: molun tayiji: :
20. aju tayiji-yin köbegün bigerse
21. tayiji :: sir-a tayiji-yin köbegün
22. sirɣuɣud tayiji ::böke tai-
23. ji-yin köbegün joriɣtu tayiji:
24. baɣatur tayiji: bintü tayiji:
25. yeldeng tayiji: buyan-tu tayiji:
26. dayan qaɣan-u naimaduɣar
27. köbegün garudi ür-e ügei :: : ::
28. dayan qaɣan-u yisüdüger köbegün
29. čing tayiji: čing tayiji-yin

47.v.01. köbegün tüngsi tayiji: čangli
02. tayiji: : dayan qaɣan-u
03. arbaduɣar köbegün gerebolad tayi-
04. ji : tegün-ü köbegün lung tayiji ::
05. namo gürü: jirɣuɣan tümen-ü
06. ejen batumöngke dayan qaɣan-u:
07. jirin erke köbegüd-un qoyin-a :
08. jimisken qatun-ača törügsen
09. geresenje bui: jil-anu eme {+qar-a } tnakiy-a-
10. tai :: ene doluɣan qosiɣun-u
11. ejen boluɣsan učir-anu: erte
12. urida dayan qaɣan-dur qalq-a-yin
13. činus-un odubalad neretü kümün
14. irejü: edüge qalq-a-yi jalayir-un
15. sikečiner medejü yabunam: ejen bolɣan
16. nigen keüken-iyen öggümüi kemen
17. ɣuyubai :: asuru jöbsiyejü jimis-
18. ken qatun-u yeke köbegün gerebolad-i
19. ögbei: abču oduɣad qoyitu
20. jil-dür gerebolad-i qaɣan-dur
21. ačaraju: aburi jang-inu güjir
22. erke yeke-yin tulada: asaradaɣsan
23. albatu činu qoyin-a eregüü-dü
24. oruqu boluɣujai kemejü öggüged ::
25. qariqui-dur-iyan naɣadču yabu-
26. qu geresenje-yi abun odbai:
27. tedüi odubolad köbegünčilen
28. yabuju: öjiyed-ün mönggüčei

29.　　　daruγ-a-yin ökin qangtuqai: medü-yin
48. r.01.　　ökin mönggüi qoyar-i süyilejü:
02.　　　tende-eče qangtuqai-yi baγulγaqui-
03.　　　dur γaγča čaγan temegetei: jegeren
04.　　　uuji emüskijü ögbei: tende
05.　　　odubolad-un köbegün toγtaqu
06.　　　isigei modun quriyan öčüken
07.　　　gerlegülbei :: geresenje jayaγ-a-tu
08.　　　jalayir-un qung tayiji-yin
09.　　　arban naiman kiged qangtuqai
10.　　　tayiqu-yin qorin γurban-dur
11.　　　törügsen asiqai darqan qung
12.　　　tayiji čaγan barstai : noyan-tai
13.　　　qatun baγatur čaγaγčin taulai-tai :
14.　　　noγunuqu üyijeng noyan köke mori-
15.　　　tai amin-duraqal noyan ulaγan beči-
16.　　　tei : darai čaγan quluγuna -tai:
17.　　　deldeng köngdeleng qara bars-tai:
18.　　　mön tere qara bars jil-dür baγa
19.　　　tayiqu altai abai-yi törübei:
20.　　　köke luu jil-dür samui törübei:
21.　　　kökegčin moγai jil-dür mingqal-un
22.　　　abai-yi törübei: ulaγan morin jil- .
23.　　　dür tümengken abai-yi törübei: :
24.　　　asiqai-du üneged jalayir qoyar:
25.　　　noyantai-dü besüd eljigen: noγunuqu-
26.　　　du kiregüd γorlus amin-du γoruqu
27.　　　küriy-e čoγuqur darai-du kökeyid
28.　　　qadakin: deldeng-dü tangγud sarta-
29.　　　γul : samu du γaγča uriyangqan-i
30.　　　ögbei: :
48.v.01.　　geresenje jalayir-un qung tayiji
02.　　　γučin jirγuγan nasun-dur-iyan
03.　　　kerülen mören-ü burung-dur nög-
04.　　　čibei :: jalayir-un qung tayiji-yin
05.　　　nigedüger köbegün asiqai qung tai-
06.　　　ji tegün-ü köbegün bayandar-a qung
07.　　　tayiji tümengdar-a dayičing qotu-
08.　　　γur: ödküi ildüči γurban::
09.　　　bayandar-a qung tayiji-yin köbegün

10. činu-a sir-a layiqur qaγan qoyar:
11. činu-a sir-a ür-e-ügei: layiqur
12. qaγan-u köbegün subandai jasaγ-tu
13. qaγan: ubandai darmasiri qoyar ::
14. jasaγtu qaγan-u köbegün sonam aqai
15. čögükür: sgib erdeni: norbu bisirel-
16. tü qaγan: gümbü jaγ bintü aqai:
17. günbü brasi darqan qung tayiji:
18. išar yosutu aqai: tašar sečen
19. aqai: doluγan köbegün buyu :: aqai
20. čögükür-ün köbegün, namasgib tayiji
21. ür-e-ügei :: sgib erdeni-yin köbegün
22. jodba tayiji ür-e-ügei:: bisi-
23. reltü qaγan-u köbegün vangčuγ mergen
24. qaγan: čembun jasaγtu sečen qaγan:
25. qara ayusi: čaγan ayusi: gendün
26. dayičing: grangla: galdan qutuγtu ::
27. darqan qung tayiji -yin köbegün lubsang
28. darqan qung tayiji :: yosutu aqai-yin
29. köbegün yosutu aqai :: ubandai

49.r.01. darmasiri-yin köbegün šambar erdeni,
02. nomči tayibung qung tayiji: jodba
03. darmasiri qung tayiji:: šambar
04. erdeni ür-e ügei :: nomči tayibung
05. qung tayiji-yin köbegün joriγtu
06. ubasi: görüsgib erdeni qung tayiji:
07. sangγasgib :: jodba darmasiri qung
08. tayiji-yin köbegün erdeni dayičing:
09. erke dayičing :: asiqai darqan qung
10. tayiji-yin qoyaduγar köbegün dai-
11. čing qotuγur: tegün-ü köbegün solui
12. sayin ubasi qung tayiji: mingqai
13. qara qula: ubandai darqan baγatur
14. γurba :: ubasi qung tayiji-yin köbegün
15. čindamuni toyin: güüsi tayiji: joriγ-
16. tu tayiji: badm-a erdeni qung tayiji:
17. dorji-dai qung tayiji: dai noyan
18. gümbü yeldeng: sang tayiji :: asiqai
19. darqan qung tayiji-yin γutuγar
20. köbegün üdkei ildüči köbegün ügei ::

21. čindamuni toyin-u köbegün gümeči
22. nomči: tuskar baγatur : suldang
23. tayiji: qaγan tayiji :: gümeči nom-
24. či-yin köbegün idam :: tuskar
25. baγatur-un köbegün čögükür tayiji{+erke tayiji: duraqal tayiji: güüsi tayiji}:
26. güüsi tayili-yin köbegün sečen
27. güüsi: baγatur tayiji: düger
28. dayičing qosiγuči: buyim-a erke
29. baγatur :: sečen güüsi-yin köbegün
49.v.01. saran aqai: dayičing qosiγuči-yin
02. köbegün qorγul tayiji :: joriγtu
03. tayiji-yin köbegün sodnam čögükür:
04. saran yeldeng: šanjuba tayili:
05. ubasi baγatur : erke tayiji:
06. tarba sečen joriγtu :: sodnam
07. čögükür-un köbegün čidar mergen
08. aqai::saran yeldeng-ün köbegün
09. baγasu tayiji:: šanjuba tayiji-yin
10. köbegün dorji tayiji :: ubasi
11. baγatur-un köbegün dorjijab :: erke
12. tayiji-yin köbegün küyide duraqal
13. qosiγuči :: badm-a-erdeni qung
14. tayiji-yin köbegün rinčin sayin
15. qung tayiji: rjal kang rči
16. qutuγtu-yin gegen : sayin qung
17. tayiji-yin köbegün brasi qatun
18. baγatur : qojiger : bandida: andi:
19. baγaqan brasi taγaki dorji-dai
20. qung tayiji -yin köbegün senggün
21. baγatur tayiji. erdeni-dei qung
22. tayiji: baldan degürgeči: gendün erke
23. dayičing: senggün baγatur-un köbegün
24. qubilγan :: erdeni-dei qung tayiji-
25. yin köbegün maγnitu tayiji :: baldan
26. degürgeči-yin köbegün aldar tayiji:
27. dai noyan-u köbegün širab mergen
28. dayičing ayusi baγatur : lubsang-
29. dai noyan:: širab mergen dayičing-un
50.r.01. köbegün duraqal tayiji :: gümbü yeldeng-
02. yin köbegün erdeni γurbaγula :: sang

03. tayiji ür-e ügei :: mingqai qar-a qula-
04. yin köbegün angγaqai jasaγtu
05. qara qula: engke mergen noyan: laba-
06. sai sečen tayiji: güngbü-erdeni tayi-
07. ji badm-a üyijeng noyan ombu sečen
08. čögükür: šarab ildüči qar-a qula ::
09. jasaγtu qar-a qula-yin köbegün ombu
10. čögükür: dasi dayičing: lamadai bintü :
11. yondan-erdeni: ünükü čolum: güngjis-
12. ke baγatur :.bintü doraγal: čösgib
13. erke baγatur norbu yeldeng :: ombu
14. čögükür-ün {+köbegün} rinčin yeldeng: barči
15. mergen noyan: barbaγadai güyeng: lub-
16. sang erdeni :: dasi dayičing-un köbegün
17. čoqui mergen tayiji: baγaran erdeni
18. dayičing: muu: lubsang: čaγan erke dai-
19. čing: lamadai bintü-yin köbegün ayu-
20. si baγatur: jamiyan nomči: ariy-a
21. čembü mergen tayiji: nama siri::
22. yondan erdeni-yin köbegün üčeng
23. tayiji: včir-dai baγatur : ünükü
24. čolum-yin köbegün körüsgib sečen
25. tayiji: bandi tayiji :: čosgib erke
26. baγatur-un köbegün jibjun :: norbu
27. yeldeng-yin köbegün ildaγai sarab ::
28. engke mergen noyan-u köbegün rinčin
29. yeldeng: vangčuγ majiγ ubasi: damba
30. tayiji ::
50.v.01. rinčin yeldeng-ün köbegün tangjisgib
02. erke tayiji :: majiγ ubasi-yin
03. köbegün qutuγtu : tobasgib sečen
04. tayiji :: labasai sečen tayiji-yin
05. köbegün lamasgib bintü aqai:
06. bintü aqai-yin köbegün tobasgib
07. bintü aqai: soγusun erke tayiji::
08. gümbü erdeni-yin köbegün včir bintü :
09. binjay-a erke tayiji: jamsu baγatur ::
10. včir bintü-yin köbegün mergen tayiji :
11. binjay-a erke tayiji-yin köbegün boru
12. baγaqan aqai:: badm-a üyijeng noyan-u

13. köbegün norbu erdeni čögükür: gümbüjaγ
14. dayičing aqai: rinčin yeldeng aqai:
15. toyin :: dayičing aqai-yin köbegün
16. baγaqan ubasi:: yeldeng aqai-yin
17. köbegün čoyiraγ: nekei:: ombu sečen
18. čögükür-ün köbegün ündegü erke
19. čögükür: šarab ildüči qara qula-yin
20. köbegün qutuγtu : sebten dayičing
21. aqai: ubandai darqan baγatur-un
22. köbegün degeji tayiji: čoγtu tai-
24. ji: günčüg erke dayičing čerin
25. ldüči: toyin darqan noyan šata-
26. da durqal: garm-a mergen:: degeji-yin
27. köbegün bolad böke tayiji:: čoγtu
28. tayiji ür-e ügei:: günčüg erke
29. dayičing-un köbegün noyan čorji::
30. čerin ildüči-yin köbegün isgib:

51.r.01 onjun-i: noyan: manjusiri qutuγtu
02. gegen: lubsang: sengge:: šatada durqal-un
03. köbegün güngbü mergen tayiji: jamsu::
04. garm-a mergen ür-e ügei:: jalayir-un
05. qung tayiji-yin qoyaduγar köbegün
06. noyantai qatan baγatur-un köbegün
{+töbed qatan baγatur: töbed qatan baγatur-un küü}
07. qongγui sečen jinong: sayin badm-a
08. qatan baγatur qoyar :: sečen jinong-un
09. köbegün čerin čögükür: čerisgib
10. sayin aqai dayičing: gürü nomči:
11. baγaran aqai: čaγasgib sečen noyan:
12. günčüg mergen tayiji: erke joriγtu:
13. norbu erdeni qung tayiji:: čerin
14. čögükür-ün köbegün ongbu: türji-
15. gir dorji joriγtu jinong: ongbu
16. türjigir qoyar ür-e ügei::
17. joriγtu jinong-yin köbegün jab
18. erdeni dayičing: toyin:: aqai dayi-
19. čing-un köbegün čevendorji toyin
20. boluγsan qoyin-a tngri toyin:: tngri
21. toyin-u köbegün güngge dayičing: γong-
22. γur dayičing aqai: bandi aqai tai-

	23.	ji : lubsang: yeldeng tayiji: ongbu:
	24.	urjisgib čing: maq-a karun-a :: gürü
	25.	nomči-yin köbegün garm-a yeldeng:
	26.	buduγučuu tayiji: dejiü aqai:
	27.	ayiγus yeldeng duraqal :: čayidar
	28.	yeldeng aqai: garm-a yeldeng-ün
	29.	köbegün siušang erke aqai:: buduγu-
51.v.01.		čuu-yin köbegün abida erdeni
	02.	tayiji: ayusi qamar:: dejiü
	03.	aqai-yin köbegün genden mergen dayi-
	04.	čing:: čayidar yeldeng aqai-yin
	05.	köbegün čoγli:: baγaran aqai-yin
	06.	köbegün samadi jinong: yeke šabrung:
	07.	ubasi tayiji: tooryal qoyar iker-e :
	08.	bičiqan: amiyal/namjil sabdan, baγ-a šabrung ::
	09.	čaγasgib sečen noyan-i köbegün
	10.	lamajab sečen qung tayiji:: günčüg
	11.	mergen tayiji-yin köbegün vangsug,
	12.	güngge mergen tayiji: lubsang sdanjin:
	13.	lubada: baqan aqai:: erke joriγtu-
	14.	yin köbegün günjab erke tayiji:
	15.	eyen erke tayiji:: norbu erdeni
	16.	qung tayiji-yin köbegün čeven
	17.	tayiji: ejen abai: toyin:: badm-a
	18.	qatan baγatur: tegün-ü köbegün erke-
	19.	bsi čögükür: buntar qatan baγa-
	20.	tur : sečen čoγtu : köndüleng
	21.	toyin: gendün erke dayičing: brasi
	22.	yeldeng: radn-a ildüči: čerin
	23.	gümbü qatan baγatur: nom dalai:
	24.	mayidari qutuγtu-yin gegen: dorjis-
	25.	gib: degürgeč:: erkebsi čögükür-ün
	26.	köbegün sdanjin jaγan qung tayiji::
	27.	buntar qatan baγatur-un köbegün
	28.	γaldan qatan baγatur: darm-a dala
	29.	erke dayičing: nim-a toyin : γaldan
52.r.01.		qatan baγatur-un köbegün lubsang
	02.	čerin:: gendün erke dayičing-un
	03.	köbegün čing tayiji erdeni baγatur : ::
	04.	brasi yeldeng ür-e ügei ::čerin

05. gümbü qatan baγatur-un köbegün
06. sangči günčen qatan baγatur : nürbü
07. gegei erdeni tayiji:: jalayir-un qung
08. tayiji-yin γutuγar köbegün nuqunu-
09. qu üyijeng noyan-u otuγ seleng-
10. ge mörün-e büküi-dür: modun bars
11. jil-dür ečengken joriγtu qatun-ača
12. nigen keüken nirayilabasu qomuqui
13. quruγun-anu qara čisutai törüg-
14. sen buyu: nerei-anu abatai kemen
15. nereyidbei: tende-eče arban dörben
16. nasun-ača-ban qorin doluγan kür-
17. tel-e ürgüljide dayisun-u üyile
18. üyiledčü: qari dayisun-i öber-ün
19. erke-dür-iyen oruγulju: qamuγ
20. aq-a degüüs-iyen öber-eče ilγal-
21. ugei tedküjü:qamuγ eki tüsiyetü
22. qaγan kemen čolu ergügdejü yekede
23. aldarsibai:: temür moγai jil-dür
24. qaγan-u qorin naiman-a degürgegči baγ-a-
25. tur-un γadan-a mongγoljin tümed-eče
26. nigen keseg qudaldučin iregsen ajiγu:
27. teden-dür baγsi kümün gejü: bayinam
28. kemen sonusuγad elči-ber abču irejü
29. tere baγsi üge-yin ulam-ača manu
52.v.01. gegen qaγan-dur: γurban erdeni
02. kiged sdongkür manjusiri čadas-
03. mari bui kemegsen-dür: tüsiyetü
04. qaγan-dur bisirel sedkil yekede
05. törüged: tere baγsi kiregüd un
06. alaγ darqan qoyar-i gegen qaγan-a-
07. ča blam-a-yi jalar-a ilegebei: gegen
08. qaγan dalan tabun nasun-dur-iyan
09. čilegerkejü: elčid kürküi-lüge
10. doluγan qonuγ daγun ülü γarun
11. kebtegsen ajiγu: elči irebe gekü-yi
12. sonusuγad: sgümeng nangsu-yi abču
13. odtuγai kemen jarliγ boluγad
14. mön tedü nögčibei :: alaγ darqan
15. blam-a-yi jalaju irebei: qaγan bačaγ

16. šayšabad-tur oruju tere blam-a-yi
17. yekede kündülebei:: šasin nom-un
18. eki-dür sayin jalγamji bolba: gejü:
19. alaγ darqan-i darqan deger-e-ben
20. yeke darqan bol kemen al juγuqu
21. tamaγ-a soyurqabai:: usun qonin
22. jil-dür samala nangsu irebei: modun
23. takiy-a jil-ün jun šangqutu-yin
24. aru-daki qaučin balγasun-dur
25. yender deledčü: tere jil-dür
26. süme-yin üyile üyiledbei: ene
27. süme bariγsan-ača edüge arban
28. nigedüger-ün sayitur boluγsan γal
29. moγai-dur yeren γurban jil bolbai::

53.r.01. γal noqai jil-dür ögede bolju:
02. dalai blam-a sodnam rgyamču-dur jun-u
03. adaγ sarayin arban tabun-a kürčü
04. mörgüküi-dür mingγan aγta terigülen
05. olan qataγu jögelen ed ergübei:
06. gyi včir-un abisig terigülen olan
07. abisig örüsiyeged: nigen ger-iyer
08. dügüren burqan-ača songγuju ab
09. kemen jarliγ boluγsan-dur: nigen
10. qaγučiraγsan körüg-i abuγsan-anu
11. paγmu-roba ajiγu: dalai blam-a jarliγ
12. bolurun: nigen ger-iyer dügüren burqan
13. gertei tüyimer sitaγsan-dur ese sitaγ-
14. san yeke adistai bölüge kemebei: basa
15. sigemüni-yin šaril erkei quruγun-u
16. tedüi: nigen gyu-bar bütügegsen
17. čaγr-a sambar-a-yin bey-e terigülen
18. olan adis-tu sitügen: bars ger
19. terigülen nomun öglige ögčü:
20. vačirbani-yin qubilγan bui kemen
21. jarliγ bolju: nom-un yeke včir
22. qaγan kemen čola soyurqabai:
23. tedüi inaγsi tegerejü yeke
24. nutuγ qara ölüng-dü büküi-
25. dür kürčü irebei :: qalaq-a tümen-i
26. sigimüni-yin sasin-a ekilen udu-

27.	ridbai :: abatai sayin qaɣan-u
28.	degüüs-inü abuqu mergen noyan:
29.	kitad yeldeng qosiɣuči tümeng-
53.v.01.	ken köndüleng čögükür: baqarai
02.	qosiɣuči noyan: bodisung odqun
03.	noyan jirɣuɣan buyu :: abatai
04.	sayin qaɣan-u köbegün sabuɣudai
05.	öljeyitü qung tayiji: eriyekei
06.	mergen qaɣan:: öljeyitü qung
07.	tayiji-yin köbegün orɣudai
08.	nomči: kümüčei čolum: mučan
09.	ubasi qung tayiji :: orɣudai
10.	nomči-yin köbegün dasi qung tayiji ::
11.	dasi qung tayiji-yin köbegün
12.	erke qung tayiji: erke tayiji:
13.	erdeni baɣatur:: čoyijab bintü
14.	aqai čevenjab: kümüčei čolum-un
15.	köbegün ani čoɣtu tayiji: šaɣ-
16.	dur erdeni ubasi qung tayiji-yin
17.	köbegün sibdui qatan baɣatur:
18.	erdeni nomči: erke tayiji: mergen
19.	aqai: namjal toyin: bintü aqai:
20.	lajab čoɣtu tayiji: :: mergen
21.	qaɣan-u köbegün gümbü tüsiyetü
22.	qaɣan: namasgib dayičing noyan:
23.	labadai qoluči darqan qung tai-
24.	ji toyin boluɣsan qoyin-a činda-
25.	mani darqan toyin: dorji degür-
26.	gegči noyan dörben:: tüsiyetü
27.	qaɣan u köbegün süjüg küčün
28.	tegüsügsen včir tüsiyetü qaɣan:
29.	baɣatur qung tayiji: qamuɣ-i
54.a.01.	medegči čöb-ün čaɣ-un qoyaduɣar
02.	čidaɣči{+Teb.: blob zang basdan pai rgyal mchan dpal dzang po}
03.	sayin oyutu šasin-u duvača sayin
04.	čoɣtu-yin qubilɣan-u bey-e: dorji
05.	bintü dayičing dörben:: süjüg
06.	küčün tegüsügsen včir tüsiyetü
07.	qaɣan-u köbegün galdan: dorji
08.	erdeni aqai: namjal erdeni bandida:

09. čerinbal: sonumbal:: baγatur qung
10. tayiji-yin köbegün rabtan erke
11. aqai: dorji: toyin:: namasgib
12. dayičing noyan-u köbegün jambala
13. dayičing noyan: erdeni aqai :
14. čindamani darqan toyin-u köbegün
15. radn-a erdeni baγatur: nomči qung
16. tayiji: bintü dayičing darqan
17. qung tayiji:: erdeni baγatur-un
18. köbegün joli erke tayiji: nomči
19. qung tayiji (+yin) köbegün čaγba erke
20. aqai: čeden erke tayiji: čiba
21. bintü daičing-un köbegün qayisa
22. yeldeng čoγtu: čeveng mergen tayiji:
23. čoyidar-a: jamiyang: čederinčin
24. darqan qung tayiji-yin köbegün
25. lavang toyin:: degürgeči noyan-u
26. köbegün čing qung tayiji::
27. čing qung tayiji-yin köbegün
28. vangčüg:: üyijeng noyan-u
29. qoyaduγar köbegün abuqu mergen
54.v.01. noyan: tegün-ü köbegün angγaqai mergen
02. noyan: raqula dalai noyan:: mergen
03. noyan-u köbegün badmasi mergen
04. čögükür: sunu dayičing qung tai-
05. ji: dügerjab bintü tayiji: jamsu
06. čoγtu tayiji: jamiyan aqai:
07. arča mergen dayičing:: mergen
08. čögükür-ün köbegün erke aqai::
09. dayičing qung tayiji-yin köbegün
10. isgeb erdeni: mergen qung tayiji :
11. išar nomči aqai: dašar erdeni
12. dayičing: namčun duraqal aqai:
13. lubsang tayiji: noyan qutuγtu:
14. dasi erke tayiji:: isgeb erdeni-yin
15. köbegün čibaγ erdeni: mergen qung
16. tayiji-yin köbegün lingu-a biligtü :
17. čibaγ erdeni injana:: dügerjab
18. bintü tayiji-yin köbegün čaγba
19. bintü aqai:: jamiyan aqai-yin köbegün

20.	dari yeldeng čoγtu:: dari yeldeng
21.	čoγtu-yin köbegün budajab erke
22.	tayiji:: arča mergen daičing-un köbe-
23.	gün kimčoγ aqai dimčoγ:: jamso čoγ-
24.	tu tayiji-yin köbegün baldan čoγtu
25.	aqai:: raqula dalai noyan-u köbegün
26.	buntar čögükür: bumbasgib čoγtu
27.	tayiji: bambun-erdeni: jamso čoγ-
28.	tu tayiji: serji dalai dayičing:
29.	gürü mergen tayiji: rinčen tayiji:
55.r.01.	buntar čögükür-ün köbegün lubsang
02.	dayičing: čoyimul: oqunui vang:
03.	samadi gün čoγtu tayiji: bumbas-
04::	gib čoγtu tayiji-yin köbegün garm-a
05.	nomči: badm-a:: bambun erdeni-yin
06.	köbegün čerin rjal erdeni tayiji::
07.	jamso čoγtu tayiji-yin köbegün
08,	sebten: vangčug: toγutu:: dalai
09.	dayičing-un köbegün buni čoγtu
10.	tayiji: norbu erke aqai: nori bintü
11.	aqai: damrin joriγtu aqai: atar
12.	mergen aqai: dorjijab: gendün: gürü
13.	mergen tayiji-yin köbegün norbu erke
14.	tayiji: ubasi tayiji: nomči aqai:
15.	abida: erke aqai-yin köbegün
16.	baqan bandi: litar:: nori bintü-yin
17.	köbegün bubu::norbu erke tayiji-yin
18.	köbegün toyin: ökin: uda: emegen::
19.	ubasi tayiji-yin köbegün ayusi::
20.	nomči aqai-yin köbegün delden: čerin
21.	rgyal erdeni-yin köbegün köbegün güngge:
22.	čoγtu aqai: ubasi: šaγdorjab :
23.	noγunuqu üyijeng noyan-u γutuγar
24.	köbegün, kitad yeldeng qosiγuči-
25.	yin köbegün: demtei qung tayiji:
26.	siüsei buyima qoyar abaγ-a-yin maγu
27.	bayiri-dur nögčibei: köbegün ügei::
28.	noγunuqu üyijeng noyan-u dötüger
29.	köbegün, tümengken köndüleng čögükür-ün
55.v.01.	köbegün jodba: sečen noyan: kendüs

02. jeb-erdeni üyijeng noyan toyin
03. boluɣsan-u qoyin-a aldarsiɣsan
04. nom-un ejen: čerin durqal noyan:
05. loyaɣ erke čögükür: rčayaɣ čoɣtu
06. üyijeng noyan: časjab köndelen ubasi:
07. čembüm tayiji: bamčur erke jayisang
08. toyin boluɣsan-u qoyin-a sdančin
09. toyin: baɣatur erdeni nomči
10. ubasi boluɣsan-u qoyin-a bimali-
11. kirdi: sarja dayun qung tayiji:
12. sangrčai yeldeng qosiɣuči: baɣar-
13. ča keüken: gümbü köndelen dayičing
14. degürgeči arban ɣurban :: jodba
15. sečen noyan-u köbegün tarba čolum
16. qosiɣuči: šamba qatan baɣatur
17. toyin boluɣsan qoyin-a darm-a gerüb
18. toyin: čaman čögükür toyin boluɣ-
19. san qoyin-a čögükür blam-a: bambun
20. mergen čögükür: čosgib dayičing
21. baɣatur čambum tayiji: tambum
22. noyan ubasi: sonum sečen dayi-
23. čing qosiɣuči: badm-a lubsang
24. dayičing :: čolum qosiɣuči-yin
25. köbegün erdeni qosiɣuči: čoi-
26. jamso : naganjuna ubasi: nomči
27. tayiji: buda yeldeng čoɣtu :
28. dorji mergen aqai:: erdeni qosi-
29. ɣuči-yin köbegün darji erdeni :
56.r.01. čoɣtu tayiji: čongdar tayiji
02. aqai:: čoijamso-yin köbegün
03. čerin ryal erke tayiji: bintü
04. dayičing: mergen aqai: mergen tayiji:
05. bilig-tü aqai: čoɣtu tayiji:
06. durqal aqai: erdeni tayiji: erke
07. tayiji: örbi tayiji:: naganjuna
08. ubasi-yin köbegün bodi darm-a::
09. nomči tayiji-yin köbegün bilig-tü
10. aqai: gambu: arasba: erke aqai: bui-
11. ym-a sdančin: sarayiɣol:: yeldeng čoɣ-
12. tu köbegün tangɣud:: dorji mergen

13. aqai-yin köbegün uum:: darm-a
14. gerüb-ün köbegün čoɣtu tayiji:
15. bartu bintü tayiji: ayusi mergen
16. aqai: obu erdeni tayiji ananda
17. mergen aqai: ulaɣaljai:: čoɣtu
18. tayiji-yin köbegün suday-a sudari:
19. maniba: gendün: čiveng dorji::
20. bartu bintü tayiji-yin köbegün
21. čibe: čerin: dilüb aruba::
22. ayusi mergen aqai-yin köbegün
23. biqada: suldan: gambuba:: čögükür
24. blam-a-yin köbegün buntar dayičing čögükür:
25. gümbü nom-un dalai:: dayičing čögü-
26. kür-ün köbegün toba erke aqai:
27. šambasgib bintü aqai: toyin. usu:
28. nom-un dalai-yin köbegün erke tayiji:
29. jamčan qubilɣan :: mergen čögükür-ün
56.v.01. {+köbegün namaski mergen čögükür:} yeldeng aqai: radn-a erdeni::
02. namaski čögükür-ün köbegün erke
03. aqai:: dayičing baɣatur-un köbegün
04. erdeni tayiji: erke dayičing:
05. bintü tayiji: čing tayiji: yel-
06. deng aqai: lubsang: abaqaliqai:
07. punčuɣ toyin: bandi ubasi: idam::
08. erdeni tayiji-yin köbegün dayičing
09. aqai:: erke daičing-un köbegün
10. jab: čoyirub bintü tayiji-yin
11. köbegün šamba: yeke ökin: baɣa
12. ökin: bučulaɣ :: čing tayiji-yin
13. köbegün toyin: tangɣud: jambala
14. lubsang: punčoɣ: čömbei: čerin ::
15. jambum tayiji-yin köbegün čilege-
16. dü tayiji ür-e ügei:: noyan
17. ubasi-yin köbegün galdan mergen
18. tayiji: čoɣtu tayiji: yeldeng
19. čoɣtu: erke tayiji čoɣtu tayi-
20. ji: mergen dayičing: erdeni nom-
21. či čangquu-erdeni: toyin čing
22. tayiji: erdeni-aqai:: galdan mergen
23. tayiji-yin köbegün baɣabai: adur

24. toyin: uriyangqai: lajab: išar
25. abda: čoɣtu tayiji-yin köbe-
26. gün taɣus: rabtan toyin: jamčan:
27. čokiy-a: lubsang: darjiy-a: yeldeng
28. čoɣtu-yin köbegün dotor bilig-
29. tü: bayibaɣas: bögere: güng::

57.r.01. erke tayiji-yin köbegün čerinjal:
02. gürü: danjin: bunčan: tulai::
03. čoɣtu tayiji-yin köbegün
04. kükü: ulaɣaljai:: mergen dayičing-
05. un köbegün arjib: šagja: šam-
06. ba:: erdeni nomči-yin köbegün
07. jaɣ tayiji tayiji : toba: ökin::
08. jangyu erdeni-yin köbegün baɣabai::
09. čing tayiji-yin köbegün damrin::
10. jaɣ aqai-yin köbegün norbu:
11. dorjijab: rabtan:: sečen dayičing
12. qosiɣuči-yin köbegün yeldeng
13. qung tayiji: šabrung: ubada
14. erdeni aqai: toda erke aqai::
15. lubsang tayiji-yin köbegün dilu-
16. ba: aruba: marba: gambuba: paɣba:
17. brigüngba: šaribudari : molun toyin:
18. aldarsiɣsan nom-un ejen-ü köbegün
19. yeldeng dügürgeči čoɣtu ildüči:
20. dayičing qosiɣuči: čamčar erdeni
21. nomči: mergen dayičing: čing čoɣtu
22. toyin boluɣsan-u qoyin-a lubsang
23. toyin: erdeni dayičing: gürüsgib
24. erke aqai:: yeldeng dügürgeči-yin
25. köbegün tobajab erdeni yeldeng
26. noyan: kabču tngri toyin: bi
27. öber-iyen byamba erke dayičing:
28. šambadar čoɣtu aqai:: erdeni
29. yeldeng noyan-u köbegün düger

57.v.01. aqai dayičing: nomči aqai: kirdi:
02. erdeni tayiji:: erke daičing-un
03. köbegün brasi-dongrub: čerin brasi:
04. namjal: sodnam jab:: čoɣtu aqai-yin
05. köbegün gürüjab: rinčin-dorji:

06.	čoqu ildüči-yin köbegün čaγan
07.	bintü tayiji: buduqu mergen dai-
08.	čing: čoγča baγatur tayiji:
09.	damba erke tayiji: tuuqai gürü:
10.	čombui namjal :: čaγan bintü tayiji-
11.	yin köbegün čerin dorji: buduqu
12.	mergen tayiji-yin köbegün tarba
13.	isige:: damba erke tayiji-yin
14.	köbegün galdan:: dayičing qosiγuči-yin
15.	köbegün čembun joriγtu tayiji:
16.	tedegegei mergen aqai buntar bumjal
17.	mergen tayiji: sigürče: jungdar:
18.	brasi dongrub: čerindorji: :
19.	joriγtu tayiji-yin köbegün ökin
20.	tayiji: čoyijab tayiji:: mergen
21.	aqai-yin köbegün ökin erdeni
22.	tayiji: darji brasi vangčug: brasi::
23.	čamčar erdeni nomči-yin köbegün
24.	isuqan erke aqai:: mergen dayičing
25.	köbegün ügei:: lubsana toyin-u kö-
26.	begün sodnai bintü aqai: šar-a
27.	čoγtu tayiji: larun erdeni
28.	tayiji: lhajab yeldeng aqai: :
29.	bintü aqai-yin köbegün sirvanča:
58.r.01.	sadibinča: sdanča: binada: binaka:
02.	biγada:: erdeni dayičing ür-e
03.	ügei:: gürüsgib erke aqai-yin
04.	köbegün galdan üyijeng aqai:
05.	včir mergen aqai: vangjil:
06.	lubajab: čoyijab: bodi darm-a:
07.	vangding :: čerin durqal noyan-u
08.	köbegün banjun nomči: gümbü
09.	mergen aqai:: banjun nomči-yin
10.	köbegün ayusi durqal noyan::
11.	ayusi durqal noyan-u köbegün
12.	dambajab dayičing aqai: γongγur
13.	erdeni aqai: damrin erke dayičing:
14.	brasi: gendün: brasi dongrub:
15.	gendünjab: brasi rčaγba:: mergen
16.	aqai-yin köbegün darjiy-a vang:

17.　　damčoi toyin: ökin: šarab:
18.　　darjiy-a vang-un köbegün gürüski:
19.　　toba: orus: brasi:: ökin-u
20.　　köbegün jamiyan: jambu:: erke
21.　　čögükür-ün köbegün-inü bandida
22.　　qutuγtu-yin gegen: urγudaγ
23.　　erdeni dayčing:: erdeni dai-
24.　　čing köbegün sadida:: čoγtu
25.　　üyijeng noyan-u köbegün ayusi
26.　　üyijeng noyan: nimarinčin mergen
27.　　aqai: darmarinčin:: üyijeng noyan-
28.　　u köbegün jbaγbajab: jbala: punčuγ
29.　　güngge:: jambum tayiji-yin köegün

58.v.01.　　bunidar-a erke aqai:: bumi-erdeni
02.　　tayiji: noyan qutuγtu :　:
03.　　köndüleng ubasi-yin köbegün jamiyan
04.　　dayičing qosiγuči:: toba erke
05.　　dayičing: rinčin erdeni dayičing:
06.　　gürü mergen dayičing: čing
07.　　tayiji: kökebüri erke čoγtu:
08.　　samtan yeldeng: šarab bintü
09.　　aqai: budajab erke aqai: dai-
10.　　čing qosiγuči-yin köbegün
11.　　idamjab mergen aqai: gürü
12.　　čoγtu aqai: ilbaqai erke
13.　　tayiji: ökin: nomči aqai:
14.　　baqan ubasi: serjab:: toba erke
15.　　daičing-un köbegün namjalubasi:
16.　　jambala nomči aqai: sidi sečen
17.　　aqai: nimarinčin:: erdeni dayičing-
18.　　un köbegün sidi mergen tayiji:
19.　　jambala duraqal aqai: čoγtu
20.　　aqai: gendün ubasi čoyijab::
21.　　gürü mergen daičing-un köbegün
22.　　dasi erke aqai: gendün:: čing tai-
23.　　ji-yin köbegün dayičing aqai:
24.　　yeldeng aqai:: erke čoγtu-yin
25.　　köbegün mergen aqai:: samtan yel-
26.　　deng-yin köbegün erdeni: erke tai-
27.　　ji:: sdanjin toyin-u

	28.	köbegün küjiska erke tayiji: subuni
	29.	bintü aqai: toyin mergen dayičing:
59.r.01.		arana čoɣtu tayiji: lhajab
	02.	erdeni aqai: čandan čoɣtu
	03.	aqai damrin jab: gürüjab čing
	04.	tayiji: budajab erke aqai:
	05.	namjal: gendüb jab:: erke tayiji-yin
	06.	köbegün jab: nima: včir: biraɣ-a-
	07.	dai: rabtan:: subuni bintü aqai-
	08.	yin köbegün oyirub: včir: dasi
	09.	jab: dasi: ilɣadai:: mergen dayičing-un
	10.	köbegün lubsang: urɣudaɣ: arabči::
	11.	arana čoɣtu tayiji-yin köbegün
	12.	čoyijab: čumbal: toyin:: erdeni
	13.	aqai-yin köbegün darji: jambala::
	14.	čoɣtu aqai-yin köbegün jürmed::
	15.	čing tayiji-yin köbegün čoyijab::
	16.	bimalikiridi-yin köbegün bičigedüi
	17.	erke aqai:: erke aqai-yin köbegün
	18.	sdanjin erdeni: toyin: injana::
	19.	deyung sečen tayiji-yin köbegün
	20.	seter erdeni dayičing qosiɣuči:
	21.	namig nomči aqai toyin boluɣsan
	22.	qoyin-a lubsang toyin: čaɣbidar
	23.	dalai sečen noyan: šamjad mergen
	24.	aqai: bajar ubasi: sodnam
	25.	punčuɣ erdeni baɣatur: jamyan
	26.	erke dayičing: čosgib bintü
	27.	aqai: sebten nomči aqai: čoski-
	28.	dorji aqai dayičing: rinčin
	29.	dorji: čivang: sdanjin: lhavang::
59.v.01.		seter dayičing qosiɣuči-yin köbegün
	02.	jbaɣbadar erke aqai: obuu mergen aqai::
	03.	lubsang toyin-u köbegün tangɣud:
	04.	jab čoɣtu tayiji:: sečen noyan-u
	05.	köbegün toyin: sdanjab erdeni aqai:
	06.	amara: buni:: bajar ubasi-yin köbe-
	07.	dasir-a:: erdeni baɣatur-un köbegün
	08.	sarnupil durqal aqai: tangɣud::
	09.	jamyan erke daičing-un köbegün čoɣ-

10. tu aqai:: yeldeng qosiɣuči-yin
11. köbegün dukar yeldeng qosiɣuči:
12. dorji erke yeldeng: ilaɣuɣsan
13. qutuɣtu:: dukar yeldeng qosi
14. qosiɣuči-yin köbegün jab čing
15. tayiji: abida erdeni tayiji:
16. nim-a rinčin erdeni ildüči: jalčan
17. tayiji:: dorji erke yeldeng-ün
18. köbegün toba {+erke} čoɣtu : boju: norjin:
19. qurɣ-a: toyin:: baɣarja keüken-ü kö-
20. begün namasgib dayičing qosiɣuči:
21. čeden yeldeng čoɣtu : gendün
22. aqai dayičing ubasi: čosgib
23. bintü dayičing:: dayičing qosiɣu-
24. či-yin köbegün lubsang qutuɣtu
25. čoubai: abida: bandi:: yeldeng
26. čoɣtu-yin köbegün bandi čoɣtu
27. aqai:: aqai dayičing-un köbegün
28. bandi: logi vangčug:: köndeleng degür-
29. geči-yin köbegün vangdui erdeni
60.r.01. aqai: rinčin mergen aqai: dukar jab
02. erke aqai:: noɣunuqu üyijengnoyan-u
03. tabuduɣar köbegün baqarai qosiɣuči-yin
04. köbegün tümengken čoɣtu qung tai-
05. ji:: čoɣtu qung tayiji-yin köbegün
06. včir ayimaɣ-un arslan qung tayiji:
07. radn-a erdeni: lingqu-a sečen dayičing:
08. garm-a jüg-ün jaɣan qung tayiji:
09. asaral erke dayičing: arslan qung
10. tayiji köbegün ügei:: sečen dayičing-
11. un köbegün maɣad dayičing tayiji:
12. erke čoɣtu: erke tayiji:: jaɣan
13. qung tayiji-yin köbegün šoɣulaɣ-
14. san mergen aqai: kirdi erke aqai:
15. soɣabala erke joriɣtu: sudai
16. yeldeng qung tayiji:: asaral erke
17. daičing-un köbegün kiɣsabadi:
18. toyin qoyar:: sudai yeldeng qung
19. tayiji-yin köbegün qaljan erdeni
20. aqai: qongɣur erke aqai: toyin::

21.	jalayir-un qung tayiji-yin dötü-
22.	ger köbegün: amin durqal noyan-u
23.	köbegün dorčaqai qar-a jaγal dügür-
24.	gegči: mouru buyima qoyar: qara
25.	jaγal ür-e ügei:: mouru buyima-yin
26.	köbegün silui dalai sečen qaγan::
27.	sečen qaγan-u köbegün majari yeldeng
28.	tüsiyetü: laburi erke tayiji:
29.	čabari erdeni ubasi: baba sečen
60.v.01.	qaγan: bumba darqan qung tayiji:
02.	čosgib ubasi qung tayiji: ananda
03.	erke qung tayiji: tangγud erdeni
04.	qung tayiji: sira brasi qatan
05.	baγatur: dalai qung tayiji:
06.	budajab erke tayiji:: yeldeng tüsiye-
07.	tü-yin köbegün radna mergen qung
08.	tayiji: šaji erke jayisang: dari
09.	yeldeng qung tayiji:: mergen qung
10.	tayiji-yin köbegün yeldeng čoγtu:
11.	erke aqai: mergen aqai: güngge
12.	dorji toyin:: šaji erke jayisang-un
13.	köbegün čeveng erke jayisang: damrin
14.	erke dayičing: dari-yin köbegün čun-
15.	bul erke aqai: čerin:: laburi erke
16.	tayiji-yin köbegün jayisang qung
17.	tayiji: toyin boluγsan-u qoyin-a
18.	čindamani jayisang toyin:: toyin-u
19.	köbegün erke qung tayiji: damrin-
20.	jab: injan mergen aqai:: čabari
21.	erdeni ubasi-yin köbegün lorui
22.	ubasi: qara brasi erdeni dai-
23.	čing:: erdeni daičing-un köbegün
24.	erke aqai:: baba sečen qaγan-u
25.	köbegün onjan mergen čogükür:
26.	dayičing qung tayiji: sečen
27.	qaγan: tayibung qung tayiji:
28.	erdeni dayičing: erdeni üyijeng:
29.	čoγtu aqai:: müjan mergen čögü-
61.r.01.	kür-ün köbegün taulai mergen čogükür:
02.	erke tayiji: dayičing qung tayiji

03. köbegün šaji mergen qung tayiji:
04. boru unaɣ-a erke dayičing: bögesü
05. mergen tayiji: lubsang erdeni aqai::
06. sečen qaɣan-u köbegün rabtan yeldeng
07. qung tayiji: namjil erke dayičing:
08. erke aqai: tayibung qung tayiji-yin
09. köbegün tayibung qung tayiji:: bumba
10. darqan qung tayiji-yin köbegün
11. rinčin darqan qung tayiji: erke
12. aqai: toyin: ɣongɣur: čosgib
13. ubasi qung tayiji-yin köbegün
14. dayičing qung tayiji: erdeni aqai:
15. badm-a brasi lubsangdamba: dorji
16. brasi:: ananda erke qung tayiii-yin
17. köbegün türüi noyan: qongɣurdai qung
18. tayiji: günjüg erdeni dayičing: galdan::
19. tangɣud erdeni qung tayiji-yin
20. köbegün balɣun erdeni dayičing: erke
21. baɣatur: čing tayiji: sira (-bradi)
22. brasi baɣatur-un köbegün qatan
23. baɣatur: erke toyin:: dalai qung
24. tayiji-yin köbegün dalai qung tai-
25. ji: lubsang erdeni: čebten buda-
26. jab aqai:: dalai qung tayiji-yin
27. köbegün čebten:: budajab erdeni
28. qung tayiji-yin köbegün toyin::
29. jalayir-un qung tayiji-yin

61.v.01. tabuduyar köbegün darai taɣiji ür-e
02. ügei:: jalayir-un qung tayiji-
03. yin köbegün jirɣuduɣar köbegün:
04. deldeng köndeleng-ün köbegün uuba
05. böke noyan: jontu-dai baɣatur::
06. böke noyan-u köbegün ɣalaɣutu
07. noyan:: ɣalaɣutu noyan-i köbegün
08. balbu bintü: baɣatur noyan: gegemü
09. erdeni: čögükür elbegei erkei:
10. erkebsi: odu: tung:: balbu bintü-
11. yin köbegün yeldeng: üyijeng: beyile
12. sonum qutuɣtu:: yeldeng-ün
13. köbegün lubsang: baɣatur noyan-u

14. köbegün üyijeng: jayisang: garbu:
15. günjüg: gümbü günjüken:: gegemü erde-
16. ni-yin köbegün šatada: badari: badmas-
17. gi: ubasi:: šatada-yin köbegün gendün::
18. badari-yin köbegün jab: lubsang:
19. čögükür-ün köbegün mergen aqai:
20. lubsang: dongɣar: mergen aqai-yin
21. köbegün kölüge:: lubsang-un köbegün
22. jab: qorɣul:: jontu-dai baɣatur-un
23. köbegün angqadu sečen tayiji: daya-
24. qai mergen noyan: baɣatur tayiji:
25. dayičing qung tayiji: ombu
26. čögökür: usiyan yeldeng: toyin
27. boluɣsan qoyin-a damba toyin
28. nom-un ejen: čing baɣatur : erke
29. tayiji:: nigedüger angqadu sečen tai-
62.r.01. ji-yin köbegün bodisiri: güüsi: sečen
02. noyan: sdanjan: üyijeng qongɣur
03. ubasi: buyima: bintü: durqal: jod-
04. ba:: bodisiri-yin köbegün saramsu:
05. saramsu-yin köbegün bandi: bajar::
06. güüsi-yin köbegün jungdar dayičing::
07. jungdar-un köbegün lubsang: lub-
08. san-un jambu:: sečen noyan-u
09. köbegün majiɣ: saran: včirtu: majiɣ-un
10. köbegün toba: jamiyan: damba:: saran-yin
11. köbegün sakja: banja:: sdanjin-u
12. köbegün kaduski: čaɣan ayusi::
13. kaduski-yin köbegün amaɣ-a adısa:
14. ginja:: čaɣan-u köbegün nabčı: jab::
15. ayusi-yin köbegün junja:: üi-
16. jeng-ün köbegün onjun:: onjun-u
17. köbegün kitad: jab:: qongɣur
18. ubasi-yin köbegün šarab:: šarab-yin
19. köbegün činar: bajar, čenggedei,
20. dijuran:: buyima-yin köbegün čos-
21. gib: jamsu: ombu: ajai: busai:
22. ubasi: bögesü: čečeg lhajab:: bintü-
23. yin köbegün sarasgi sidi: ombu:
24. sangqasgi: lubsang: gendün:: sarasgi-yin

	25.	köbegün bam-a:: durqal-un köbegün
	26.	šamba:: šamba-yin köbegün čebten,
	27.	sebten:: dayaqai noyan-u köbegün
	28.	sečen tayiji: güüsi baγatur
	29.	tayiji: čing tayiji. čoγtu tayiji:
62.v.01.		čolum tayiji: mergen aqai:: sečen
	02.	tayiji-yin köbegün toyin nangsu
	03.	lam-a:: güüsi-yin köbegün rinčen,
	04.	sangγar, čembün, ayusi:: baγatur tai-
	05.	ji-yin köbegün včir:: včir-un
	06.	köbegün šabrung: dayičing qung tayiji-
	07.	yin köbegün sigemü dayičing qosiγu-
	08.	či: čolum tayiji: čing tayiji::
	09.	sigemü-yin köbegün erke baγatur
	10.	erke baγatur-un köbegün tarba:
	11.	čolum tayiji-yin köbegün qandu:
	12.	qasba:: qandu-yin köbegün dasi:
	13.	yüm: čing tayiji-yin köbegün
	14.	lubsang: amadar, šaji, jungdar:: ombu
	15.	čögükür-ün köbegün mergen tayiji:
	16.	dayičing čögükür, čing tayiji:
	17.	nomči, erke tayiji: saru tayiji::
	18.	mergen tayiji-yin köbegün šari:
	19	šari-yin köbegün amibdau-a:: dayičing
	20.	čögükür-un köbegün šagja: bandi:
	21.	darji, beki, qudaγa, danjin:
	22.	šagja köbegün čorja: čulčaγai, tas-
	23.	gib, čing tayiji-yin köbegün darmajin:
	24.	gürü, güngga, lamajab:: erke tayiji-yin
	25.	köbegün ayusi:: saru tayiji köbe-
	26.	gün künde:: damba toyin-u köbegün
	27.	saran sečen qung tayiji: γaldan
	28.	mergen dayičing: qutuγtu: noyan
	29.	gelüng:: sečen qung tayiji-yin köbegün
	30.	yüm tayiji:: mergen daičing-un
63.r.01.		{+küü} lubsang tayiji:: čing baγatur-un
	02.	köbegün jayisang aqai: sonum čing
	03.	baγatur: sonum čing baγatur-un
	04.	köbegün šabrung:: erke tayiji-yin
	05.	köbegün mergen tayiji: yeldeng erdeni

06. tayiji:: mergen tayiji-yin köbegün
07. darm-a gürü: yeldeng tayiji-yin
08. köbegün lubsang čoyinbal:: jalayir-un
09. qung tayiji-yin doluduγar köbe-
10. gün odqun samu buyima-yin kö-
11. begün qongγur jorγal qaγan, jongsu
12. darqan baγatur: bökübei qosiγuči
13. čindaγan sayin majiγ joriγtu
14. temdegei čoγtu: qulan üyijeng
15. noyan: qayiran čögükür:: nigedüger
16. jorγul qaγan-u köbegün bolbayiken
17. nomči: buriqai darqan baγatur:
18. jüreg qung noyan:: bolbayiken nomči-
19. yin köbegün dorji dalai ubasi:
20. bandi čolum: sonum, böke tayiji:
21. jodba čing: majiqa tayiji: sarja
22. mergen tayiji: suldan tayiji: norbu
23. tayiji: gürü tayiji:: dalai ubasi-yin
24. köbegün moru tayiji: orus čoγtu
25. tayiji: toba tayiji: lubsang tayi-
26. ji: bandi čolum-un köbegün mandari
27. čou: kümüski: mergen tayiji tayiji:
28. dasi tayiji: saran tayiji:: sonum
29. böke tayiji-yin köbegün saran tayiji:
63.v.01. ömekei tayiji: baqarai tayiji: bandi
02. tayiji:: jodba čing-ün köbegün
03. čeveng čing dayičing:: mačiqan tayiji-yin
04. köbegün saran tayiji: jou manan erdeni
05. tayiji: baqasu tayiji: baqa sudai
06. tayiji: kölüge tayiji:: sarja mergen
07, tayiji-yin köbegün örügenei sečen
08. tayiji: eremsü tayiji: saimu tayi-
09. ji: bayan tayiji: suldan tayiji-yin
10. köbegün aldar tayiji: mönčüi tai-
11. ji: toukei tayiji: örünei tai-
12. ji: subudai tayiji: boli tayiji: norbu
13. tayiji-yin köbegün ayu tayiji:
14. günčöng tayiji:: gürü tayiji-yin
15. čoi tayiji:: buriqai darqan baγa-
16. tur-yin köbegün: γaltu baγatur:

17. tuldur dayičing: namasgib erdeni::
18. jüreg qung noyan-u köbegün: bouqud
19. mergen tayiji: lamasgib darqan dayi-
20. čing: bunidai baγatur tayiji:
21. sonum-erdeni: adis čoγtu tai-
22. ji: rinčin tayiji: baγasu tayiji::
23. γaltu baγatur-uin köbegün bun-
24. tar mergen qosiγuči: damring tai-
25. ji: saran tayiji:: tuldur dai-
26. čing-un köbegün: rabtan erke dai-
27. čing: baγasudai tayiji:: lamasgib
28. erdeni-yin köbegün: dasi erke
29. tayiji: siri tayiji: yüm tayiji:

64.r.01. bouγud mergen tayiji-yin köbegün
02. tabitai mergen tayiji :: lamasgib
03. darqan daičing-un : boda-
04. siri mergen yeldeng: bunidai baγ-a-
05. tur tayiji-yin köbegün:
06. oγčud mergen baγatur: ökin tayiji:
07. günčüg tayiji: toyin::
08. sonum erdeni-yin köbegün:
09. saran aqai:: adis čoγtu-yin
10. köbegün seter tayiji, gülče
11. tayiji ::   : ::
12. büübei(bügübei) qosiγuči noyan-u köbegün
13. γaltu sečen: gilungγur ombu:
14. girisengje tayiji: čeveng odqan
15. tayiji:: γaltu sečen-u köbegün
16. saran qatan baγatur: šatada
17. erke güngbü dayičing: güme yeldeng:
18. šamba tayiji: muudar tayiji:
19. gilingγur ombu-yin köbegün: geser
20. joriγtu: güngbü dayičing: saran
21. brasi: bütügsen qutuγtu::
22. girisengje tayiji-yin köbegün
23. erketü yeldeng:: čeveng odqan
24. tayiji-yin köbegün čoyir jamsu::
25. šatada erke-yin köbegün günčüg
26. tayiji: baqan ubasi: baqan
27. blam-a:: saran qatan baγatur-un

28. köbegün:dangjin darqan baγatur:
29. ilinrei ubasi: güngbü dayičing-
30. yin
64.v.01. köbegün serji erke dayičing:
02. čambun erke tayiji: dasi tayi-
03. ji: güme yeldeng-ü köbegün
04. rinčin tayiji: güngjirei tayiji:
05. aγamu tayiji: šamba tayiji-yin
06. köbegün lubsang tayiji: baγ-a
07. ubasi:: muudar tayiji-yin
08. köbegün gürdei tayiji:: geser
09. joriγtu-yin köbegün namjal
10. qutuγtu:: mergen tayiji güngbü
11. dayičing ür-e ügei: saran
12. brasi-yin köbegün: onjan tayi-
13. ji:: erketü yeldeng-ün köbe-
14. gün ananda tayiji: särfung
15. toyin: tongčog tayiji: budbu
16. tayiji: čoyir jamsu-yin
17. köbegün: baqan ubasi :: : ::
18. čindaγan sayin majiγ-un
19. köbegün: muu joriγtu qung
20. tayiji: muujai erke noyan:
21. tangγud mergen dayičing: dasir
22. erdeni: dorji rabtan qung
23. tayiji: badm-a tayiji:: muu
24. joriγtu qung tayiji-yin
25. köbegün: bandi dayičing qung
26. tayiji: baldan sečen qung
27. tayiji:: muujai erke noyan-u
28. köbegün: keridi erke qung tai-
29. ji: sonum dayičing noyan:
65.r.01. saran duraqal aqai: ökin tayiji:
02. tangγud mergen daičing-un
03. köbegün danjin dayičing joriγtu:
04. büder dayičing baγatur: ajai
05. mergen qosiγuči: abala yeldeng::
06. dasir erdeni-yin köbegün, čosgi
07. tayiji: ayusi tayiji: tormaqai
08. tayiji:: dorji rabtan qung

	09.	tayiji-yin köbegün ančun mergen
	10.	tayiji: saran tayiji: nekei
	11.	tayiji:: kiridi erke
	12.	qung tayiji-yin köbegün: lubsang::
	13.	danjin dayičing joriɣtu-yin köbegün
	14.	güngge: binjarasi:: dayičing baɣatur-un
	15.	köbegün madan: šartu:: ajai mergen
	16.	qosiɣuči-yin köbegün ubasi::
	17.	abala yeldeng-ün köbegün šaɣdur
	18.	namjil:: : ::
	19.	temdegei čoɣtu noyan-u köbegün:
	20.	türüi baɣatur noyan: dorji
	21.	bintü noyan: bandi tayiji:
	22.	dorji bintü noyan-i köbegün:
	23.	bandisana dayičing qosiɣuči:
	24.	saran dasi erke dayičing: seter
	25.	bintü dayičing: gürü mergen tayi-
	26.	ji:: tüdüi baɣatur noyan-u
	27.	köbegün: saramin qolači tayiji:
	28.	saran erke čoɣtu:: bandi tayiji-yin
	29.	köbegün dasi tayiji:: saramin qolači
65.v.01.		tayiji-yin köbegün samtan: saran
	02.	erke čoɣtu-yin köbegün jalbu
	03.	tayiji:: : ::
	04.	qamurun quriyaba tabun
	05.	öngge ulus-i ere törügsen
	06.	tümejin činggis qaɣan: qamuɣ
	07.	bügüde-yi nom-dur oruɣulun
	08.	engke jirɣaɣulba: döčin tümen-
	09.	i qubilai sečen qaɣan:
	10.	qayiran törü šajin-i kitad
	11.	ulus-tur aldaba uqaɣan
	12.	ügei atala uqaɣantu neretü
	13.	qaɣan: qalq-a ulus-tur qoi-
	14.	n-a neng delgeregülbe qoyar yosun-
	15.	i abatai sayin qaɣan učirquy-a
	16.	berke čidaɣči-yin šajin-i
	17.	öglige-yin ejen boluɣsad-un
	18.	nersi: urtu nasutu tngri-e-
	19.	če inaɣsi döčin tabun

	20.	üy-e bolqui-dur: ulabur
	21.	sira moγai jil-ün kerteg
	22.	sar-a-yin ider edür-e: ulam
	23.	qoyitusi uqaqu-yin tula
	24.	asaraγči neretü teüke bolγan
	25.	bičibe:: jayaγan kiged irüger-ün
	26.	küčün-iyer getülgegči qutuγ-
	27.	tu-yin gegen-i jalaγad:
	28.	jalayir tayiji qatungqai tai-
	29.	qu qoyar-ača saluγsan
66.r.01.		doluγan qosiγu-bar-iyan čuγla-
	02.	γad: jaγun mingγan qutuγtan
	03.	quvaraγ-iyar qamuγ amitan-u
	04.	tula irügel irügelgeged: jasaju
	05.	tuγurbiγsan eldeb jüyil naγ-a-
	06.	dun-iyar asuda jirγaqu boltu-
	07.	γai kičiyen kereg:: amitan-u
	08.	itegel arsalan boγda-yin sečen
	09.	önide delgeretügei: arban jüg-
	10.	tür: adalidqasi {+ügei} ačitu blam-a
	11.	asuda orosituγai orui-yin
	12.	mandal-dur: alγasal-ügei ene
	13.	šajin-i engkürlen sakituγai
	14.	nom-un sakiγulsun-bar: arbid-
	15.	qan tedkügči qangγai qan-u
	16.	öljei-ber usun büsetü-yi
	17.	dügürtügei ulus alba-tu-bar::
	18.	tengsel-ügei uduriduγči
	19.	boγda jongkaba-ača ündüsülegseger
	20.	tegüs jirγalang-un bcyctü včır
	21.	dhara-luγ-a ilγal ügei ija-
	22.	γur blam-a-yi sitügseger: temdeg-
	23.	tey-e idam burqan-u omuγ-ača
	24.	qaγačal-ügei tegsi saγuγsaγar:
	25.	tegüderel-ügei qoyar jerge-yin
	26.	ečüs-tür kürkü boltuγai:
	27.	altan uruγ bügüdeger: :

第四部

附　录

第四部

長 州

一、《阿萨喇克其史》
蒙古文文本影印

（本影印件原件照片由沙格都尔苏隆先生提供。每张照片含原书两页，由于原书与本书版式不同，阅读时请按如下顺序，即先右页，后左页。）

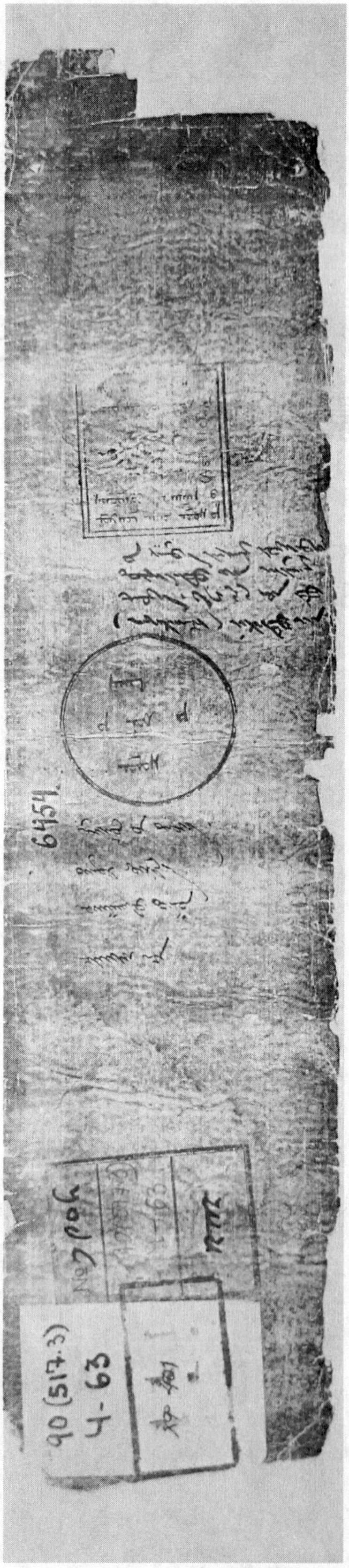
6454
90 (517.3)
4-63

第四部 附 录

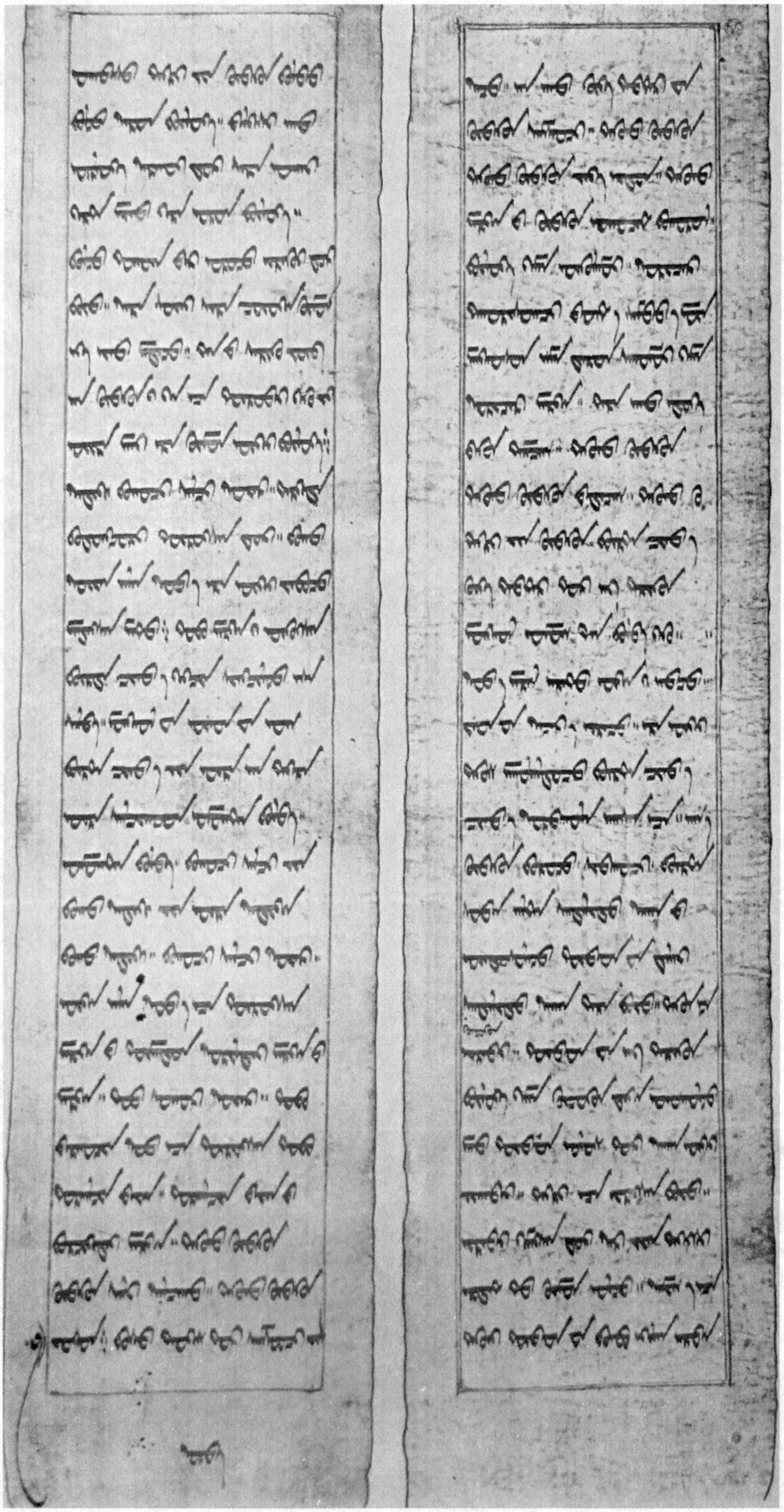

第四部 附录

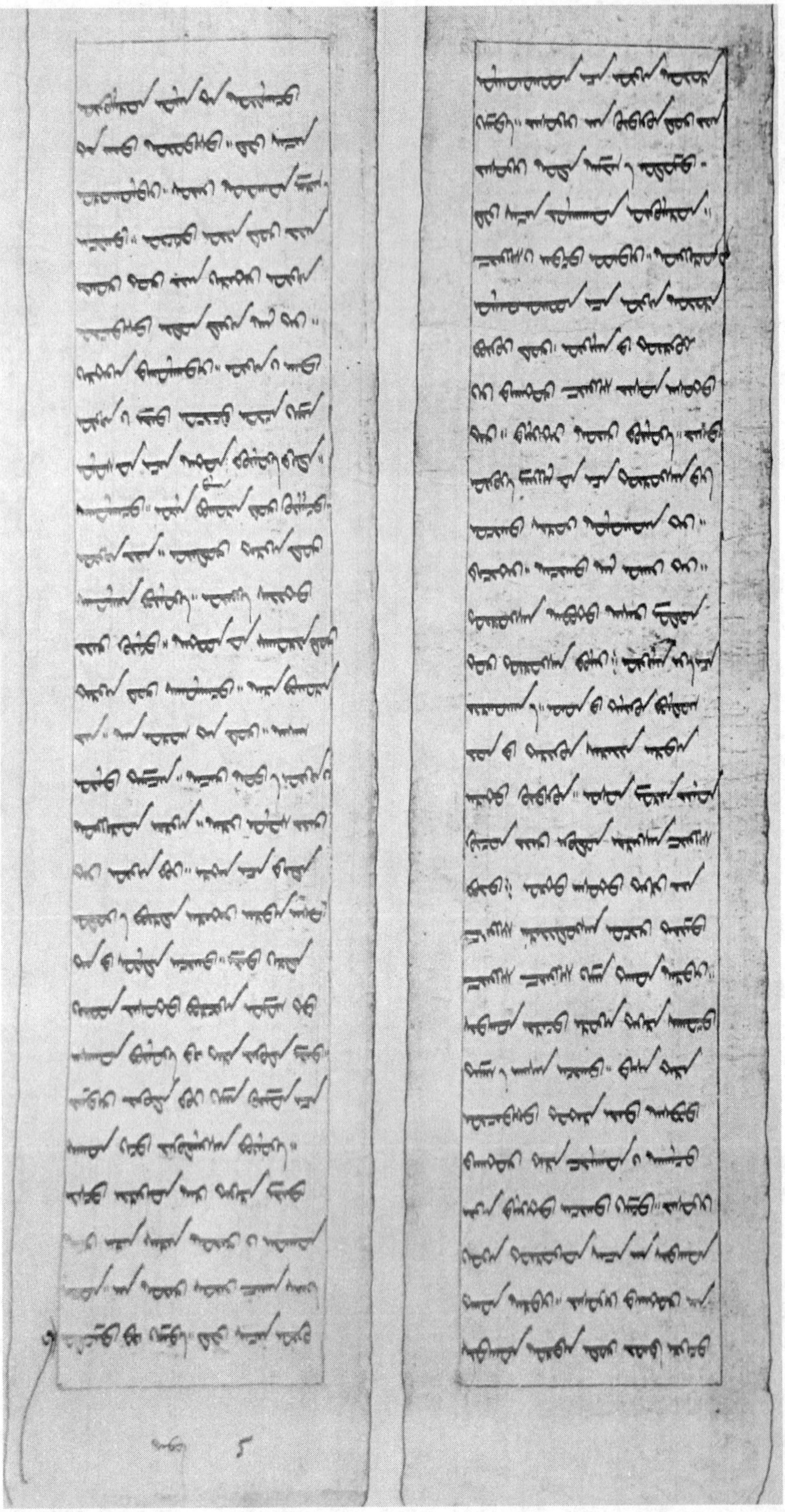

第四部 附录 253

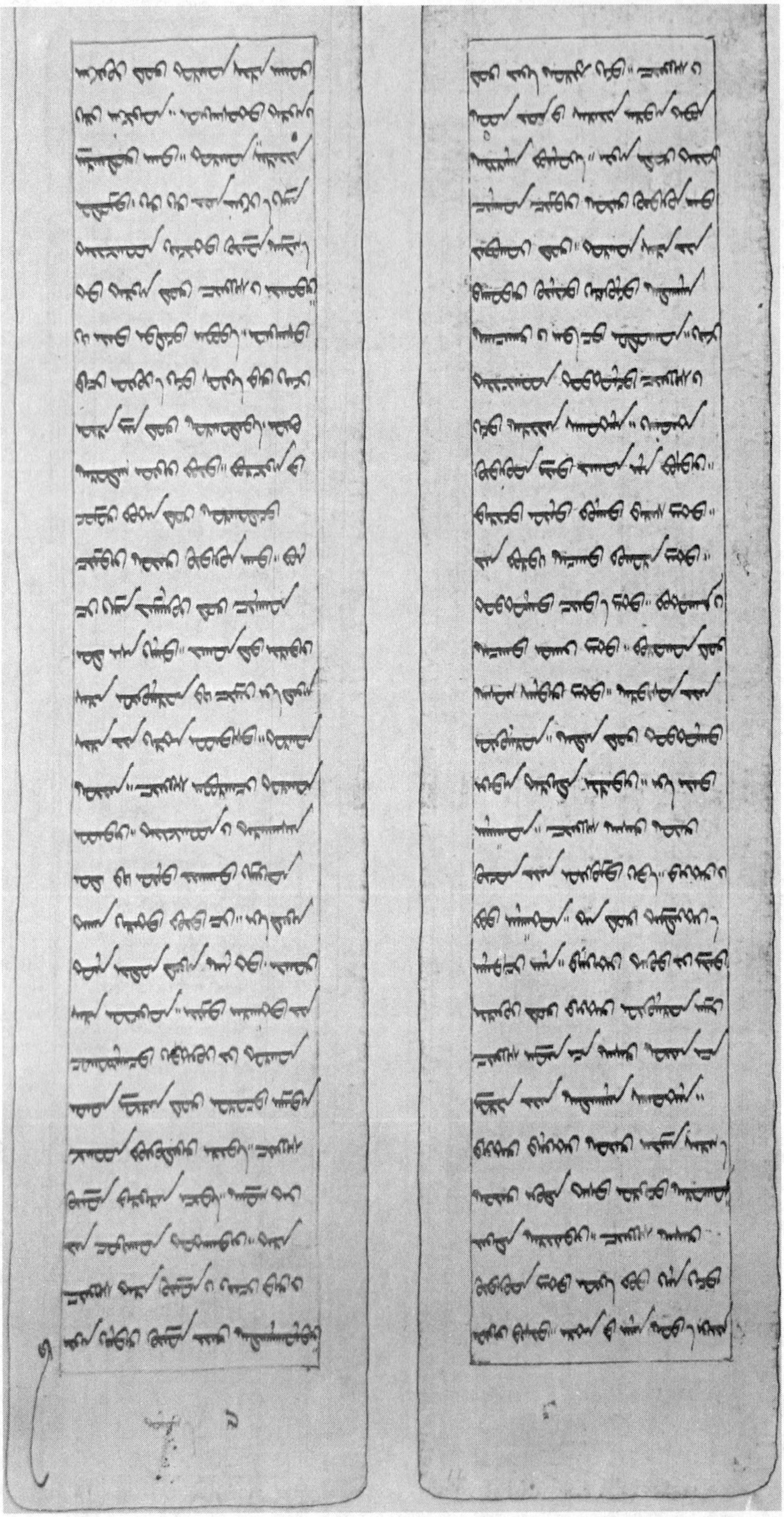

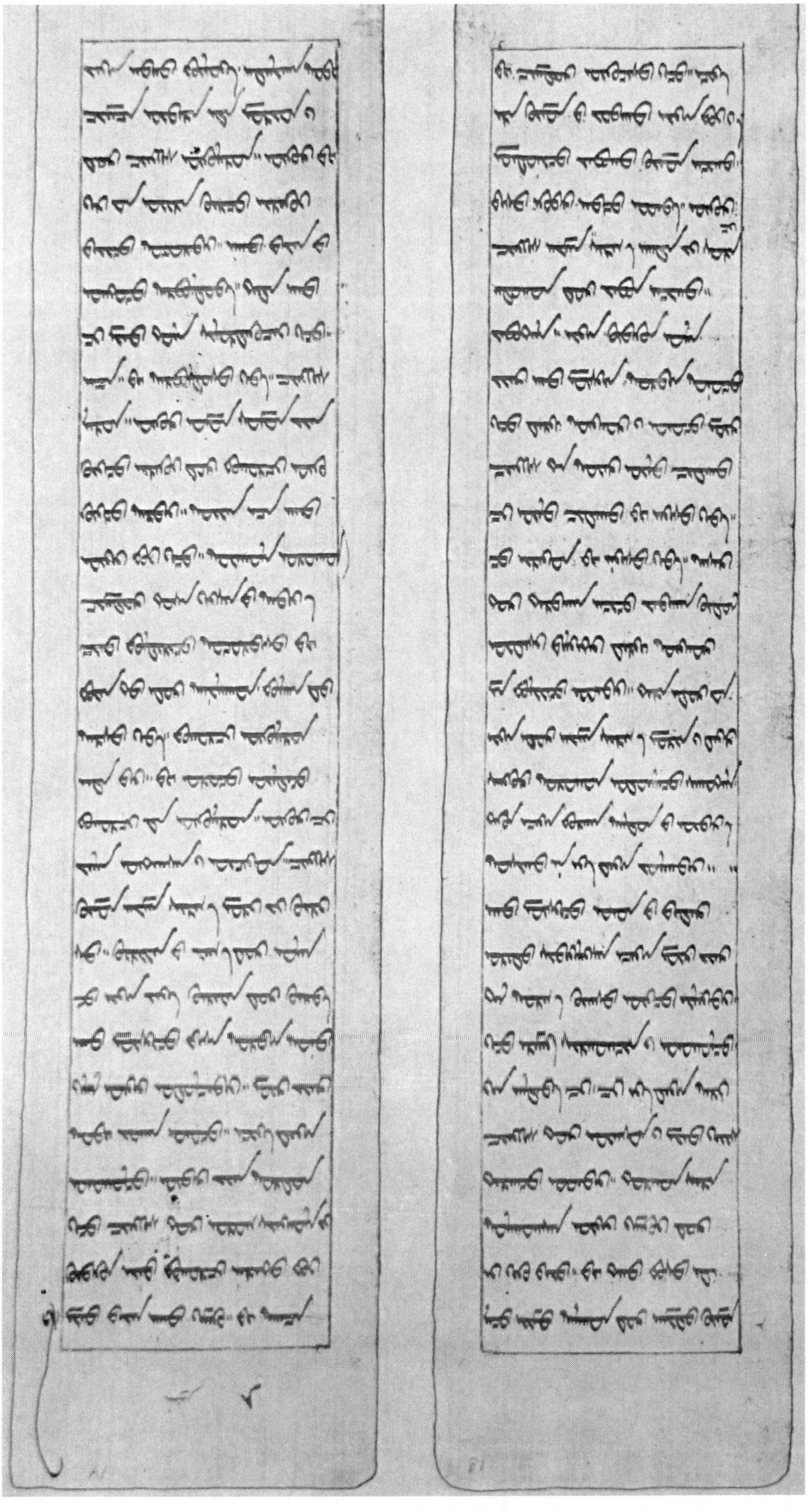

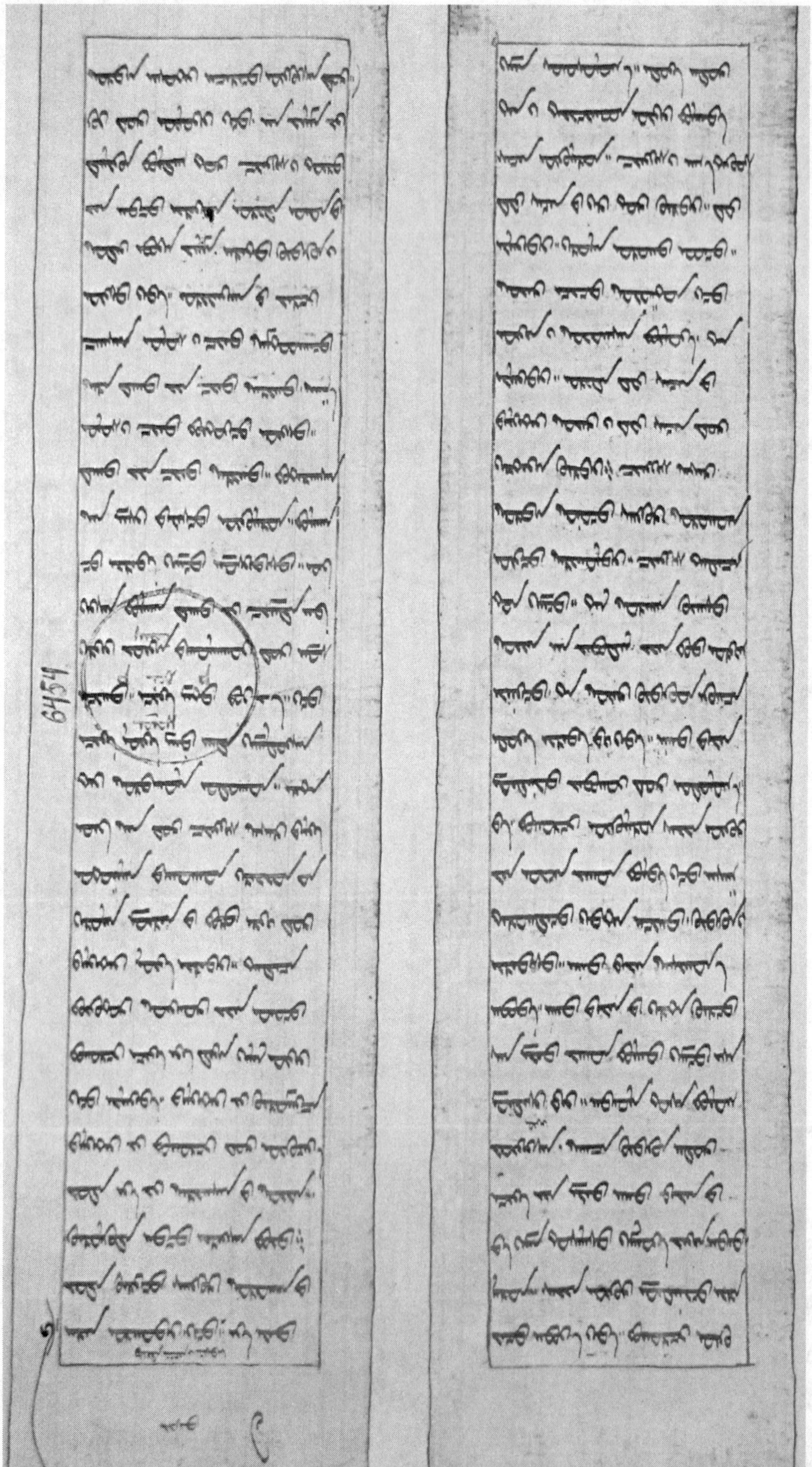

第四部 附录

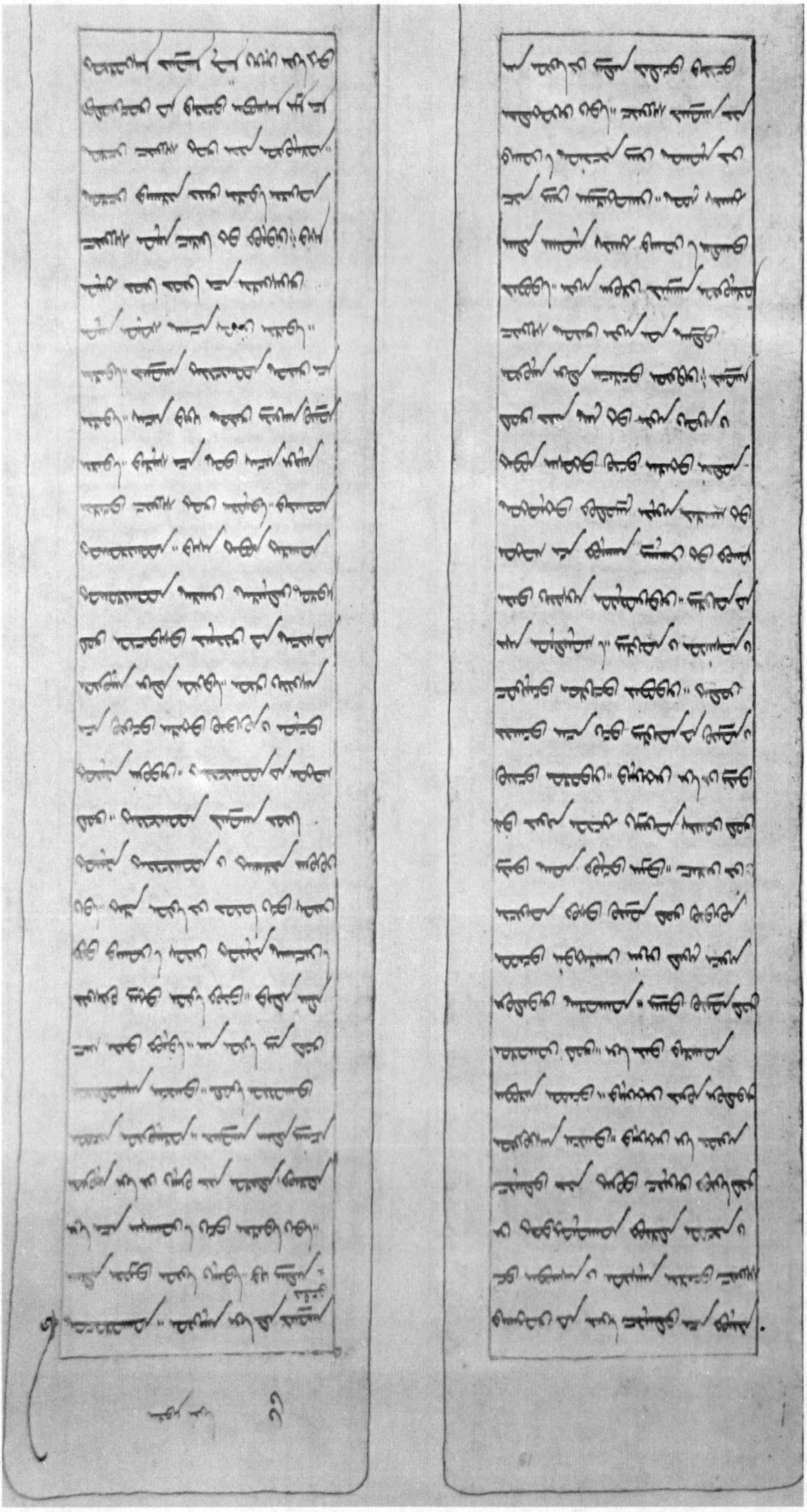

第四部 附 录

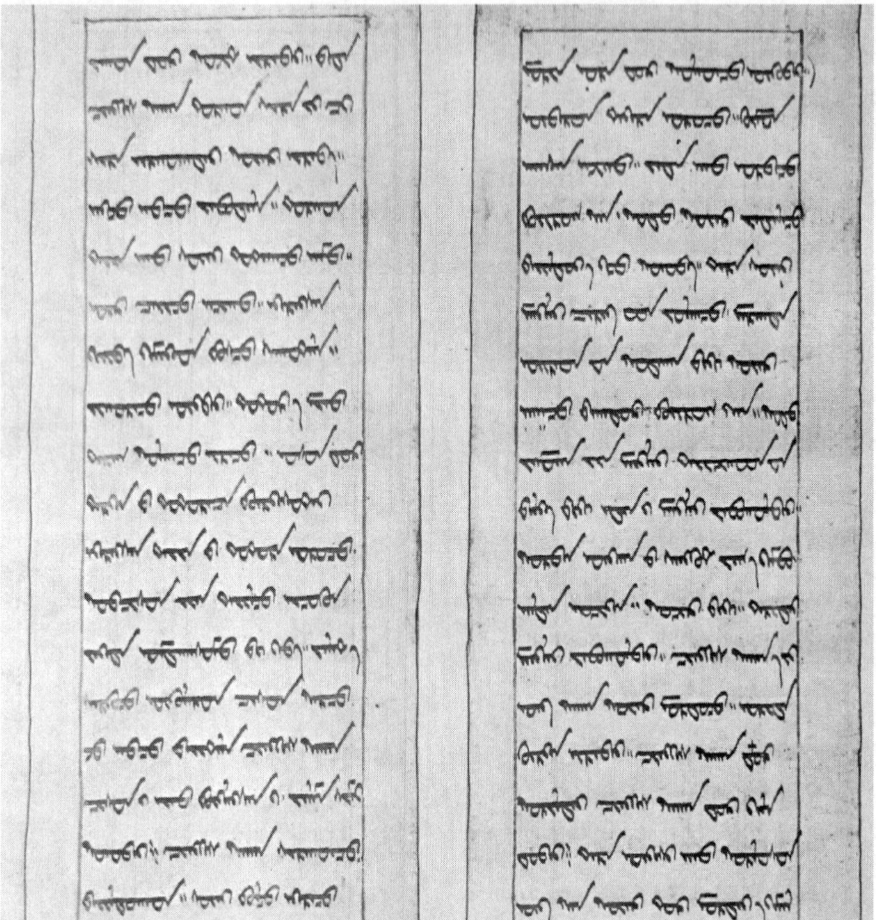

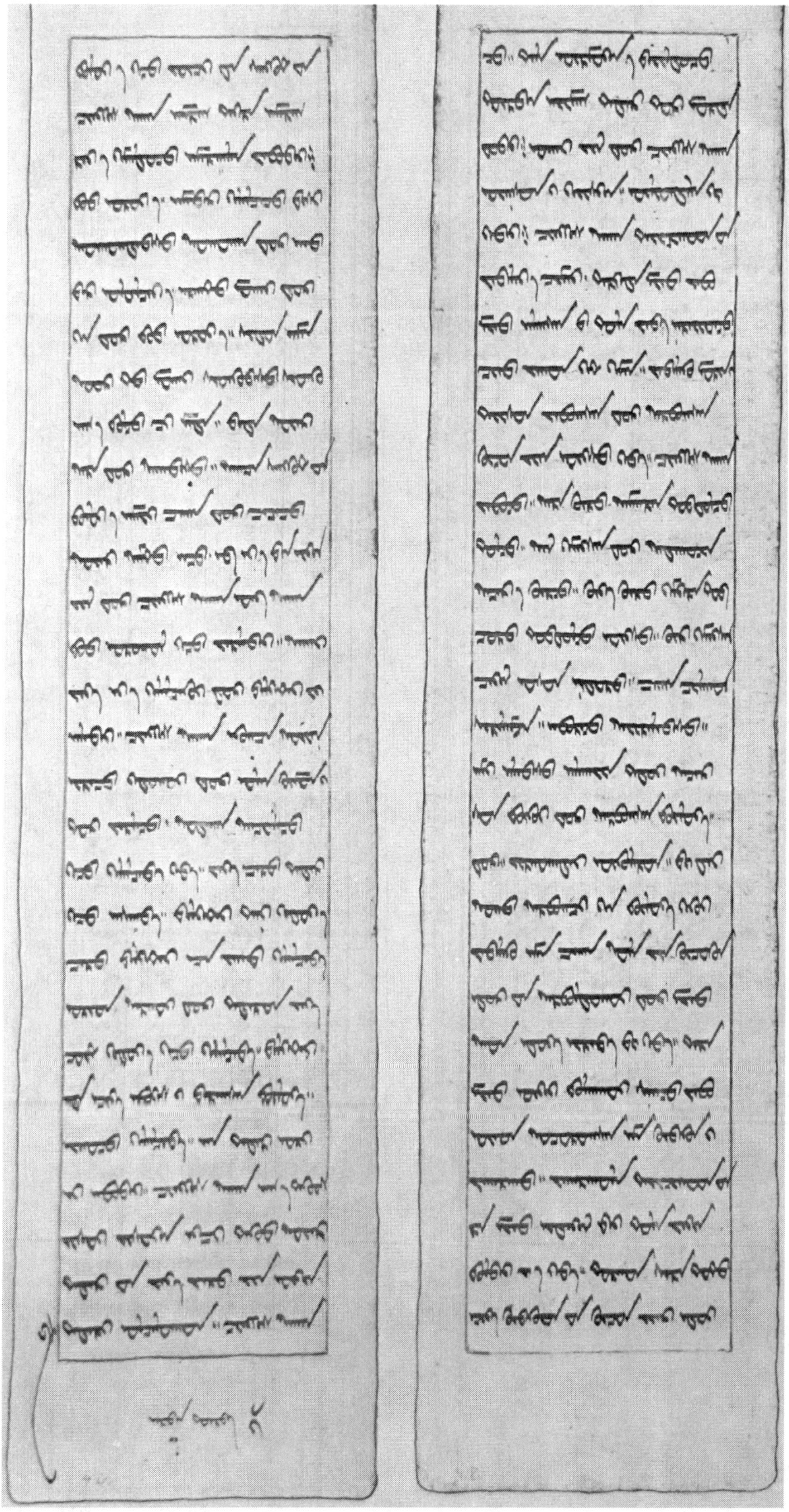

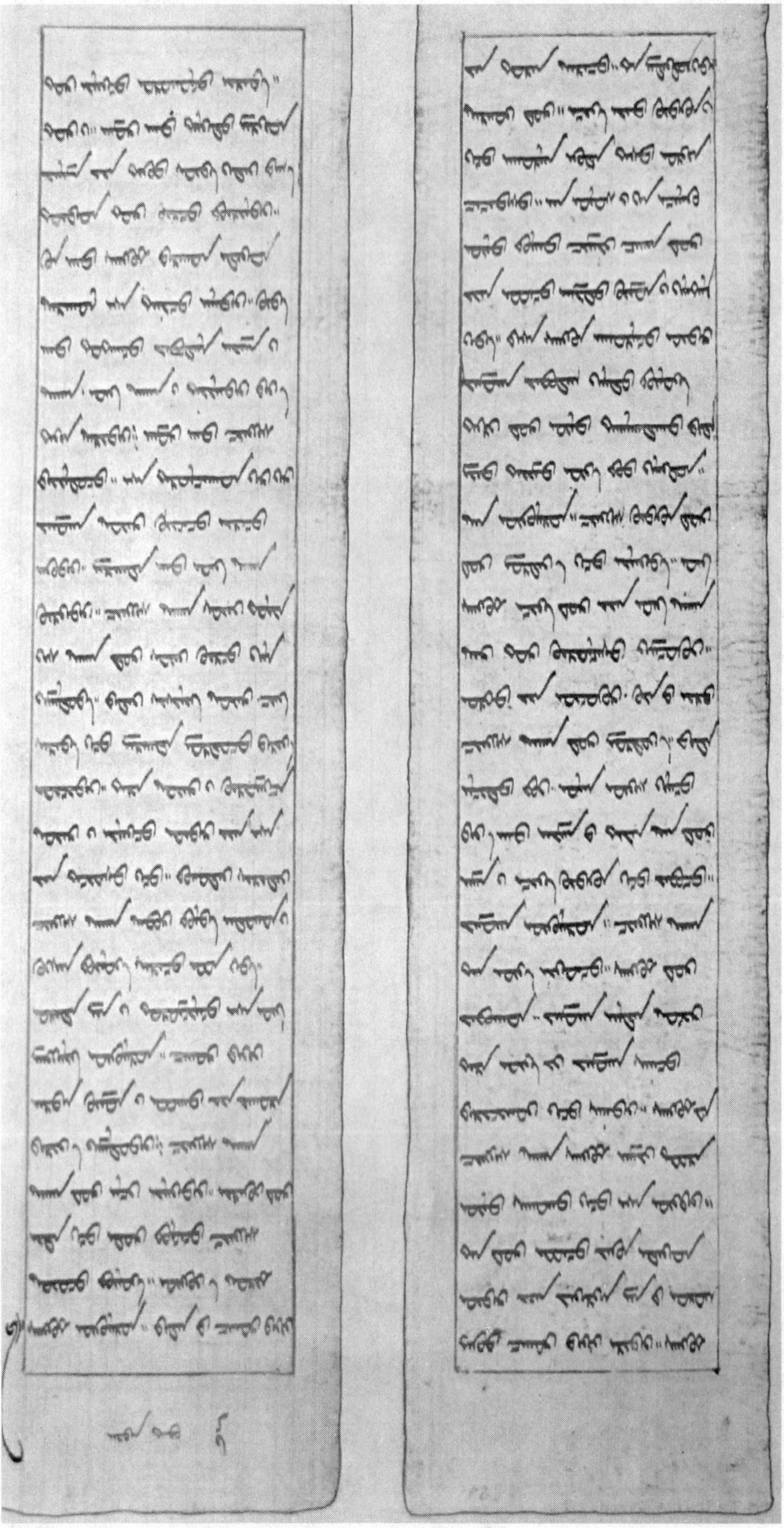

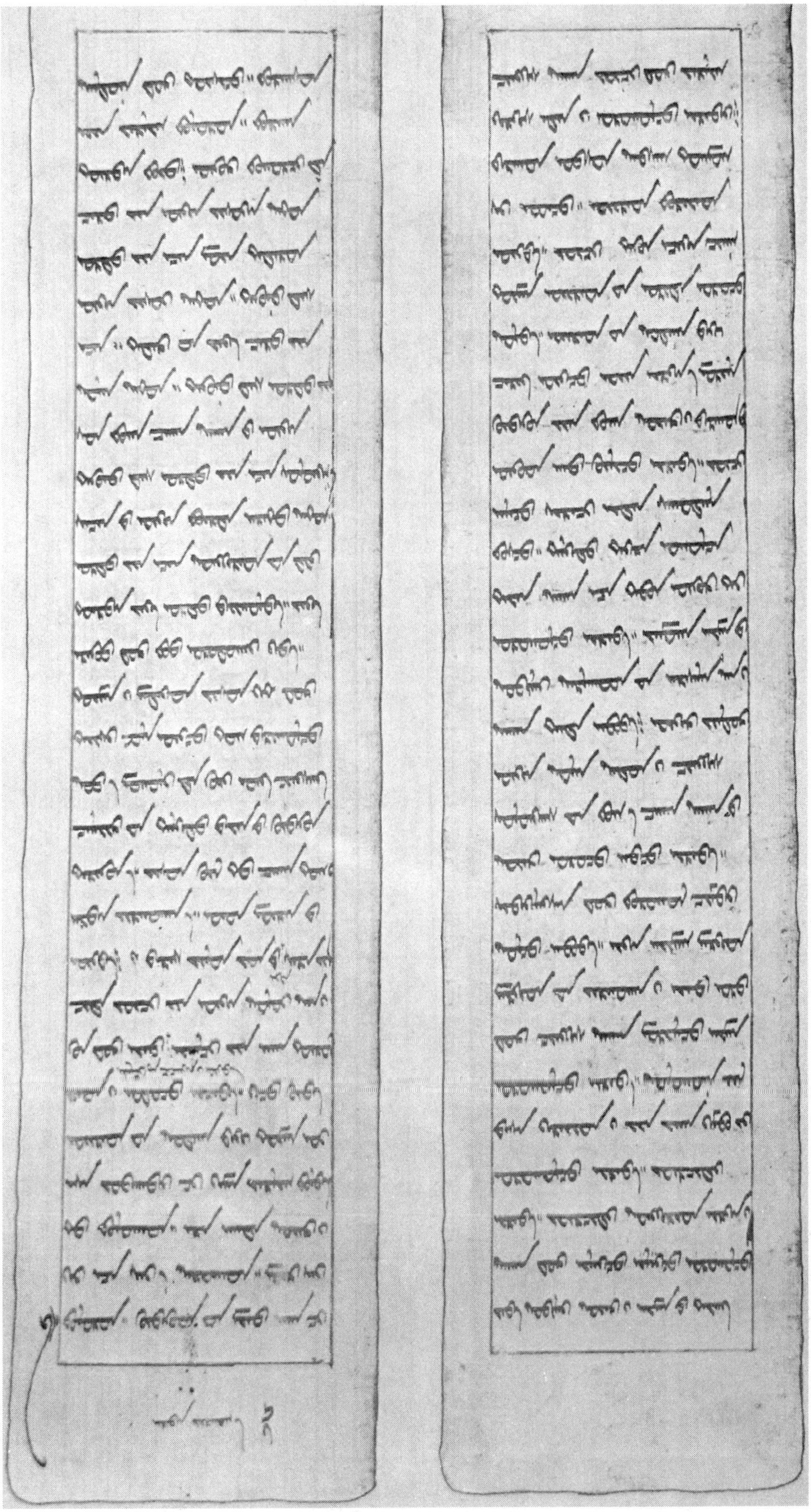

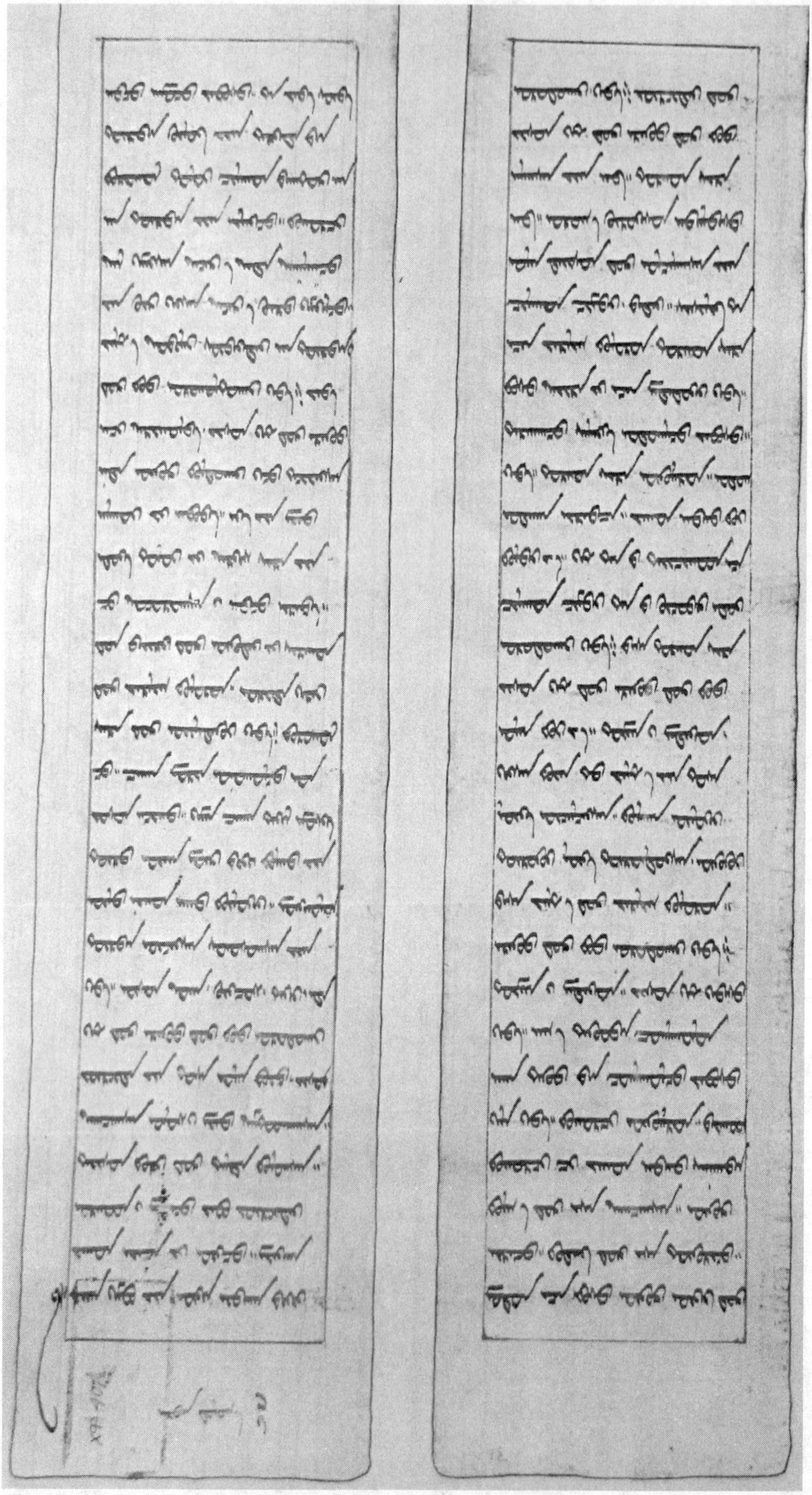

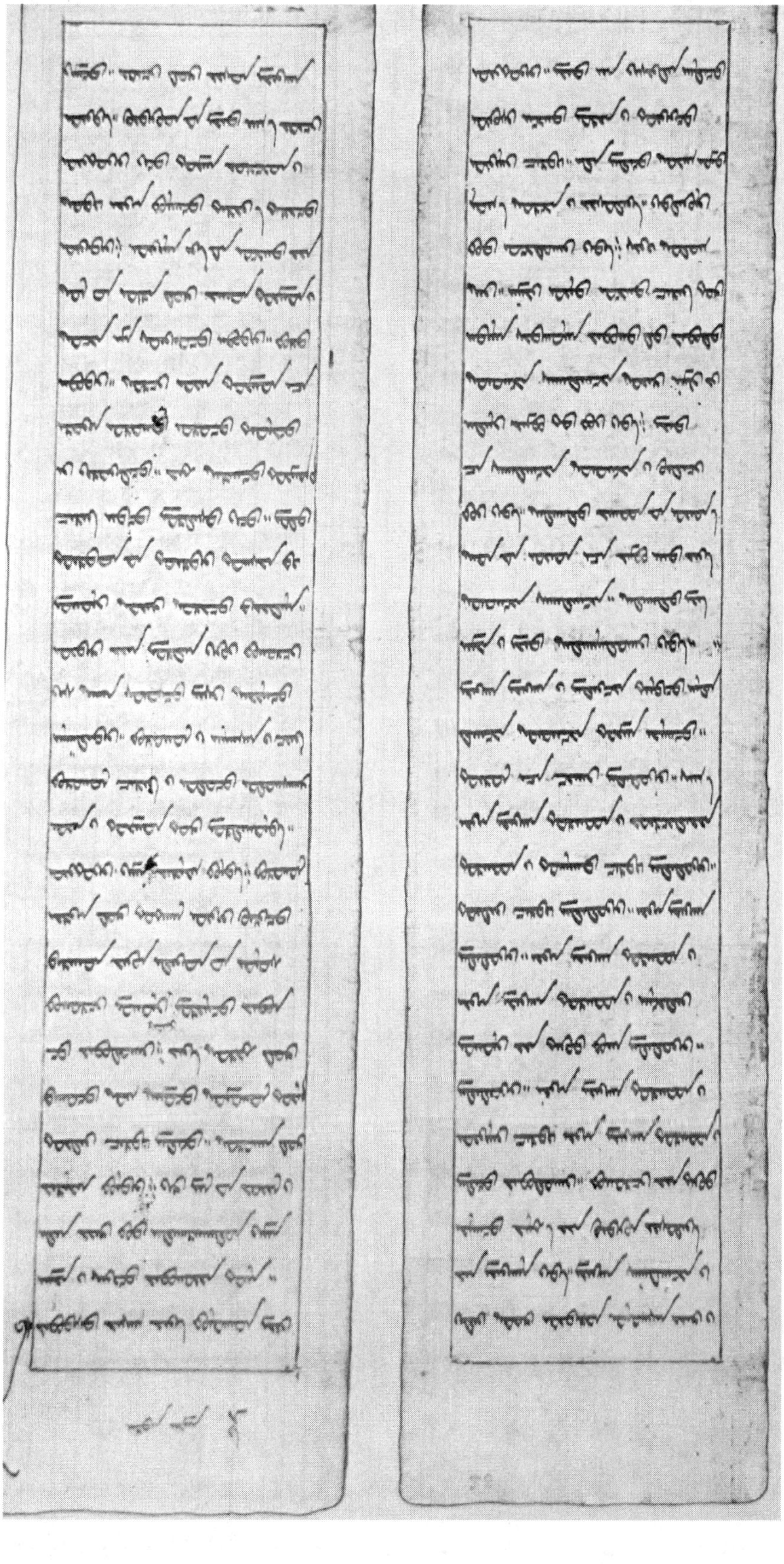

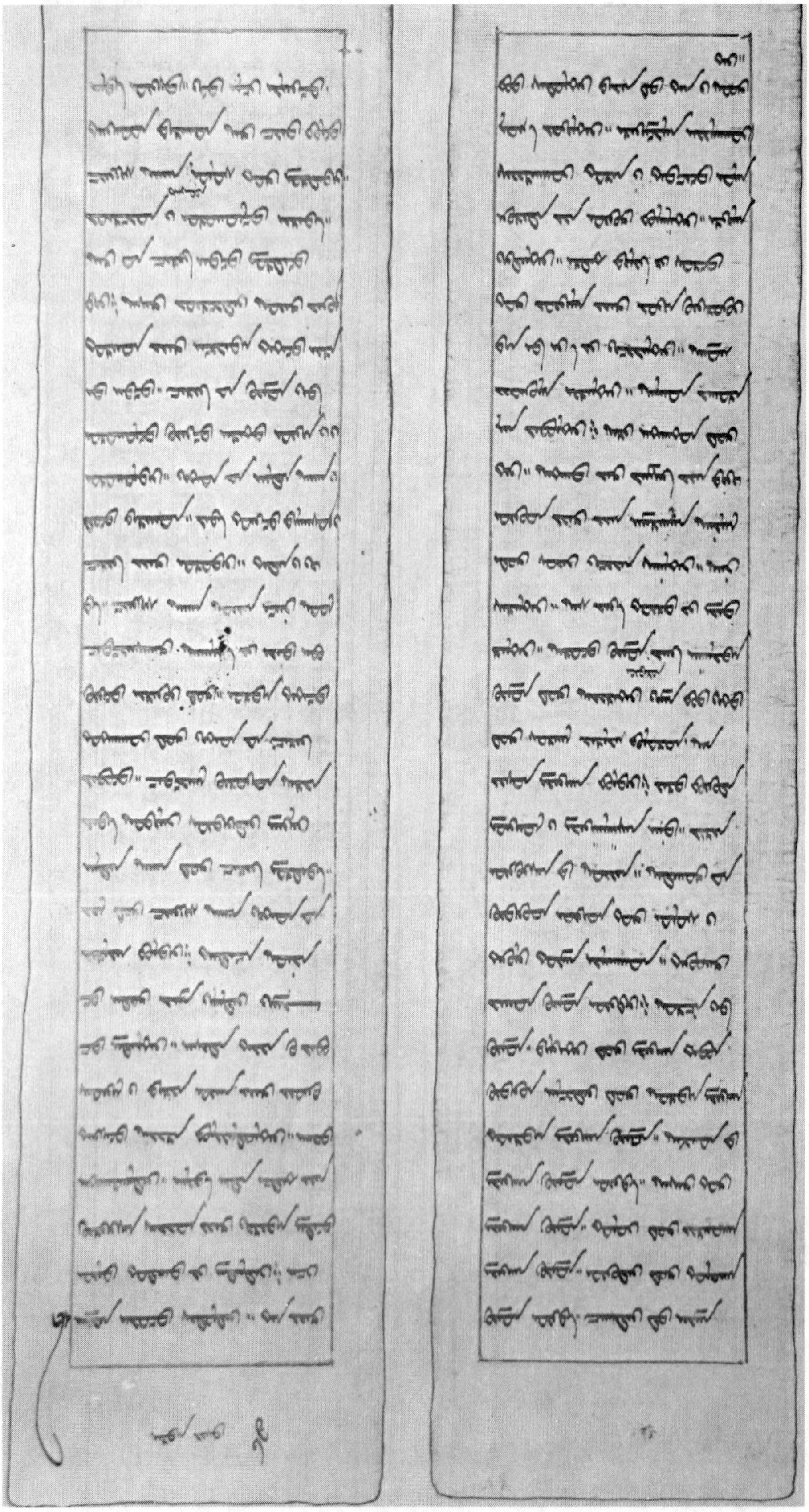

第四部 附 录

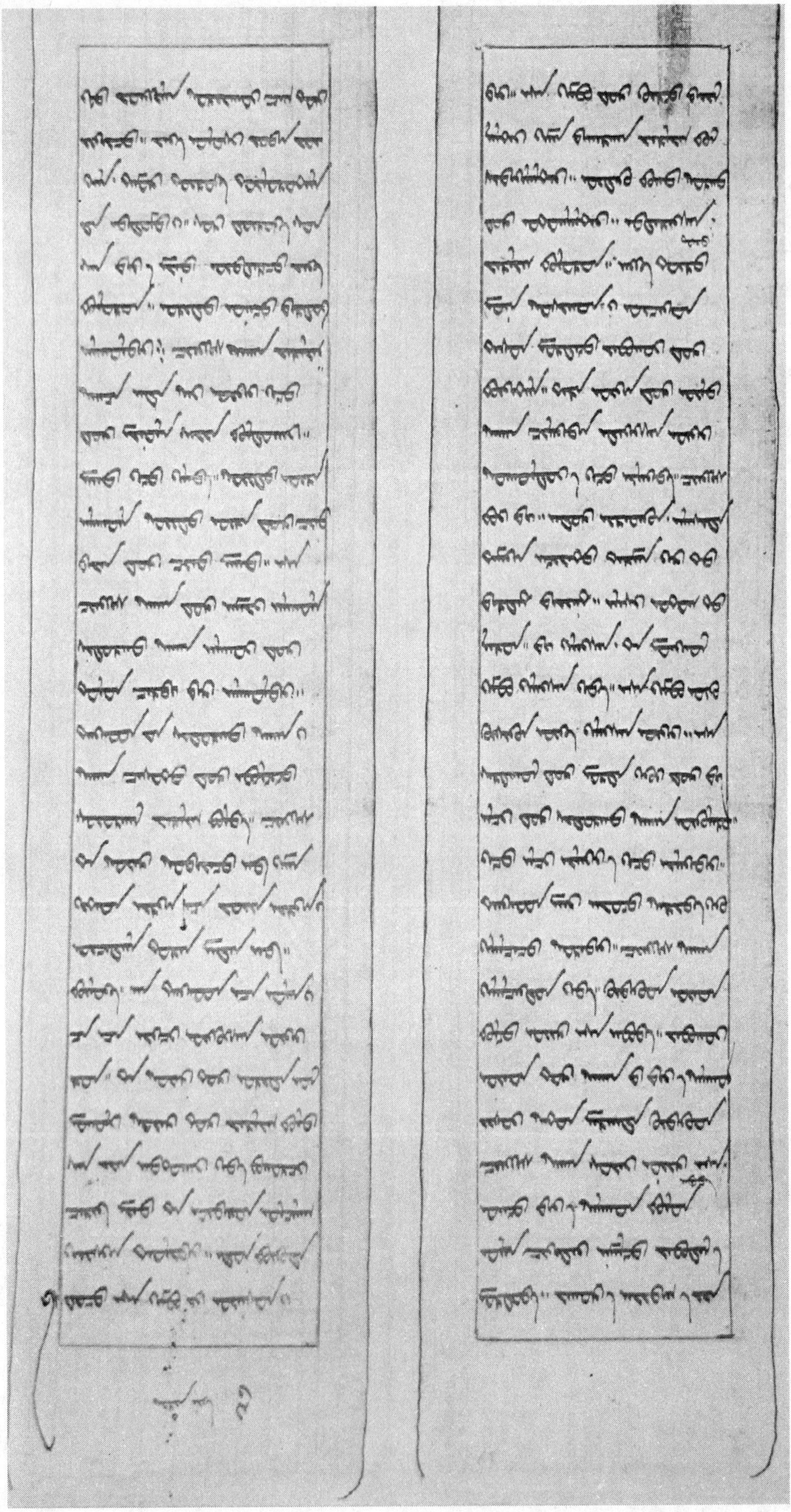

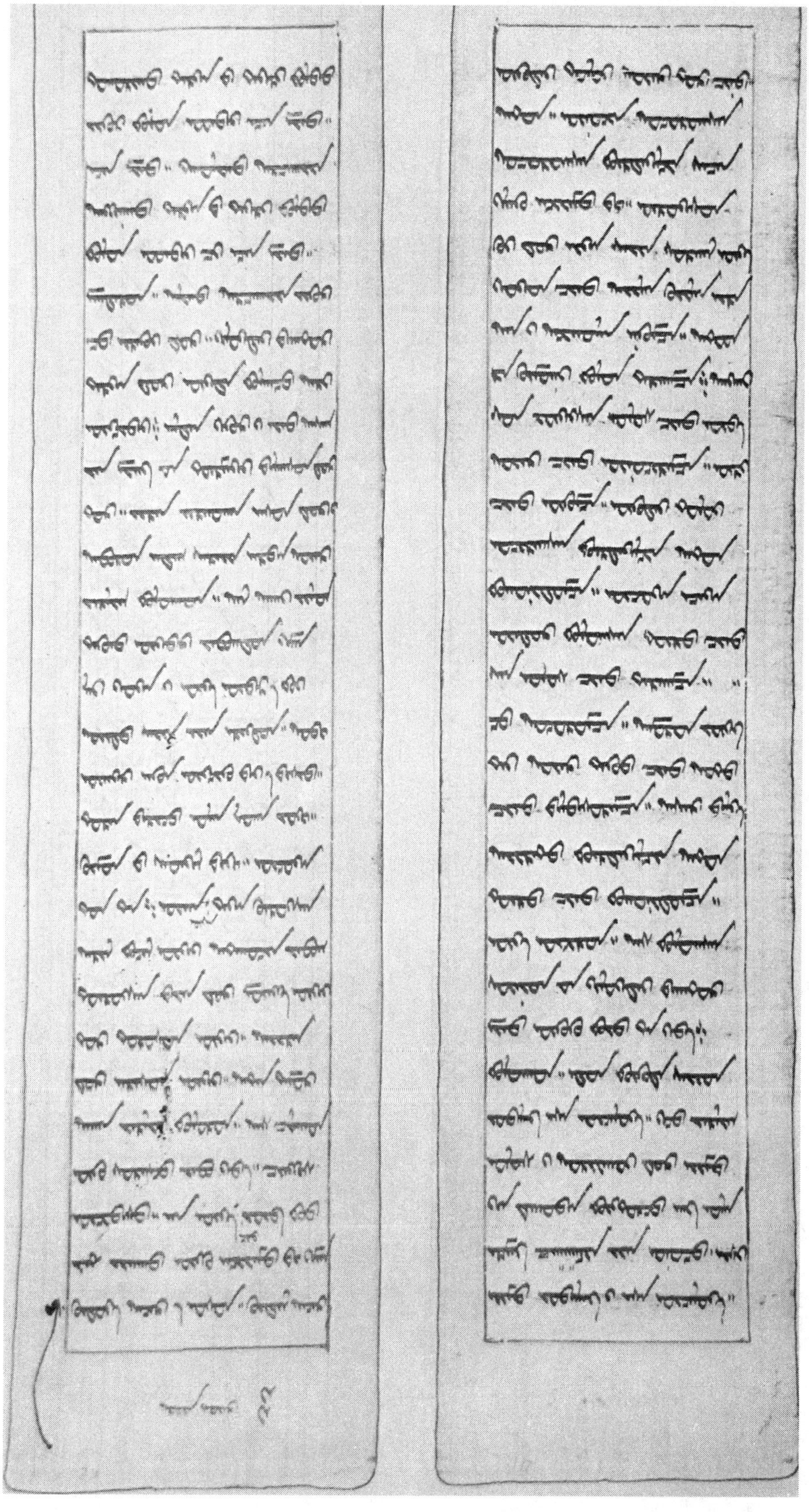

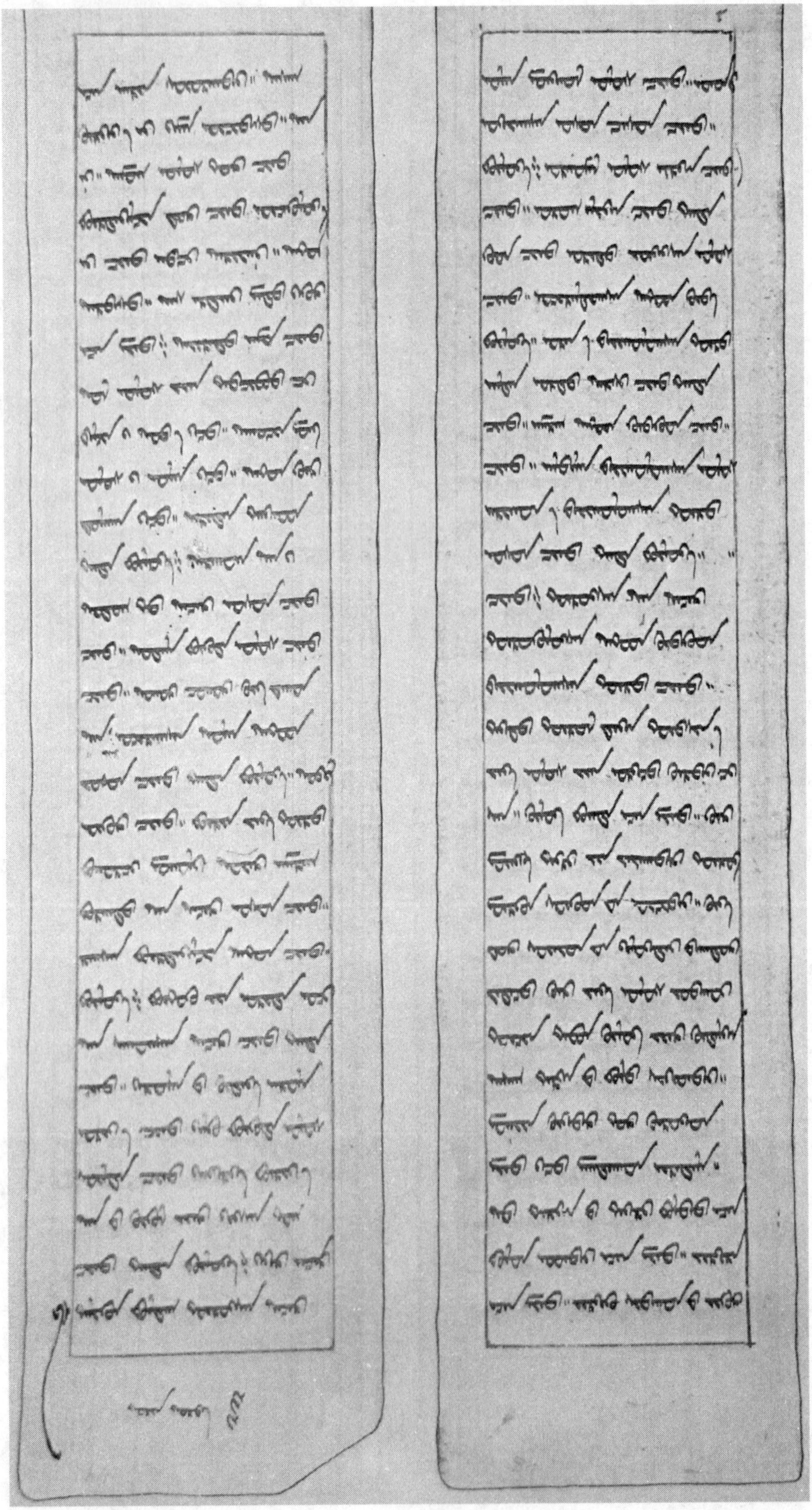

第四部 附 录

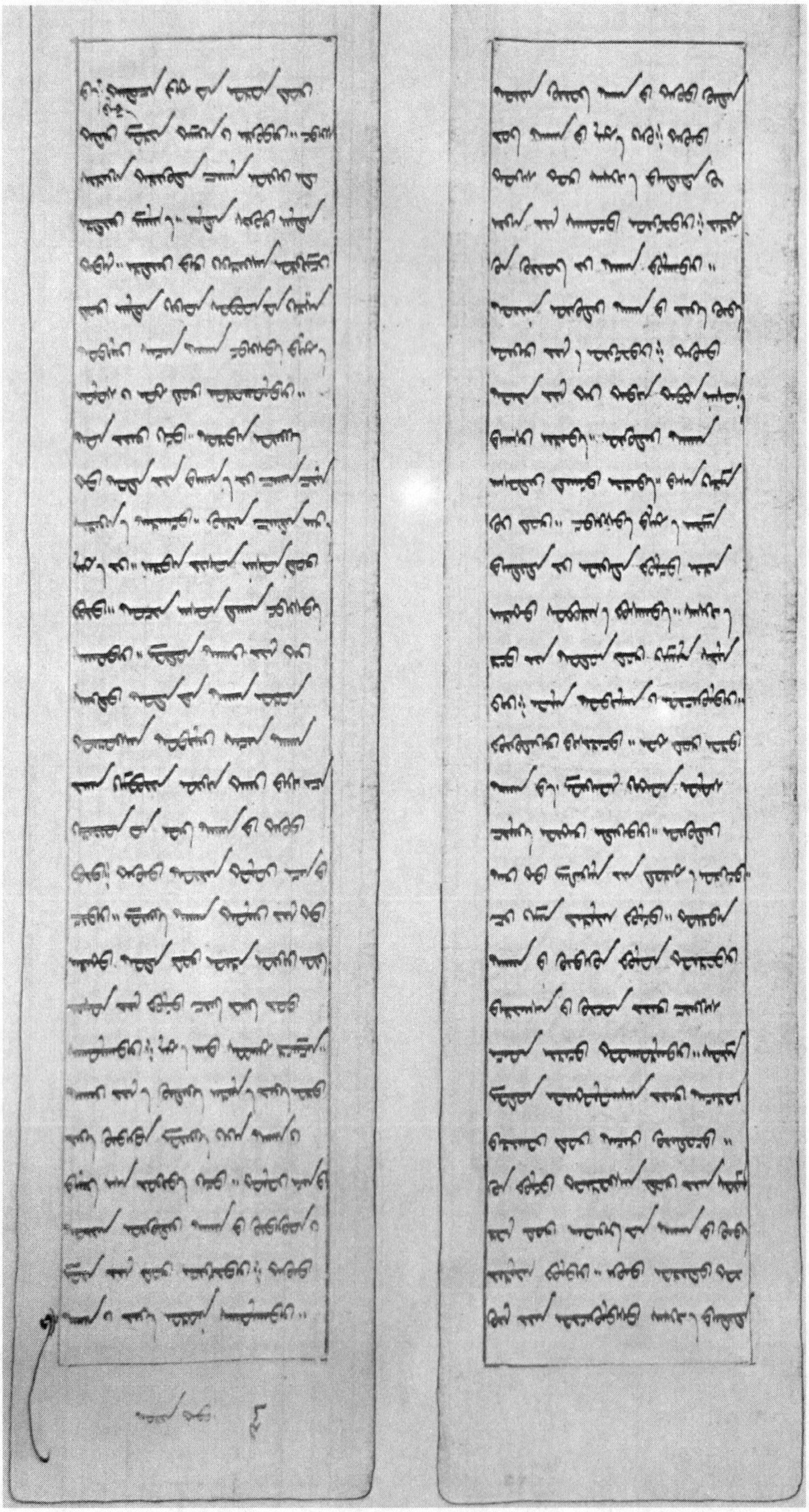

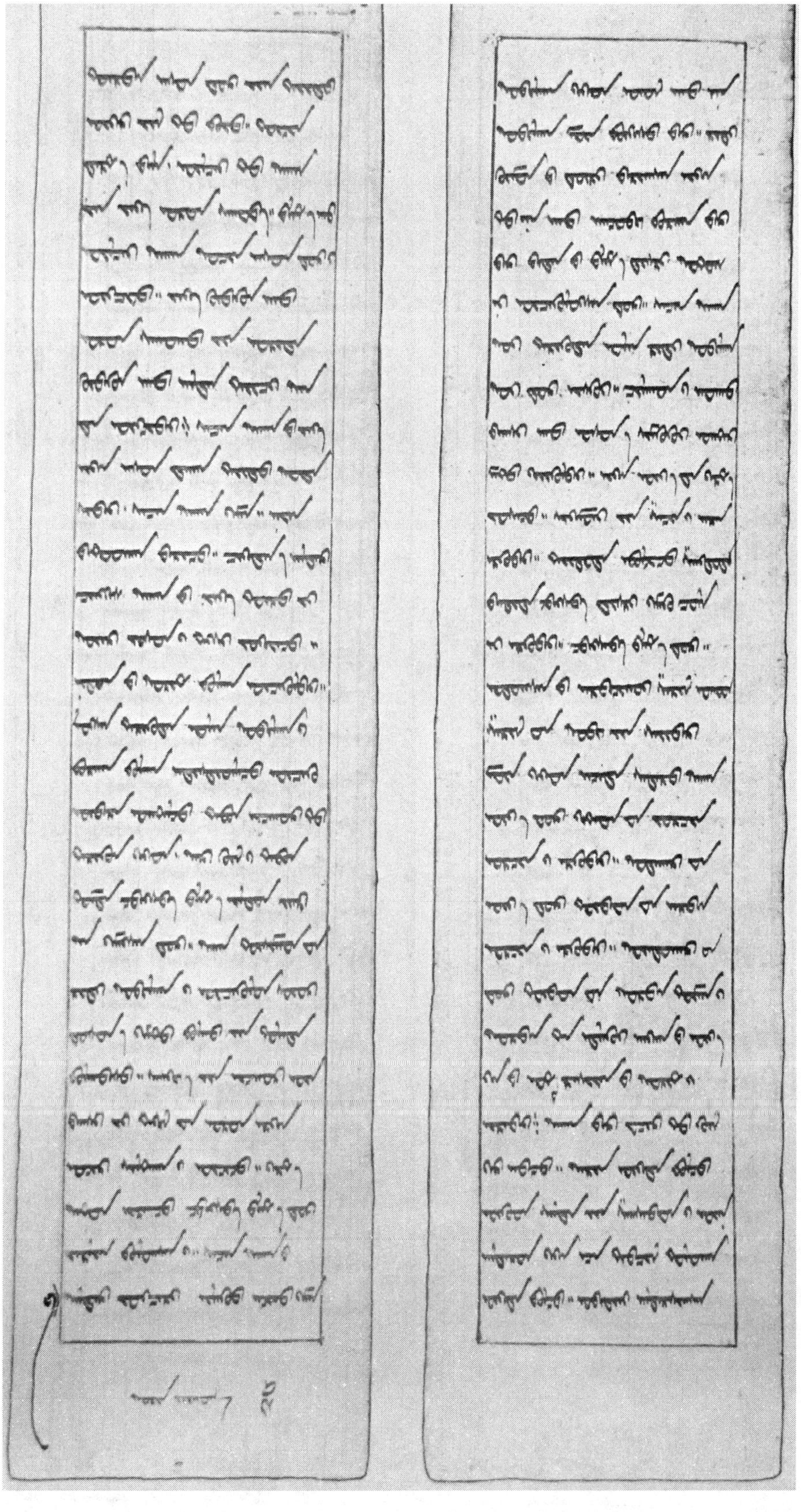

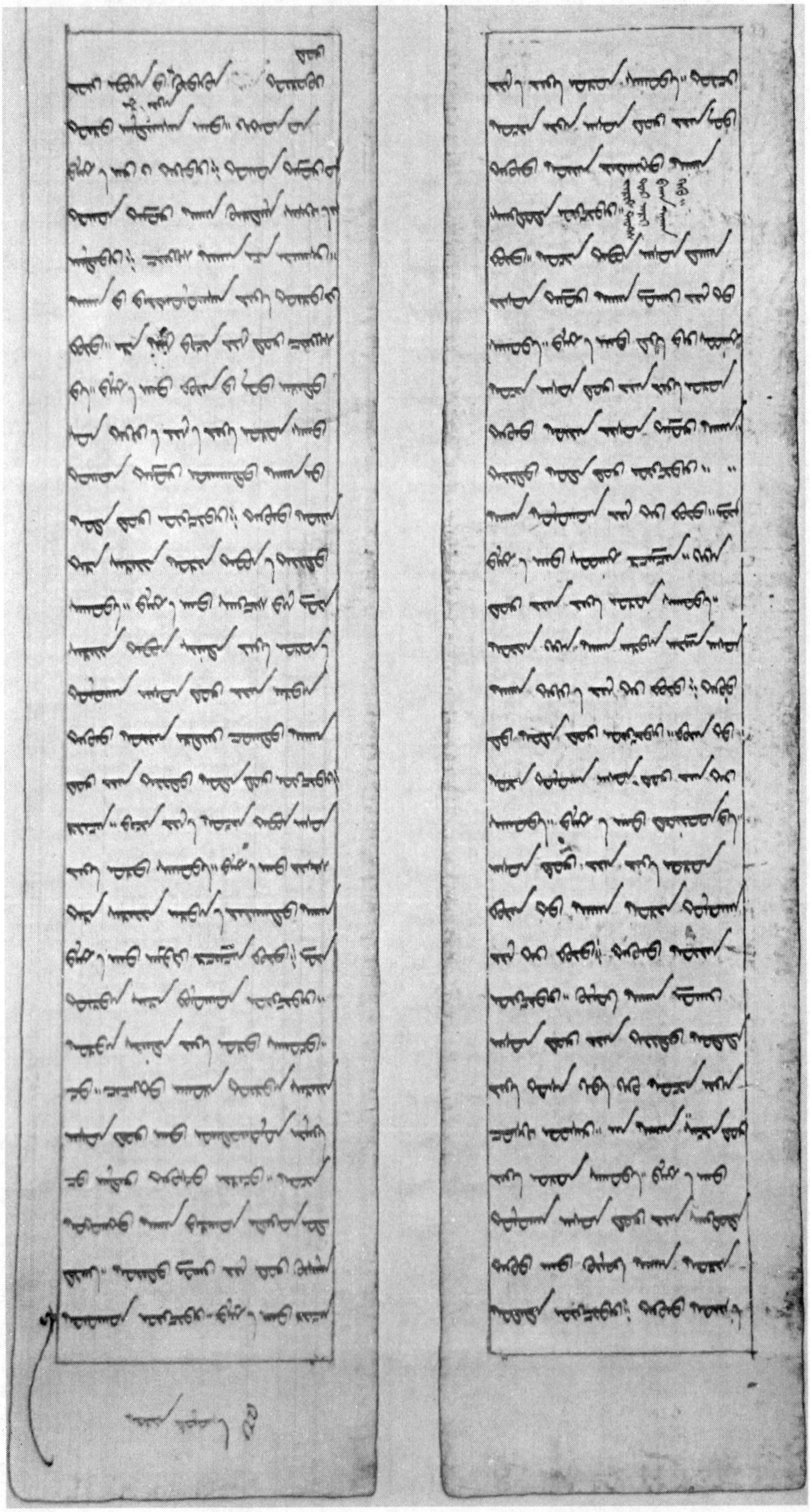

第四部 附 录

276 《阿萨喇克其史》研究

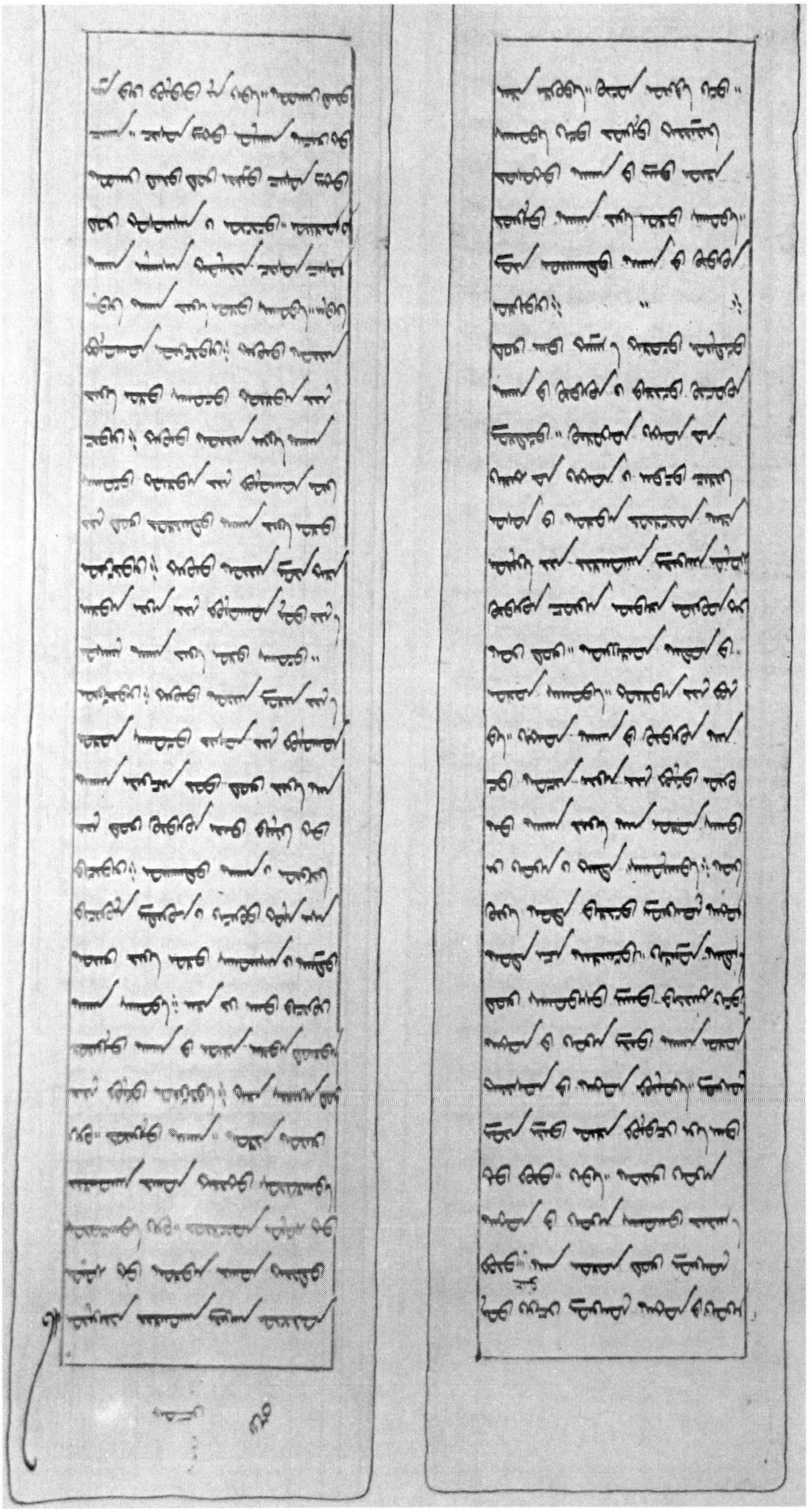

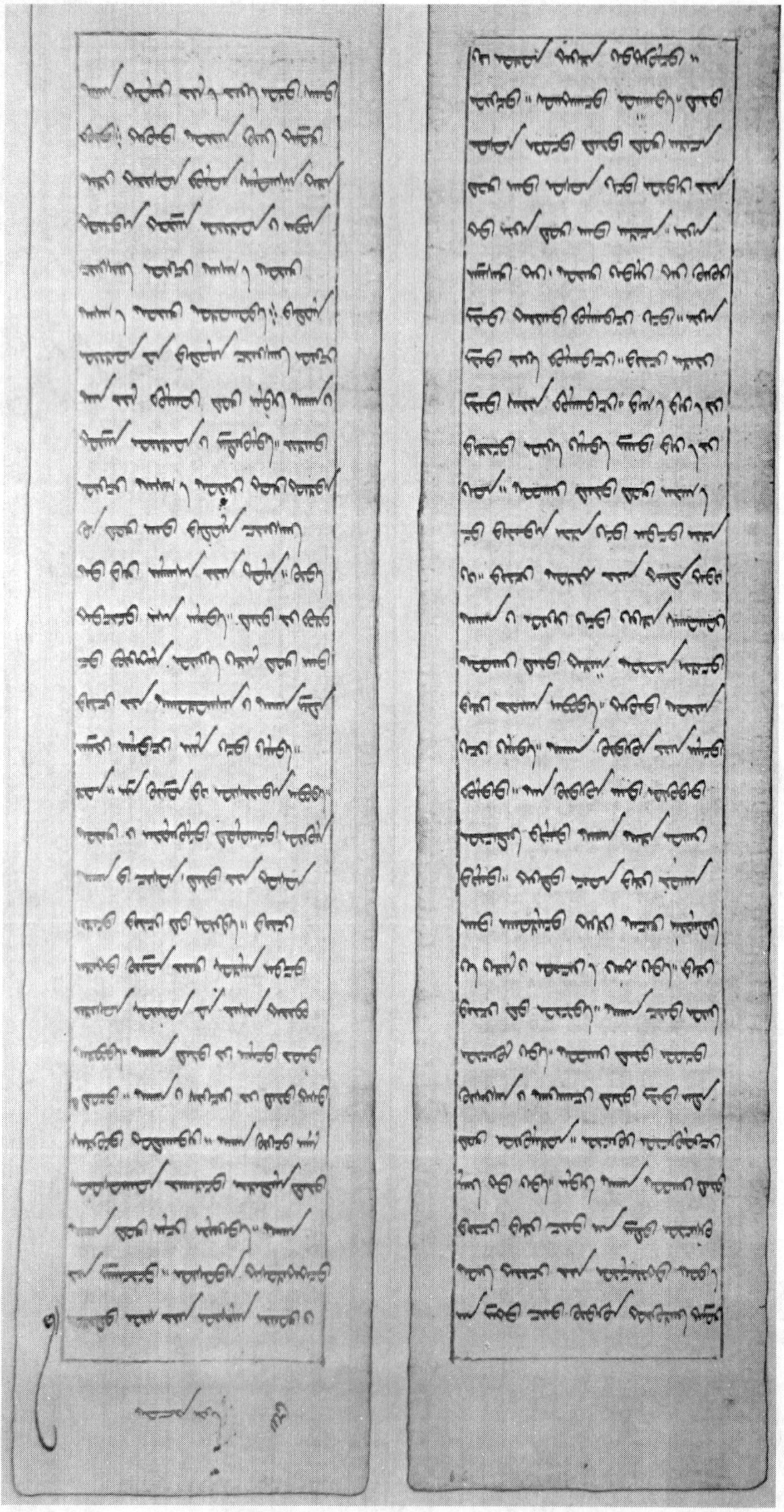

第四部 附 录

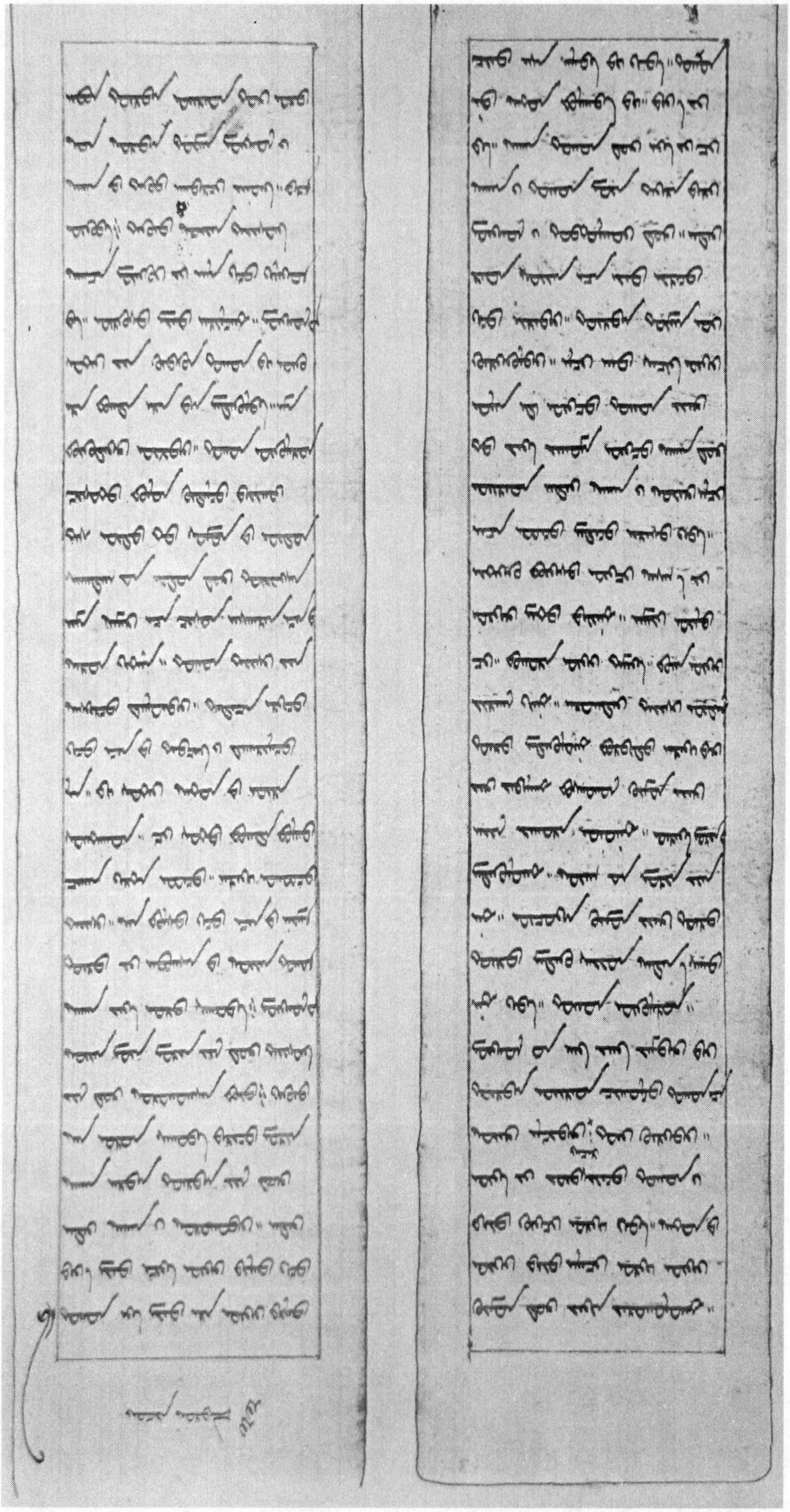

第四部 附录

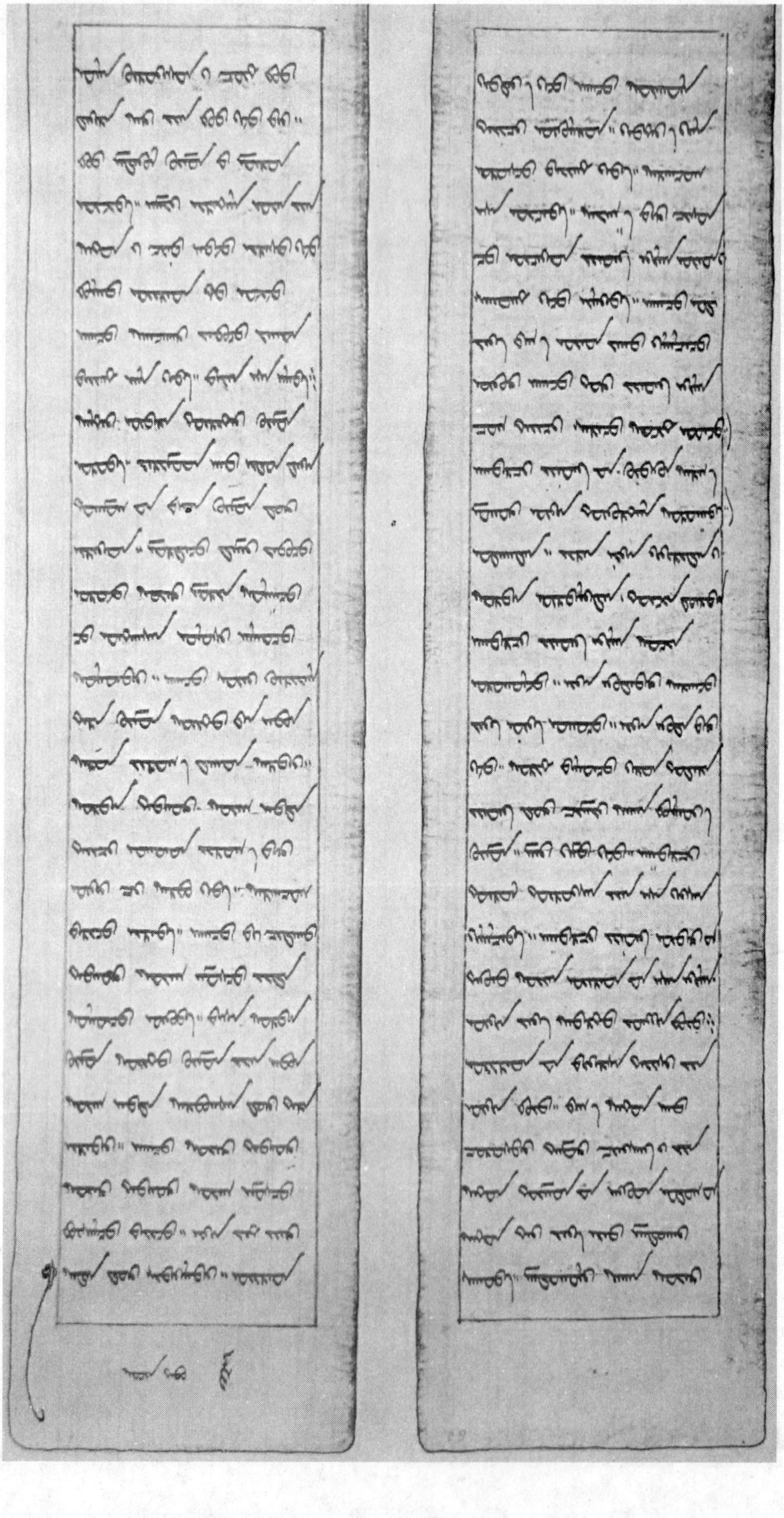

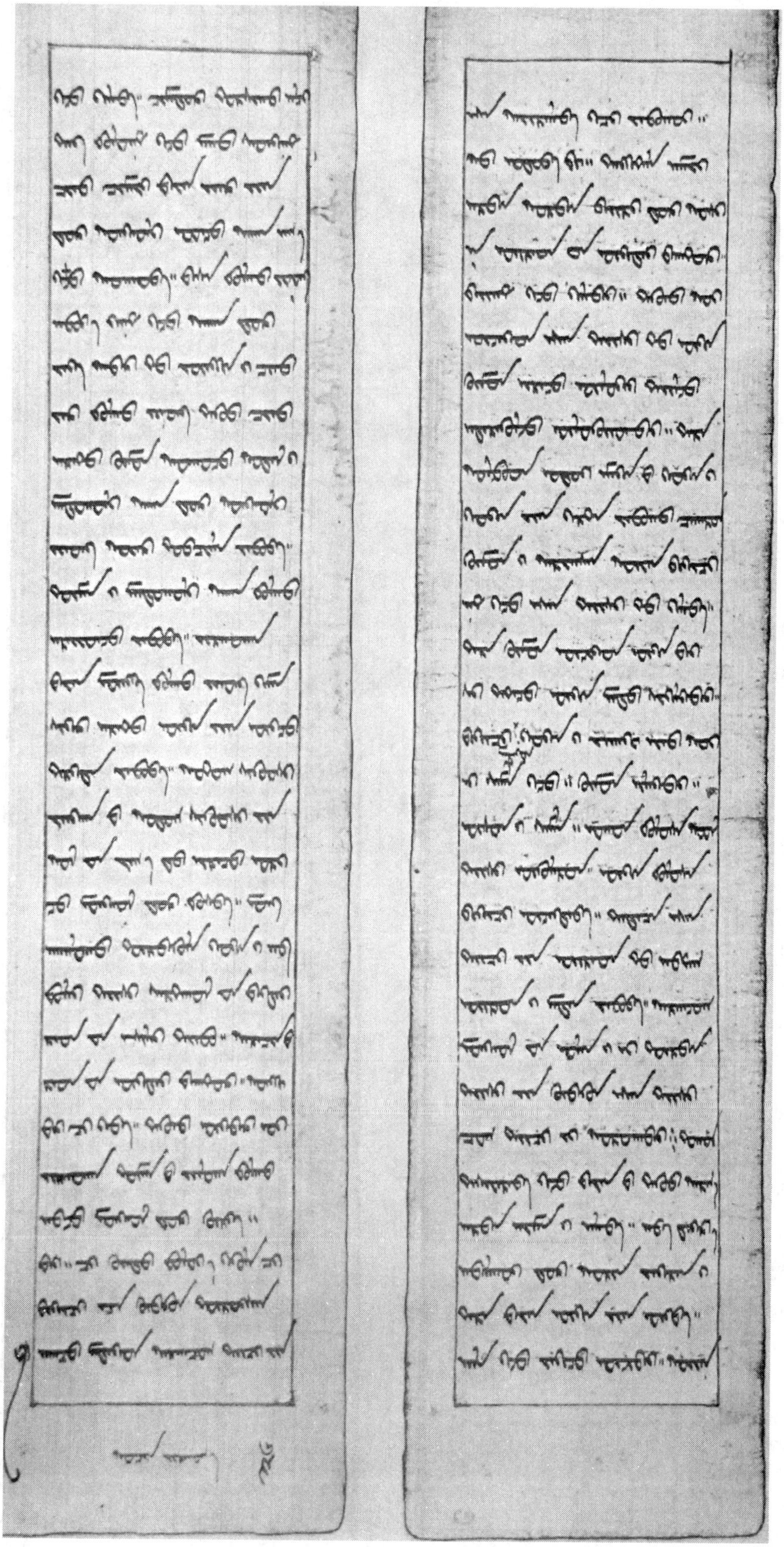

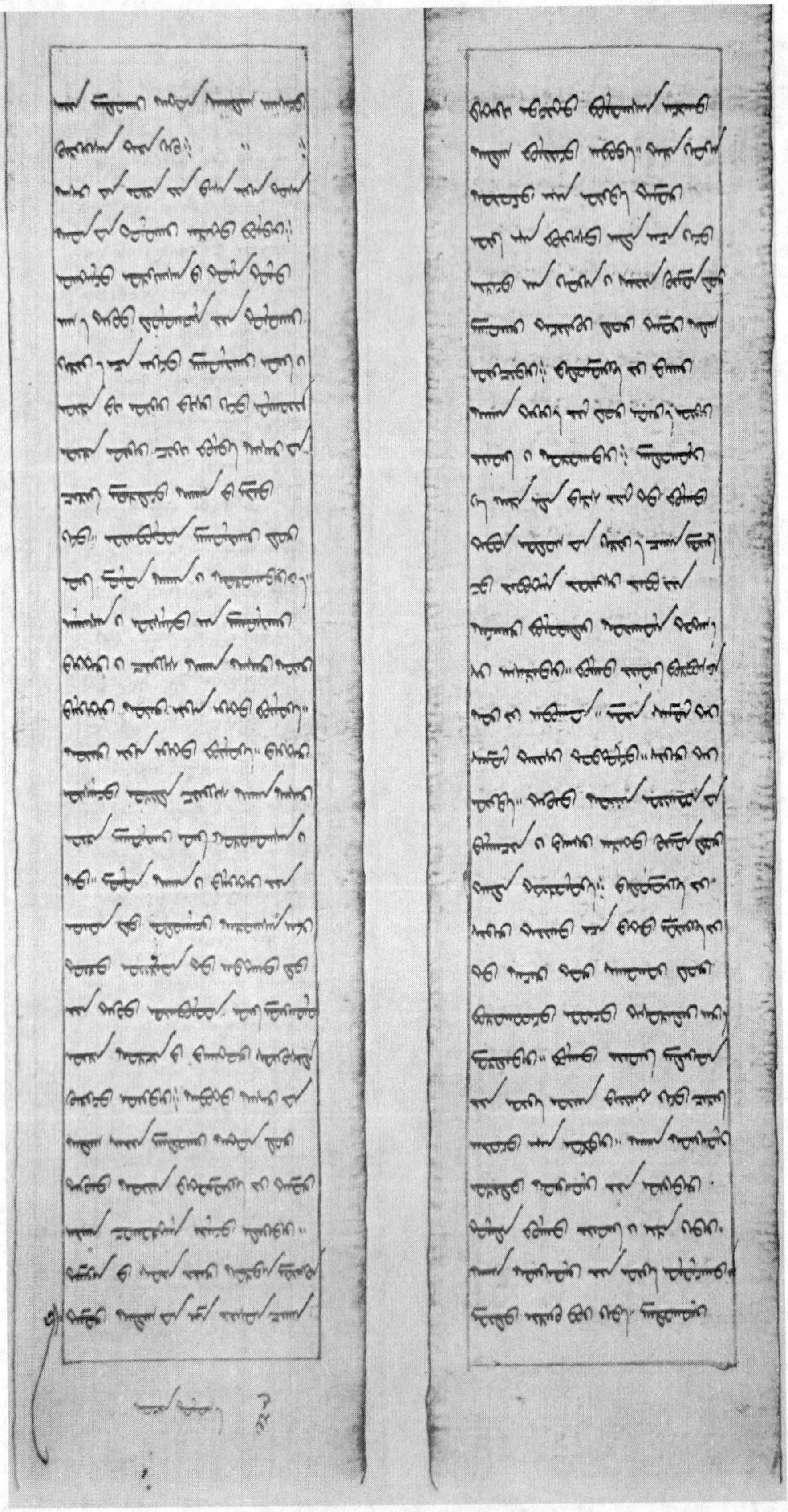

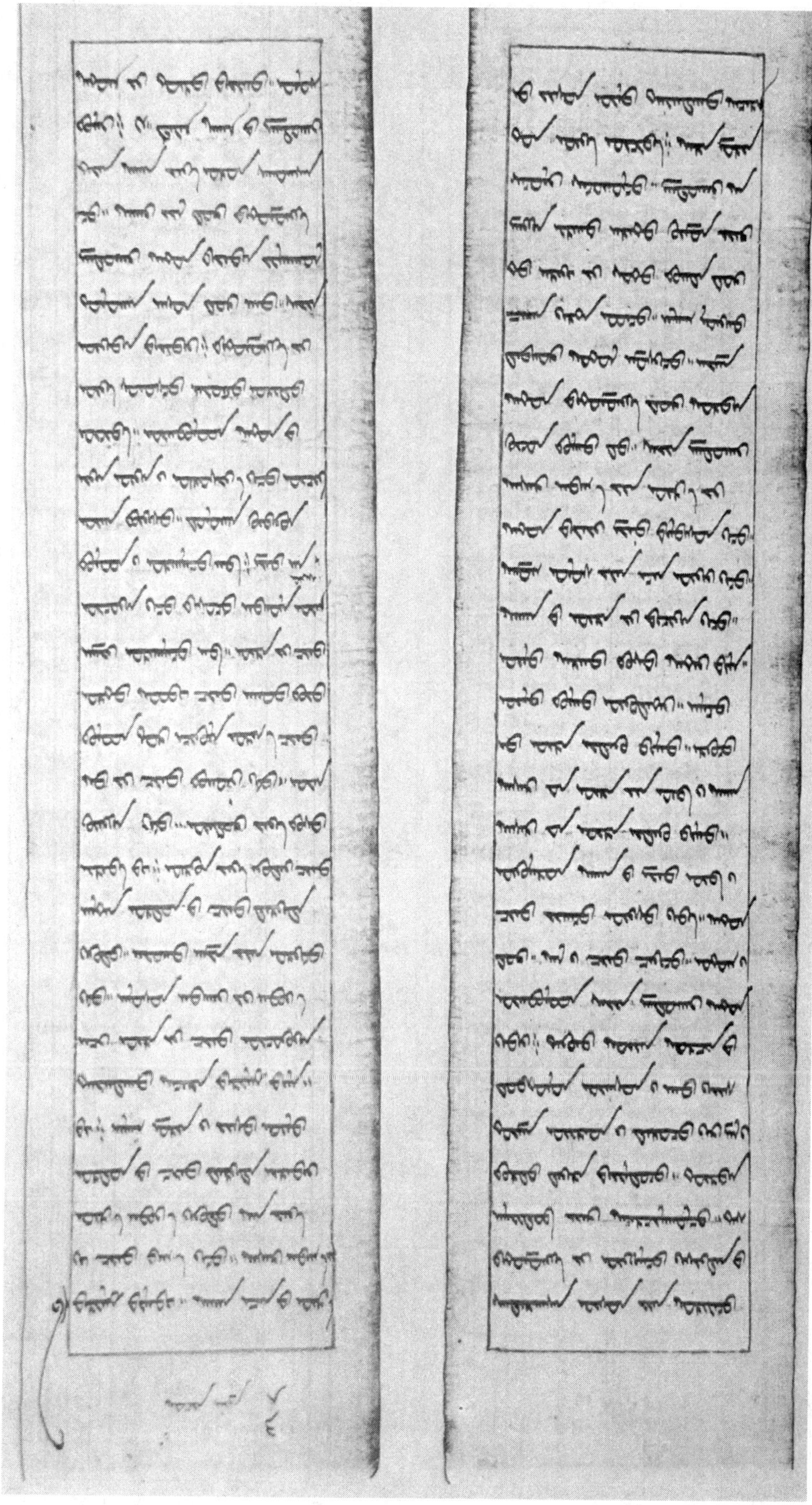

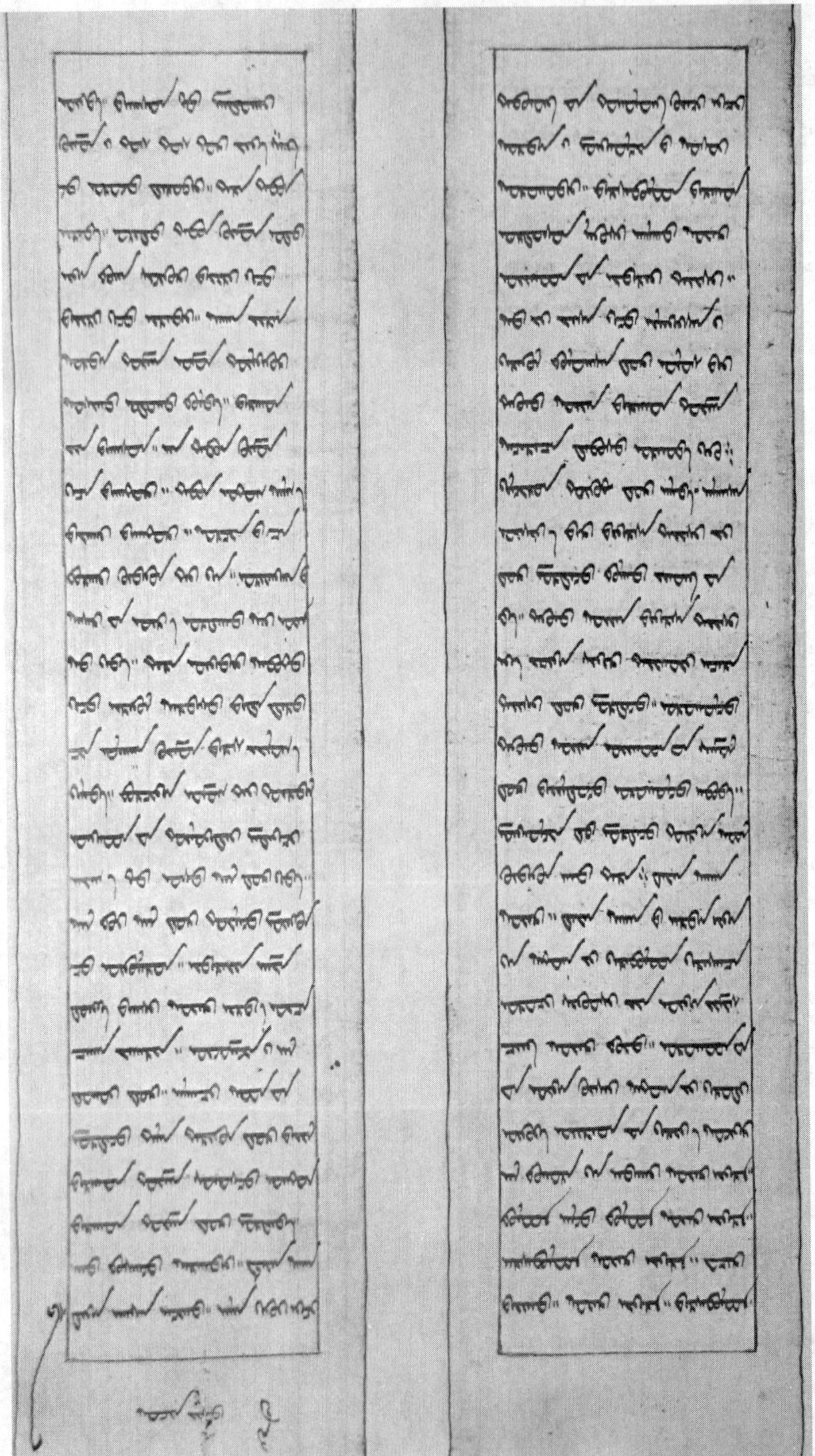

第四部 附 录

《阿萨喇克其史》研究

第四部 附 录

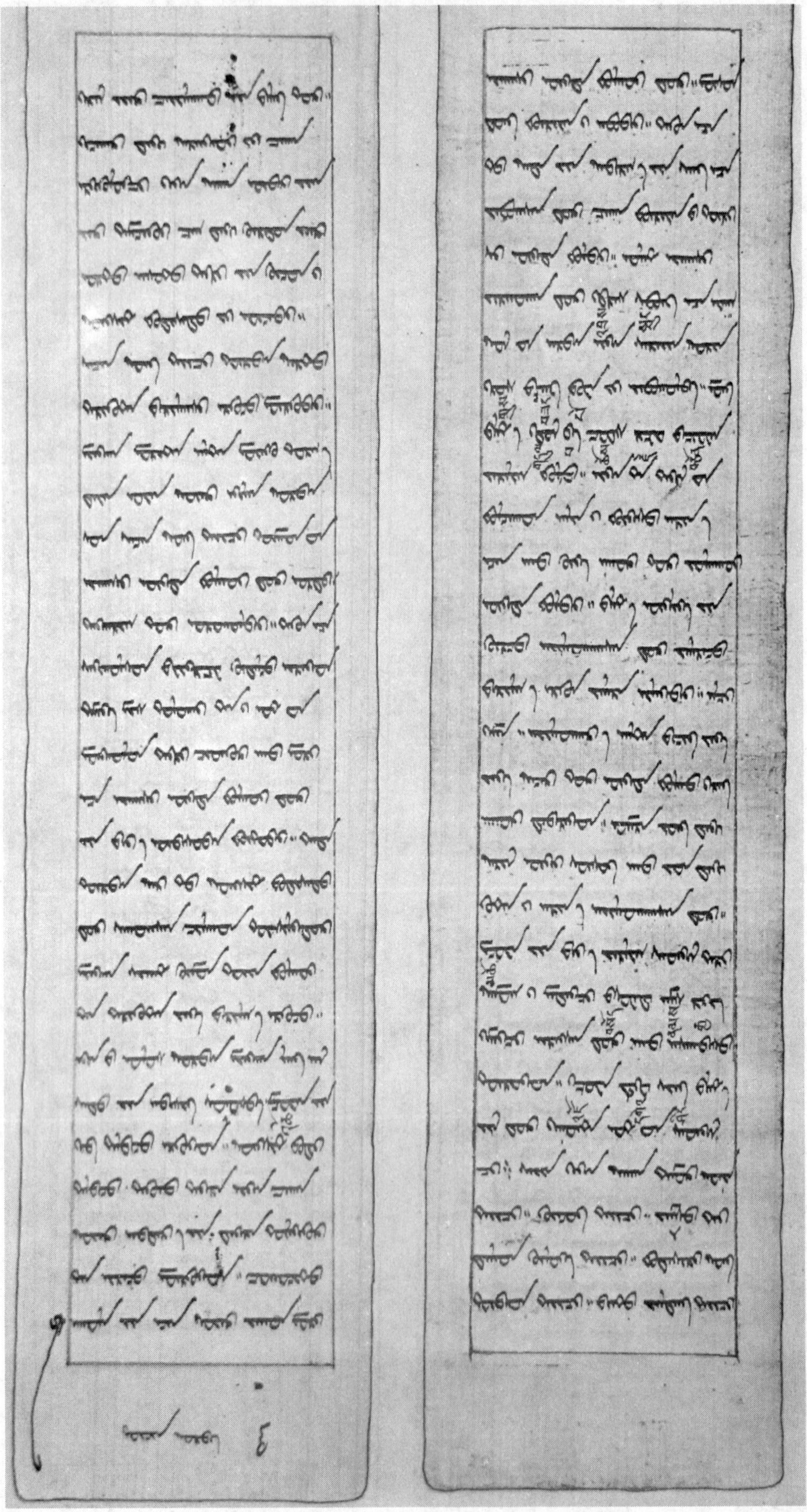

第四部 附录 291

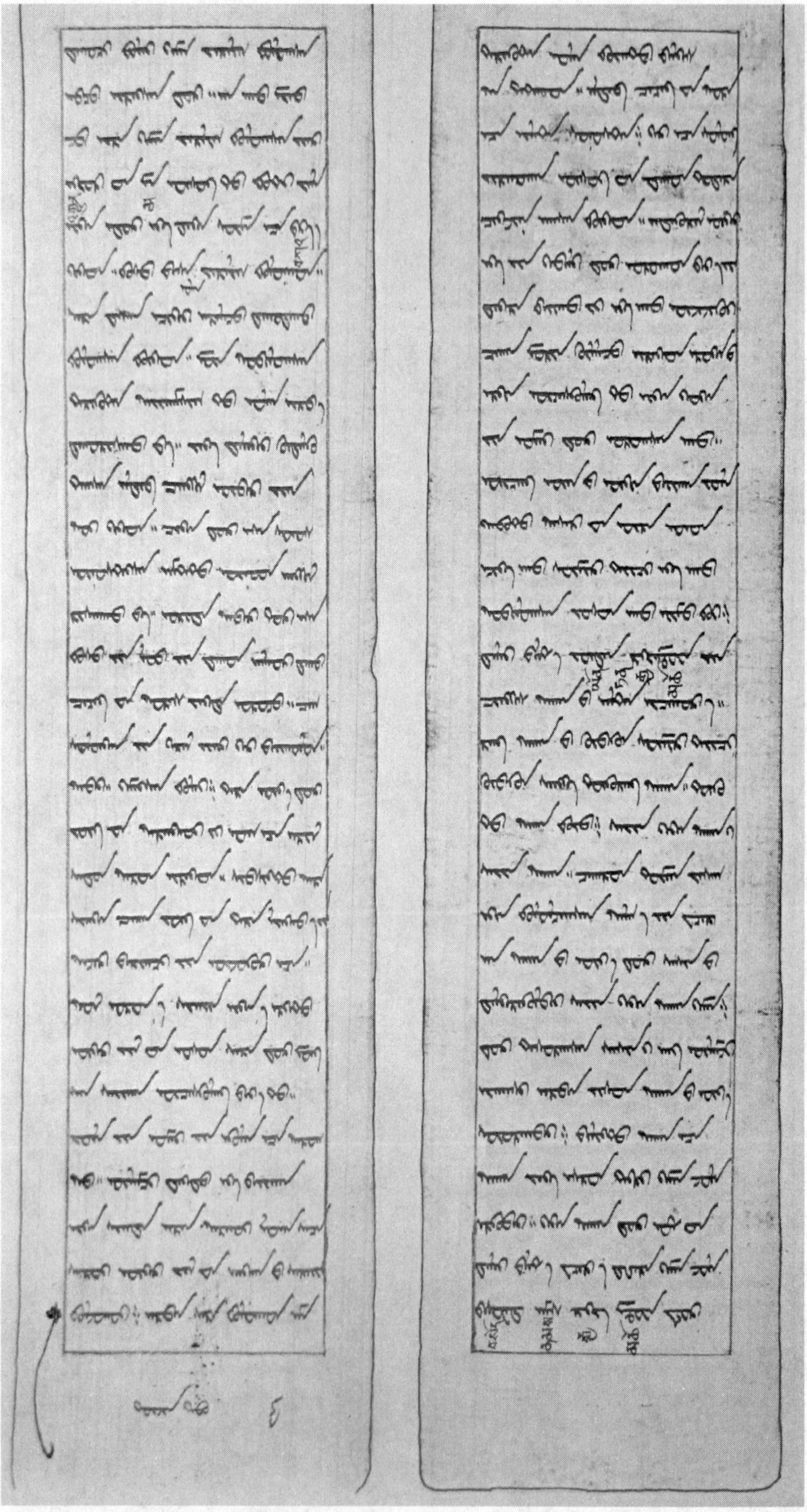

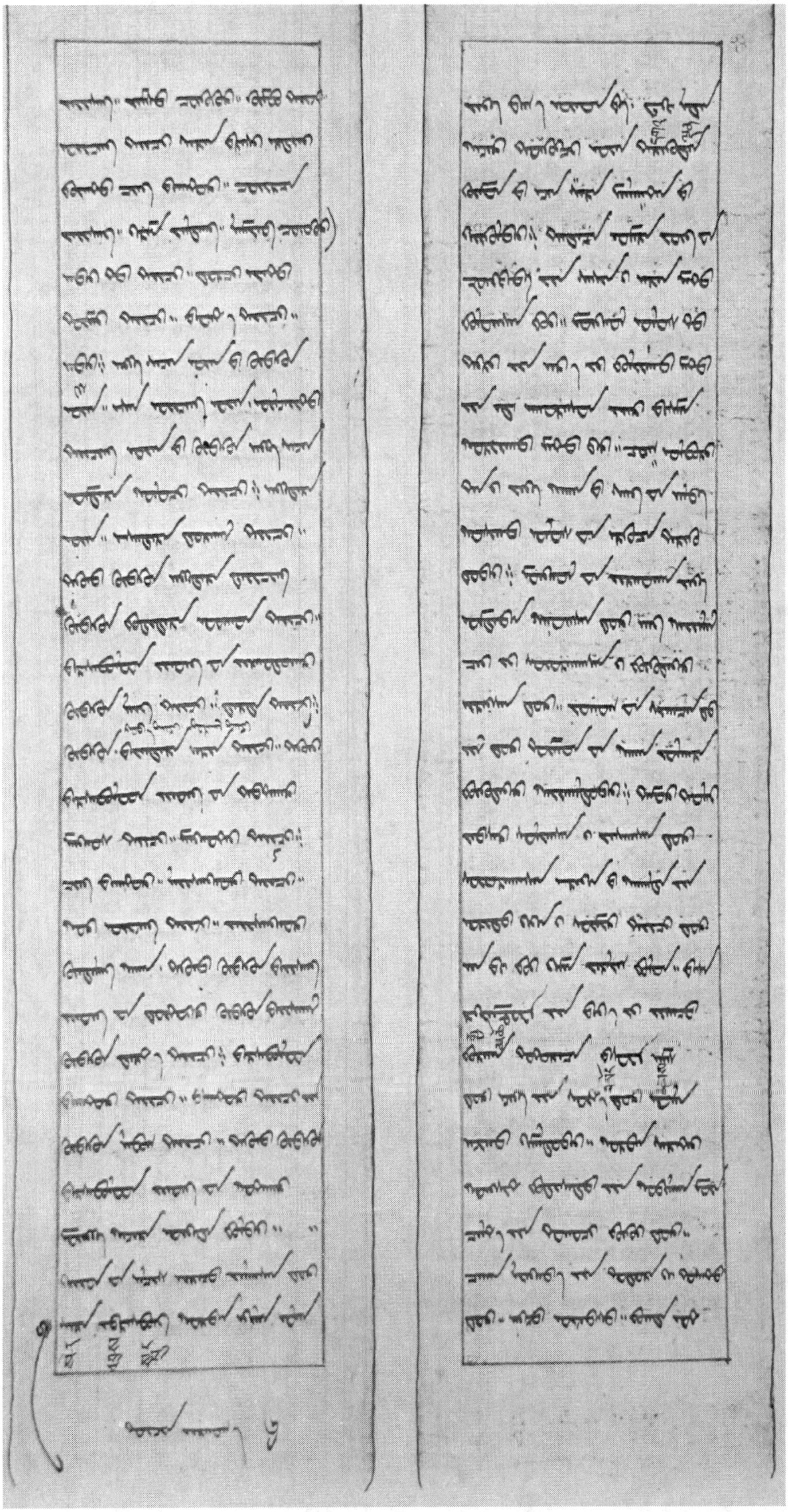

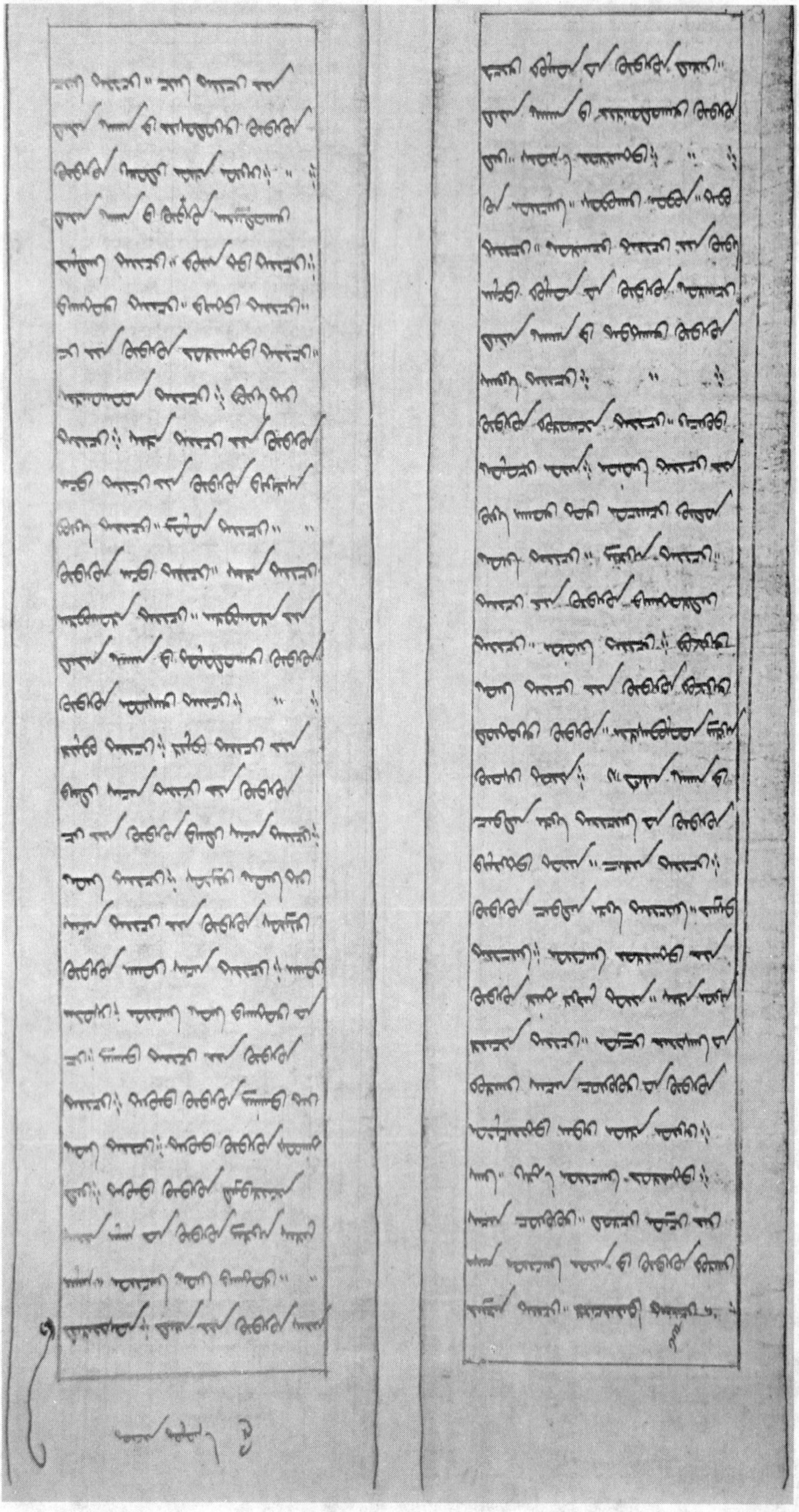

第四部 附录

296　《阿萨喇克其史》研究

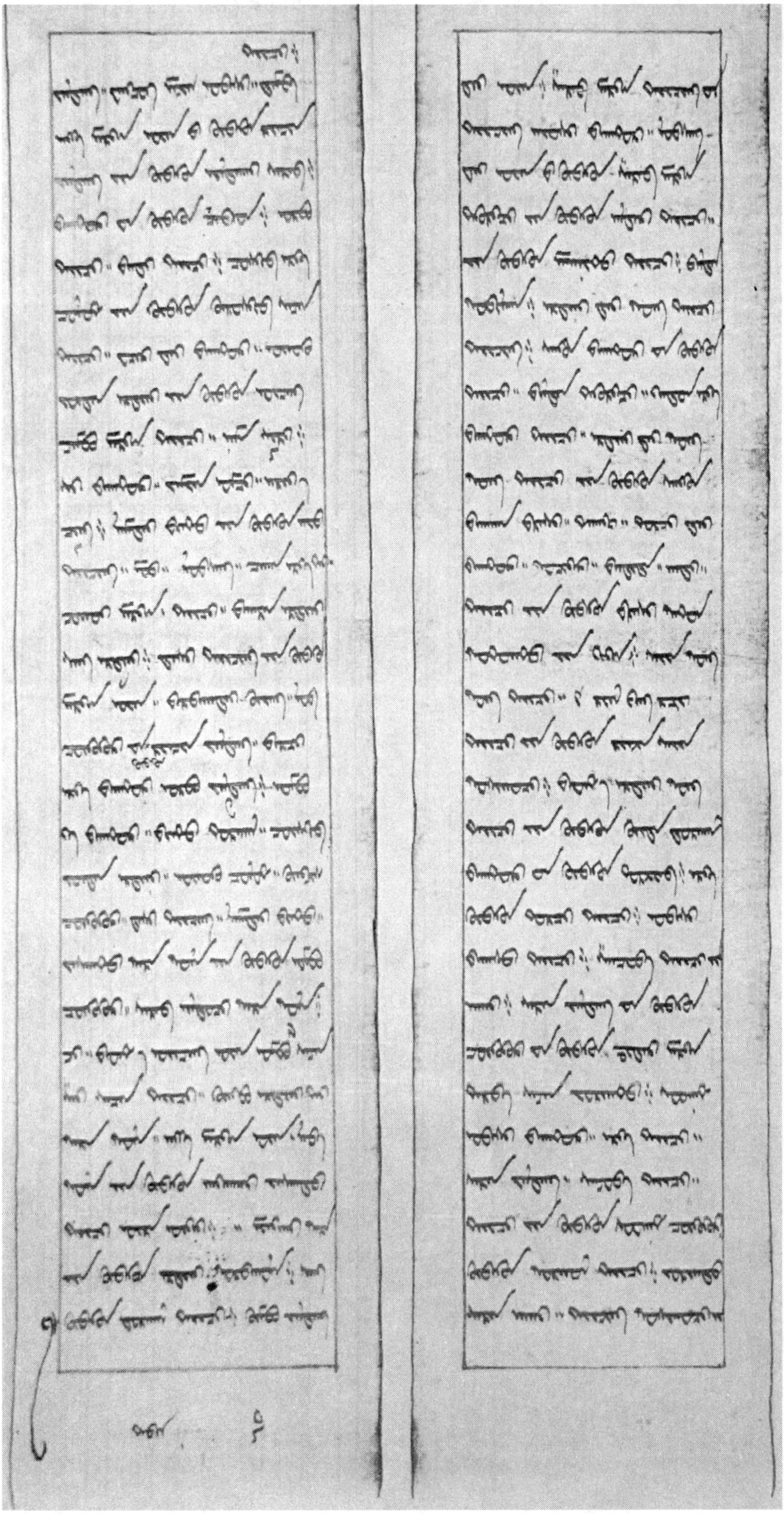

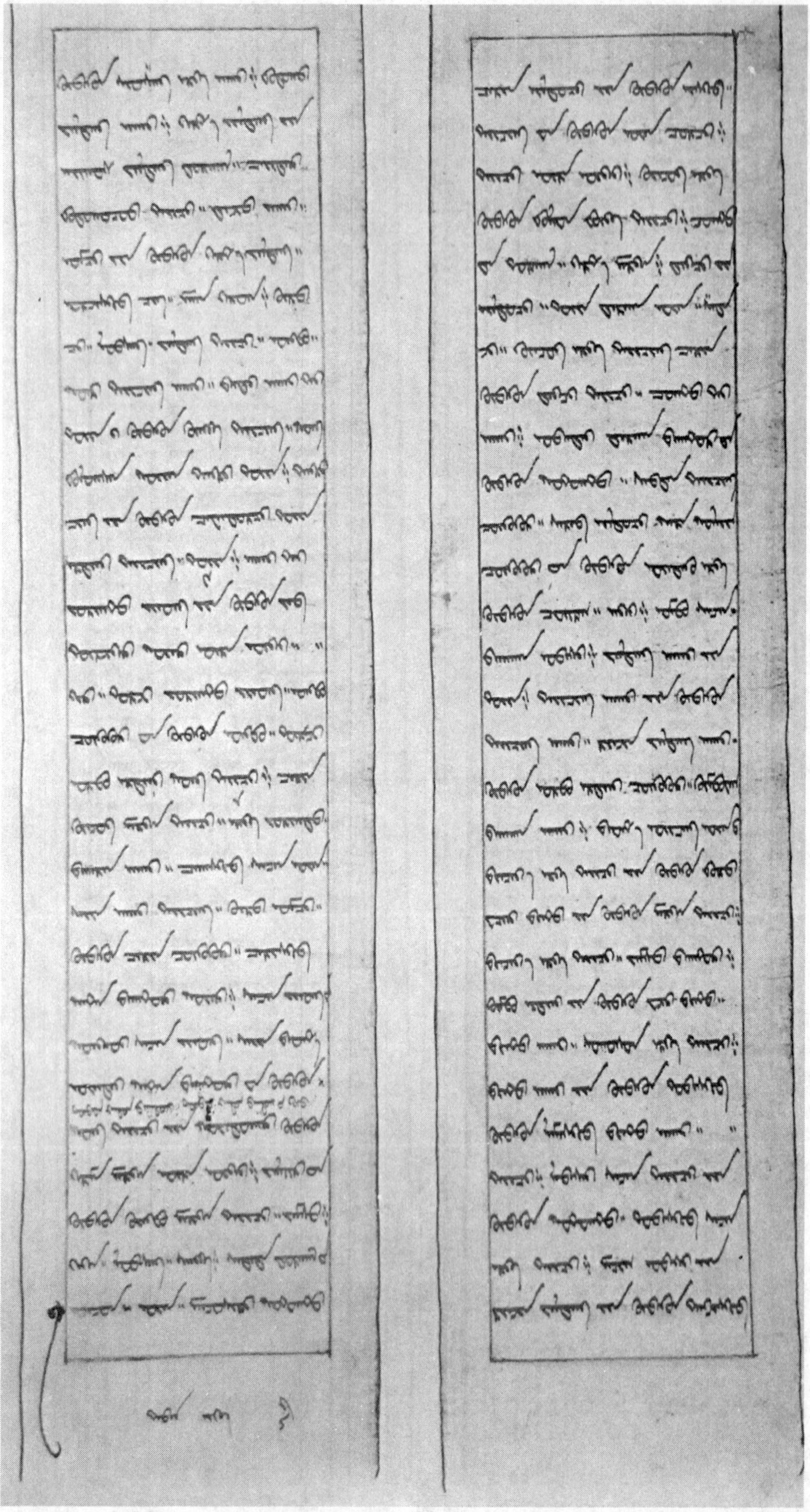

第四部 附录 299

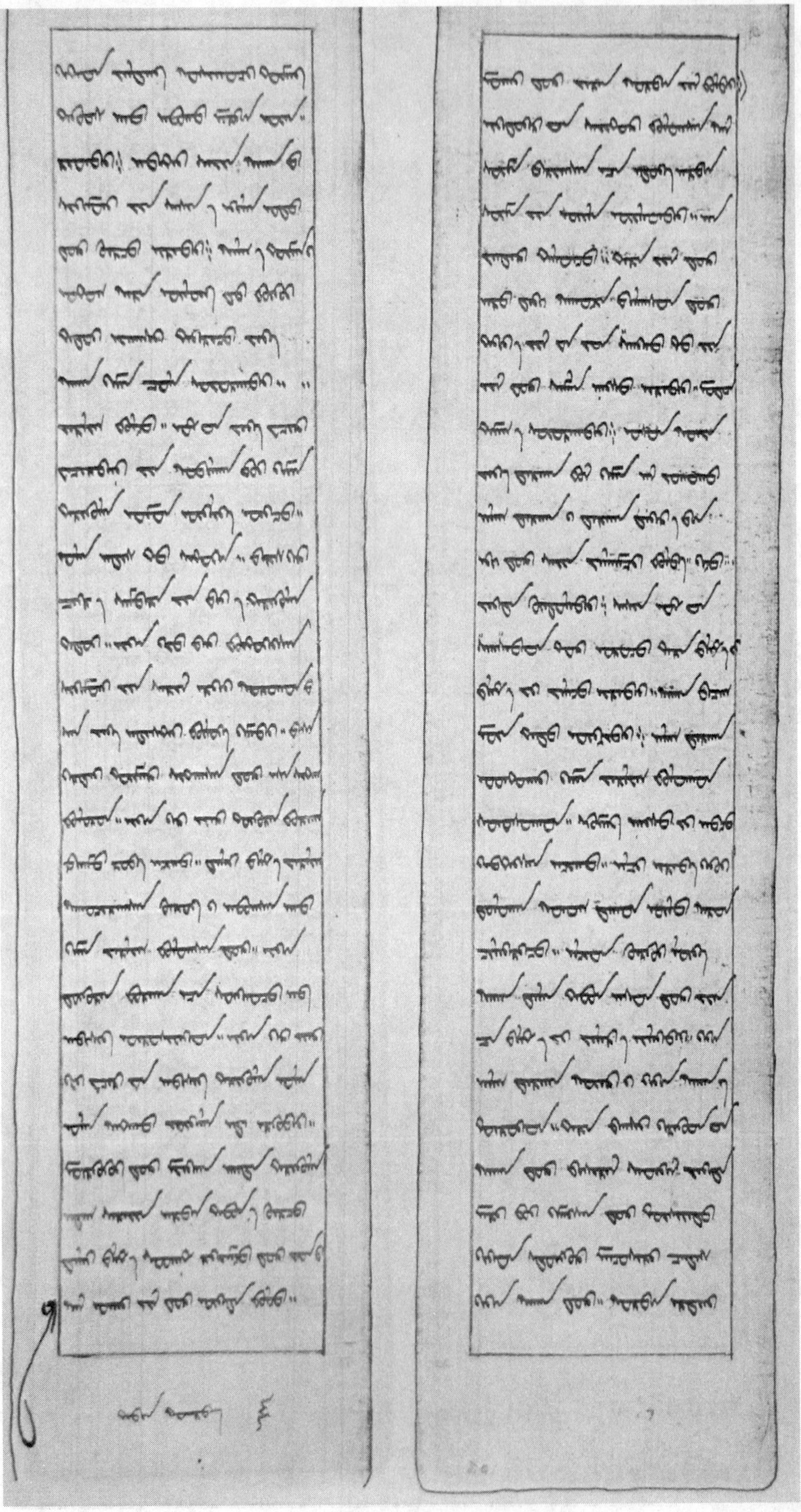

第四部　附　录

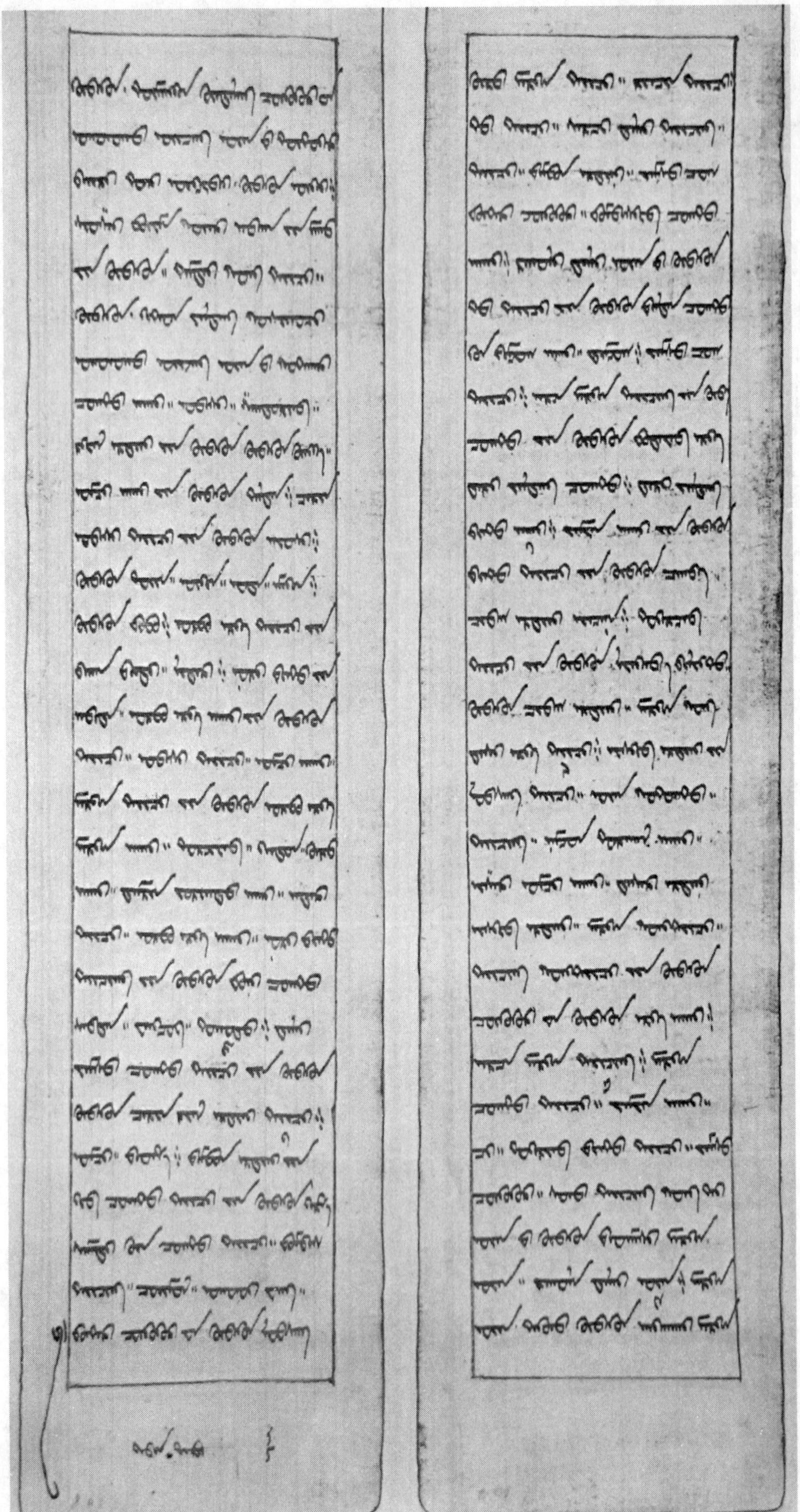

第四部　附　录

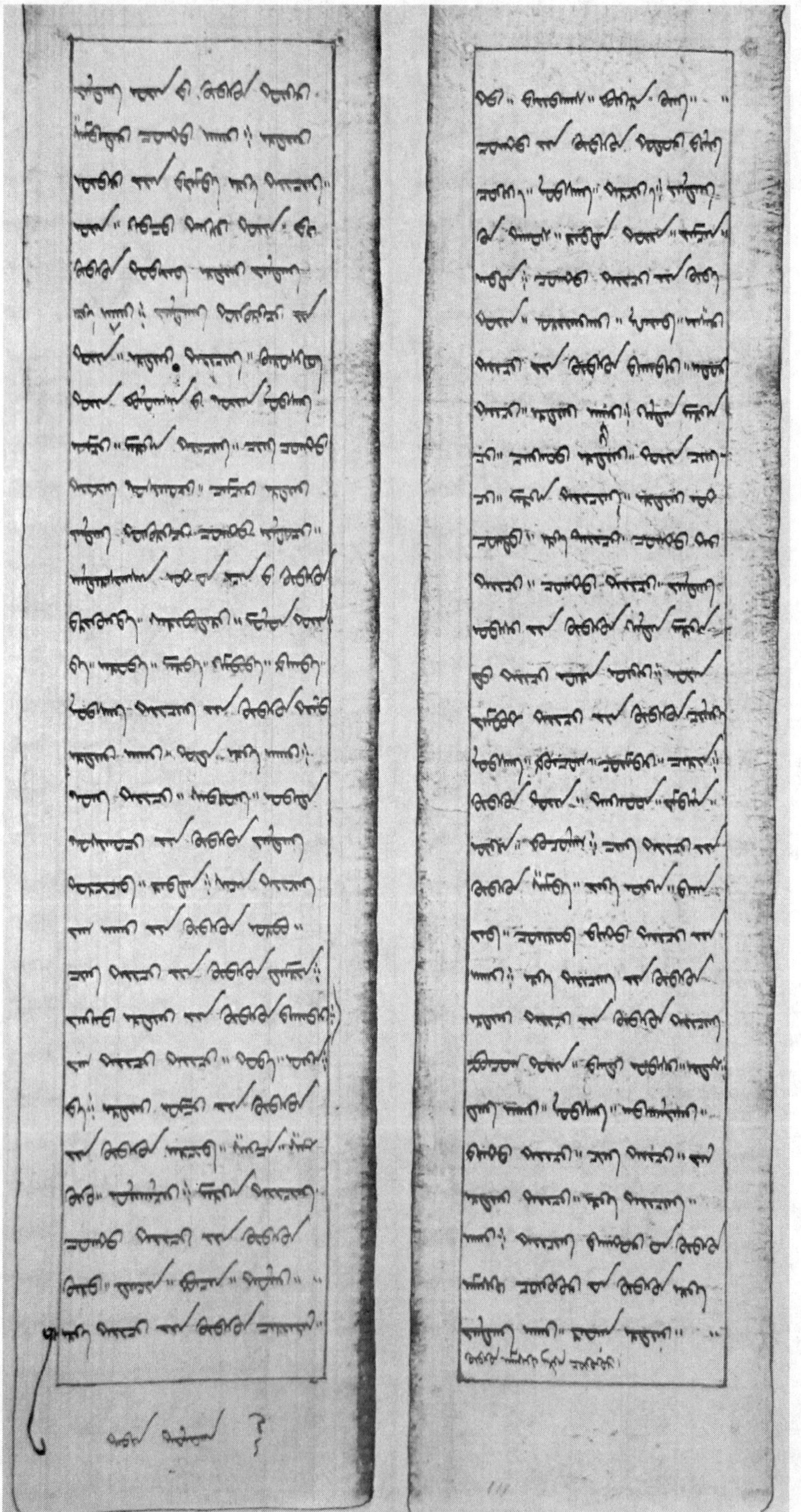

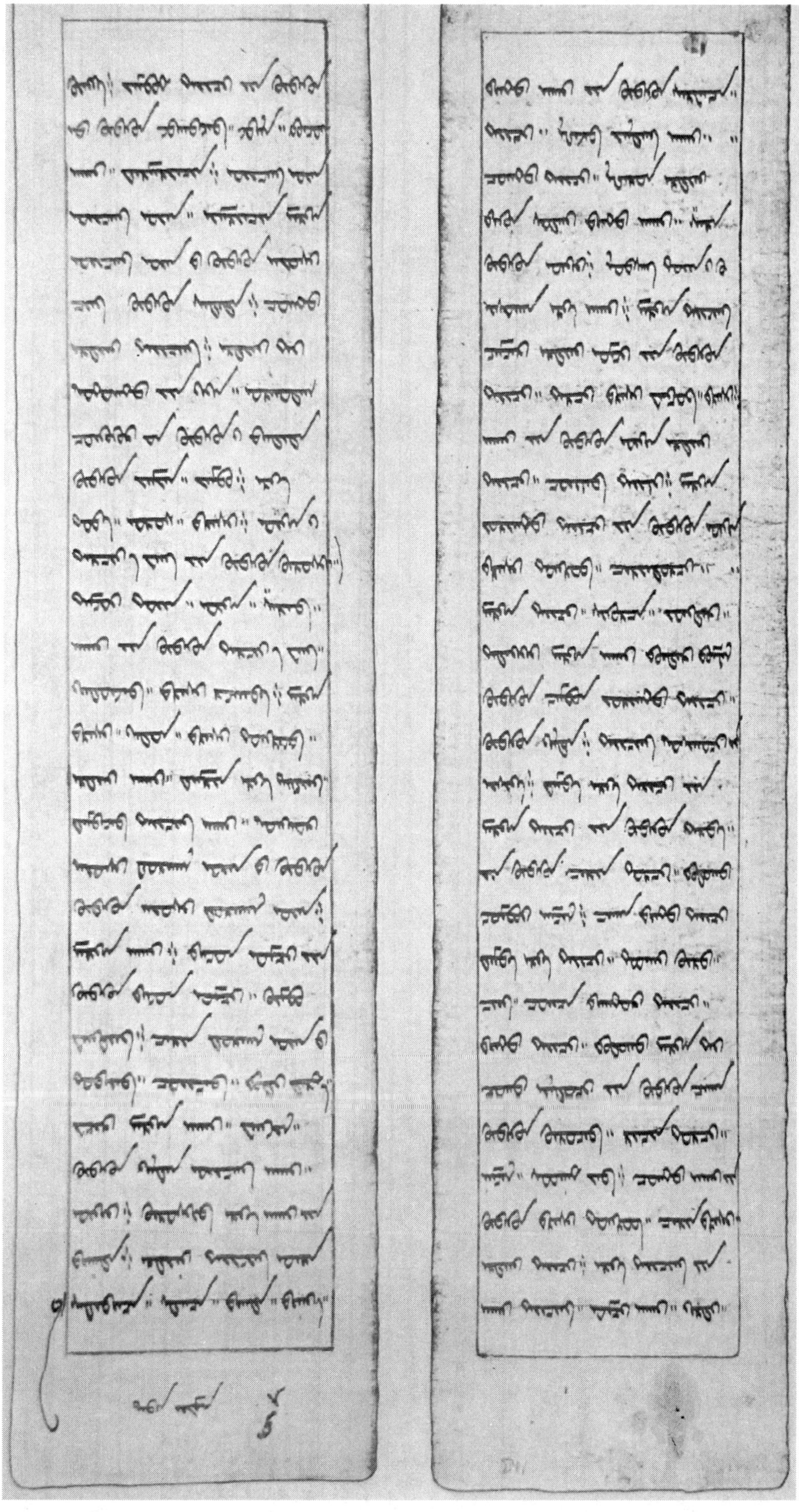

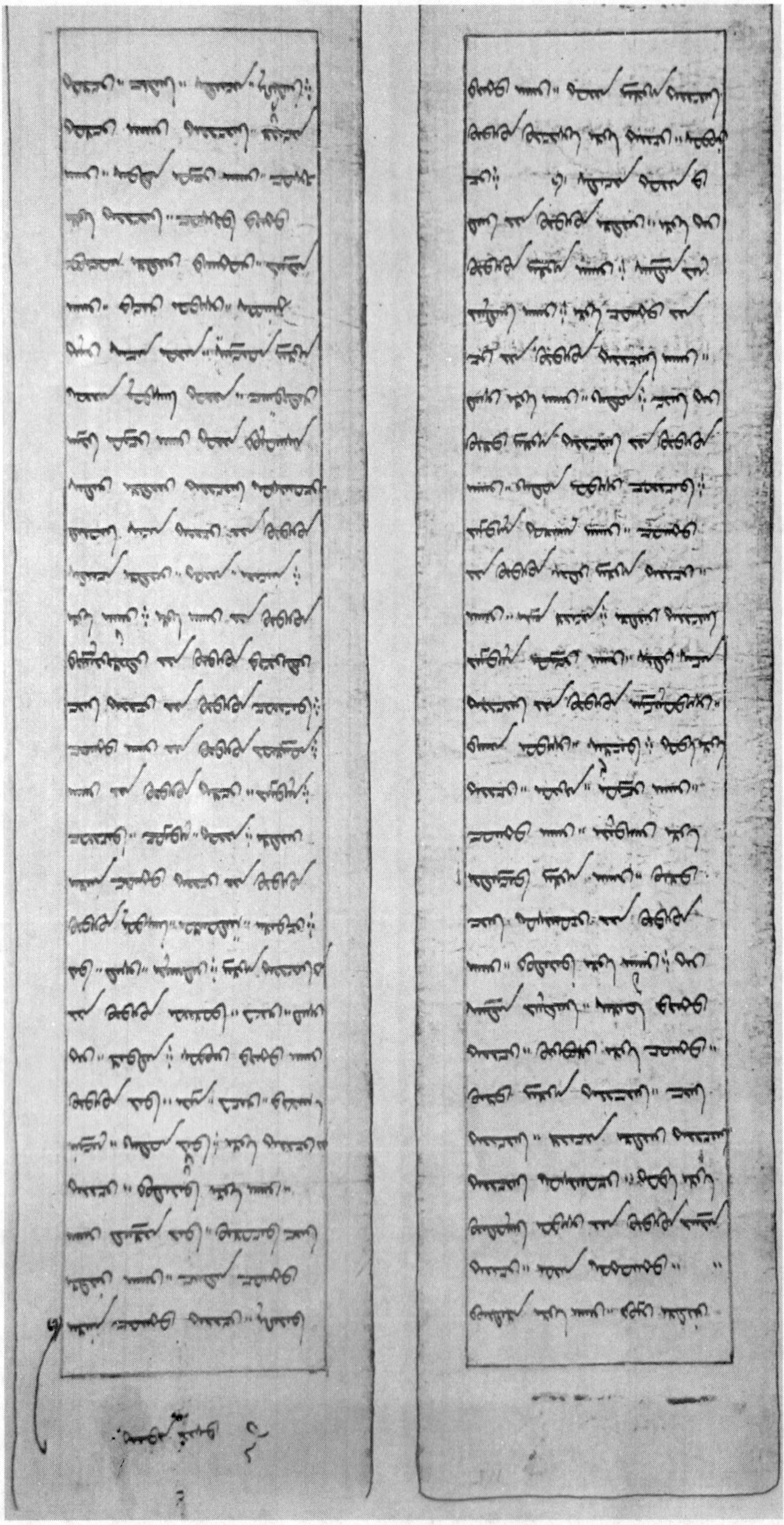

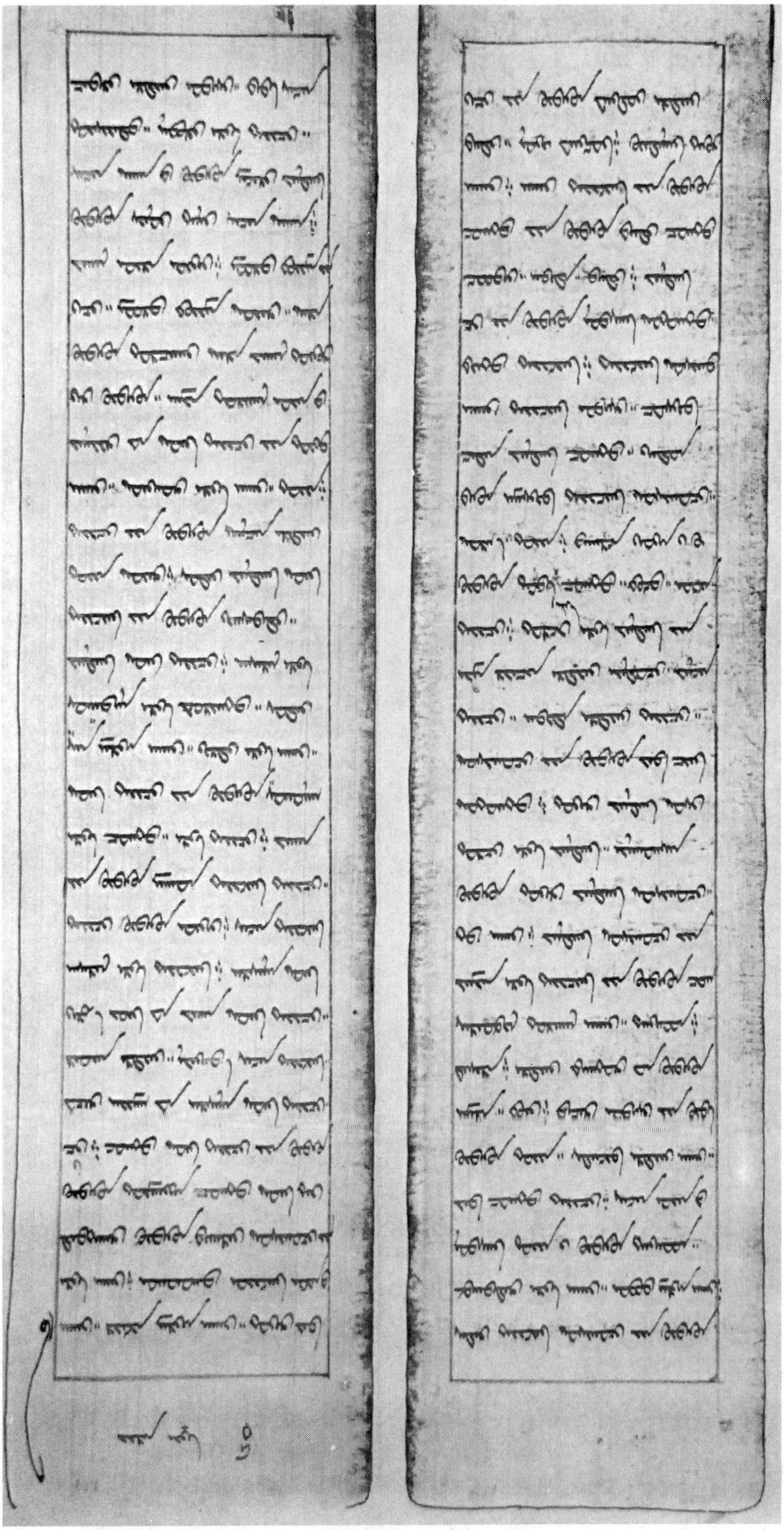

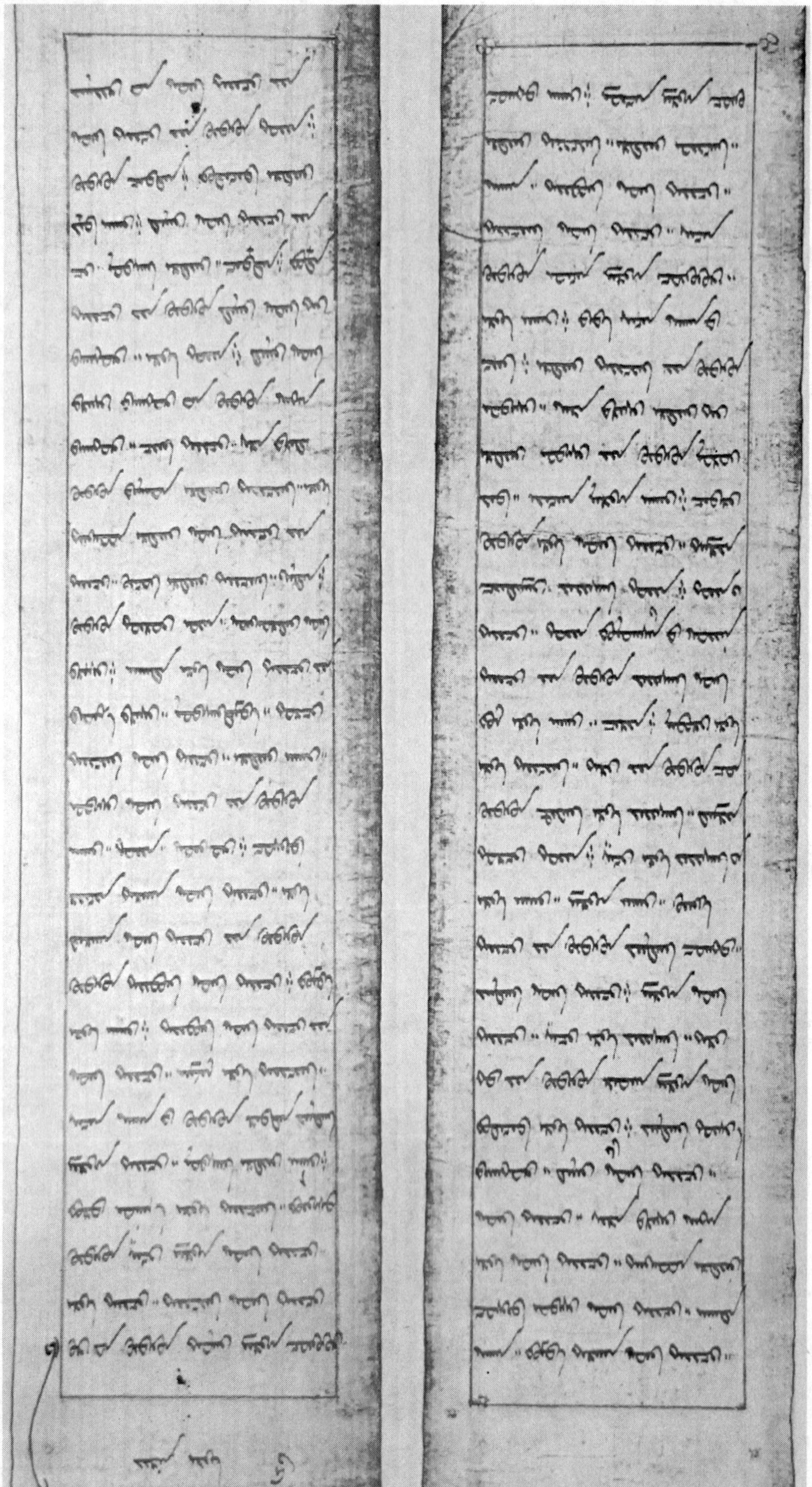

第四部 附录

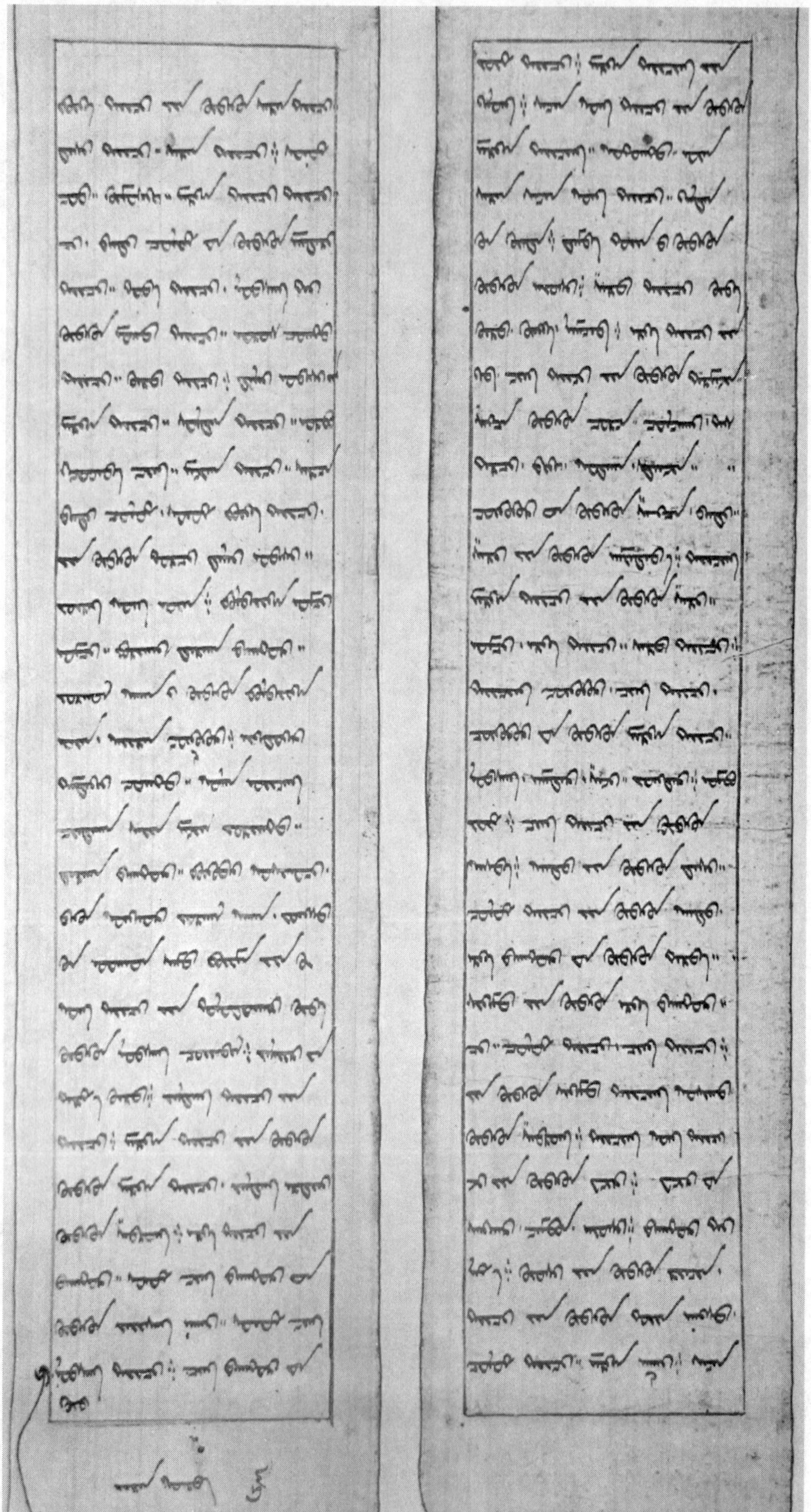

第四部 附 录

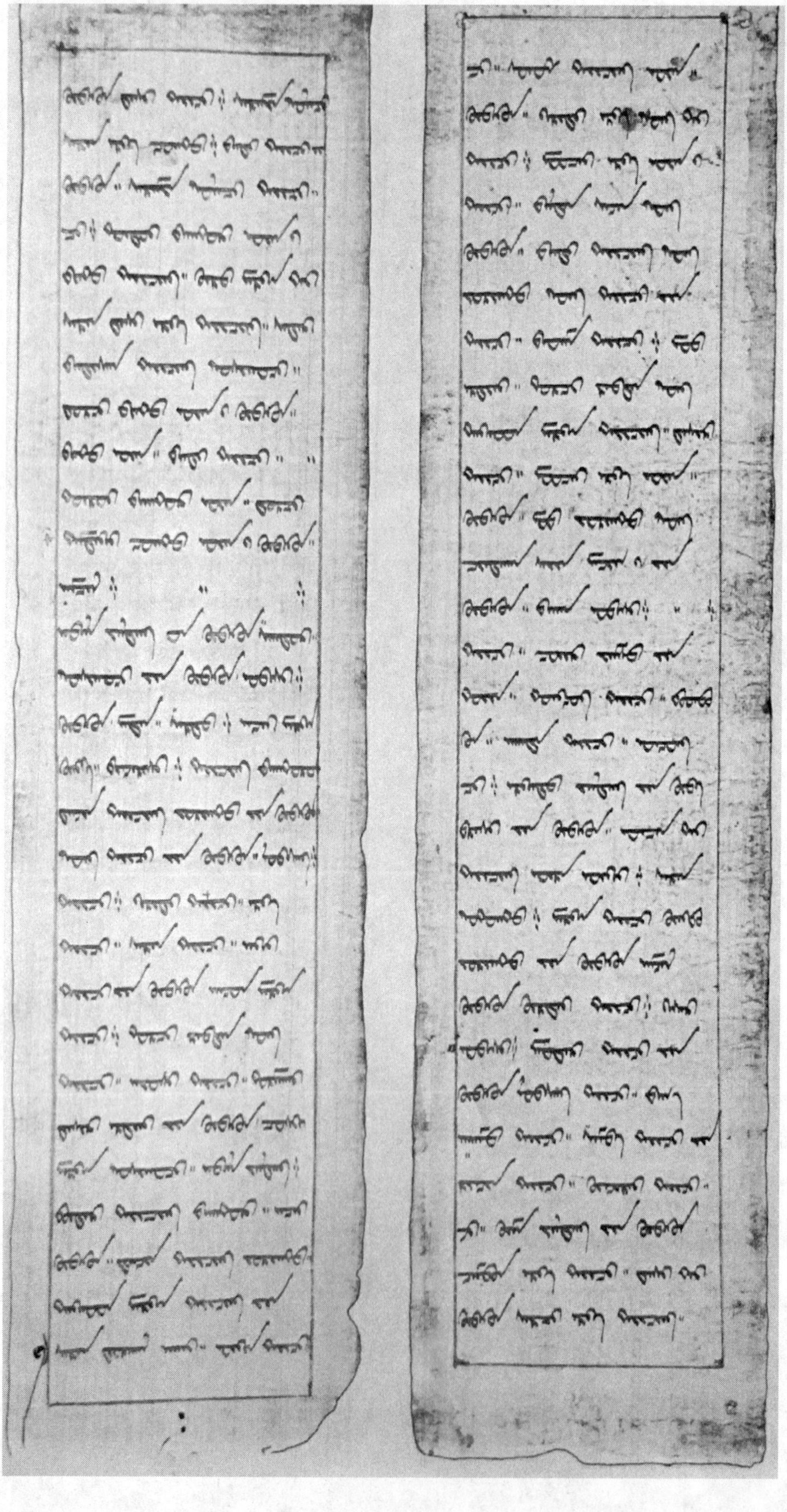

第四部 附 录

二、人名索引

说明：
1. 本索引是《阿萨喇克其史》汉译文本的索引，不含研究导论与注释中的人名。
2. 本索引除了人名还包括封号、尊号、绰号、官名等。
3. 人名后附原蒙古文罗马字音写，可作人名蒙汉文译名对音。
4. 索引头词以汉语拼音为序

A

阿巴垃伊勒登 abala yeldeng　142
阿巴哩海 abaqaliqai　136
阿巴鼐 abanai　120
阿巴鼐亲王 abanai čing vang　120
阿巴台台吉 abadai tayiji　121
阿巴泰 abatai　133
阿巴泰赛音汗 abatai sayin qaɣan　133、144
阿必达 abida　135、138
阿必达额尔德尼台吉 abida erdeni tayiji　132
阿弼达额尔德尼台吉 abida erdeni tayiji　138
阿伯秃台吉　abaitu tayiji　125
阿布琥墨尔根诺颜 abuqu mergen noyan　133、134
阿赤赖孛罗 očirbolud　115、126
阿赤塔撒秃合罕 ačata sadaru qaɣan　103
阿赤图答言台吉 ačitu dayan tayiji　121
阿歹银锭台吉 adai yeldeng tayiji　121
阿第斯绰克图 adis čoɣtu　142
阿都尔陀音 adur toyin　136
阿儿思阑罕 arsalan qan　91
阿儿速孛罗 arsabolud　115
阿儿速孛罗麦力艮黄台吉 arsbolud mergen qung tayiji　126
阿尔察墨尔根岱青 arča mergen daičing　134
阿尔齐布 arjib　136
阿尔斯兰珲台吉 arslan qung tayiji　138
阿海楚琥尔 aqai čögükür　130

阿海岱青 aqai dayičing　132、138
阿黑巴儿只吉囊 aɣbarji jinong　110、111、112
阿灰七庆台吉 aqui sečen tayiji　126
阿可珠比佛naɣjubi burqan　103
阿喇布齐 arabči　137
阿喇达尔台吉 aldar tayiji　141
阿喇克达尔汉 alaɣ darqan　133
阿喇那绰克图台吉 arana čoɣtu tayiji　137、138
阿喇斯巴 arasba　135
阿赉多布 alayidub　114
阿阑豁阿 alan ɣou-a　80、84
阿勒赤歹 alčidai　93、94
阿勒达尔台吉 aldar tayiji　131
阿勒台哈屯 altai qatun　110
阿勒泰阿拜 altai abai　128
阿勒坛 altan　90
阿勒坛合罕 altan qaɣan　94
阿勒坛斡惕赤斤 altan očigin　88、89
阿勒坦台吉 altan tayiji　103
阿哩巴罕合罕 ari aɣa qaɣan　104
阿哩雅彻木布墨尔根台吉 ariy-a čembü mergen tayiji　131
阿噜巴 aruba　136
阿鲁台太师 aruɣtai tayisi　108、109
阿玛喇 amara　138
阿敏 amin　128
阿敏达瓦 amibdau-a　141
阿敏都喇勒诺颜 amin durqal noyan　128、139

阿木答喇打儿汉台吉 amudara darqan tayiji 120 122
阿南达额尔克珲台 ananda erke qung tayiji 139
阿南达墨尔根阿海 ananda mergen aqai 135
阿南达台吉 ananda tayiji 142
阿难答合收赤 ananda qosiɣuči 121
阿尼绰克图台吉 ani čoɣtu tayiji 134
阿萨喇克其 144
阿萨喇勒额尔克岱青 asaral erke daičing 138、139
阿塞 ajai 140
阿沙敢不 ese kambu 95
阿什海 asiqai 128
阿什海达尔汉珲台吉 asiqai darqan qung tayiji 127、130
阿什海珲台吉 asiqai qung tayiji 129
阿塔尔墨尔根阿海 atar mergen aqai 135
阿台合罕 adai qaɣan 108、109
阿兀站孛罗温勒 uɣujam buyurul 80
阿尤失 ayusi 126
阿玉什 ayusi 135、140、141
阿玉什巴图尔 ayusi baɣatur 131
阿玉什都尔哈勒诺颜 ayusi durqal noyan 137
阿玉什哈玛尔 ayusi qamar 132
阿玉什墨尔根阿海 ayusi mergen aqai 135
阿玉什墨尔根台吉 ayusi mergen aqai 135
阿玉什台吉 ayusi tayiji 142
阿玉什伟征诺颜 ayusi üyijeng noyan 137
阿玉台吉 ayu tayiji 141
阿宰墨尔根和硕齐 ajai mergen qosiɣuči 142
阿宰墨尔根台吉 ajai mergen qosiɣuči 143
阿菁台吉 aju tayiji 126
埃答必思答言台吉 ayidibis dayan tayiji 120、121
埃生威正那颜 esen üyijeng noyan 125
爱古斯伊勒登都尔哈勒 ayiɣus yeldeng duraqal 132
安出孛罗 alču-bolud 115、126
安第 andi 131
安谆墨尔根台吉 ančun mergen tayiji 142
俺答汗 altan qaɣqn 123、124
昂噶都车臣台吉 angqadu sečen tayiji 140
昂噶海墨尔根诺颜 angɣaqai mergen noyan 134
昂噶海扎萨克图哈喇忽喇 angɣaqai jasaɣtu qara qula 131
敖巴布克诺颜 uuba böke noyan 140
敖宝墨尔根阿海 obuu mergen aqai 138
敖布额尔德尼台吉 obu erdeni tayiji 135
敖达 uda 135
敖都 odu 140
敖拉噶勒齐 ulaɣaljai 135、136
敖目 uum 135
敖其尔冰图 včir bintü 131
敖其尔岱巴图尔 včir-dai baɣatur 131
奥巴著力兔 uuba joriɣtu 120、121

B

八答麻台吉 badm-a tayiji 125
八的麻扯臣台吉 badm-a sečen tayiji 120、121
八思巴 gjbagsba 100、102、103、123、124
巴布车臣汗 baba sečen qaɣan 139
巴达哩 badari 140
巴歹 badai 90、92
巴儿忽真豁阿 barɣujin ɣou-a 80
巴儿速孛罗 barsbolud 115、116、117、118、120、122
巴儿速孛罗吉囊 barsbolud jinong 125
巴儿速车臣汗 bars sečen qaɣan 120
巴尔巴噶泰固英 barbaɣadai guying 131
巴尔其墨尔根诺颜 barči mergen noyan 131
巴尔图冰图台吉 bartu bintü tayiji 135
巴噶拜 baɣabai 136
巴噶尔扎扣肯 baɣar ča keüken 135
巴噶阑阿海 baɣaran aqai 132
巴噶阑额尔德尼岱青 baɣaran erdeni daičing 131
巴噶沙布隆 baɣ-a šabrung 132
巴噶素岱台吉 baqa sudai tayiji 141
巴噶素台吉 baqasu tayiji 131、141、142
巴噶孙 baɣasun 117
巴噶乌巴什 baɣ-a ubasi 142
巴噶乌金 baɣa ökin 136
巴海 baqai 113、114
巴罕阿海 baqan aqai 132
巴罕班第 baqan bandi 135

巴罕达什 baγaqan brasi 131
巴罕喇嘛 Baqan blam-a 142
巴罕乌巴什 baqan ubasi 131、137、142
巴喀伯 baγabai 136
巴喀尔扎扣肯 baγarja keüken 138
巴喀赉和硕齐 baqarai qosiγuči 133、138
巴喀赖台吉 baqarai tayiji 141
巴拉 jbala 137
巴勒布冰图 balbu bintü 140
巴勒丹车臣珲台吉 baldan sečen qung tayiji 142
巴勒丹绰克图阿海 baldan čoγtu aqai 134
巴勒丹杜固尔格齐 baldan degürgeči 131
巴勒昆额尔德尼岱青 balγun erdeni dayičing 139
巴玛 bam-a 140
巴索泰台吉 baγasutai tayiji 142
巴塔赤罕 batačaγ 79
巴特马额尔德尼珲台吉 badm-a erdeni qung tayiji 130、131
巴特玛 badm-a 134
巴特玛达什 badm-a brasi 139
巴特玛哈坦巴图尔 badm-a qatan baγatur 132
巴特玛罗卜藏岱青 badm-a lubsang dayičing 135
巴特玛什墨尔根楚琥尔 badmasi mergen čögükür 134
巴特玛斯奇 badmasgi 140
巴特玛台吉 badm-a tayiji 142
巴特玛伟征诺颜 badm-a üyijeng noyan 131
巴秃剌丞相 batula čingsang 108
巴图尔额尔德尼诺木齐 baγatur erdeni nomči 135
巴图尔珲台吉 baγatur qung tayiji 134
巴图尔诺颜 baγatur noyan 140
巴图尔台吉 baγatur tayiji 131、140、141
巴图特台吉 baγatud tayiji 121
巴雅海把阿秃儿 bayaqai baγatur 117
巴颜达喇珲台吉 bayandar qung tayiji 129、130
巴颜台吉 bayan tayiji 141
巴扎尔 bajar 140
巴扎尔乌巴什 bajar ubasi 138
巴札喇威正台吉 bajar-a üyijeng tayiji 120、121
把阿秃儿小失的 baγatur sügüsite 114、118

把都儿台黄台吉 baγaturdai qung tayiji 126
把都儿台吉 baγatur tayiji 125、126
把儿坛把阿秃儿 bardam baγatur 81
把秃猛可 batumöngke 113、114、115
把秃猛可答言合罕 batumöngke dayan qaγan 115、127
百军王 jaγun čerig-tü 79
摆三忽儿威正台吉 bayisang qur üyijeng tayiji 125
拜巴噶斯 bayibaγas 136
拜罕烛剌 bayiqan jula 124
班奔额尔德尼 bambun erdeni 134
班奔墨尔根楚琥尔 bambun mergen čögükür 135
班弟七庆台吉 bandi sečen tayiji 126
班第 bandi 138、140、141
班第阿海台吉 bandi aqai tayiji 132
班第绰克图阿海 bandi čoγtu aqai 138
班第绰鲁木 bandi čolum 141
班第达 bandida 131
班第达八思巴帝师 bandida jbagsba disri 103
班第达呼图克图格根 bandida qutuγtu-yin gegen 137
班第岱青珲台吉 bandi dayičing qung tayiji 142
班第都隆 bandi dügüreng 120
班第萨纳岱青和硕齐 bandisana dayičing qosiγuči 143
班第台吉 bandi tayiji 131、141、143
班第乌巴什 bandi ubasi 136
班第著力兔 bandi joriγtu 120
班扎 banja 140
班珠尔额尔克宰桑 bamčur erke jayisang 135
班谆诺木齐 banjun nomči 137
贝勒索诺木呼图克图 beyile sonum qutuγtu 140
贝玛 buyima 140
贝玛额尔克巴图尔 buyim-a erke baγatur 131
贝玛斯丹津 buiym-a sdančin 135
备巴哩台吉 bari tayiji 122
奔巴 bumba 120
奔巴达尔汉珲台吉 bumba darqan qung tayiji 139
奔巴歹 bumbadai 120
奔巴失哩扯臣把都儿 bumbasiri sečen baγatur 121
奔巴斯奇布绰克图台吉 bumbasgib čoγtu tayiji 134

奔拜台吉 bumbai tayiji 122
奔不歹晃兔台吉 bumbadai čoγtu tayiji 121
奔禅 bunčan 136
奔塔尔哈坦巴图尔 buntar qatan baγatur 132
本塔尔奔扎勒墨尔根台吉 buntar bumjal mergen tayiji 136
本塔尔楚琥尔 buntar čögükür 134
本塔尔岱青巴图尔 büder dayičing baγatur 142
本塔尔岱青楚琥尔 buntar dayičing čögükür 135
本塔尔墨尔根和硕齐 bun-tar mergen qosiγuči 142
比八失台吉 babasai tayiji 122
妣吉 bigiiji （biiji）107、108、112、113
必勒格别乞 belge beki 189
必里秃 biligtü 105
必里秃合罕 bilig-tü qaγan 107、124
必乞儿把阿秃儿 bikir baγatur 81
毕噶达 biγada 137
毕喀达 135
毕克达 137
毕喇噶泰 biraγ-a-dai 137
毕力克图阿海 bilig-tü aqai 135
毕玛里吉哩谛 bimalikirdi 135、138
毕那噶 binaka 137
毕奇 beki 141
弻齐格兑额尔克阿海 bičigedüi erke aqai 138
弻什呼勒图汗 bisireltü qaγan 130
别克帖儿 begter 83、84、114
别勒该歹崩台吉 belgei tayibung 121
别勒古台 belgetei 83、84、85、86、87、89、94、96、114
宾兔台吉 bintü tayiji 126
宾兔银锭台吉 bintü yeldeng tayiji 122
宾扎喇什 binjarasi 142
宾扎雅额尔克台吉 binjay-a erke tayiji 131
冰图 bintü 140
冰图阿海 bintü aqai 131、134、137
冰图岱青 bintü daičing 134、135
冰图都尔哈勒 bintü doraγal 131
冰图台吉 bintü tayiji 136
伯把儿思升豁儿多黑申 bai bars singqur doγsin 81

伯哥歹阿哈剌忽 begdei aqaluqu 113
伯木古鲁巴 133
伯桑豁儿狼台吉 bayisangqorlang tayiji 120
伯思哈勒昆都力汗 bayisqal köndüleng qaγan 120、125
伯颜答喇那林台吉 bayandar-a narin tayiji 120、125
伯颜猛可孛罗忽吉囊 113
伯颜纳忽 bayan naqu 85
孛端察儿 bodungčur 80、81、87
孛端察儿蒙合黑 bodungčur mungqaγ 80
孛儿帖 börte 83、87
孛儿帖赤那 börte činu-a 79 80
孛儿帖哈屯 92、96
孛儿帖兀真 börte üüjin 86、87
孛儿帖兀真哈屯 98
孛儿帖薛禅哈屯 97
孛儿只吉歹篾儿干 borjigidai mergen 80
孛来太师 bolai tayisi 113
孛罗忽吉囊 bolqu jinong 113、116
孛罗忽勒 boruqul 91、93、94
孛罗乃 bolunai 118
孛啰出 boruču 79
孛斡儿赤 buγurči 85、86、92、93、94、95、96、98
博布 bubu 135
博楚拉克 bučulaγ 136
博达什哩 bodisiri 140
博达什哩墨尔根伊勒登 boda-siri mergen yeldeng 142
博达伊勒登绰克图 buda yeldeng čoγtu 135
博达扎布阿海 buda-jab aqai 140
博达札布额尔德尼珲台吉 darai taγiji 140
博达札布额尔克台吉 budajab erke tayiji 134
博第达尔玛 bodi darm-a 135、137
博第颂敖特根诺颜 bodisung odqun noyan 133
博都呼墨尔根岱青 buduqu mergen daičing 136
博格素 bögesü 140
博固拜和硕齐 büübei(bügübei) qosiγuči 142
博固贝和硕齐 141

博呼特墨尔根台吉 bouqud mergen tayiji 142
博勒拜堪诺木齐 bolbayiken nomči 141
博罗巴罕阿海 boru baɣaqan aqai 131
博罗特布克台吉 bolad böke tayiji 132
博罗乌那噶额尔克岱青 boru unaɣ-a erke dayičing 139
博弥额尔德尼台吉 bumi-erdeni tayiji 137
博尼绰克图台吉 buni čoɣtu tayiji 135
博尼泰巴图尔 bunidai baɣ-a-tur tayiji 142
博尼泰巴图尔台吉 bunidai baɣatur tayiji 141
博特布台吉 budbu tayiji 142
博图克森呼图克图 bütügsen qutuɣtu 142
博托果绰 buduɣučuu 132
博托果绰台吉 buduɣučuu tayiji 132
博珠 boju 138
卜儿海 burqai 117
卜失兔吉囊 bosiɣtu jinong 120
卜颜图青把都儿 buyantu čing baɣatur 125
卜颜图台吉 buyan-tu tayiji 126
卜只剌我托汉台吉 budadar-a odqan tayiji 120、125
不答失哩 bodasiri 120
不地阿剌黑 bodi-alaɣ 118
不地阿剌黑合罕 bodi-alaɣ qaɣan 119
不儿孩七庆朝库儿 burqai sečen čögükür 125
不儿赛歹成 borsai dayičing 121
不合 buqa 91、93
不合察罕合罕 buq-a čaɣan qaɣan 91、92
不合赤撒勒只 buquči salji 80
不和台吉 böke tayiji 119
不忽合答吉 buqu qataki 80
不忽台 buqudai 90
不花 buqa 111
不花帖木儿丞相 buq-a temür čingsang 105
不克别勒古台 böke belgetei 111
不克台吉 böke tayiji 126
不禄慎台吉 boruɣčin tayiji 126
不纳班黄台吉 boyban qung tayiji 120
不他失礼黄台吉 budasiri qung tayiji 122
不言大扯臣著力兔 buyantai sečen joriɣtu 121
不颜答喇合落赤台吉 buyandar-a qolači tayiji 121

不彦把都儿黄台吉 buyan baɣatur qung tayiji 120
不彦把都儿台吉 buyanbaɣatur tayiji 122
不彦答言扯臣合罕 buyan dayung sečen qaɣan 119
不彦台 buyandai 120
不阳忽里都喇哈勒 buyangquli duraqal 120、121
不亦鲁黑罕 buyiruɣ qan 88、89
不只克儿台吉 bujiger tayiji 126
布达札布额尔克阿海 budajab erke aqai 137
布达札布额尔克台吉 budajab erke tayiji 139
布尔海达尔汉巴图尔 buriqai darqan baɣatur 141、142
布尔尼王 borni vang 120
布格素墨尔根台吉 bögesü mergen tayiji 139
布喀喇公 bögere güng 136
布克诺颜 böke noyan 140
布里台吉 boli örünei 141
布哩贡巴 brigüngba 136
布尼 buni 138
布尼达喇额尔克阿海 bunidar-a erke aqai 137
布塞 busai 140

C

擦玛杨 jamiyang 134
藏台吉 asiqa 130、131
策布登诺木齐阿海 sebten nomči aqai 138
策策克喇札布 čečeg lhajab 140
策哩斯奇布赛因阿海岱青 čerisgib sayin aqai dayičing 132
策林 čerin 139
策琳楚琥尔 čerin čögükür 132
策琳衮布哈坦巴图尔 čerin gümbü qatan baɣatu 133
策琳伊勒都齐 čerin ildüči 132
策凌衮布哈坦巴图尔 čeringümbü qatan baɣatur 132、133
策旺敖特浑台吉 čeveng odqan 142
策旺多尔济 čevendorji 132、135
策旺额尔克宰桑 čeveng erke jayisang 139
策旺墨尔根台吉 čeveng mergen tayiji 134
策旺青岱青 čeveng čing dayičing 141
策温车臣绰克图 sečen čoɣtu 132
策温台吉 čeven tayiji 132

查噶斯奇布车臣诺颜 čaɤasgib sečen noyan 132
察阿歹 čaɤadai 94、95
察布哩额尔德尼乌巴什 čabari erdeni ubasi 139
察噶毕塔尔达赉车臣诺颜 čaɤbidar dalai sečen noyan 138
察干额尔克岱青 čaɤan erke daičing 131
察罕 čaɤan 114、140
察罕阿玉什 čaɤan ayusi 130
察罕冰图台吉 čaɤan bintü tayiji 136
察罕札噶林 čaɤan jaɤarin 117
察忽麦力艮著力兔 čaqu mergen joriɤtu 121
察克巴冰图阿海 čaɤba bintü aqa 134
察克巴额尔克阿海 čaɤba erke aqai 134
察剌合老人 čaraqa ebügen 84
察木查尔额尔德尼诺木齐 čamčar erdeni nomči 136、137
察乃 čiqai 93
察斯扎布昆都楞诺颜 časjab köndelen ubasi 135
察兀儿别乞 čaɤur bekiy 90
禅丹绰克图阿海 čandan čoɤtu aqai 137
长力台吉 čangli tayiji 126
常呼额尔德尼 čangquu-erdeni 136
晁兔台吉 čoɤtu tayiji 121
朝拜 čoubai 138
朝儿库青把都儿 čörükü čing baɤatur 121
炒花爪儿兔 siuq-a joriɤtu 126
车布腾 čebten 140
车臣岱青 sečen dayičing 139
车臣岱青和硕齐 sečen dayičing qosiɤuči 136
车臣固什 sečen guüsi 131
车臣汗 sečen qaɤan 139
车臣珲台吉 sečen qung tayiji 141
车臣济农 sečen jinong 132
车臣诺颜 sečen noyan 138、140
车臣台吉 sečen tayiji 131、140
车德琳沁 čederinčin 134
车登额尔克台吉 čeden erke tayiji 134
车登伊勒登绰克图 čeden yeldeng čoɤtu 138
车琳 čerin 135、136
车琳多尔济 čerin dorji 136

车琳扎勒 čerinjal 136
车琳扎勒额尔德尼台吉 čerin rgyal erdeni tayiji 134、135
车琳扎勒额尔克台吉 čerin ryal erke tayiji 135
车凌巴勒 čerinbal 134
车凌达什 čerin brasi 136
车凌都尔噶勒诺颜 čerin durqal noyan 135、137
车凌多尔济 čerindorji 136
车满楚琥尔 čaman čögükür 135
车旺札布 evenjab 134
扯扯亦坚 čečeken 91
扯臣台吉 sečen tayiji 121
彻卜登 čebten 110、111、118
彻不腾额儿克歹成 čebten erke dayičing 125、126
彻布腾 čebten 140
彻格彻把阿秃儿 čegeče baɤatur 117
彻林台吉 čerin tayiji 126
沉白 čimbai 85、91、92
成布木台吉 čembüm tayiji 135、136
成噶岱 čenggedei 140
成衮 čembün 141
成衮额尔克台吉 čembün erke tayiji 142
成衮扎萨克图车臣汗 čembun jasaɤtu sečen qaɤan 130
成衮卓哩克图台吉 čembun joriɤtu tayiji 136
成吉思 činggis 82、83、84、85、86、87、88、89、90、119
成吉思合罕 činggis qaɤan 88、89、90、91、94、95、100、103、104、105、114、119、124、144
赤老温 čilaɤun 85、92
赤老温把阿秃儿 čilaɤun baɤatur 93
赤勒格儿孛阔 čilger böke 87
赤列都 čiledü 81
赤诺沙喇 činu-a sir-a 130
充布勒 čumbal 138
充达喇台吉阿海 čongdar tayiji aqai 135
崇达尔 jungdar 140
崇达尔岱亲 jungdar dayičing 140
楚琥尔 čögükür 140
楚琥尔额勒伯黑额尔黑 čögükür elbegei erkei 140

楚琥尔喇嘛 čögükür blam-a 135
楚琥尔台吉 čögükür tayiji 131
楚斯齐布额尔克巴图尔 čosgib erke baγatur 131
垂尔扎木素 čoyir jamsu 142
垂喇克 čoyiraγ 131
垂噜布冰图台吉 čoyirub bintü tayiji- 136
垂木喇 čoyimul 134
垂台吉 čoi tayiji 141
垂扎木素 čoijamso 135
垂札布 čoyijab 137、138
垂札布冰图阿海 čoyijab bintü aqai 134
垂札布冰图岱青 čosgib bintü dayičing 138
垂札布台吉 čoyijab tayiji 136
春伯 čömbei 136
春布勒额尔克阿海 čun bul erke aqai 139
纯贝纳木扎勒 čombui namjal 136
绰尔扎 čorja 141
绰辉墨尔根台吉 čoqui mergen tayiji 131
绰克察巴图尔台吉 čoγča baγatur tayiji 136
绰克达喇 čoyidar-a 134
绰克哩 čoγli 132
绰克图阿海 čoγ tu aqai 135、136、137、138、139
绰克图珲台吉 čoγtu qung tayiji 138
绰克图台吉 čoγtu tayiji 132、135、136、137、138、140
绰克图伟征诺颜 čoγtu üyijeng noyan 137
绰克图伊勒都齐 čoqu ildüči 136
绰拉察海 čulčaγai 141
绰鲁木和硕齐 čolum qosiγuči 135
绰鲁木台吉 čolum tayiji 140、141
绰罗思拜帖木儿丞相 čorusbai temür čingsang 112
绰斯吉台吉 čosgi tayiji 142
绰斯奇布 čosgib 140
绰斯奇布冰图阿海 čosgib bintüaqai 138
绰斯奇布岱青巴图尔 čosgib dayičing baγatur čambum tayiji 135
绰斯希多尔济阿海岱青 čoski dorji aqai dayičing 138
绰斯喜布乌巴什珲台吉 čosgib ubasi qung tayiji 139

绰希雅 čokiy-a 136

D

达尔汉珲台吉 darqan qung tayiji 130、134
达尔吉达什旺楚克 darji brasi vangčug 137
达尔济 darji 138、141
达尔济额尔德尼 darji erdeni 135
达尔济雅王 darjiy-a vang 137
达尔玛达拉额尔克岱青 darm-a dala erke dayičing 132
达尔玛格鲁布 darm-a gerüb 135
达尔玛格鲁布陀音 darm-a gerüb toyin 135
达尔玛固噜 darm-a guru 141
达尔玛琳沁 darmarinčin 137
达尔嘛津 darmajin 141
达唻 darai 128
达唻台吉 darai tayiji 140
达赉珲台吉 dalai qung taiji 139、140
达赉乌巴什 dalai ubasi 141
达赖岱青 dalai dayičing 135
达赖喇嘛 dalai blam-a 124、125、133
达赖喇嘛瓦只喇达剌 dalai blam-a včir-dhar-a 124
达赖苏班金座王 dalai suban altan sandalitu qaγan 79
达哩 dari 139
达哩伊勒登绰克图 dari yeldeng čoγtu 134
达哩伊勒登珲台吉 dari yeldeng qung tayiji 139
达木垂陀音 damčoi toyin 137
达木林额尔克岱青 damrin erke dayičing 137、139
达木琳 damrin 136
达木琳札布 damrin jab 137、139
达木琳卓哩克图阿海 damrin joriγtu aqai 135
达木凌台吉 damring tayiji 142
达沙尔车臣阿海 tašar sečen aqai 130
达沙尔额尔德尼岱青 dašar erdeni dayičing 134
达什 dasi 137、141
达什岱青 dasi dayičing 131
达什栋噜布 brasi dongrub 136、137
达什额尔克阿海 dasi erke aqai 137
达什额尔克台吉 dasi erke tayiji 134、142
达什哈坦巴图尔 brasi qatun baγatur 131

达什珲台吉 dasi qung tayiji　134
达什喇 dasir-a　138
达什喇扎克巴 brasi rčaγba　137
达什台吉 dasi tayiji　141、142、143
达什伊勒登 brasi yeldeng　132
达什札布 dasi jab　137
达锡尔额尔德尼 dasir erdeni　142
达雅海墨尔根诺颜 dayaqai mergen noyan　140
达雅海诺颜 dayaqai noyan　140
达云车臣台吉 deyung sečen tayiji　138
答补歹 tabu dai　126
答哈台太保 taγdar tayibu　111
答剌麻八剌 darm-a-bala　103
答剌特哥力各台吉 dalad kölüge tayiji　122
答来宰桑 dalai jayisang　121
答里巴合罕 delbe qaγan　108
答里台 daridai　89
答里台斡惕赤斤 daridai očiken　82
答纳失哩哈坛把都儿 danasiri qatan baγ-atur　121
答言扯臣合罕 dayung sečen qaγan　119
答言合罕 dayan qaγan　115、116、117、118、120、126、127
答云那颜 dayan noyan　123
打儿大台吉 derde tayiji　125
打儿麻台吉 darm-a tayiji　125
打来 dara　126
打来孙 darayisun　126
岱诺颜 dai noyan　130、131
岱青阿海 dayičing aqai　131、136、137
岱青巴图尔 dayičing baγatur　136、142
岱青楚琥尔 dayičing čögükür　135、141
岱青和硕齐 daičing qosiγuči　131、136、137、138
岱青珲台吉 dayičing qung tayiji　139、140、141
岱青霍图古尔 daičing qotuγur　130
丹巴 damba　140
丹巴额尔克台吉 damba erke tayiji　136
丹巴林沁黄台吉 dambarinčin qung tayiji　126
丹巴台吉 damba tayiji　131
丹巴陀音 damba toyin　141
丹巴陀音诺扪额真 damba toyin nom-un ejen　140

丹巴札布岱青阿海 dambajab dayičing aqai　137
丹察 sdanča　137
丹津 danjin　136、138、141
丹津达尔汉巴图尔 dangjin darqan baγatur　142
丹津岱青卓哩克图 danjin dayičing joriγtu　142
丹津额尔德尼 sdanjin erdeni　138
丹津陀音 sdanjin toyin　135、137
道陶尔毕力克图 dotor biligtü　136
德德克赫墨尔根阿海 tedegegei mergen aqai　136
德格济台吉 degeji tayiji　132
德久阿海 dejiü aqai　132
德勒登 delden　129、135
德勒登昆都楞 deldeng köndeleng　128、140
德木泰珲台吉 demtei qung tayiji　135
德薛禅 dei sečen　83、84、86、92
第噜巴 diluba　136
第噜巴阿噜巴 dilüb aruba　135
第木楚克 dimčoγ　134
帝师喇嘛呼图克图 disri blam-a qutuγtu　103
第珠阑 dijuran　140
迭该 degei　93
迭勒都伯颜 delgetü bayan　92
东科尔满珠什哩 sdongkür manjusiri　133
董噶尔 dongγar　140
都尔哈勒阿海 durqal aqai　135
都尔哈勒台吉 duraqal tayiji　131
都噶尔伊勒登和硕齐 dukar yeldeng qosiγuči　138
都噶尔札布额尔克阿海 dukar jab erke aqai　138
都格尔阿海岱青 düger dayičing　136
都格尔岱青和硕齐 düger dayičing qosiγuči　131
都格尔札布冰图台吉 dügerjab bintü tayiji　134
都喇哈勒 durqal　140
都喇哈勒台吉 durqal tayiji　119
都腊儿台吉 duraqal tayiji　125
都勒巴却结谆愒桑卜 dulba čovas rje bčivan grus bzang bova　123
都隆帖木儿洪台吉 dügüreng temür qung tayiji　107
都思噶尔巴图尔 tuskar baγatur　130
都蛙锁豁 dou soqur　80
杜尔格齐 degürgeč　132

杜尔格齐巴图尔 degürgegči baγ-atur 133
杜尔格齐诺颜 degürgeči noyan 134
多尔察海哈喇扎噶勒杜固尔格其 dorčaqai qar-a jaγal dügürgegči 139
多尔济 dorji 134
多尔济冰图岱青 dorji bintü dayičing 134
多尔济冰图诺颜 dorji bintü noyan 143
多尔济达赉乌巴什 dorji dalai ubasi 141
多尔济达什 dorji brasi 139
多尔济岱珲台吉 dorji-dai qung tayiji 130、131
多尔济杜尔格齐诺颜 dorji degürgegči noyan 134
多尔济额尔德尼阿海 dorji erdeni aqai 134
多尔济额尔克伊勒登 dorji erke yeldeng 138
多尔济喇布坦珲台吉 dorji rabtan qung tayiji 142
多尔济墨尔根阿海 dorji mergen aqa 135
多尔济斯齐布 dorjisgib 132
多尔济台吉 dorji tayiji 131
多尔济札布 dorjijab 131、135、136
多尔济卓哩克图济浓 türjigir dorji joriγtu jinong 132
多格尔札布冰图台吉 dügerjab bintü tayiji 134
多古郎公主 116
多尔哈勒阿海 135
多哩济格尔 türjigir 132
多尼特巴 doniud-ba 103
朵奔篾儿干 dobu mergen 80
朵歹扯儿必 tödei čerbi 93
朵儿伯多黑申 törbei doγsin 94、95
朵儿计歹成 dorji dayičing 121
朵儿只额耶图宰桑 dorji eyetüjayisang 125
朵儿只诺木齐宰桑 dorji nomči jaisang: 125
朵儿只台吉 dorji tayiji 121
朵豁勒忽扯儿必 toγlaqu čerbi 93
朵穆勒忽把阿秃儿 tomulaqu baγatur 105

E

俄罗斯绰克图台吉 orus čoγtu tayiji 141
额成肯卓哩克图合屯 ečengken joriγtu qatun 133
额呈吉台吉 ečengki tayiji 121
额儿点绰黑图合罕 erdini čoγtu qaγan 104
额尔德尼 erdeni 131
额尔德尼阿海 erdeni aqai 134、136、138、139
额尔德尼巴图尔 erdeni baγatur 132、134、138
额尔德尼岱珲台吉 erdeni-dei qung tayiji 131
额尔德尼岱青 erdeni dai čing 130、136、137、139
额尔德尼额尔克台吉 erdeni erke tayiji 137
额尔德尼和硕齐 erdeni qosiγuči 135
额尔德尼诺木齐 erdeni nomči 134、136
额尔德尼台吉 erdeni tayiji 135、136
额尔德尼伟征 erdeni üyijeng 139
额尔德尼伊勒登诺颜 erdeni yeldeng noyan 136
额尔克阿海 erke aqai 134、135、138、139
额尔克巴图尔 erke baγatur 134、139、141
额尔克布什 erkebsi 140
额尔克布什楚琥尔 erkebsi čögükür 132
额尔克楚琥尔 erke čögükür 137
额尔克绰克图 erke čoγtu 137、139
额尔克岱青 erke daičing 130、136
额尔克珲台吉 erke qung tayiji 139
额尔克孔果尔 erke-qongγur 119、120
额尔克台吉 erke tayiji 131、134、135、136、137、138、139、140、141、
额尔克陀音 erke toyin 139
额尔克卓哩克图 erke joriγtu 132
额尔客图伊勒登 erketü yeldeng 142
额勒别克合罕 elbeg qaγan 107、108
额勒登格巴克什 eldüngge baγsi 117
额勒木素台吉 eremsü tayiji 141
额列克墨尔根汗 eriyekei mergen qaγan 133
额木根 emegen 135
额薛来太保 esilei tayibu 113
额彦额尔克台吉 eyen erke tayiji 132
额真阿伯 ejen abai 132
鄂尔果岱诺木齐 oγudai nomči 133、134
鄂尔齐图珲台吉 öljeyitü qung tayiji 133
鄂尔斋图阿拜 öljeyitü abai 125
鄂特欢萨木贝玛 odqun samu buyima 141
恩克跌儿歹成那颜 engkedar-a dayičing noyan 125
恩克合罕 engke qaγan 107
恩克合收赤 engke qosiγuč 121
恩克墨尔根诺颜 engke mergen noyan 131

恩克七庆那颜 engke sečen noyan 125

F

佛法大瓦齐赍汗 nom-un yeke včir qaɣan 133

G

噶白索南 dga-bai sodnam 103
噶布珠腾格哩陀音 kabču tngri toyin 136
噶儿麻威正著力兔 garm-a üyijeng joriɣu 125
噶儿麻银锭 garm-a yeldeng 125
噶尔布 garbu 140
噶尔丹 galdan 136、139
噶尔丹哈坦巴图尔 ɣaldan qatan baɣatur 132
噶尔丹墨尔根岱青 ɣaldan mergen dayičing 141
噶尔丹墨尔根台吉 galdan mergen tayiji 136
噶尔丹伟征阿海 galdan üyijeng aqai 137
噶尔玛墨尔根 garm-a mergen 132
噶尔玛诺木齐 garm-a nomči 134
噶尔玛伊勒登 garm-a yeldeng 132
噶尔图车臣 ɣaltu sečen 142
噶朗拉 grangla 130
噶勒丹 galdan 134
噶勒丹呼图克图 galdan qutuɣtu 130
噶勒图巴图尔 ɣaltu baɣatur 141
噶噜图诺颜 ɣalaɣutu noyan 140
噶玛拔希 garma baɣsi 101、103
革儿孛罗 gerebolad 115、127
革儿孛罗台吉 gerebolad tayiji 126
格艮俺答汗 gegen qaɣan 123、124
格艮汗 gegen qaɣan 133
格坚合罕 gegen qaɣan 103
格坚薛禅 gegen sečen 104
格呼森札 gersenje 115、127
格呼森札扎赍尔珲台吉 geresenje jalayir-un qung tayiji 127、129
格萨尔卓哩克图 geser joriɣtu 142
根布巴 gambuba 135
根都斯扎布额尔德尼伟征诺颜 kendüs jeb-erdeni üyijeng noyan 135
根惇 gendün 135、137、140

根惇阿海岱青乌巴什 gendün aqai dayičing ubasi 138
根惇额尔克岱青 gendün erke dayičing 132
根惇札布 gendüb jab 137
根敦 gendün 135
根敦岱青 gendün dayičing 130
根敦额尔克岱青 gendün erke dayičing 131
根敦墨尔根岱青 genden mergen dayičing 132
公谷儿薛缠 köngkür sečen 121
公主 güngjü 94
贡布岱青 güngbü dayičing 142
贡布额尔德尼 gümbü erdeni 131
贡布额尔德尼台吉 güngbü-erdeni tayiji 131、132
贡布台吉 güngbütayiji 142
贡楚克台吉 günčüg tayiji 122、142
贡噶 güngga 141
贡噶多尔济陀音 güngge dorji toyin 139
贡格 güngge 137、142
贡格岱青 güngge dayičing 132
贡济斯克巴图尔 güngjiske baɣatur 131
贡克 güngge 135
古失哈屯 küsei qatun 115
古哲额赤台吉 küčegeči tayiji 121
固库 kükü 136
固拉扎台吉 gülče tayiji 142
固噜 gürü 136、141
固噜绰克图阿海 gürü čoɣtu aqai 137
固噜格 kölüge 140
固噜格台吉 kölüge tayiji 141
固噜墨尔根岱青 gürü mergen dayičing 134、137
固噜墨尔根台吉 gürü mergen tayiji 135
固噜默尔根台吉台台 gürü mergen tayiji tayiji 143
固噜诺木齐 gürü nomči 132
固噜齐布车臣台吉 sečen tayiji 131
固噜思其布额尔德尼珲台吉 görüsgib erdeni qung tayiji 130
固噜斯奇布额尔克阿海 gürüsgib erke aqai 136、137
固噜斯希 gürüski 137
固噜台吉 gürü tayiji 141
固噜札布 gürüjab 136

固噜札布青台吉 gürüjab čing tayiji 137
固伦公主 gürün-e günji 120
固玛伊勒登 güme yeldeng 142
固木齐诺木齐 gümeči nomči 130
固木斯奇 kümüski 141
固木宰绰鲁木 kümüčei čolum 133、134
固什 güüsi 140、141
固什台吉 güüsi tayili 130、131
固实托音 güüsi toyin 126
拐子孛罗 qajaγar bolud 113
贵达都尔哈勒和硕齐 küyide duraqal qosiγuči 131
贵由 göyüg 101
贵由合罕 güyüg qaγan 101
衮布衮珠根 gümbü günjüken 140
衮布昆都伦岱青杜尔格齐 gümbü köndelen dayičing degürgeči 135
衮布墨尔根阿海 gümbü mergen aqai 137
衮布墨尔根台吉 güngbü mergen tayiji 132
衮布诺扪达赉 gümbü nom-un dalai 132
衮布台吉 gümbü tayiji 125
衮布土谢图汗 gümbü tüsiyetü qaγan 134
衮布伊勒登 gümbü yeldeng 130、131
衮布扎克冰图阿海 gümbü jaγ bintü aqai 130
衮布扎克岱青阿海 gümbüjaγ dayičing aqai 131
衮布扎什达尔汉珲台吉 günbü brasi darqan qung tayiji 130
衮楚克 günjüg 140
衮楚克额尔德尼岱青 günjüg erdeni dayičing 132、139
衮楚克额尔克岱青 günčüg erke dayičing 132
衮楚克墨尔根台吉 günčüg mergen tayiji 132
衮楚克台吉 günčöng tayiji 141、142
衮达 künde 141
衮噶奥德贝 gungge odbai 100
衮噶凝波 güngge siningbu 99
衮济赉台吉 güngjirei tayij 142
衮济斯喀额尔克台吉 küjiska erke tayiji 137
衮札布额尔克台吉 günjab erke tayiji 132
郭芒囊素 γomang nangsu 133

H

哈布图合撒儿 83、105、114、117、118、124
哈赤古 qačiyu 83、86
哈赤温 qačiyun 94
哈出 qaju 80
哈儿忽出黑台吉 qarγačuγ tayiji 112、113
哈干台吉 qaγan tayiji 130
哈喇 qar-a 114
哈喇阿玉什 qara ayusi 130
哈喇达什额尔德尼岱青 qara brasi erdeni daičing 139
哈喇扎噶勒 qara jaγal ür-e ügei 139
哈勒察海 qalčaγai 110
哈勒津额尔德尼阿海 qaljan erdeni aqa 139
哈斯巴 qasba 141
哈丹 qadan 121
哈坦 qatan 137
哈坦巴图尔 qatan baγatur 139
哈坦乌巴什垂札布 gendün ubasi čoyijab 137
哈通海 qatungqai 144
海阑楚琥尔 qayiran čögükür 141
海努海把都儿 qayinuqai baγatur 121
海萨伊勒登绰克图 qayisa yeldeng čoγtu 134
罕都 qandu 141
罕篾力克 qamilig 95
杭图海 qangtuqai 127
杭图海太后 qangtuqai tayiqu 127
蒿济格尔 qojiger 131
诃额仑 ögelen 81、82、83、84、86、87、94
合必赤把阿秃儿 qabiči baγatur 81
合不勒合罕 qabulqan 81
合赤曲鲁克 qači kölüg 81
合赤温脱忽剌温 qajiγ-un toγuriyud 87
合答 qada 111
合儿吉思失剌 qargis sira 93
合剌孩 qarγai 87
合阑勒歹 qaraldai 87
合撒儿 qasar 84、85、86、94、96、108、114、115、119

和世㻋忽都笃合罕 küselen qutuγtu qaγan 104
洪郭尔γongγur 139
洪郭尔岱青阿海 γongγur dayičing aqai 132
洪郭尔额尔德尼阿海 γongγur erdeni aqai 137
洪郭尔泰珲台吉 qongγurdai qung tayiji 139
洪郭尔乌巴什 qongγur ubasi 140
洪果尔额尔克阿海 qongγur erke aqai 138
洪果尔珠尔哈勒汗 qongγur jorγal qaγan 141
呼毕尔罕 qubilγan 131
呼达噶 qudaγa 141
呼尔嘎 qurγ-a 138
呼尔泰台吉 gürdei tayij 142
呼图克图 qutuγtu 103、131、132
呼图克图喇嘛 qutuγtu blam-a 100
呼图克图诺颜格隆 qutuγtu noyan gelüng 141
忽必来 qubilai 91、93、94
忽必烈 qubilai 97
忽必烈薛禅合罕 qubilai sečen qaγan 102、106、144
忽察儿 qučir 90
忽察儿别乞 qučir beki 88、89
忽都合别乞 qudaγa beki 88、89、91
忽阑哈屯 qulan qatun 91、92、95、98
忽阑伟征诺颜 qulan üyijeng noyan 141
忽里台篾儿干 qorildai mergen 108
忽难 qunan 94
忽秃 qudu 88、89
忽秃黑少师 qutuγ sigüüsi 113
忽秃剌罕 qotulaqan 88
忽图黑台朝克察孙济鲁肯黄台吉 qutuγtai čoγčasun jirüken sečen qung tayiji 121
忽兀海太尉 qouqai tayu 107
瑚尔呼勒 qorγul 140
虎剌哈赤台吉 quraγči tayiji 126
虎秃台吉 qutuγ tayiji 122
晃豁来 qongquli 113
豁阿黑臣 qoγuγčin 86
豁阿木合黎 gou-a muquli 92
豁阿台吉 γou-a tayiji 125
豁阿薛禅 γou sečen 87
豁埃马阑勒 γou-a maral 79

豁儿赤 qorči 87、94
豁雷罕 qului-qan 91
豁里察儿蔑儿干 qoričar mergen 80
豁里歹 qorildai 89
豁里剌儿台篾儿干 qorildai mergen 80
火筛拓不能 qosoi tabunong 116
霍尔固勒台吉 qorγul tayiji 131
惠宗 144

J

吉赤吉银锭 kijigi yeldeng 122
吉鲁格台把阿秃儿 gilügedei baγatur 96、97
吉迷思斤哈屯 jimisken qatun 115、127
济巴石台吉 jibasi tayiji 120
济雅克绰克图伟征诺颜 rčayaγ čoγtu üyijeng noyan 135
嘉木措台吉 jamsu tayiji 122
坚阿巴孩 ken abaqai 115
金扎 ginja 140
颈座王 küjügün sandalitu qaγan 79
净饭王子 ariγun idegetü qaγan 79

K

喀都斯奇 kaduski 140
喀喀木额尔德尼 gegemü erdeni 140
堪布 gambu 135
堪布巴 gambuba 136
可可出大台吉 kökečütei tayiji 119
克出辛爱台吉 kečegüü sengge tayiji 126
兜鲁岱 garudi 115、126
客哩耶 keriy-e 114
客哩耶秃子 keriy-e qojigir 115
崆奎车臣济农 qongγui sečen jinong 132
哭线威正 küsel üyijeng 121
哭线威正著力兔 küsel üyijeng joriγtu 121
苦跌跌宾兔歹成 küdedei bintü daičing 121
库登合罕 küdeng qaγan 119
库登火落赤那颜 qoluči noyan 126
库克布哩额尔克绰克图 kökebüri erke čoγtu 137
库木里吉囊 kümeli jinong-un γutaγar 120、121

库木里麦力艮哈剌吉囊 kümeli mergen qar-a jinong 120、122

库先台台吉 küsedei tayiji 121

坤帖木儿合罕 güng-temür qaɣan 108

昆都楞都尔格齐 köndeleng degür geči 138

昆都楞陀音 köndüleng toyin 132

昆都楞乌巴什 köndüleng ubasi 137

阔端 köden 101

阔阔出 kökečü 87

阔阔搠思 kökečüs 93

L

拉巴赛车臣台吉 labasai sečen tayiji 131

拉布哩额尔克台吉 laburi erke tayiji 139

拉布塔尔火落赤达尔汉珲台吉 labadai qoluči darqan qung tayiji 134

拉哈札布额尔德尼阿海 lhajab erdeni aqai 137

拉伦额尔德尼台吉 larun erdeni tayiji 137

拉玛斯奇布达尔汉岱青 lamasgib darqan daičing 142

拉玛泰冰图 lamadai bintü 131

拉嘛札布 lamajab 141

拉旺 lhavang 138

拉札布 lajab 136

拉札布伊勒登阿海 lhajab yeldeng aqai 137

喇布丹额尔克阿海 rabtan erke aqai 134

喇布丹陀音 rabtan toyin 136

喇布坦 rabtan 136 137

喇布坦额尔克岱青 rabtan erke dai-čing 142

喇布坦伊勒登珲台吉 rabtan yeldeng qung tayiji 139

喇瑚里达赉诺颜 raqula dalai noyan 134

喇麻札布朝库儿 lamajab čöükür 125

喇玛斯奇布额尔德尼 lamasgib erdeni-yin köbegün 142

喇玛札布车臣珲台吉 lamajab sečen qung tayiji 132

喇失威正黄台吉 brasi üyijeng qung tayiji: 121

喇失颜台吉 rasiyan tayiji 121

喇特那额尔德尼 radn-a erdeni 135

喇特那额尔德尼巴图尔 radn-a erdeni bayatur 134

喇特那墨尔根珲台吉 radna mergen qung tayiji 139

喇特那伊勒都齐 radn-a ildüči 132

喇特纳额尔德尼 radn-a erdeni 138

喇旺陀音 lavang toyin 134

喇札布绰克图台吉 lajab čoɣtu tayiji 134

剌不台吉 labuɣ tayiji 120、125

剌哈伊巴呼 laq-a ibaqu 104、105

剌玛斯齐布冰图阿海 lamasgib bintü aqai 131

赉瑚尔汗 layiqur qaɣan 130

赖三忽儿台吉 layisangqur tayiji 125

狼台吉 lang tayiji 125、126

勒古失阿哈剌忽 legüsi aɣalaqu 116

礼塔尔 litar 135

理儿不台吉 rilbü tayiji 126

莲花必勒克图 lingu-a biligtü 134

莲花车臣岱青 lingqu-a sečen dayičing 138

莲花生 badm-a sambau-a 80

林丹库图克图 linden qutuɣtu 119

林沁台吉 rinčin tayiji 125

林沁札布台吉 rinčinjab tayiji 125

琳沁 rinčen 141

琳沁达尔汉珲台吉 rinčin darqan qung tayiji 139

琳沁多尔济 rinčin dorji 136、138

琳沁额尔德尼岱青 rinčin erdeni dayičing 137

琳沁墨尔根阿海 rinčin mergen aqai 138

琳沁赛音珲台吉 rinčin sayin qung tayiji 131

琳沁台吉 rinčen tayiji 134、142

琳沁伊勒登 rinčin yeldeng 131

琳沁伊勒登阿海 rinčin yeldeng aqai 131

鲁奇旺楚克 logi vangčug 138

罗卜藏 lub-san 120、131、132、136、137、140、141、142

罗卜藏策琳 lubsangčerin 132

罗卜藏垂恩丕勒 lubsang čoyinbal 141

罗卜藏达尔汉珲台吉 lubsang darqan qung tayiji 130

罗卜藏岱诺颜 lubsangdai noyan 131

罗卜藏岱青 lubsang dayičing 134、136

罗卜藏丹巴 lubsangdamba 139

罗卜藏额尔德尼 lubsang erdeni 131、140

罗卜藏额尔德尼阿海 lubsang erdeni aqai 139

罗卜藏呼图克图 lubsang qutuɣtu 138

罗卜藏斯丹津 lubsang sdanjin 132
罗卜藏台吉 lubsang tayiji 134、141、142
罗卜藏陀音 lubsana toyin 136、137、138
罗卜藏伊勒登台吉 lubsang yeldeng tayiji 132
罗赖乌巴针 lorui ubasi 139
罗雅克额尔克楚琥尔 loyaɤ erke čögükür 135
落巴达 lubada 132

M

麻那呼台吉 manaqu tayiji 126
马柴台吉 mačai tayiji 121
马第台吉 madai tayiji 121
马可古儿吉思 maq-a kürgis 111
玛尔巴 marba 136
玛噶特岱青台吉 maɤad dayičing tayiji 139
玛哈喀噜纳 maq-a karun-a 132
玛济哈台吉 majiqa tayiji 141
玛济克 majiɤ 140
玛喀尼图台吉 maɤnitu tayiji 131
玛尼巴 maniba 135
玛奇克乌巴什 majiɤ ubasi 131
嘛察哩伊勒登土谢图 majari yeldeng tüsiyetü 139
迈达哩呼图克图格根 mayidari qutuɤtu-yin gegen 132
麦力艮失喇儿歹 mergen siraldai 126
麦力艮台吉 mergen tayiji 126
满达哩绰 mandari čou 141
满都海 manduqai qatun 112
满都海哈屯 manduqai qatun 115、117
满都鲁 manduɤuli 111
满都鲁合罕 manduɤuli qaɤan 111、112、113、114
满五大台吉 mangɤutai tayiji 125
满五素台吉 mangɤus tayiji 125
满珠失哩台吉 manjusiri: taiji 120
满珠什哩呼图克图克根 manjusiri qutuɤtu gegen 132
芒吉仑 manggilun 83、86
芒金伊喇古 manggin iraɤu 115
芒剌 mangla 110
莽古速台吉 mangɤustayiji 119

莽骨思朝库儿 mangɤus čögükür 120
莽骨思合落赤 mangɤus qoloči 121
毛里孩 maɤuliqai 114
毛里孩王 maɤuliqai ong 111、114
茂 muu 131
扪垂台吉 mönčüi tayiji 141
门都王 mendü ong 119
猛贵 mönggüi 110
猛可 möngke 114
蒙哥 möngke 102
蒙哥合罕 möngke qaɤan 102
蒙力克 menggelig 84、90
孟固差达鲁噶 mönggüčei daruɤ-a 127
孟贵 mönggüi 127
篾年土敦 menen tüden 81
明爱额耶赤台吉 mingqai inji tayiji 122
明噶伦阿拜 mingqal-unabai 128
明孩哈喇忽喇 mingqai qar-a qula 130、131
谟达尔台吉 muudar tayiji 142
谟噜台吉 moru tayiji 141
谟啰贝玛 mouru buyima 139
谟宰额尔克诺颜 muujai erke noyan 142
谟卓哩克图珲台吉 joriɤtu qung tayiji 142
摩诃三摩多王 maq-a sambadi qaɤan 79
摩伦陀音 molun toyin 136
摩罗其 molučai 118
莫都 medü 127
莫兰 molun 110、111
莫兰合罕 molun qaɤan 111、114
莫兰台吉 molun tayiji 126
莫勒台 moladai 111
墨丹 madan 142
墨尔根阿海 mergen aqai 134、135、137、139、140
墨尔根楚琥尔 mergen čögükür 135
墨尔根岱青 mergen daičing 136、137、141
墨尔根汗 mergen qaɤan-u 134
墨尔根珲台吉 mergen qung tayiji 134、139
墨尔根诺颜 mergen noyan 134
墨尔根台吉 mergen tayij 131、135、141、142
墨尔根台吉台吉 mergen tayiji tayiji 141

默济克台吉 mačiqan tayiji 141
木合黎 muquli 93、94、95、96、98
穆禅乌巴什珲台吉 mučan ubasi qung tayiji 133
穆彰墨尔根楚琥尔 müjan mergen čögükür 139

N

那噶木台吉 aγamu tayiji 142
那力不剌 nalbuγura 115
那力不剌台吉 narbuγur tayiji 126
那马思其布台吉 namasgib tayiji 130
那玛斯吉楚琥尔 namaski čögükür 135
那玛斯吉墨尔根楚琥尔 namaski mergen čögükür 135
那玛斯奇布岱青诺颜 namasgib dayičing noyan 134
那玛斯奇布额尔德尼 namasgib erdeni 141
那弥克诺木齐阿海 namig nomči aqai 138
那木大麦力艮台吉 numudai mergen tayiji 121
那木跌儿合落赤台吉 numdar-a qoluči tayiji 125
那木塔儿尼 numdarai qung 121
那木塔儿尼黄台吉 numdari qung tayiji 120
那木图台吉 nomtu tayiji 120
那木扎勒 namjil 136
那木扎勒托音 namjil toyin: 125
那木扎勒陀音 namjal toyin 134
那言大儿吉囊 noyandar-a jinong 120
纳臣台吉 ajin tayiji 121
纳哈出 naγaču 112、113
纳合出把阿秃儿 naγaču baγatur 89
纳堪珠那乌巴什 naganjuna ubasi 135
纳力不剌 nal-buγur 115
纳玛达尔 amadar 141
纳玛噶阿第萨 amaγ-a adisa 140
纳玛什哩 nama siri 131
纳玛斯奇布岱青诺颜 namasgib dayičinig noyan 134
纳玛斯奇布岱青和硕齐 namasgib dayičinig qosiγuči 138
纳木淳都尔噶勒阿海 namčun duraqal aqai 134
纳木扎勒 amiyal/namjil 132、137
纳木扎勒额尔德尼班第达 namjal erdeni bandida 134
纳木扎勒额尔克岱青 namjil erke dayičing: 139
纳木扎勒呼图克图 namjal qutuγtu 142

纳木扎勒乌巴什 namjalubasi 137
纳乞牙昆迭连歹成 nakiy-a köndüleng dayičing 121
南喀坚灿 blam-a namkii rčamčan 104
讷黑 nekei 131
讷黑台吉 nekei tayiji 142
尼玛 nima 137
尼玛琳沁 nimarinčin 137
尼玛琳沁额尔德尼伊勒都齐 nim-a rinčin erdeni ildüči 138
尼玛琳沁墨尔根阿海 nimarinčin mergen aqai 137
尼玛陀音 nim-a toyin 132
捏坤太师 nekün tayisi 82、88
努尔津 norjin 138
诺尔布 norbu 136
诺尔布弼什哷勒图汗 norbu bisireltü qaγan 130
诺尔布额尔德尼楚琥尔 norbu erdeni čögükür 131
诺尔布额尔德尼珲台吉 norbu erdeni qung tayiji 132
诺尔布额尔克阿海 norbu erke aqai 135
诺尔布额尔克台吉 norbu erke tayiji 135
诺尔布格盖额尔德尼台吉 nürbü gei erdeni tayiji 133
诺尔布台吉 norbu tayiji 141
诺尔布伊勒登 norbu yeldeng 131
诺哩冰图 nori bintü 135
诺哩冰图阿海 nori bintü aqai 135
诺扪达赉 nom-un dalai 132、135
诺扪罕 nom-un ejen 136
诺们额真 nom-un ejen 135
诺木达赉 nom dalai 132
诺木齐 nomči 141
诺木齐阿海 nomči aqai 135、136、137
诺木齐珲台吉 nomči qung tayiji 134
诺木齐台吉 nomči tayiji 135
诺木齐泰朋珲台吉 nomči tayibung qung tayiji 130
诺木齐宰桑 nomči jayisang 125
诺内王 oqunui vang 134
诺诺和 noγunuqu 128
诺诺和伟征诺颜 noγunuqu üyijeng noyan 128、133、134、135、138
诺颜绰尔济 noyan čorji 132

诺颜呼图克图 noyan qutuɣtu　134、137
诺颜泰 noyantai 128
诺颜泰哈坦巴图尔 noyantai qatan baɣatur　128、132
诺颜乌巴什 noyan ubasi 136

P

帕克巴 paɣba 136
帕克巴达尔额尔克阿海 jbaɣbadar erke aqai　138
帕克巴札布 jbaɣbajab 137
朋楚克 punčoɣ 136、137
朋素克陀音 punčuɣ toyin 136
普颜笃合罕 buyan-tu qaɣan 103
普颜奴鲁 buyan-u-luu　104

Q

齐巴 čiba　134
齐巴克额尔德尼 čibaɣ erdeni 134
齐巴克额尔德尼音扎那 čibaɣ erdeni injana 134
齐勒都台吉 čilegedü tayiji　136
齐纳尔 činar 140
齐旺 čivang　138
其巴 čibe　135
奇尔第额尔克阿海 kirdi erke aqai 139
奇哩第额尔克珲台吉 keridi erke qung tayiji　142
奇哩森哲台吉 girisengje tayiji 142
奇哩泰台吉 kiridi tayiji 142
奇隆呼尔温布 gilungyur ombu　142
奇木楚克阿海 kimčoɣ aqai　134
奇塔特 kitad 121、 140
乞塔特都喇哈勒 kitad duraqal 121
乞塔特伊勒登和硕齐 kitad yeldeng qosiɣuči 133、135
切尽黄台吉 sečen qung tayiji　123
乩加思兰台吉 bigerse tayiji 126
乩加思兰太师 bikerse tayisi 112、116
钦旦察合安 čindan čaɣan　88
青　čing　115、121
青巴图尔 čing baɣatur 140、141
青绰克图 čing čoɣtu 136
青达罕赛音默济克 čindayan sayin majiɣ 142
青达罕赛音默济克啤力克图 čindayan sayin majiɣ joriɣtu 141
青达玛尼达尔汉陀音 čindamani darqan toyin 134
青达玛尼陀音 čindamuni toyin 130
青达玛尼宰桑陀音 čindamani jayisang toyin　139
青珲台吉 čing qung tayiji 134
青台吉 čing tayiji 126、132、136、137、138、139、140、141
曲出 küčü　87
曲律合罕 kölüg qaɣan　103
却亦儿扎威正 čoyirja üyijeng tayiji　125

S

撒里合勒札兀 sali ɣaljaɣu 80
撒蛮地哈屯 samadi qatun　111
撒台扯臣歹成 šadai sečen dayičing　121
撒只把都儿黄台吉 saji baɣ-a-tur qung tayiji　121
萨布丹 sabdan　132
萨布固泰鄂尔齐图珲台吉 sabuɣudai öljeyitü qung tayiji　133
萨第宾察 sadibinča　137
萨第达 sadida　137
萨尔努丕勒都喇哈勒阿海 sarnupil durqal aqai 138
萨尔万察 sirvanča　137
萨尔扎达云珲台吉 sarja dayun qung tayiji　135
萨尔扎墨尔根台吉 sarja mergen tayiji　141
萨尔札布 serjab 137
萨冈台吉 saɣang tayiji　121
萨喇敏呼拉齐台吉 saramin qolači tayiji　143
萨喇斯奇 sarasgı　140
萨赖虎勒 saraylyol 135
萨兰毕喇什额儿德尼宰桑 saran-barasi erdini jayisang　125
萨阑 saran　140
萨阑阿海 saran aqa　131、142
萨阑车臣珲台吉 saran sečen qung tayiji　141
萨阑达什 saran brasi　142
萨阑达什额尔克岱青 saran dasi erke dayičing 143
萨阑都尔哈勒阿海 saran duraqal aqai　142
萨阑额尔克绰克图 saran erke čoɣtu 143
萨阑哈坦巴图尔 saran qatan baɣatur 142

萨阑台吉 saran tayiji 141、142
萨阑伊勒登 saran yeldeng 131
萨哩木素 saramsu 140
萨噜台吉 saru tayiji 141
萨玛第公绰克图台吉 samadi gün čoɣtu tayiji 134
萨玛第济农 samadi jinong 132
萨木 samu 128、129
萨木喇囊索 samala nangsu 133
萨木坦 samtan 143
萨木坦伊勒登 samtan yeldeng 137
萨穆勒太师 samul tayisi 113、116
萨思迦板的达 saskiy-a bandida 100
萨只台吉 šaji tayiji 121
塞因满都海哈屯 sayin manduqai qatun 114、115
赛木台吉 saimu tayiji 141
赛因答喇青把都儿 sayin-dara čing baɣatur 121
赛因格艮汗 sayin gegen qaɣan 120、122、124
赛音巴特玛哈坦巴图尔 sayin badm-a qatan baɣatur 132
赛音珲台吉 sayin qung tayiji 131
赛音那拉 sayin alaɣ 126
桑噶尔 sangyar 141
桑噶尔思其布 sangyasgib 130
桑噶尔斋伊勒登和硕齐 sangrčai yeldeng qosiɣuči 135
桑噶斯奇 sangqasgi 140
桑济衮臣哈坦巴图尔 sangči günčen qatan baɣatur 133
桑结八剌 sangjis-bal 104
桑昆 senggüm 89、90
桑昆巴图尔 senggün baɣatur 131
桑昆巴图尔台吉 senggün baɣatur tayiji 131
色布腾 sebten 135、140
色布腾岱青阿海 sebten dayičing aqai 132
色特尔台吉 seter tayiji 142
色尔济达赖岱青 serji dalai dayičing 134
色尔济额尔克岱青 serji erke dayičing 142
色特尔冰图岱青 seterbintü dayičing 143
色特尔岱青和硕齐 seter dayičing qosiɣuči 77
色特尔额尔德尼岱青和硕齐 seter erdeni dayičing qosiɣuči 138
僧格 sengge 132
沙布隆 šabrung 136、141
沙达塔 šatada 140
沙达塔额尔克 šatada erke 142
沙济 šaji 141
沙济额尔克宰桑 šaji erke jayisang 139
沙济墨尔根珲台吉 šaji mergen qung tayiji 139
沙克都尔额尔德尼 šaɣdur erdeni 134
沙克都尔那木扎勒 šaɣdur namjil 143
沙克都尔札布 šaɣdorjab 135
沙克扎 šaɣja 136、140、141
沙喇布 šarab 137、140
沙喇布冰图阿海 šarab bintü aqai 137
沙喇布墨尔根岱青 širab mergen dayičing 131
沙喇布伊勒都齐哈喇忽喇 šarab ildüči qara qula 131、132
沙喇绰克图台吉 šar-a čoɣtu tayiji 137
沙喇都 šartu 142
沙刺 šara 121
沙哩 šari 141
沙姆扎特墨尔根阿海 šamjad mergen aqai 138
沙塔达都尔哈勒 šatada durqal 132
莎勒坛 sultan qan 95
莎哩布达哩 šaribudari 136
山巴答喇台吉 šambadar-a tayiji 121
山珠巴台吉 šanjuba tayiji 131
善巴 šamba 136、140
善巴达尔绰克图阿海 šambadar čoɣtu aqai 136
善巴额尔克岱青 byamba erke dayičing 136
善巴尔额尔德尼 šambar erdeni 130
善巴哈坦巴图尔 šamba qatan baɣatur 135
善巴台吉 šamba tayiji 142
善巴札布冰图阿海 šambasgib bintü aqai 135
失宝赤 sibaɣuči 79
失答台台吉 sideti tayiji 121
失都儿忽罕 siduryu qaɣan 95、96
失吉儿太后 sikir tayiqu 116
失吉忽秃忽 siki qutuɣluɣ 93、95
失喇敖金歹成 sir-a ökin dayičing 125

失喇卜晃兔 šarab čoγtu 121
失喇台吉 sir-a tayiji 126
失剌呼库德台吉 sirγuyud tayiji 126
失剌台 siradai 90
失乞儿 siker 113
失乞儿太后 sikir tayiqui 113
失失里黑 sisilig 90
什第墨尔根台吉 sidi mergen tayiji 137
什喇达什巴图尔 sira (-bradi)brasi baγatur 139
什喇达什哈坦巴图尔 sira brasi qatan baγatur 139
石答答扯臣朝库儿 šadadai sečen čögükür 121
释迦牟尼 šakyamuni 79、133
硕瑚拉克森墨尔根阿海 šoγulaγ san mergen aqai 139
硕垒赛音乌巴什珲台吉 solui sayin ubasi qung tayiji 130
搠思吉斡节儿 čoski odser 103
搠塔 joda 86
思其布额尔德尼 sgib erdeni 130
斯丹济布额尔德尼阿海 sdanjab erdeni aqai 138
斯丹津 sdanjan 140
斯丹津扎安珲台吉 sdanjin jaγan qung tayiji 132
松木儿台吉 sümir tayiji 124、125
苏勒登台吉 suldang tayiji 130
苏迷儿黄台吉 sümir qung tayiji 126
素班第扎萨克图汗 subandai jasaγ-tu qaγan 130
素布岱台吉 subudai tayiji 141
素布尼冰图阿海 subuni bintü aqai 137
素达雅素达哩 suday-a sudari 135
素德那木楚琥尔 sodnam čögükür 131
素噶巴拉额尔克卓哩克图 soγabala crkc joriγtu 139
素勒丹 suldan 135
素勒丹台吉 suldan tayiji 141
素泰伊勒登珲台吉 sudai yeldeng qung tayij 139
素特那木朋素克额尔德尼巴图尔 sodnam punčuγ erdeni baγatur 138
素特那木札布 sodnam jab 136
速巴海 subuqai 126
速别额台 93、94、95
速别额台把阿秃儿 sübe-gedei baγ-atur 91
速客 sükei 77

索得那木台吉 sodnam tayiji 126
索克孙额尔克阿海 soγusun erke tayiji 131
索那木阿海楚琥尔 sonam aqai čögükür 130
索南嘉措 bsovad nams rgya mčova 122、124、125、133
索南嘉穆禅 sodnam rjamčan 102
索南监藏 sodnam rjamčan 103
索诺岱青珲台吉 sunu dayičing qung taiji 134
索诺木巴勒 sonumbal 134
索诺木布克台吉 sonum böke tayiji 141
索诺木车臣岱青和硕齐 sonum sečen dayičing qosiγuči 135
索诺木岱青诺颜 sonum dayičing noyan 142
索诺木额尔德尼 sonum erdeni 142
索诺木青巴图尔 sonum čing baγatur 141
锁儿罕失剌 torqun sira 85、89、92

T

塔毕泰墨尔根台吉 tabitai mergen tayiji 142
塔儿忽台乞邻勒秃黑 tarγudai kirültüg 84、88
塔尔巴 tarb 136、141
塔尔巴车臣卓哩克图 tarba sečen joriγtu 131
塔尔巴绰鲁木和硕齐 tarba čolum qosiγuči 135
塔尔济阿 darjiy 136
塔噶济宰桑台吉 tanači jayisang tayiji 121
塔孩 daqai 88
塔喀奇 taγaki 131
塔库斯 taγus 136
塔马察 tamčaγ 79
塔斯奇布 tasgib 141
塔特伊勒登和硕齐 kitad yeldeng qosiγuči 135
塔阳罕 dayan qan 90、91
太松合罕 tayisung qaγan 110、111、118、119
泰朋珲台吉 tayibung qung tayiji 139
坦布木诺颜乌巴什 tambum noyan ubasi 135
唐古特 tangγud 135、136、138
唐古特额尔德尼珲台吉 tangγud erdeni qung tayiji 139
唐古特墨尔根岱青 tangγud mergen daičing 142
唐奇斯齐布额尔克台吉 tangjisgib erke tayiji 131
韬海固噜 tuuqai guru 136

韬赉 tulai 136
韬赉墨尔根楚琥尔 taulai mergen čogükür 139
陶尔雅勒 tooryal 132
陶库图 toγutu 135
特木德黑绰克图 temdegei čoγtu 141、142、143
腾额哩陀音 tngri toyin 132
铁背台吉 töbed tayiji 122
铁盖合收黄台吉 deki qosiγuči qung tayiji 121
铁力摆户 törü-bayiqu 115、118
帖木儿哈达黑 temür-qadaγ 114
帖木真 tümüjin 82
帖尼别乞 tani beki 102
通 tung 140
通石台吉 tüngsi tayiji 126
通珠克台吉 tongčog tayiji 142
秃勒哥歹 tölügedei 117
图巴 toba 136、137、140
图巴额尔克阿海 toba erke aqai 135
图巴额尔克绰克图 toba erke čoγtu 138
图巴额尔克岱青 toba erke daičing 137
图巴台吉 toba tayiji 121、141
图巴札布 tobajab 137
图巴札布额尔德尼伊勒登诺颜 tobajab erdeni yeldeng noyan 136
图凯台吉 toukei tayiji 141
图喇玛海台吉 tormaqai tayiji 142
图勒都尔岱青 tuldur dayičing 141
图垒巴图尔诺颜 tüdüi baγatur noyan 143
图扪达喇岱青霍图古 tümengdar-a dayičing qotuγur 129
图蒙肯昆都楞楚琥尔 tümengken köndüleng čögükür 135
图锐诺颜 türüi noyan 139
土毕斯齐布冰图阿海 tobasgib bintü aqai 131
土伯特哈坦巴图尔 töbed qatan baγatur 132
土布斯齐布车臣台吉 tobasgib sečen tayiji 131
土雷青合落赤 türüi čing qoloči 121
土麦打儿汉台吉 tümei darqan tayiji 122
土麦台吉 tümei tayiji 121、125
土蛮札萨克图合罕 119、124

土蒙肯阿拜 tümengken abai 128
土蒙肯绰克图珲台吉 tümengken čoγtu qung tayiji 138
土蒙肯昆都楞楚琥尔 tümengken köndüleng čögükür 133
土谢图汗 tüsiyetü qaγan 133、134
屯必乃薛禅 tombaqai sečen 81
托达额尔克阿海 toda erke aqai 136
托克塔呼 toγtaqu 127
拖雷 tolui 93、94、96、97
拖雷额真 tolui ejen 102
脱黑脱阿别乞 toγtaγan beki 88
脱忽察儿 toγučar 95
脱欢 toγon 108、109、110
脱欢太师 toγon tayisi 110、112
脱劣勒赤 törl čide 91
脱仑扯儿必 tolun čerbi 96
脱罗豁勒真伯颜 torγaljin bayan 80
脱脱丞相 toγtaγ-a čing-sang 105
陀因 toyin 132
陀音：131、132、134、135、136、138、139、140、142
陀音达尔汉诺颜 toyin darqan noyan 132
陀音墨尔根岱青 toyin mergen dayičing 137
陀音囊索喇嘛 toyin nangsu lam-a 140
陀音青台吉 toyin čing tayiji 136
陀音乌索 toyin usu 135
妥懽帖睦尔 toγon-temür 105
妥懽帖睦尔合罕 toγon-temür qaγan 123
妥懽帖睦尔乌哈笃合罕 toγon-temür uqaγatu qaγan 104

W

瓦齐尔巴尼 vačirbani 133
瓦齐赉土谢图汗 včir tüsiyetü qaγan 124、134
瓦其尔 včir 137
瓦剌麦力艮台吉 oyirad mergen tayiji 121
完泽笃合罕 öljei-tü qaγan 103
完者帖木儿合罕 öljei temür qaγan 108
完者秃宾图 öljei bintü 120

完者秃豁阿妣吉 öljeyitü you-a biiji 107
完者允都赤打儿汉把都儿 öljei ildüči darqan bayatur 121
王罕 ong qan 86、87、88、89、90
旺楚克 vangčug 134、135
旺楚克玛奇克乌巴什 vangčuɣ majiɣ ubasi 131
旺丁 vangding 137
旺堆额尔德尼阿海 vangdui erdeni aqai 138
旺济勒 vangjil 137
旺舒克贡格墨尔根台吉 vangsug güngge mergen tayiji: 130、 132
旺舒克墨尔根汗 vangčuɣ mergen qaɣan 130
威敬黄把都儿 üyijeng qung bayatur 126
威噜布 oyirub 137
威正 üyijeng 126
威正著力兔 üyijeng joriɣtu 125
伟征 üijeng 140
伟征诺颜 üyijeng noyan 137
伟征台吉 üčeng tayiji 131
温布 ongbu 132、140
温布车臣楚琥尔 ombu sečen čögükür 131
温布楚琥尔 ombu čögükür 131、140、141
温德忽额尔克楚琥尔 ündegü erke čögükür 131
温占台吉 onjan tayiji 142
温钟陀音 ončung toyin 142
翁归朝库儿 ongyoi čögükür 121
翁吉剌惕氏皇后 qongkirad qatun
翁剌罕银锭台吉 ongluqan yeldeng tayiji 120、122
翁谆 onjun 140
翁谆伊诺颜 onjun i noyan 132
窝阔台 ögüdei 93、94、95、96、97、100、101
窝阔台合罕 ögüdei qaɣan 100、101、102
我得塞儿台吉 odser tayiji 126
斡赤古 očiɣu 83、86、94
斡堆婆娘 odui emegen 113
斡尔呼达克 uryuday 137
斡尔呼达克额尔德尼岱青 uryuday erdeni dayčing 137
斡格列扯儿必 ögelei čerbi 93
斡吉台把阿秃儿 ögedei bayatur 113
斡克珠特墨尔根巴图尔 oɣčud mergen bayatur 142

斡罗出少师 oruči-sigüüsi 115
斡罗斯 orus 137
斡难威正那颜 onunü yijeng noyan 124
斡齐尔墨尔根阿海 včir mergen aqai 137
斡齐尔图 včirtu 140
斡其尔 včir 141
斡亦答儿麻那莫按台吉 oyidarm-a nomuqan tayiji 120、121
斡亦剌歹合罕 oyirudai qaɣan 108
斡亦马孙台吉 oyimusun tayiji 121
乌巴达额尔德尼阿海 ubada erdeni aqai 136
乌巴山只台吉 ubsanja tayiji 118
乌巴什 ubas 135、140、143
乌巴什巴图尔 ubasi bayatur 131
乌巴什珲台吉 ubasi qung tayiji 130、134
乌巴什台吉 ubasi tayiji 118、132、135
乌班岱达尔汉巴图尔 ubandai darqan bayatur 130、132
乌班第达尔玛什哩 ubandai darmasiri 130
乌都孛罗 odubolad 127
乌尔必台吉 örbi tayiji 135
乌哈笃合罕 uqayatu qaɣan 105、106、107、144
乌金 ökin 135、136、137
乌金额尔德尼台吉 ökin erdeni tayiji 137
乌金台吉 ökin tayiji 136、142
乌噜格乃车臣台吉 örügenei sečen tayiji 141
乌噜内台吉 örünei tayiji 141
乌墨黑台吉 ömekei tayiji 141
乌努呼绰鲁木 ünükü čolum 131
乌什延伊勒登 uslyan yeldeng 140
乌特黑伊勒都齐 ödküi ildüči 129、130
吴尔济斯齐布青 urjisgib čing 132
五侬台吉 onung tayiji 126
兀班 obun 126
兀儿图忽海那颜 urtuyuqai noyan 117
兀格赤哈什哈 ögeji qasɣ-a 108 、109
兀良哈 uriyangqai 136
兀鲁思摆户 ulus-baiqu 115、116、120
兀捏孛罗 ünebolud 114、115
兀努衮黄台吉 ünügün qung tayiji 121

兀思哈勒合罕 usqal qaɣan 107
兀孙 usun 93

X

西格其讷尔 sikečiner 127
希尔第 kirdi 136
希克萨巴第 kiɣsabadi 139
锡（硕）垒达赉车臣汗 silui dalai sečen qaɣan 139
锡布推哈坦巴图鲁 sibdui qatan baɣatur 134
锡第车臣阿海 sidi sečen aqai 137
锡谛 sidi 140
锡噶木 sigemü 141
锡噶木岱青和硕齐 sigemü dayičing qosiɣu-či 141
锡固尔察 sigürče 136
锡哩台吉 siri tayiji 142
挦锁赤 samsoči 80
小失的把阿秃儿 sigüsidei baɣatur 108
辛爱都龙汗 sengge dügüreng qaɣan 122、124
秀筛贝玛 siüsei buyima 135
秀尚额尔克阿海 siušang erke aqai 132
薛禅别乞 sečen beki 87、88
薛禅合罕 sečen qaɣan 103、105、123
薛呤哈坛把都儿 saran qatan baɣatur 121

Y

耶西亦邻真 jisis rinčen 104
也可哈巴儿图中根 yeke qabartu junggin 112、113
也客扯鲁 yeke jerü 89、92
也客赤列都 yeke čiledü 86、87
也客你敦 yeke nidün 80
也密力台吉 emlig tayiji 118
也带该 83
也速该把阿秃儿 yisügei baɣatur 81、82、83、84、86、87
也速干 yisüken 89
也速干哈屯 yisüken qatun 91
也遂 yisüi 89
也遂哈屯 yisüi qatun 91、95
也孙铁木儿合罕 yisün temür qaɣan 103
也孙帖额 yisütege 93

也先 esen tayisi 112
也先太师 esen tayisi 112
也辛跌儿都腊儿台吉 esendar-a duraqal tayiji 125
伊达木 idam 130、136
伊达木札布墨尔根阿海 idamjab mergen aqai 137
伊克沙布隆 yeke šabrung 132
伊克乌金 yeke ökin 136
伊拉固克三呼图克图 ilaɣuysan qutuɣtu 138
伊勒巴海额尔克台吉 ilbaqai erke tayiji 137
伊勒达海萨喇布 ildaɣai sarab 131
伊勒登 yeldeng 140
伊勒登阿海 yeldeng aqai 131、135、136、137
伊勒登绰克图 yeldeng čoɣtu 135、136、138、139
伊勒登都尔格齐 yeldeng dügürgeči 136
伊勒登额尔德尼台吉 yeldeng erdeni tayiji 141
伊勒登和硕齐 yeldeng qosiyuči 138
伊勒登珲台吉 yeldeng qung tayiji 136
伊勒登台吉 yeldeng tayiji 141
伊勒登土谢图 yeldeng tüsiye 139
伊勒登伟征 yeldeng üyijeng 140
伊勒噶泰 ilɣadai 137
伊琳赉乌巴什 ilinrei ubasi 142
伊沙尔阿布达 išar abda 136
伊沙尔诺木齐阿海 išar nomči aqai 134
伊沙尔约素图阿海 išar yosutu aqai 130
伊斯齐布 isgib 132
伊斯奇布额尔德尼 isgeb erdeni 134
伊素罕额尔克阿海 isuqan erke aqai 137
伊锡客 isige 136
亦巴合别乞 ibaqan bekiy 92
亦卜剌 ibere 117
亦卜剌太师 iberei tayisi 116、120
亦邻真旺 rinčen dvang 103
亦木辛爱 imu sengge 121
亦纳勒赤 inalči-da 91
亦失衮歹成 isigün dayičing 121
音扎那 injana 138
音占墨尔根阿海 injan mergen aqai 139
银锭台吉 yeldeng tayiji 126
隐布台吉 ombu tayiji 120

永乐皇帝 yunglu qaγan 107
玉木 yüm 141
玉木台吉 yüm tayiji 141、142
约素图阿海 yosutu aqai 130
云丹额尔德尼 yondan-erdeni 131
云丹嘉措 yondan rgyamčova 124、125

Z

宰达尔伊勒登阿海 čayidar yeldeng aqai 132
宰桑 jayisang 140
宰桑阿海 jayisang aqai 141
宰桑洪台吉 jayisang qung tayiji 139
宰桑台吉 jayisang tayiji 122
扎安珲台吉 jaγan qung tayiji 138、139
扎克阿海 jaγ aqai 136
扎克台吉 jaγ tayiji 136
扎拉康齐呼图克图格根 rjal kang rči qutuγtu 131
扎拉桑台吉 jalčan tayiji 138
扎勒布台吉 jalbu tayiji 143
扎木本台吉 čembüm tayiji 135、137
扎木布 jambu 137
扎木禅 jamčan 136
扎木禅呼毕尔罕 jamčan qubilγan 135
扎木错毕力秃托音 jamsu biligtü toyin 126
扎木错朝库儿 jamsu čöükür 125
扎木素 jamsu 132、140
扎木素巴图尔 jamsu baγatur 131
扎木素绰克图台吉 jamso čoγtu tayiji 134、135
扎木彦 jamiyan 137、140
扎木彦阿海 jamıyan aqaı 134
扎木彦岱青和硕齐 jamiyan dayičing qosiγuči 137
扎木彦额尔克岱青 jamyan erke dayičing 138
扎木彦诺木齐 jamiyan nomči 131
扎萨克图哈喇忽喇 jasaγtu qar-a qula 131
扎萨克图汗 jasaγtu qaγan 130
扎申太保 jasin tayibu 108
札巴僧格 obdins aldarsiγsan aldarun gegen 102
札布 jab 136、137、140
札布绰克图台吉 jab čoγtu tayiji 138
札布额尔德尼岱青 jab erdeni dayičing 132
札布青台吉 jab čing tayiji 138
札儿赤兀歹老人 jarčiγudai ebügen 86
札合敢不 jaq-a kambu 89、91、92、102
札剌亦儿珲台吉 jalayir qung tayiji 132、133、139、140、141
札剌亦儿台吉 jalayir tayiji 144
札米昂台吉 jamyan tayiji 125
札木合 jamuqa 87、88、90、91
札牙笃合罕 jayaγatu qaγan 104
斋三忽儿青把都儿 jayisangqur čing baγatur 125
占巴拉 jambala 136、138
占巴拉岱青诺颜 jambala dayičing noyan 134
占巴喇多尔哈勒阿海 jambala duraqal aqai 137
占巴喇诺木齐阿海 jambala nomči aqai 137
占布 jambu 140
占布拉 jambala 138
招力图合罕 joriγtu qaγan 107
召玛南额尔德尼台吉 jou manan erdeni tayiji 141
哲布尊 jibjun 131
哲布尊丹巴胡图克图 144
者别 jebe 89、91、93、94、95
者勒篾 jeleme 86、89、91、92、93
只儿豁阿歹 jirγuγadai 89
钟达尔 jungdar 136、141
钟都图岱巴图尔 jontu-dai baγatur 140
钟素达尔汉巴图尔 darqan baγatur 141
钟图岱巴图尔 jontu-dai baγatur 140
朱葛 jüge 104、105
朱洪武皇帝 jou qongqu qaγan 106
珠尔哈勒汗 joryul qaγan 141
珠尔墨特 jürmed 138
珠勒克洪诺颜 jüreg qung noyan 141、142
朱儿扯歹 jörčidi 91、92、93、94
著里额尔克台吉 joli erke tayiji 134
庄秃赉威正 jüntülei üyijeng 121
惴老翁 jüi ebügen 104
谆扎 junja 140
卓里克图济农 joriγtu jinong 132
卓里克图台吉 joriγtu tayiji 119、130、131
卓哩克图乌巴什 joriγtu ubasi 130

卓特巴 jodba 140
卓特巴车臣诺颜 jodba sečen noyan 135
卓特巴青 jodba čing 141
卓特巴达尔玛什哩珲台吉 jodba darmasiri qung tayiji 130
卓特巴台吉 jodba tayiji 130

拙赤 jöči 90、91、94、95
着力兔台吉 joriytu tayiji 126
茨塔尔墨尔根阿海 čidar mergen aqai 131
佐格[阿]兴喇嘛 jova dge sing 122
宗喀巴 zongkaba 125
藏台吉 130

三、参考书目

一、档案类

李保文整理：Arban doluuγaduγar jaγun-u emün-eü qaγas-tu qolbuγdaqu mongγol üsüg-ün bičig debter（1600-1650）《十七世纪蒙古文文书档案（1600—1650）》（蒙古文），内蒙古少年儿童出版社出版发行，1997年。

台湾故宫博物院：《旧满洲档》（满文，含个别蒙古文文书），台湾故宫博物院影印本，1969年。

中国第一历史档案馆：《清朝内国史院满文档案》（满文），胶卷。

中国第一历史档案馆、内蒙古自治区档案馆编：Čing ulus-un dotuγadu narin bičig-un yamun-u mongγol dansa ebkemel-ün emkidkel《清内秘书院蒙古文档案汇编》（1—7辑，蒙古文），内蒙古人民出版社影印本，2003、2005年。

中国第一历史档案馆、内蒙古大学蒙古学学院编：Dayičing gürün-ü dotuγadu yamun-u mongγol bičig-ün ger-ün dangsa《清内阁蒙古堂档》（1—22卷，满蒙古文合璧），内蒙古人民出版社影印出版，2006年。

二、史书类

佚名：《元朝秘史》，四部丛刊本。

亦邻真：《元朝秘史（畏吾体蒙古文复原）》，内蒙古大学出版社，1987年。

王磐《八思巴行状》，《大正大藏经》第49卷。

《圣武亲征录》，王静安先生遗书本。

[波斯]拉施特主编，余大钧、周建奇译：《史集》，商务印书馆，1983年。

《明实录》，台湾"中央研究院"历史语言研究所校印本，1962年。

《金史》，中华书局标点本。

《元史》，中华书局标点本。

《华夷译语》，涵芬楼秘笈本。

刘佶：《北巡私记》，云窗丛刻本。

李实：《北使录》，纪录汇编本。

杨铭：《正统临戎录》，纪录汇编本。

刘定之：《否泰录》，纪录汇编本。

许进：《平番始末》，金声玉振集本。

魏焕：《皇明九边考》，国立北平图书馆善本丛书第一集。

张雨：《边政考》，国立北平图书馆善本丛书第一集。

郑晓：《皇明北房考》，吾学编本。

叶向高：《四夷考》，宝颜堂秘籍续集本。

《北虏世系》，北平图书馆古籍珍本丛刊，书目文献出版社。

萧大亨：《夷俗记》，宝颜堂秘籍续集本。

张鼐：《辽夷略》，玄览堂丛书本。

冯瑗：《开原图说》，玄览堂丛书本。

王鸣鹤：《登坛必究》，明万历二十七年刻本。

郭造卿：《卢龙塞略》，明万历三十八年刻本，台湾学生书局影印。

茅元仪：《武备志》，道光活字版。

何乔远：《名山藏》，明崇祯元年刻本，台湾成文出版社影印。

瞿九思：《万历武功录》，中华书局1962年影印本。

《清实录》：中华书局影印本，1985年。

《钦定外藩蒙古回部王公表传》，文渊阁四库全书本。

《钦定外藩蒙古回部王公表传》，第一辑，包文汉、奇·朝克图整理，内蒙古大学出版社出版，1998年。

祁韵士：《皇朝藩部要略》，筠渌山房本。

包文汉整理：《清朝藩部要略稿本》，黑龙江教育出版社，1997年。

张穆：《蒙古游牧记》，同治祁氏刊本。

《亲征平定朔漠方略》，四库全书本。

《蒙古世系谱》，载中国公共图书馆文献珍本会刊，史部，载《清代蒙古史料合辑》（一），全国图书馆文献缩印复复制中心，1992年。

佚名：《俺答汗传》（Erdeni tunumal neretü sudur orusiba），内蒙古社会科学院图书馆藏蒙古文抄本。

珠荣嘎译注：《俺答汗传》（珠荣嘎原书名《阿勒坦汗传》），内蒙古人民出版社，1990年。

吉田顺一等译注：《〈阿勒坦汗传〉译注》，风间书屋，1998年。

呼·丕凌列：《有关蒙古和中亚国家文化与历史的两部珍贵文献》（Mongγol ba töb asiy-a-yin oron-nuγud-un soyol ba teüken-dü qolbugdaqu qoyar qobur sorbulji bičig），乌兰巴托，1974年。

《大黄史》A本，即《古昔蒙古诸汗源流之大黄史》（Erten-ü monγol-un qad-un ündüsün-ü yeke sir-a tuγuji），俄罗斯科学院东方研究院圣彼得堡分院图书馆藏，胶卷藏于日本东洋文库。

《大黄史》D本：即《达赖喇嘛所著名为青春喜宴的汗诺颜源流史》（Dalai blam-a-yin nomlaγsan jalaγusun qurim kemekü qad noyad-un uγ teüke ene bulai），影印件载海西希：《蒙古家族和宗教史文献》，威斯巴登，1959年。

Н.П.莎斯基娜，《〈沙剌图济〉——一部十七世纪的蒙古编年史》（汇纂的原文、译文和注解），莫斯科-列宁格勒，1957年。

朱风、贾敬颜汉译：《汉译蒙古黄金史纲》所附蒙古文文本，内蒙古人民出版社，1985年。

罗藏丹津：《黄金史》，国家出版社，乌兰巴托，2000年。

佚名：《大黄史》（Šira Tuγuji），乌力吉图校注，巴·巴根校订，民族出版社，1983年。

萨冈彻辰：《蒙古源流》（Erdeni-yin tobči），库仑本（乌兰：《〈蒙古源流〉研究》所附拉丁文转写，辽宁民族出版社，2000年）。

Byamba, *Asaraγči neretü-yin teüke,* orshil bichij hevleld beldhej tailvar hiisen Perinlei, *Monumenta Historica,* Tomus II, Fasciculus 4, Ulaanbaatar, 1960（《阿萨喇克其史》，丕凌烈写序、注释，乌兰巴托，1960年）。

Byamba-yin Asaraγči neretü[-yin] teüke (eh bichgiin sudalgaa), teruun devter, galiglaj usgiin helhees uilden hevleld beltgesen: Tseveliin Shagdarsuren, Lee Seong-gyu, Ulaanbaatar, 2002（善巴：《阿萨喇克其史》，沙格都尔苏隆、李圣揆整理并影印出版，乌兰巴托，2002年）。

巴·巴根校注本：《阿萨喇克其史》，民族出版社，1984年。

答里麻：《金轮千辐》（*Altan kürdün mingɣan kegesütü*），乔吉校注，内蒙古人民出版社，2000年。

梅日更葛根：《黄金史》，内蒙古文化出版社，1998年。

罗密：《蒙古世系谱》，内蒙古人民出版社，1989年。

《新校勘'成吉思汗金书'》，内蒙古文化出版社，2000年。

五世达赖喇嘛阿旺洛桑嘉措著，陈庆英、马连龙、马林译：《五世达赖喇嘛传·云裳》，中国藏学出版社，1997年。

五世达赖喇嘛阿旺洛桑嘉措著，陈庆英、马连龙译：《一世—四世达赖喇嘛传》，中国藏学出版社，2006年。

五世达赖喇嘛著，刘立千译：《西藏王臣记》，民族出版社，2000年。

顺努巴勒：《青史》（藏文），四川民族出版社，1985年。

绛求坚赞著，赞拉、阿旺、佘万治汉译：《郎氏家族史》（又名《郎氏灵犀宝卷》），西藏人民出版社，1988年。

阿旺贡嘎索南著，陈庆英等译：《萨迦世系史》，西藏人民出版社，1989年。

三、研究专著

亦邻真：《亦邻真蒙古学文集》，内蒙古人民出版社，2001年。

周清澍：《元蒙史札》，内蒙古大学出版社，2001年。

周良霄、顾菊英：《元史》，上海人民出版社，2003年。

蔡美彪主编：《中国通史》，第5册、第7册，人民出版社，1983年。

札奇斯钦：《蒙古黄金史译注》，台北，1979年。

王辅仁、陈庆英：《蒙藏民族关系史》，中国社会科学出版社，1985年。

郝维民、齐木德道尔吉主编：《内蒙古通史纲要》，人民出版社，2006年。

达力扎布：《明代漠南蒙古历史研究》，内蒙古文化出版社，1997年。

达力扎布：《明清蒙古史论稿》，民族出版社，2003年。

达力扎布：《蒙古史纲要》，中央民族大学出版社，2006年。

乌兰：《<蒙古源流>研究》，辽宁民族出版社，2000年。

乌云毕力格、成崇德、张永江：《蒙古民族通史》（第四卷），内蒙古大学出版社，2002年。

乌云毕力格：《喀喇沁万户研究》，内蒙古人民出版社，2005年。

乌云毕力格、白拉都格其主编：《蒙古史纲要》，内蒙古人民出版社，2006年。

胡日查、长命著：《科尔沁蒙古史略》（蒙古文），民族出版社，2001年。

宝音德力根：《十五世纪前后蒙古政局、部落诸问题研究》，内蒙古大学博士学位论文，1997年。

鲍音译注：《阿萨拉格齐蒙古史》，《昭乌达蒙族师专学报》，1989年第1—4期、1990年第1—2期。

王梅花：《阿萨拉格齐史研究》，内蒙古人民出版社，2008年。

玉芝：《蒙元东道诸王及其后裔所属部众历史研究》，内蒙古大学博士学位论文，2006年。

图雅：《桦树皮律令研究——以文献学研究为中心》，内蒙古大学博士学位论文，2007年。

姑茹玛：《入清（1691）以前的喀尔喀车臣汗部研究》，内蒙古大学博士学位论文，2008年。

Čebel, *Ulus-un nom-un sang-un azi-yin anggi-dur büküi monyol anggi-yin bičimel ba darumal nom bičig-üd-ün büridkel*, Ulaganbaɣatur, 1937（策伯勒：《国立图书馆亚洲部蒙古文手抄本和印刷书籍统计》，乌兰

巴托，1937年）。

德·共果尔：《喀尔喀简史》（蒙古文）（Qalq-a Tobčiyan），内蒙古教育出版社，1990年。

那楚克道尔济：《喀尔喀史》（蒙古文）（Qalq-a-yin teüke），内蒙古教育出版社，1997年。

Sh·比拉著，陈弘法译：《蒙古史学史（十三至十七世纪）》，内蒙古教育出版社，1988年。

巴德玛哈吨等编：《蒙古人民共和国部族志》，第一卷，内蒙古人民出版社，1990年。

Hans-Rainer Kämpfe, *Das Asarayči neretü-yin teüke des Byamba Erke Daičing Alias Šamba Jasay (Eine mongolische Chronik des 17. Jahrhunderts)*, Asiatishe Forshungen, Band 81, Otto Harrasowitz, Wiesbaden 1983（H.-R.堪佛：《善巴额尔克岱青扎萨克所著〈阿萨喇克其史〉——一部17世纪蒙古文编年史》，《亚洲研究》丛书第81卷，威斯巴登，1983年）。

Walther Heissig, *Die Familien- und Kirchengeschichtsschreibung der Mongolen* I, 16.-18.Jahrhundert, Asiatische Forschungen Band 5, Wiesbaden, 1959（海西希：《蒙古家族与宗教历史编纂学（一），16-18世纪》，威斯巴登，1959年）。

Walther Heissig, *Mongolische Literatue*r, in: *Handbuch der Orientalistik*, 1. Abt. 5. Band 2. Abschnitt-Mongolistik, Leiden/Köln, 1964（海西希：《蒙古文献》，载《东方学手册》，莱登-科隆，1964年）。

Walther Heissig, *Die Familien- und Kirchengeschichtsschreibung der Mongolen* II, Asiatische Forschungen Band 16, Wiesbaden, 1965（海西希：《蒙古家族与宗教历史编纂学（二）》，威斯巴登，1965年）。

Č. Ž. Žamcarano, *The mongol chronicles of the seventeenth century*, translated by Rudolf Loewenthal, Otto Harrassowitz, Wiesbaden, 1955（札木察诺：《17世纪蒙古编年史》，威斯巴登，1955年）。

符拉基米尔佐夫著，刘荣焌译：《蒙古社会制度史》，中国社会科学出版社，1980年。

森川哲雄：《蒙古编年史》，白帝社，2007年。

二木博史著，呼斯勒译：《蒙古历史文化》，内蒙古人民出版社，2003年。

若松宽：《清代蒙古的历史与宗教》，马大正等编译，黑龙江教育出版社，1994年。

石滨裕美子、福田洋一：《西藏佛教宗义研究（第四卷）——土官〈一切宗义〉蒙古章》，STUDIA TIBETICA No.11，东洋文库，1986年。

冈洋树：《清代蒙古盟旗旗制度研究》，东方书店，2007年2月。

四、研究论文

亦邻真：《莫那察山与〈金册〉》，载《亦邻真蒙古学文集》，内蒙古人民出版社，2001年。

亦邻真：《起辇谷与古连勒古》，载《内蒙古社会科学》1989年第3期。

达力扎布：《1640年卫拉特－喀尔喀会盟的召集人和地点》，载达力扎布主编《中国边疆民族研究》第一辑，中央民族大学出版社，2008年。

乌兰：《Dayan与"大元"——关于达延汗的汗号》，载《内蒙古大学学报》1990年第1期。

齐木德道尔吉：《外喀尔喀车臣汗硕垒的两封信及其流传》，载《内蒙古大学学报》1994年第4期。

齐木德道尔吉：《林丹汗之后的外喀尔喀玛哈撒玛谛车臣汗》（蒙文），载《内蒙古大学学报》1998年第2期。

齐木德道尔吉：《1640年以后的清朝与喀尔喀的关系》，载《内蒙古大学学报》1998年第4期。

齐木德道尔吉：《腾机思事件》，载《明清档案与蒙古史研究》第二辑，内蒙古人民出版社，2002年。

齐木德道尔吉：《四子部落迁徙考》，载《蒙古史研究》第七辑，内蒙古大学出版社，2003年。

宝音德力根：《关于王汗与札木合》，载《蒙古史研究》第三辑。

宝音德力根:《往流、阿巴噶、阿鲁蒙古》,载《内蒙古大学学报》1998年第4期。

宝音德力根:《从阿巴岱汗与俺答汗的关系看早期喀尔喀历史的几个问题》(文),载《内蒙古大学学报》1999年第1期。

宝音德力根:《兀良哈万户牧地考》,载《内蒙古大学学报》(哲社版)2000年第5期。

宝音德力根:《17世纪中后期喀尔喀内乱》,载《明清档案与蒙古史研究》第一集,内蒙古人民出版社,2000年。

宝音德力根:《"喀尔喀巴儿虎"的起源》,载《明清档案与蒙古史研究》第二辑,内蒙古人民出版社,2002年。

宝音德力根:《达延汗诸子分封》,载日本国际蒙古文化研究协会会刊 *Quaestiones Mongolorum Dispotatae*, Association for International Studies of Mongolian Culture, 第二辑,东京,2006年。

乌云毕力格:《明朝兵部档案中有关林丹汗与察哈尔的史料》,载《ResearchingArchival Documents on Mongolian History:Observations on the Present and Plans for the Future》,东京外国语大学,2004年。

乌云毕力格:《绰克图台吉的历史与历史记忆》,*Quaestiones Mongolorum Dispotatae*, Association for International Studies of Mongolian Culture(简称 *QMD*),第二辑,东京,2005年。

乌云毕力格:《车臣汗汗位承袭的变化——从《蒙古堂档》满蒙文档案史料看喀尔喀政治史的一个侧面》,载沈卫荣主编《西域历史语言研究集刊》第一辑,科学出版社,2007年。

乌云毕力格:《喀尔喀三汗的登场》,载《历史研究》2008年第3期。

乌云毕力格:《清太宗与喀尔喀右翼扎萨克图汗素班第的文书往来——兼谈喀尔喀-卫拉特联盟的形成》,载《西域研究》2008年第2期。

乌云毕力格:《关于蒙古阿苏特部》,载达力扎布主编《中国边疆民族研究》第一辑,中央民族大学出版社,2008年1月。

图雅、乌云毕力格:《关于猴年大律令的几个问题》(蒙古文),载《内蒙古大学学报》2007年第1期。

姑茹玛、乌云毕力格:《硕垒称汗考》,载《内蒙古大学学报》,2008年第2期。

胡日查:《蒙文文献所载成吉思汗诸弟所属鄂托克兀鲁思名称来历》(蒙文),载《内蒙古社会科学》2002年第4期。

张永江:《从顺治五年蒙古文档案看明末清初翁牛特、喀喇车里克部的若干问题》,*QMD*,第一辑,东京,2005年。

袁森坡:《喀尔喀蒙古扎萨克的设置与演变》,载《清史研究通讯》1988年2期。

冈田英弘著,薄音湖译:《达延汗六万户的起源》,载《蒙古学资料与情报》1985年第2期。

冈田英弘著,孙慧庆译:《兀良哈蒙古族的灭亡》,载《蒙古学信息》1993年第4期。

冈田英弘:《乌巴什珲台吉传研究》,载《游牧社会史探究》32,1969年

冈田英弘:《善巴著(丕凌列编)阿萨喇克其史——一部新发现的蒙古编年史》,《东洋学报》48-2,1960。

吉田顺一:《〈阿萨喇克其史〉与〈蒙古秘史〉》,载日本《蒙古学报》1978年第9期。

吉田顺一著,青格力等译:《〈蒙古秘史〉研究——吉田顺一论文集》(蒙文),民族出版社,2005年。

若松宽:《哈喇虎喇的一生》,《东洋史研究》22-4,1964年。

若松宽著,乌云毕力格译:《阿勒坦汗传考证》,载《清代蒙古的历史与宗教》,黑龙江教育出版社,1994年。

若松宽:《札雅葛根事迹考》,载《清代蒙古历史与宗教》,黑龙江教育出版社,1994年。

森川哲雄:《喀尔喀万户的建立》,载《东洋学报》第52卷,第2号。

森川哲雄:《关于17世纪至18世纪初蒙古编年史——特别是围绕〈蒙古源流〉与〈大黄史〉的关系问

题》，载《东洋史研究》61-1，2002年。

莎斯基娜：《十七世纪的蒙古编年史〈阿萨喇克其史〉》，载《亚非民族》杂志1961年第4期。（余大钧译，《蒙古史研究参考资料》新编第32、33辑，1984年。

后 记

本书为中央民族大学《985 工程》中国少数民族语言文化教育边疆史地研究创新基地项目子项目——达力扎布教授主持《中国边疆民族地区历史与地理研究》项目的课题之一——《<阿萨喇克其史>研究》的最终成果。

该课题由本人主持，内蒙古大学蒙古学研究中心姑茹玛博士协助完成。

《阿萨喇克其史》蒙古文文本的罗马字音写和汉译两项的初稿由姑茹玛博士完成，经由本人全面修改，某些段落重译后定稿。特此说明。

本文利用了蒙古国学者沙格都尔苏隆与韩国学者李圣揆二教授影印出版的《阿萨喇克其史》原文（*Byamba-yin Asara γči neretü[-yin] teüke (eh bichgiin sudalgaa)*, teruun devter, galiglaj usgiin helhees uilden hevleld beltgesen: Tseveliin Shagdarsuren, Lee Seong-gyu, Ulaanbaatar, 2002）。在出版之际，沙格都尔苏隆先生提供了该书原件照片底样，使得本书中《阿萨喇克其史》原文影印件更加清晰。

《阿萨喇克其史》蒙古文文本的罗马字音写是作者独立完成的，遵循了与沙格都尔苏隆与李圣揆二教授不同的音写原则，比如辅音-d 和-t 的转写就没有照搬原文的字形，而是按照其读音。因为笔者认为，在古典蒙古语文中，表示辅音-d 和-t 的符号本来就没有明确的分工。在一些人名、地名读音转写方面也与二位教授存在明显的差别，比如《元朝秘史》所见人名的读音均参考了旁译汉文的当时语音（比如，"也速该"不作 yisükei，而作 yisügei），明代汉笈所见人名也适当参考了汉文，清代人名的读音（主要是含有辅音 q、γ、g、k、n 的词）则不完全拘泥于字形，而是还照顾了蒙古人名叫法特点（如 AAMASKIB，不转写为 Amaskib，而转写为 Namaskib）。以上几点，亦特别加以说明。

在本书写作过程中，中央民族大学教授额日德木图博在日文论文收集方面提供了很大帮助；中国人民大学国学院博士研究生杨晓华和内蒙古大学蒙古学研究中心博士研究生包桂花为制作人名索引付出了辛勤的劳动。在本书出版之际，蒙古国国立大学沙格都尔苏隆教授提供了《阿萨喇克其史》原文照片作本书附录。应该指出，如果没有以上提到的诸位先生的协助，本书很难以现在这样的形式和质量面世。请允许我在此对各位一并表示最诚挚的谢意！

乌云毕力格

于中国人民大学国学院西域历史语言研究所
2009 年 6 月 20 日